工程建设理论与实践丛书

TOD模式下城市轨道交通一体化开发研究

TOD MOSHI XIA
CHENGSHI GUIDAO JIAOTONG YITIHUA
KAIFA YANJIU

刘 曦 资利军 齐 亮 余二威 主编

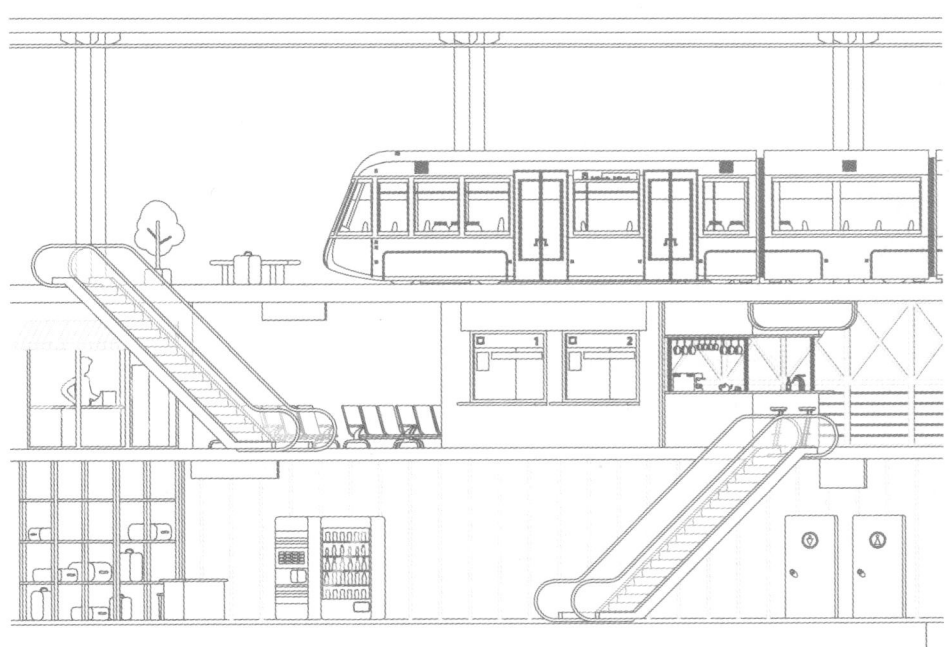

华中科技大学出版社
http://press.hust.edu.cn
中国·武汉

图书在版编目(CIP)数据

TOD模式下城市轨道交通一体化开发研究/刘曦等主编.—武汉:华中科技大学出版社,
2023.12
　ISBN 978-7-5772-0190-0

　Ⅰ.①T…　Ⅱ.①刘…　Ⅲ.①城市铁路-轨道交通-交通运输管理-研究　Ⅳ.①U239.5

中国国家版本馆 CIP 数据核字(2023)第 253780 号

TOD 模式下城市轨道交通一体化开发研究
TOD Moshi Xia Chengshi Guidao Jiaotong Yitihua
Kaifa Yanjiu

刘　曦　资利军
齐　亮　余二威　主编

策划编辑:周永华
责任编辑:陈　骏　郭娅辛
封面设计:杨小勤
责任校对:刘　竣
责任监印:朱　玢
出版发行:华中科技大学出版社(中国·武汉)　　电话:(027)81321913
　　　　　武汉市东湖新技术开发区华工科技园　　邮编:430223
录　　排:华中科技大学惠友文印中心
印　　刷:武汉科源印刷设计有限公司
开　　本:710mm×1000mm　1/16
印　　张:20.25
字　　数:364千字
版　　次:2023年12月第1版第1次印刷
定　　价:98.00元

编　委　会

主　编　刘　曦　西安市轨道交通集团有限公司

　　　　资利军　广州地铁设计研究院股份有限公司

　　　　齐　亮　北京城建设计发展集团股份有限公司

　　　　余二威　广州市城市规划设计有限公司

副主编　黄　剑　中交四航局第五工程有限公司

　　　　王海霞　广州地铁设计研究院股份有限公司

　　　　范　征　中铁第六勘察设计院集团有限公司

编　委　李　鑫　中国建筑西北设计研究院有限公司

　　　　张　棘　重庆墨图普兰建筑规划设计有限公司

　　　　罗思明　广州市城市更新规划设计研究院有限
　　　　　　　公司

前　　言

随着我国城市化的快速推进和高铁时代的来临,与之配套可利用的公共土地资源急剧减少。以公共交通为导向的开发(transit oriented development,TOD)模式成为当前城市空间规划的重要理论之一。2022 年 7 月 1 日,国家发展改革委办公厅发布的《关于做好盘活存量资产扩大有效投资有关工作的通知》(发改办投资〔2022〕561 号)明确提出针对具备盘活存量和改扩建有机结合条件的项目,鼓励推广地铁上盖物业、交通枢纽地上地下空间综合开发等模式,拓宽收入来源,提高资产综合利用价值。2022 年 7 月 12 日,国家发展改革委发布的《"十四五"新型城镇化实施方案》指出,提高建设用地利用效率,推广以公共交通为导向的开发模式,打造站城融合综合体,鼓励轨道交通地上地下空间综合开发利用。随着我国轨道交通建设的全面展开以及相关 TOD 一体化政策的出台,我国城市轨道交通空间的发展迎来了新机遇。如何结合轨道交通站点的建设对轨道交通站点及其周边地块的地上地下空间进行一体化综合开发,已经成为城市规划的重点议题。

本书主要有 TOD 概述、城市轨道交通站城一体化概述、城市轨道交通一体化开发适应性评价、城市轨道交通一体化开发的制度支持、城市轨道交通商业一体化开发模式及业态配置、城市轨道交通站点与商业空间的一体化设计、城市轨道交通站点及周边用地开发、城市轨道交通站际地下空间开发模式与策略、多层级城市轨道交通一体化开发规划、新技术在城市轨道交通一体化开发中的应用 10 章,围绕 TOD 模式下城市轨道交通一体化开发进行多方位的综合论述,可供轨道交通领域相关从业人员阅读和参考。

本书编写分工如下:主编刘曦完成前言、第 1 章、第 3 章 3.7 节、第 5 章 5.5 节、第 6 章 6.3 节及第 9 章 9.1 节、9.3 节的编写,主编资利军完成第 5 章 5.1～5.3 节、第 6 章 6.1～6.2 节、第 7 章 7.2～7.3 节、第 8 章 8.2～8.3 节、第 10 章 10.2 节的编写,主编齐亮完成第 3 章 3.1～3.4 节、第 4 章的编写,主编余二威完成第 2 章、第 7 章 7.1 节、第 8 章 8.1 节、第 9 章 9.2 节、第 10 章 10.3 节的编写,副主编黄剑完成第 10 章 10.1 节的编写,副主编王海霞完成第 5 章 5.4 节的编写,副主编范征完成第 3 章 3.5～3.6 节的编写。另外,在编写过程中,编写委

员李鑫、张棘、罗思明等对本书编写及校对工作提供了大力支持。

　　本书在编写过程中参阅了国内外同行的相关教材与著作,在此对他们表示衷心的感谢。由于篇幅较大,涉及内容较多,书中难免存在疏漏或不妥之处,敬请读者与同行批评指正。

目　　录

第 1 章 TOD 概述

经济水平和社会消费变化正改变着中国的城市,汽车、轨道交通的普遍应用正引发城市交通系统的结构性转变。不同的交通系统决定了不同的城市土地利用布局形式和空间拓展模式。对于中国的城市建设来说,如何有效利用多种现代交通运输方式来组织城市交通体系,引导城市空间的良性发展,也就成了城市规划与管理中不可回避的问题。

美国的历史经验表明,以汽车为主导的发展模式会导致城市蔓延与土地浪费。新城市主义的规划思想应运而生,并在广泛的实践应用中得到迅速发展。在城市层面,以公共交通为导向的开发(transit oriented development,TOD)模式,即以大运量的公共交通整合混合用地的城市布局,呼应了新城市主义提倡的步行、环境以及历史文化友好的发展原则。

在当前轨道交通大力发展的背景下,TOD 作为一种以公共交通为导向的城市规划技术手段,其提倡紧凑、混合用地布局和公共空间,为中国城市,特别是大城市的结构布局以及土地利用模式的调整提供了新的视角。从 TOD 理论与实践方面来看,清晰了解 TOD 理论的完整内涵和价值对于中国 TOD 建设和发展的经验借鉴和架构尤为重要。

1.1 TOD 起源与发展意义

1.1.1 TOD 的起源

最早的 TOD 项目可以追溯到 19 世纪末至 20 世纪初的美国郊区铁路和电车。这两种交通方式都必须依赖轨道线。蒸汽机车具有持续快速行驶、加减速慢的特点,多用于市中心与郊区的通勤,开发土地往往在各站点周围。有轨电车行驶速度不如蒸汽机车,但启动、停车更快捷,并且安静、清洁,多用于城市内及近郊,推动了沿线的房地产开发。到 20 世纪初,美国城市普遍采用有轨电车交通系统向郊区疏解内城人口。由于交通方式的限制,规划者对城市土地采用紧

1

凑、功能混合的布局形态。早期郊区的交通邻里单元的典型特征包括位于中心的交通站点和公共空间、小型的独栋式住宅和步行尺度的街巷,以保证人们步行可达站点。

1920 年开始,由于汽车工业的成熟,推动了低密度郊区的发展。美国的城市在经历了短暂的有轨电车时代之后开始走上"离心化"的发展道路。此后的数十年间,郊区开发的速度超过了中心城区。这种趋势在第二次世界大战后得到进一步增强。20 世纪 50 年代末至 20 世纪 60 年代初,最典型的郊区化模式演变为在面积宽广、功能单一的居住分区地块正中布置带有车库的房子,辅以蜿蜒的尽端路对外连接。

很快有人意识到,这种发展模式可能带来消极影响。简·雅各布斯就抨击了"以汽车为中心"的规划设计对城市结构和社会生活的破坏,提出通过多样化的"小街区"形成"土地的多功能综合利用"的思想。这一思想确实给当时的城市规划界带来巨大反思,但却未能改变决策者的城市发展思路。

直到 20 世纪 50 年代,城市呈现出一种被称为"城市蔓延"的松散状况,居住生活空间变得单调而缺乏活力,城市各功能空间的联系严重分离,人们才充分意识到原有的土地利用方式存在的问题。一系列针对郊区化问题的改良方案和设计原则被提出来,其中最重要的是"新城市主义"。新城市主义的倡导者们主张借鉴传统城镇的特点,塑造紧凑、具有活力的社区,以取代原郊区蔓延的发展模式。

新城市主义实际上是在以汽车为导向的城市蔓延下传统街区的回归,因此其实践主要分布在较为微观的街区层面。其代表性的概念有传统街区发展(traditional neighborhood development,TND)、步行口袋(pedestrian pocket)、公交村落(transmit village)等。TOD 概念是由彼得·卡尔索普从步行口袋概念演变而来的。在早期的职业生涯中,彼得·卡尔索普最先关注可持续发展理念,主张紧凑式人行友好的城市发展,但没有将公共交通作为影响因素。为了更深入地阐述可持续的新城市主义,1987 年彼得·卡尔索普与马克·麦克提出了步行口袋的概念。步行口袋是以公共交通站点为中心,在其半径 400 m 区域内集中居住、零售和办公功能,通过自身内部的功能安排与建筑设计减少对汽车的依赖。然而,步行口袋的发展序列往往与公共交通先导的开发相反,它是从较小的规模开始逐渐发展到可以支持大运量公共交通系统。1988 年,美国俄勒冈州波特兰大都市区一个名为"联接土地利用,交通,空气质量"(making the land use,transportation,air quality connection)的大型公共项目将彼得·卡尔索普的步

行口袋街区设计融入其轨道交通走廊规划,由此成功说服决策者将原有的郊区公路建设计划替代为强调公共交通改善和相应土地利用政策调整的方案。受波特兰项目启发,加利福尼亚州萨克拉门托县在 1989 年聘请彼得·卡尔索普为其轨道站点进行"步行/公共交通导向开发",即 TOD 概念的第一次正式使用。其后,西拉古纳作为该计划第一个开发项目获得巨大的商业成功。纽约时报报道此项目时,称 TOD 为"美国郊区的下一个发展阶段"。

彼得·卡尔索普并非 TOD 概念萌芽阶段的唯一贡献者。同样在 1989 年,旧金山湾区快速交通委员会委托 Sedway&Associates 地产咨询公司和 ROMA 设计公司评估其轨道站点附近高层住房的市场潜力。最终结论为在站点附近每公顷建造 70~90 幢三至四层公寓可迎合市场要求,并可在底层安排零售功能以提高本地税收。与彼得·卡尔索普的波特兰项目不同的是,Sedway/ROMA 概念由于受到公共交通相关机构的委托,以提高公共交通使用频率和公共交通机构收入为目的,相对于彼得·卡尔索普的以步行口袋为基础的发展理念更接近 TOD 概念的定义。

在波特兰项目和萨克拉门托项目进行期间,彼得·卡尔索普还就土地利用和交通规划的关系咨询了加州伯克利分校教授罗伯特·赛维罗。在其建议下,彼得·卡尔索普将步行口袋概念修改为公共交通导向开发以更好地反映这两个项目中的公共交通元素。在 1993 年,彼得·卡尔索普发表了《未来美国大都市:生态,社区,美国梦》(*The Next American Metropolis: Ecology, Community, and the American Dream*),归纳了 TOD 发展模式的规划设计纲要。此后,汉克·迪特马尔和格洛丽亚·奥兰德在 2004 年的著作《新交通城市:TOD 的最佳实践》(*The New Transit Town: Best Practices in Transit-oriented Development*)中对 TOD 的概念、类型和设计准则等进行了系统总结和深化。

总的来说,TOD 是在可持续发展的新城市主义理念之下,由规划设计师首先在社区或街区层面实践,并最终由公共部门(譬如地方政府和公共交通机构),在更大尺度的都市区范围倡导和推行的"反蔓延"的交通建设与土地利用相结合的城市发展概念。

1.1.2　TOD 对城市发展的推动意义

世界银行主席都市专家龄木博明认为:"更多人在公共交通车站附近居住、工作、购物、娱乐,也就是通过所谓的绿色交通(徒步、自行车、公共交通),可以减少空气污染、地球变暖及废气排出等公害。通过对土地高度且多功能利用,可以

保全绿地,并增加公园及运动文化设施数量,创出适合居住的环境和公共场所。TOD使紧凑的城市空间成为可能,基础设施的投资不是以线方式的扩展而是以面方式的集中,提高了投资效率,且缩减了运营维护费用。在紧凑的城市空间里,地域冷暖房的导入和太阳能发电使高效利用成为可能。市民交通的改善使医疗保险福利等政府服务也得以实现财政消减。"

全球知名房地产服务商戴德梁行独家发布的《城市发展系列——TOD白皮书》指出,伴随着国内城市轨道交通的快速发展,轨道交通给城市带来的变革越来越被认可,"建轨道就是建城市"已成为发展共识。通过TOD模式提升城市功能和开发价值,并利用综合开发增值收益反哺轨道交通建设与运营的巨量资金缺口,已成为轨道交通和城市可持续发展的必由之路。基于TOD理念的轨道交通合理规划,将在城市空间结构、产业布局、人口分布、土地及物业经济效益等方面发挥积极的推动作用。它不仅有利于助推公共中心转移与城市副中心的形成和发展,带动第三产业发展,推动职住平衡,而且对城市人口的再分布、缓解城市压力、增强轨道沿线地域的经济活力、提升土地价值等,也具有重要的意义。TOD对城市发展的推动意义如下。

(1)扩大城市规模,促进城市精明增长。

"摊大饼"的城市拓展模式严重制约了如东京、北京、成都等单一中心的城市发展。当城市规模扩大时,城市受到自然环境和地域结构的制约就越发明显。以公交枢纽为载体的TOD开发,能够创造紧凑型城市空间,实现城市精明增长。

(2)提升轨道交通网络整体服务水平。

围绕轨道站点枢纽进行的城市站点开发,带来了城市功能的改变:一方面,轨道线路建设为周边商业提供了大量的消费客流;另一方面,与轨道建设相结合的住宅开发又为轨道交通提供了大量的通勤客流。

(3)提高城市公共交通运行效率,缓解基础设施建设投融资能力。

轨道交通投融资及其长期运营一直存在项目投资庞大、回收期长、运营及沉淀成本极高等问题。常用的政府投融资模式也面临资金短缺、难以长期持续投入、资金使用和运营效率较低以及政府债务日增等难题。TOD为这些难题提供了一种解决思路。

(4)提高城市土地资源集约利用水平。

TOD是变单一功能的土地使用方法为较有弹性的功能混合的土地开发模

式,可以提高居住密度,并在设计上强调可步行空间的利用,比如社区中心和公共空间的空间利用。TOD 一方面促使城市居民出行搭乘公共交通,一方面也限制了汽车过多占用有限的城市空间和道路。高容积率的开发不仅为站点带来了大量客流,也保证了土地价值的最大化利用。

1.2　TOD 的相关概念

1.2.1　新城市主义

1. 新城市主义的形成发展

(1) 新城市主义的形成背景。

新城市主义基于早期的城市发展和理论研究而形成。其背景主要是美国人民对美国梦的追求和伴随其发展的城市规划及建筑设计理论。工业革命后,快速发展的工业城市出现了诸多问题,如城市人群拥挤、交通拥堵、人口过剩、房价昂贵、贫富悬殊、社会隔离、疾病蔓延、空气质量差等。面对这样的城市问题,美国出现了城市的再开发和郊区的扩张现象。为了躲避工业城市带来的影响,实现"拥有宽敞庭院围绕的独栋住宅"的理想,过上有家庭社交和可以做家务的生活,人们开始迁往郊区。

20 世纪 20 年代以前,交通工具的发展给人们的出行带来便利。郊区的土地有了被开发的机会,且开发范围越来越大。随着车辆保有量的攀升,政府在郊区土地上积极建造了更加发散的林荫大道、公路和高速公路。郊区的开发变得更加稀疏、广阔。随后,车库逐渐从建筑的附属品转变为家庭标配,甚至是建筑前、街道边突出的视觉元素。

20 世纪 20 年代,随着城市规划的规范化和制度化,城市和郊区的改造建设重新开始,并且偏重于引导郊区有序发展,而在区域规划法规中则更注重汽车的通行问题。具体的改造建设尝试有很多。

①在重建城市结构方面,受法国学院派"城市美化"运动的影响,城市规划力求建立一个以建筑和公共空间为整体的市政中心,以及可以提高通行速度的高效路网;受英国城市花园项目、军工业工人设计社区的经验和著名的欧洲小镇的影响,出现了一些吸引人的工业、旅游城市,但也有一些类似的城市设计方案因

未能得到经济支持而没有实现。

②在郊区规划方面,佩里提出的"邻里单元"影响广泛。首先,一个邻里就是一片独立区域,具有自我防御功能,且与商业、办公、交通分隔;其次,小学应该是邻里的功能和几何中心;最后,邻里外的道路应该足够宽以承担过境交通,邻里的道路应该便于通行。

③土地细分规划管控着建筑用地的形成过程,控制着地块形状和大小、街区长度、街道宽度和开放空间的预留。规划法规规定了能够在地块上出现的活动、建筑物的规模、庭院的面积和停车要求。这些规划法规本着保留土地价值、营造家庭环境以及在一定程度上保持经济和社会隔离的目标,在实践中常常将住宅与商业分开,公寓住宅与独户住宅分开,还划定了宽阔的退线距离。但因为交通量的增加,法规和标准都有所改变。为了让汽车通行高效、安全,且保持居住区的特征,规划法规加大了街道的宽度和转弯半径,并广泛采用"街尾环岛",避免了过境交通对居住区的干扰。

20 世纪 30 年代,罗斯福新政带来的"标准化建造规范"和为军工业建造房屋的"批量生产工艺"大大促进了大批量标准化住房的建造,进一步增加了房屋的建造量,提高了住宅的拥有率。与此同时,郊区也开始变得多样化,城市中心的功能、工业活动、顾客和劳动力逐渐向郊区迁移。

20 世纪 50 年代,购物中心和工作场所开始在郊区兴盛起来。

20 世纪 70 年代,尽管郊区的功能变得丰富,但住宅、商业、办公等项目在郊区的分布零星而稀疏,需要借助有利于汽车通行的道路网彼此联系。

在这场城市、郊区更新建设的运动中,城市为了满足汽车的通行优先性,舍弃了传统的城市格局,关闭了小街小巷,建造了"超级街区"大院。大院外的街道经过改造成为交通干道,与城市环线、支线道路和城市中心相贯通,以保证车辆畅通地进出城市。

这一时期的郊区扩散满足了一部分居民搬入郊区、过上理想生活的目标,且迁移增长总量前所未有,参与的社会群体、经济群体广泛;在功能方面,摆脱了单一的居住功能,增加了购物、工作和文化活动等功能,使居民不必过分依赖市中心,郊区也更加独立;在住宅和公共建筑方面,出现了与传统形式相比差异鲜明的新建筑类型。但新的土地利用方式和交通结构也带来了新的问题。第一,郊区的开发建设使郊区住房成本提高,汽车的普及和道路的延伸使得将汽车作为主要交通方式成为必然;对于没有汽车且收入单薄的家庭来说,郊区生活变得遥不可及;对没有驾照或行动不便的老年人来说更是阻碍重重。第二,人们将越来

越多的时间花在了通勤上,而汽车的使用也让郊区的空气污染越来越严重。第三,大都市各种隔离加剧,社会、经济衰落加剧,人们被隔在房屋、汽车内,家庭被分到同质的宅基地里,大都市郊区不再像以往一样充满活力。面对这一时期发展带来的显著问题,新城市主义应运而生。

(2)新城市主义的发展趋势。

①新城市主义的发展与成熟。

新城市主义的设计理念与美国社会重视传统文化,探求发展的、可持续性的时代精神相契合,故而在形成之初颇受媒体和社会的关注,在商业上也十分成功,进而成为一段时间内美国城市设计和社区设计领域的主流,同时对其他国家产生了广泛的影响。经过美国各界人士的共同努力,1993 年新城市主义大会的召开和 1996 年《新城市主义宪章》的获批,使美国新城市主义理论日趋成熟。

②新城市主义的现状与趋势。

新城市主义的发展影响了美国及其他国家,但在美国也逐渐显现出问题,人们开始质疑"开放的设计能否实现开放的使用"。

2. 新城市主义的基本原则

新城市主义理论始终贯穿的基本原则是:"社区的规划和设计必须将公共利益置于首要,且高于私人利益之上的地位进行维护"。同时参考"使建筑与其所临街道彼此关联""使区域内的公交路网与土地利用的格局和密度相互匹配"这两点原则。新城市主义的具体设计理念如下。

(1)强调公共空间的重要性。邻里中的公共空间在位置和功能上应具有突出位置。

(2)重视邻里和谐。邻里中有多种用地类型,包括居住、商业、服务业、行政办公等。建筑类型多样灵活,易于改造,可容纳多元的活动。混合的用地类型和多样的建筑类型为不同生活领域的居民提供多重选择,从而促进居民融合和邻里互动。

(3)关注环境。一方面,建筑应该回应地域传统和民间风格。另一方面,建筑应延续城市肌理和空间,限定街道、绿地、公园和院落等开放性公共空间,不应孤立于环境独立存在。

(4)提倡适宜尺度的步行生活。通过设计用地模式、街道布局方式和路网密度,鼓励人们将步行、骑行和公共交通作为主要的日常出行方式,从而替代汽车出行。通过细部设计,进一步提升行人通行的安全感、舒适感。

新城市主义者相信,以公共空间为焦点构建的基本结构可以适用于不同尺度,并使人获得秩序感和认同感。

3. 新城市主义的本质特征

新城市主义最本质的特征包括有界邻里、步行尺度、公共空间和多样性。新城市主义最初是为了应对城市郊区无序蔓延,所以在进行邻里设计时强调要设立明确的城市增长边界,除此之外还需要构建方便行人的交通系统;塑造与私人空间互补的公共空间;多样化的人口构成和土地利用。在这里,新城市主义提出,多样的人口和功能需要一个结构相互联系。

4. 新城市主义的组织要素

新城市主义的基本组织要素是邻里、功能区和交通走廊。

（1）邻里。

邻里具有不同的说法,例如"邻里单元""片区""开发区",但在新城市主义中是指均衡融合各种人类活动的城市化区域。在进行邻里设计时,具体有以下 5 个原则:①邻里要有一个中心、一条边界;②邻里的理想规模是从中心到边界的距离为 400 m;③邻里均衡融合了居住、购物、工作、上学、休闲娱乐等各种活动;④邻里通过交叉、完善的街道网络来组织建筑用地和交通;⑤邻里优先考虑公共空间。

（2）功能区。

在新城市主义中,功能区是指单一活动占主导的城市化区域,例如办公园区、住宅小区和购物中心。它们以办公、居住和购物中的一种功能活动为主,以其他活动支持其首要功能。功能区同样需要交通系统的连接作用和公共空间对场所感的营造作用。

（3）交通走廊。

在新城市主义中,交通走廊是指连接、分隔各个邻里和功能区的要素,是一种具有视觉连续性的城市元素。交通走廊的位置、类型多样,既有出现在邻里边缘的林荫大道,也有穿越社区的平常街道。无论是哪一种,都要注重景观设计,加强连续性,给行人带来便利。

5. 新城市主义的表现形式

新城市主义的表现形式由街道、街区和建筑组合而成。街道、街区和建筑三

者是相互依存的,任何一个要素的改变都将影响其他两个要素。在这里,新城市主义依然强调公共区域存在的优先性。

(1) 街道。

新城市主义将街道定义为公共活动的空间和通道,具体包括格局、等级体系、外形和细节,街道的设计要点如表 1.1 所示。

表 1.1　街道的设计要点

设 计 要 点	内　　容
格局	街道属于街道网络 街道网络的作用:保证运动的连贯、促进功能的混合、减少单个街道的交通负荷
等级体系	车辆负荷不同,道路等级不同;交叉口之间的距离要便于步行
外形	街道 D/H(即街道宽度 D 与建筑高度 H 的比值);车道数量
细节	原则:便于行人使用,保证行人安全 要点:景观隔离带、路缘石、人行道

对于街道的设计,新城市主义依然强调公共空间、行人便利和等级、形态的多样性。

(2) 街区。

街区是承载建筑和公共区域的地方。街区包括规模、布局、界面、街墙、停车场所和景观,其具体内容如表 1.2 所示。

表 1.2　街区的具体内容

设 计 要 点	内　　容
规模	街区边长:75~180 m
布局	大小、形状不同的地块的组合
界面	街区四周(划分出)绿化道、人行便道、退让区
街墙	建筑高度、后退线、贴线率、临界元素
停车场所	原则:照顾行人需求 形式:街区中间、地下、停车楼、停车公园
景观	有规则地植树造景 作用:观赏、烘托环境

(3) 建筑。

建筑是城市中最小的增长单位,建筑的布局决定着聚落的特征。在功能上,

允许建筑按类型建造,可以随时间的推移进行功能方面和空间方面的改造。在形式上,建筑有肌理建筑和纪念性建筑两种形式。新城市主义指出建筑物与公共区域之间相辅相成的相互性,强调建筑在营造城市中所起的作用。

6. 新城市主义的典型开发模式

新城市主义理论在实践应用中逐渐形成两种典型的开发模式,即彼得·卡尔索普提出的"TOD(以公共交通为导向的开发)",以及安德雷斯·杜安伊和伊丽莎白·普拉特-兹贝克夫妇(DPZ 事务所)提出的"TND(传统邻里开发模式)"。

1.2.2 TOD 公共交通主导发展模式

1. TOD 的定义、特征及原则

1) TOD 的定义

TOD 是指"以公共交通为导向"的开发模式。这一定义最初由美国著名建筑师、规划师、新城市主义代表人物之一的彼得·卡尔索普在 1992 年发表的《未来美国大都市:生态,社区,美国梦》一书中首先提出:"TOD 是一个半径约 2000 ft(约 600 m,步行 5~10 min 的路程)步行范围的社区,其中心部位是公共交通站点和主要商业中心。TOD 集多样住宅、商店、办公楼、开放空间及其他公共设施为一体。TOD 的整体环境要便于行走,在其社区居住和工作的人们可以很方便地通过步行、自行车、公共交通或汽车到达他们想要去的地方。"TOD 示意如图 1.1 所示。

汉克·迪特马尔和格洛丽亚·奥兰德编辑的《新交通城市:TOD 的最佳实践》一书从另一个角度——影响和作用方面来定义 TOD,指出 TOD 项目需要达到五个目标。

(1)区位效益。这里不仅地理位置适宜,公共交通方便,而且高密度分布的生活设施、就业设施、服务设施以及良好的步行环境,使其成为人们向往的生活和工作之地。

(2)多样选择。这里具有多种形式的住宅,而且良好的邻里设计使人们多样的生活需求及活动选择在步行范围内就可以得到满足。

(3)溢价回收。方便的公共交通设施使这里的投资者、居民、经营者及地方

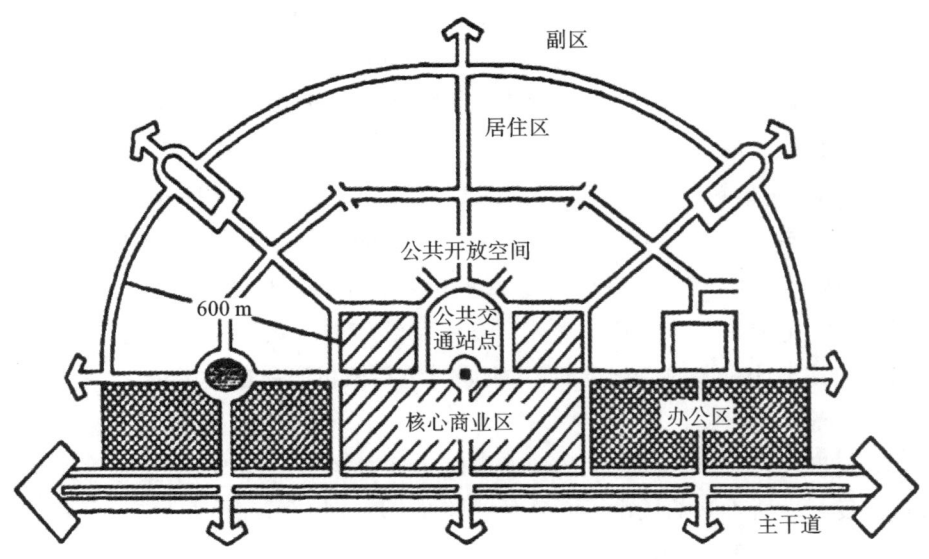

图 1.1 TOD 示意

政府都能得到良好的资金回报。

（4）使一个地方具有吸引力。一个生机勃勃的 TOD 社区吸引人们居住、工作和娱乐。

（5）公共交通站点与社区相融合。

简单来说，TOD 是一种将公共交通（地铁、轻轨等轨道交通和公共汽车干线）系统的车站与城市发展的核心相结合的新城市规划模式，也是一种基于交通-土地利用互动关系的土地开发创新模式。它强调在区域层面整合公共交通与土地利用的关系，并使二者相辅相成，从而阻止城市的无序蔓延。它与美国过去几十年所采用的单一区划城市发展模式不同，其最主要的特点是把居住、商业、就业等活动集中在一起。在一个 TOD 社区内，人们可以找到多种形式和多种档次的住宅、服务设施以及工作场所。由于公共交通站点就在 TOD 的中心位置，因此人们可以仅通过步行、自行车、公共交通等方式到达想要去的地方。这样不仅大大地减少了人们对汽车的依赖和使用，还满足了人们的出行需求和生活需求，从而达到高效率的交通运行和集约化的土地利用。

2）TOD 的典型特征

TOD 在其发展的过程中形成了三个典型特征，即著名的 3D 原则：土地混合开发（diversity）、高密度建设（density）和宜人的空间设计（design）。

（1）土地混合开发。

　　土地混合开发是 TOD 的一个主要特征。它将原有单一的土地开发模式转变为土地混合开发模式,从而建设成为一个多功能、充满活力的 TOD 社区。土地混合开发的好处在于,可以为居民提供便捷的出行和服务,平衡居住和就业,防止"卧城"社区的出现,增加社区活力,并可以使整个生活和工作环境更为多样化、安全和充满情趣。同时,所有的 TOD 都必须包含一定数量的公共设施、商业中心和住宅。一般来说,城市各种用地所占的比例如下:公共设施为 5%～15%;商业及其他可就业场所为 10%～70%;住宅为 20%～80%。此外,TOD 所提供的住宅应该包括从较低密度到高密度的多种形式的住宅,房屋的价格和档次也应该有比较大的变化空间,并应同时包括出租房和自住房。

　　(2) 高密度建设。

　　高密度建设可以提高土地的开发密度和强度,增加土地使用效率,有效地克服低密度开发所带来的城市不断蔓延的弊端,使土地资源得到最大限度的利用。这正是 TOD 的目标原则之一。同时,高密度建设也可以使车站的步行范围内有足够的公共交通客流量,大大地提高公共交通的使用效率,使城市的公共交通体系形成良性运作。

　　(3) 宜人的空间设计。

　　良好的步行环境是 TOD 成功的关键要素,因为 TOD 的空间尺度大多是根据步行的距离来确定的。因此,TOD 社区内的道路应该尽量采用方格网状,彼此相连并便于人们寻找,能够方便地通向公共交通车站及主要商业设施。道路周围的环境应该对行人友善,如具有良好的绿化、设立沿街商店和人行道、限制沿街停车等。TOD 的主要设施如公共交通站点、商业中心、公园、学校和其他社区服务设施之间,还需提供自行车道。TOD 的空间设计能为人们行走和骑自行车创造一个更安全和舒适的环境。同时,较窄的车道和较低的车速也可以大大减少车祸的发生。传统的邻里、宜人的街道、舒适的公共空间、建筑尺度的多样性、与公共交通车站之间舒适的步行空间,有利于提高公共交通的吸引力。此外,TOD 理念还强调在城市设计中还要特别注意保护具有地方特色的旧建筑及文化遗址,因为旧建筑和文化遗址可以提升城市的品质和韵味。

3) TOD 的基本原则

　　(1) 公共(绿色)交通网络。

　　绿色交通可以减少空气污染。更多人可以在公共交通的车站附近居住、工作、购物、娱乐。这一原则主要体现在以下几方面。

　　①高效便利的中心换乘交通。

②公共交通中心的都市开发。

③利用先进环境技术,建设站城空间。

④立体化步行网络。

⑤工作空间和生活空间相互毗邻。

(2)混合使用(高密度和高效率)。

高效率利用土地、保留绿地,增建公园、运动文化设施,创造舒适的生活环境和公共空间,主要体现在以下几方面。

①城市功能的复合集约化。

②形成都市型社区。

③地上、地下一体的城市空间。

④站上综合开发。

⑤具有可持续性的功能联合。

(3)可步行网络。

通过铁路车站与城市一体化提高城市的回游性,形成舒适、安全的步行者网络,创造充满生机的城市空间,主要体现在以下几方面。

①考虑人的尺度的街区建设。

②立体化步行网络。

③人与社会连接的智能移动。

(4)城市象征。

城市的记忆、文化的传承和创造性发展创造独特的象征,主要体现在以下几方面。

①活用地域资产的都市文化。

②协作创造螺旋。

③利用地区资源的城市文化。

④城市个性的形成。

(5)智能/环保。

紧凑的城市空间通过智能网高效率利用太阳能光伏发电能源,保持城市环境,主要体现在以下几方面。

①活用可再生、未利用能源。

②配合自然环境的环境共生型社会。

③信息与通信技术(information communication technology,ICT)智能网。

④人与社会、城市可以连接的智能交通。

2. TOD 的构成及类型

1）TOD 的构成

一个典型的 TOD 主要由以下几种用地功能结构组成。

（1）核心商业区。

每一个 TOD 都应该包含一个核心商业区。它应该与公共交通站点相毗邻。小型的商业区应该包含零售店和社区服务机构，而大型商业区还应该包含超级市场、餐馆、娱乐设施和办公设施。整个 TOD 区域面积的 10% 都应该布置核心商业区的商业用地，并且每个核心商业区的大小、规模、功能以及混合利用的程度都应可以适当调整。同时，在核心商业区内，还应为 TOD 内和附近的居民以及在那里工作的人员提供必要的公共空间，如公园、绿地、广场以及幼儿园、邮局、警局等公共服务设施，使人们尽可能少用汽车，采用步行和骑自行车的方式满足日常的生活需求和出行需求。

（2）办公/就业区。

居住与工作的平衡布局是 TOD 理念强调的重要内容之一，所以一些办公、就业区都需要布置在 TOD 区域内。通常来说，具有办公、就业功能的建筑一般都会紧邻公共交通的车站来布置，这是为了鼓励人们更多地采用公共交通解决出行问题，以此来提高公共交通的出行效率。

（3）居住区。

核心商业区到公共交通站点之间步行范围内的居住用地区域就是居住区。

在 TOD 区域内，应建立不同类型的住宅，以满足人们不同的居住需求。

为了提高轨道交通和快速公交线路的使用效率，应尽可能地提高居住密度。

（4）辅助区域。

辅助区域内适宜布置一些低密度的零售店、住宅、诊所、学校、就业岗位较少的公司以及换乘停车场，不宜在辅助区域布置与 TOD 区域内核心商业雷同或形成竞争的商业设施和公共设施。此外，公园、广场、花坛、喷泉、绿地等一些公共设施也要相应地布置在此区域，为居民提供便捷、良好的活动空间和交往空间，并且保证人们能够不受干扰地使用这些公共设施。

2）TOD 的类型

彼得·卡尔索普提出根据 TOD 的位置、特点及其作用的不同，把 TOD 划分为"城市型 TOD"和"社区型 TOD"。

"城市型 TOD"位于区域性干道的轻轨、重轨或快速的公交汽车的站点,一般作为区域较大型交通枢纽、商业中心、就业中心,也可以分布在商业密度或者居住密度比较高的地区。其商业强度和就业岗位的聚集程度都很高,规模较大,具有很高的土地开发密度。空间尺度一般以步行 10 min 的距离或 600 m 的半径为限。多个城市型 TOD 的串联便形成了城市的发展轴线。

"社区型 TOD"位于距轨道交通站点或换乘站 10 min 路程的交通支线网络上,通过公共交通支线与主干线相连。"社区型 TOD"一般以提供多样化的居住为主要功能,规模比"城市型 TOD"要小,具有较高的居住密度,同时为邻近的居民提供相应的娱乐、服务、零售以及市政公用设施等社区服务。

美国檀香山交通与公共交通发展计划中,将 TOD 按照地域划分为七个类型,如表 1.3 所示。

表 1.3　TOD 主要类型

类　　型	主　要　特　征
城市中心	城市中心和文化中心; 多条公共交通线路和换乘点
城市邻里	密度由中级向高级过渡; 城市中心道路系统的延伸; 商业位于中心街道两侧; 主要的道路节点; 能够支付得起的房屋; 高质量的步行活动空间; 有时是重要的毗邻城市中心的历史街区
区域城市中心	具有充足汽车通道的购物中心; 需要细致的连接道路; 土地利用多样性
郊区邻里	高密度开发及重新设计; 集中很多通勤者; 存在一些零售、商业中心,但规模有限
邻里交通通道	大量的居住人口; 有限的商业零售和办公用地

续表

类　　型	主　要　特　征
通勤城市	独立的、具有到城市中心的通勤服务； 车站周边是主要的街区，有零售、办公和居住分布； 支持高峰期的交通服务，但是需要考虑停车
大学中心	良好的步行和自行车环境； 需要步行系统和往返连接的公共汽车，便捷连接学生活动中心、运动中心和图书馆

　　TOD 可以减少人们在出行过程中对私家车的依赖和不合理使用，同时，TOD 模式既能促进轨道交通的发展，也能为轨道交通站点本身提供开发机会。

3. TOD 的主要功能

　　一个成功的 TOD 项目能够将居住、商业及就业等用地进行混合布局，从而提高土地的使用效率。同时，TOD 的发展还应该与当地的经济发展模式相结合，使城市有更多的商业机会和就业机会；使社区更加安全，更具吸引力；使人们的生活更加便捷、舒适，从而提高城市和社区的可居性。TOD 的主要功能如表1.4所示。

表 1.4　TOD 的主要功能

要　　素	描　　　述
增加机动性选择，提高环境质量	在公共交通站点周围布置商业、居住、就业等场所，提高各种用地的可达性，采用步行或骑自行车的方式，减少空气污染，改善环境质量
行人导向的设计特征	在 TOD 区域内，尽可能少地布置停车场，鼓励以步行为主的交通方式，设置更多的街道、人行道等
可供选择的郊区生活	人们可以不需要私家车的帮助而更方便地在郊区生活
促使邻里复兴	TOD 可提高土地的使用效率，加快城市基础设施的建设，从而满足不同居民的居住需求，并提供相应的服务
保障公共安全	人们都在一个紧凑的 TOD 区域内工作、学习和生活，有利于公共安全的长久保障

续表

要　素	描　述
提供公共 活动场所	TOD 的辅助区域包括一些公园、绿地、广场,这些公共开放的空间可以方便人们休息、游玩以及交际

1.2.3　TND 传统邻里开发模式

安德雷斯·杜安伊和伊丽莎白·普拉特-兹贝克夫妇提出了传统邻里开发模式——TND 模式,并在众多建筑师的理论和实践经验指导下不断丰富发展。

由于 TND 模式偏重实践理念和设计策略,关注的也是社区细部规划设计,因此 TND 模式根据各地情况有更多变化。

TND 模式是对于传统的重构,对于机械地按照功能分区划分空间方式的一种批判,着重强调文化传统对于人居的重要意义。TND 模式提出了很多法则,在社区设计中进行实践。TND 模式从传统的社区规划中寻找出基本设计原则,建立起一套基本法则。

TND 模式对公共空间的重要地位表示肯定,指出"所有城市建筑设计和景观设计的基本任务是从物质形体上限定出可供人们共同使用的街道和公共空间"。这里的空间大多与传统重构相结合。传统的社区邻里包括延续的空间形态、复杂的空间功能业态、更多互动的交往空间等传统空间要素。

1. TND 模式的源起

新城市主义第四次大会中通过的《新城市主义宪章》中针对社区中出现的问题提到以下基本原则:第一,对于社区多样性的强调,包括业态与使用者的多样;第二,强调公共空间的重要性以及提出公共空间应当完全开放;第三,提出设计应当适应地方历史、气候、生态。

在新城市主义关于社区规划的基础上,安德雷斯·杜安尼和伊丽莎白·普拉特-兹贝克夫妇在设计中提出了解决社区问题的 TND 模式。他们在滨海镇项目中试图在实践中解决社区问题,尝试回归传统:提出对传统社区街道构成方式采用重构的手法,考察传统社区的公共空间模式,包括街道、公园和广场,对公共空间与私密空间的灰空间进行考察,并在考察中确定了在传统社区中形成良好邻里关系和动态公共空间的要素,包括总体规划、街道网络、步道系统、街道概况、环境规划和法规。在实践中,他们提出自己的设计原则:遵循传统社区规划,

从中提取社区构成基本要素并进行重构。

2. TND 模式的核心理念

TND 模式研究的重点是以社区为基本单位,特别是对传统城市邻里空间的重构。对于回归传统的社区邻里生活方式,TND 模式提出可以通过打破现代城市中的简单的功能分区,强调交往空间、邻里单元和传统街坊的重要性。

在老旧社区改造公共空间是 TND 模式所关注的重要城市问题,并且在社区改造中运用 TND 模式所提出的重构传统是可行的。

TND 模式倡导的社区形式是紧凑的、混合开发的,以适合步行、私人和公共场地优先,那些公共空间具有等级性。这些等级是由居民使用频率、居民互动活力值以及居民的空间需求等因素来决定。

TND 模式在空间的塑造方面主要强调的是构造一个高密度、小尺度的传统邻里空间。TND 模式是一种从城市设计的角度研究社区公共空间的发展模式。

TND 模式强调公共空间作为社区中邻里交往场所的重要性,关注社区的规划设计,以及对社区内不同层级的公共空间的重视。多类型的居民楼以及与之配套的绿化公共服务设施是这个空间的主体部分。在人流集散处布置的绿化、广场或公共服务建筑等公共空间可以服务更大范围的邻里交往活动。宅旁或是院落公共空间则是距离更近、更私密、为居民提供邻里交往活动的场所。

TND 理念的思想内涵,是采用以人为本的设计观念,以宜人尺度为出发点,研究社区邻里的组织方式。TND 模式的口号与宣言往往基于被忽视的常识。它们在实践中被系统地表达出来,并改变着当今现代都市的面貌与发展。

3. TND 模式的设计要点

(1) 开放的社区。

TND 模式提出一种外部开放、内部围合的社区规划,主要做法是:①在社区邻里的周边布置公共设施,将其作为区域性的公共设施,供多个邻里社区使用,并促进各个邻里社区间的交流往来;②建筑朝向街道的一面保持整齐的街面,并有门廊等停留空间,保持社区外部的活力;③社区的内部设置地面停车以及次要的服务空间,吸引人们进入;④居民楼采取半围合式布局,满足居民日常居家生活需求。这种将社区公共空间按照居民需求分成不同开放程度的空间的做法,在保持社区活力的前提下保证了社区的安全性以及私密性。

（2）回归传统。

回归街道生活、回归邻里是 TND 模式的核心理念。TND 模式提倡回归传统，恢复传统城市的建筑、街区结构，并提升社区感与归属感。TND 模式重新提及小尺度街区划分、网格状的街道布置这些传统的经验，提出在道路设计中使用巷道、使街道尺度减小以及注重社区中步行系统的设计等原则。街道的网格状布置使得大多数街道相互连通，从而提供多种交通路线，使车辆分流到所有街道上。同时，为了减小过境交通对社区的影响，TND 模式对传统网格式道路进行了一些处理，如适当减少道路对社区外的连接口，对道路及交叉口的几何性处理等。

同时，TND 模式提出以传统建筑风格为社区规划主题，将旧建筑作为社区文脉的起源，使社区空间的尺度、界面以及建筑风格与社区文脉风格相吻合。TND 模式的回归传统并不是在表皮上回归传统，而是严格遵照传统邻里开发模式的理念，立足于当下居民需求进行传统重构。

（3）公共空间为先。

TND 模式强调公众的利益，认为传统社区具有活力的原因是富有生命力的公共空间，因此重视公共空间，注重公共空间在营造社区邻里交往氛围方面的作用。主要做法有：①在社区中心以公共建筑为标志性的标识，并设置视觉节点；②将沿街建筑后退形成过渡型公共空间，与沿街停车、开放的人行道等共同构成社区道路公共空间；③设置绿地、广场等社区级开敞公共空间；④在门廊、台阶、屋檐出挑等处的细节处理共同营造了私人空间与公共空间之间的过渡空间，形成宅旁半私密的公共空间。

（4）高密度混合。

TND 模式强调社区的多样性以及高密度混合，包括社区的功能、业态以及社区居民的多样性。主要做法有：①将多种功能置入社区中，使社区居民到达工作地点或购物地点的距离在 5 min 行程内；②为了使社区街道保持一致性，限制不同类型建筑物的高度和退界；③不同的建筑风格和住房类型为人们提供了更多选择，并支持人们相互交流。

4. TND 的基本设计原则

（1）紧凑性原则。足够的人口数量和密度是形成具有活力的城市社区的基本条件，而较高的容积率也可以提高土地与基础设施的利用率。

（2）混合使用原则。在以邻里街坊或公共交通站点为中心，以步行距离为

半径的范围内布置商店、服务、绿化、中小学，以及提供尽可能多的工作岗位，支持以步行和公共交通为主导的通行方式。

（3）适宜步行原则。城市生活的氛围最关键的是步行活动的支持。应当把各种公共活动空间和公共设施布置在公交车站步行范围内。理想的距离是400 m，相当于 5 min 的步行距离。

（4）可负担原则。通过紧凑开发，提升基础设施的使用效率，降低开发成本并集中税源，因而利于市政管理的财政负担。努力在社区中提供不同风格、不同档次的住宅，让居民可负担。

（5）传统风格原则。在街区的组织和建筑的造型处理上采用传统风格，有利于增强归属感和场所感，也有利于使居民形成认同感和邻里意识。

5. TND 与 TOD 的理论统一

对比新城市主义两大理论 TOD 与 TND 的相关概念介绍，会发现它们有很多相似之处，例如强调结构紧凑，提倡步行友好、混合开发和公共设施的共享。通过对两种理论的思想背景研究，发现两者真正的区别不在于它们的设计原则，而在于理论思想的出发点不同。

TND 理论的出发点是伊丽莎白·普拉特-兹贝克夫妇在实践中，从人的尺度出发研究市镇或邻里的组织方式，是"以人为本"的设计观念。因此有专业人士认为，这属于"自下而上"的价值取向和设计方法。而 TOD 理论的研究背景为可持续发展的环境观。其创立者彼得·卡尔索普的出发点是整体的生态环境和经济，因此是属于"自上而下"的城市设计方法。

尽管 TND 与 TOD 的理论背景和出发点不同，但是它们在设计的原则和措施方面却相差无几。这充分说明，无论从社会利益还是以人为本出发，最终的利益追求是一致的，都是为了创造人与人、人与自然和谐相处的可持续发展的生活环境。在这一点上，新城市主义的两大理论殊途同归。

1.2.4 TID 轨道交通综合站点开发

1. 轨道交通综合站点的开发

（1）TID 的由来。

TID（transport integrated development），即融合交通的综合发展项目。

TID 与 TOD 有很多理念上的一致性，但 TID 更关注 TOD 区域内，尤其是核心区融合交通枢纽的综合开发。

"R+P"(railway+property)是 TID 在轨道交通领域的分支，即"轨道＋物业"开发模式。该概念起源于中国香港，是香港铁路有限公司于 20 世纪 60—70 年代提出的物业开发模式(比 TOD 概念的提出更早)。当时的香港铁路有限公司由香港政府全资拥有，政府希望香港铁路有限公司能自负盈亏，因此提出了以项目发展的收益来支持铁路的开发和运营模式。此模式逐渐体现出铁路结合物业开发可产生巨大的效益，从而发展成为"R+P"的开发模式。

"R+P"开发模式并非源于 TOD 概念。但经过多年的发展，该模式与 TOD 概念不谋而合。"R+P"原本是一个商业运作模式，后来则进化成一个城市规划的先导理论。

（2）TID 的设计原则。

轨道交通枢纽沿线物业发展是一项复杂的系统工程。做好综合开发需要整体考虑各种因素。每一个轨道交通站点都应该是一个交通枢纽。在交通枢纽设计过程中应遵循以下原则：以人为本、轨道优先、人车分流、零距离换乘、交通规划、多元化发展、高效环保及可持续发展等，概括而言就是"整体考虑、统一规划、分步发展"。

以人为本是 TID 设计的第一原则，也是最重要的原则，是 TID 成败的关键，是一切的出发点。假设目标客户是一位怀抱 4～5 岁小孩、背着背包的年轻妈妈，以人为本原则的体现就是要找到一种方法，让她以最安全、最便捷、最省力的方式换乘交通工具。让使用者觉得 TID 是提升公共交通使用率的最有效方法。而以人为本其中一项要点就是人车分流，提升人和车在综合体内的流动性和便捷度，相互整合，而条件是要有一个安全和舒适的环境。

轨道优先也是 TID 设计的重要原则，主要体现在以下几方面：①与整条线路的前期规划研究同步进行；②最大限度地提升轨道交通或交通枢纽服务；③制造更多平台，提高枢纽与城市的衔接效率；④根据发展需求尽早进行园林、道路及绿化的规划；⑤车流和人流的动线组织；⑥结构和管线的转换。

零距离换乘及交通规划原则是 TID 实现高效率目标的关键。该原则主要体现在：①每个站点都是交通枢纽，只是规模大小不同；②必须关注垂直交通的设计；③内部主干道遵循市政道路标准；④进行包括交通功能分布及交通管理的全面、深入的交通研究；⑤关注车用道路和人行道的设置、分布，引导有效的公共人流、车流；⑥不同交通工具的换乘点需设于同一位置或可互相连接。

（3）TID 的交通方式。

TID 并不局限于轨道交通，轨道交通是交通枢纽的一个要素（很多时候是核心、主导），其他交通模式也同样重要，各方面要紧密配合才能造就一个成功的 TID 综合体。

但也有将其他交通方式作为 TID 核心的例子，如尖沙咀中港城商场。该商场内设有一个渡轮码头——中国客运码头，码头设有出入境设施，地库设有公共汽车总站，包括公共汽车、出租车和酒店穿梭公共汽车，商场有大型停车场方便换乘。整个项目构成一个立体的 TID 综合体，当中的交通枢纽以跨境渡轮码头为核心。中港城并不直接接驳地铁，前往最近的地铁站需要步行 10 min。

在中国香港特别是九龙市区这样高密度发展的地方，或者是国内很多繁忙的大城市，受制于高密度发展和交通堵塞，以轨道交通为发展核心是最有效地提高流量、交通可达性的方式。依赖道路交通方式的交通枢纽成为辅助、配合、分流的角色。在这个大前提下，中港城是比较特殊的例子，它既在市区，也具有过境的功能。

（4）TID 的理念。

TID 的理念不是简单地将各种交通工具及其站点放置在同一个地方的换乘场所，而是经过科学研究、合理规划、全面考虑而形成的综合交通枢纽。其核心理念可简单概括为：安全、便捷、舒适、惊喜。

安全是首要的，是不可妥协的；便捷是当下的一项重要的生活指标，是环保、省时的生活体验；在出行的过程中，能让使用者感受到舒适是 TID 的又一优势，是安全、便捷之后的质的飞跃；惊喜是使用者未能想到的可以达到的效果。使用者会从心里认可并且乐于享受这样的 TID。

总之，TID 的理念就是要集合理的规划设计、清晰的交通动线、便捷的交通换乘于一体，将城市综合体和交通枢纽融合在一起。TID 的开发要达到多赢的效果。

（5）TID 促成机制的调整和优化。

当 TID 整个规划阶段完成后，政府有关部门就可以更有效地对城市的功能、城市规划和交通规划进行调整。实际调整的内容包括对地块及周边土地的技术经济指标进行修改。

①常规控制指标的优化：用地性质、容积率、建筑高度、建筑密度、用地兼容性、停车配建、绿地率、建筑退线、出入口控制。

②附加控制指标见表 1.5。

表 1.5　附加控制指标

地面控规控制指标	地下控规控制指标	
	强制性控制指标	建设性控制指标
过街设施、出入口与通道、交通一体化设施以及地铁机电设施的土建衔接等	用地边界,通道、出入口及接口,地铁机电设施的土建衔接,开发功能与规模,地下枢纽换乘设施等	开发功能、业态、环保与空间景观、开发时序与分期、竖向功能利用与对接、地下空间出入口、下沉广场、市政管线走廊等

此外,还需要处理的一个重要问题是行政机制,涉及行政机制方面的内容包括招拍挂、土地出让价、成本核算、多元化开发、混合发展、产权立体分割、交集区域的综合管理、交通枢纽的造价估算、交通枢纽的回购等。

以下几方面尤其需要深入研究:①招拍挂流程的设置;②土地使用权立体化和分割;③项目完工后,交通枢纽的产权转移;④交通枢纽的运营和管理的控制。

2. TID 综合开发的模式及要点解析

(1) 一级开发。

轨道交通及 TID 为铁路经营者带来莫大的商机,轨道公司可以成立轨道上盖物业发展公司(以下简称开发公司)进行物业开发。

TID 项目开发涉及土地的一级开发,在一级开发的过程中,制造 TID 项目的商机和 TID 开发公司的土地储备。一级开发的好处是可以在规划期间介入项目,控制项目的开发模式、规模以及与 PTI 的无缝衔接,以减少项目可能出现的先天性风险。

TID 综合开发的模式其实是规划的立体化,亦是规划、建筑设计和交通规划的衔接。其他的一级开发是在一个区域上做城市规划、路网和管线的设计及建造,但 TID 综合开发是将以上几种要求在一地块中深入及集中进行,再与政府沟通确定技术经济指标,最后对相关指标进行调整。

与国内其他一级开发模式不同,TID 项目地块及其周边区域的交通规划要以专业、深入、全面的交通研究为基础。因为交通枢纽会产生大量的车流,加上 TID 项目本身的车流量也很大,假如处理不恰当,会产生更多的交通问题。

项目的开发策略以及商业计划的研究在 TID 项目的开发运营上也非常重要。TID 是一个商业的开发行为,一定要充分考虑项目的商业可行性。要进行

详细的市场调研及其他分析,也要兼顾该项目技术上的复杂要求以及财务分析,最后确定项目的定位、定性、定量。TID 作为一个交通枢纽,不仅要充分考虑政府对城市空间规划及未来的需求,也要考虑交通使用者的额外需求(如舒适、方便)。

以上需求在一级开发阶段中得到满足后,政府就会通过土地招拍挂的程序,将土地公开拍卖,成功拍得土地使用权的开发商将会进行土地的二级开发。

(2)二级开发。

二级开发较一级开发更为具体、细致,是实现一级开发中描绘的蓝图的必经途径。TID 项目的二级开发与常规房地产项目不尽相同,是房地产和 PTI 的融合,必须考虑得更周全、更技术。TID 开发公司要竭尽所能,把设计做好,以增加房地产的性价比。在物业销售过程中,以诚信务实为宗旨,履行企业对社会的责任,不夸大其词,不欺骗、误导消费者。

在二级开发的过程中,TID 开发公司可不同程度地控制 TID 项目房地产开发的质量和业态,以确保开发公司在 TID 项目创造的生活模式得以保持。

(3)资产管理。

在完成二级开发之后,可以考虑将部分物业长期持有,这就需要进行资产管理。可长期持有的资产种类有:写字楼、服务公寓、商场、酒店、出租住宅等。而管理这些长期持有的投资物业,应该用资产管理的概念来执行,使物业的素质得以保持,价值能不断提升。

物业管理与资产管理的区别在于思维模式的本质转变。TID 开发公司可引入合作伙伴,例如商场管理、酒店管理公司等,以增强资产的价值。同样,在这些物业出租一段时间的时候,也可以考虑通过房地产投资信托基金(real estate investment trusts,REITs)的形式上市。

TID 开发公司经营一段时间以后就会发展成很有价值的平台,也有机会实现上市。

1.2.5　TJD 联合开发

联合开发(transit joint development,TJD)是 TOD 在社区层面的延伸概念,该概念的提出实际上早于 TOD 概念,在 20 世纪 80 年代的美国公私合营站点开发项目中被大量应用。最早的 TJD 项目是新纽泽西城的高架铁路项目,完成于 1959 年,以通勤铁路站点为中心进行。路易斯·科夫最先总结 TJD 的发展理念,将其定义为紧邻公共交通服务设施和站点设施,并利用其市场和区位优

势的房地产开发。马克·怀特和詹姆斯·麦克丹尼指出,TJD 是整合公交站点或者其他公交设施的房地产开发行为。赛维罗等则进一步从制度层面将 TJD 定义为在公共交通机构和私人组织之间的正式协议,具体表现为私人部门在评估公交设施附近土地开发的市场潜力的基础上对其开发成本的支付或者分担。

1. 概念

联合开发是一个广义的概念,是一种将城市发展活动予以通盘综合化开发和建设的方法,并使最终利益大于其中任一项的利益。关于轨道交通的联合开发,国际上尚无统一精确的定义。通过对现有定义的总结分析,提炼出联合开发的以下两层含义。

(1)指轨道交通建设与房地产开发的联合。通过统一规划和建设,实现城市轨道交通与房地产项目的互动发展,即以轨道交通带来的可达性带动周边一定范围内的房地产开发,并将其收益以适当的方式补偿轨道交通的建设与运营。同时,通过房地产开发活动形成的良好商住环境能够吸引公众居住、消费,从而进一步培育和增加城市轨道交通的客源,提高收益。

(2)指政府与民间的联合。联合开发的参与实体通常包括城市政府、轨道交通企业、开发商等,即在联合开发的实施过程中强调相互之间的协调与合作,使政府的法定职能(如强制征地权)与开发商的资金、有效管理手段等有效结合,促进设计目标的顺利达成,并在参与方实现多赢的基础上,实现社会效益的最大化。

联合开发有利于拓展轨道交通的投资领域与经营收益,缓解政府财政压力;能够重构与高密度经济活动相对应的城市空间,既保证了轨道交通运输能力与土地利用强度的有效平衡,又对优化城市结构、提高土地利用效率、促进城市新的增长点的形成具有重要作用。此外,联合开发使得政府从直接的经营者变为标准的制定者和运输服务质量的监管者,客观上保障了运输服务质量的提高。

2. 参与主体

联合开发是一个多方协调、共同合作的活动(见图 1.2)。其涉及的参与实体有城市政府、轨道交通企业、开发商、融资机构、第三部门(设计、咨询、承包商等)、公众等。其中,城市政府、轨道交通企业和开发商是决定联合开发成功与否的三个重要角色。

城市政府指负责开发运作管理的政府部门,如建设、规划、交通、国土、市政

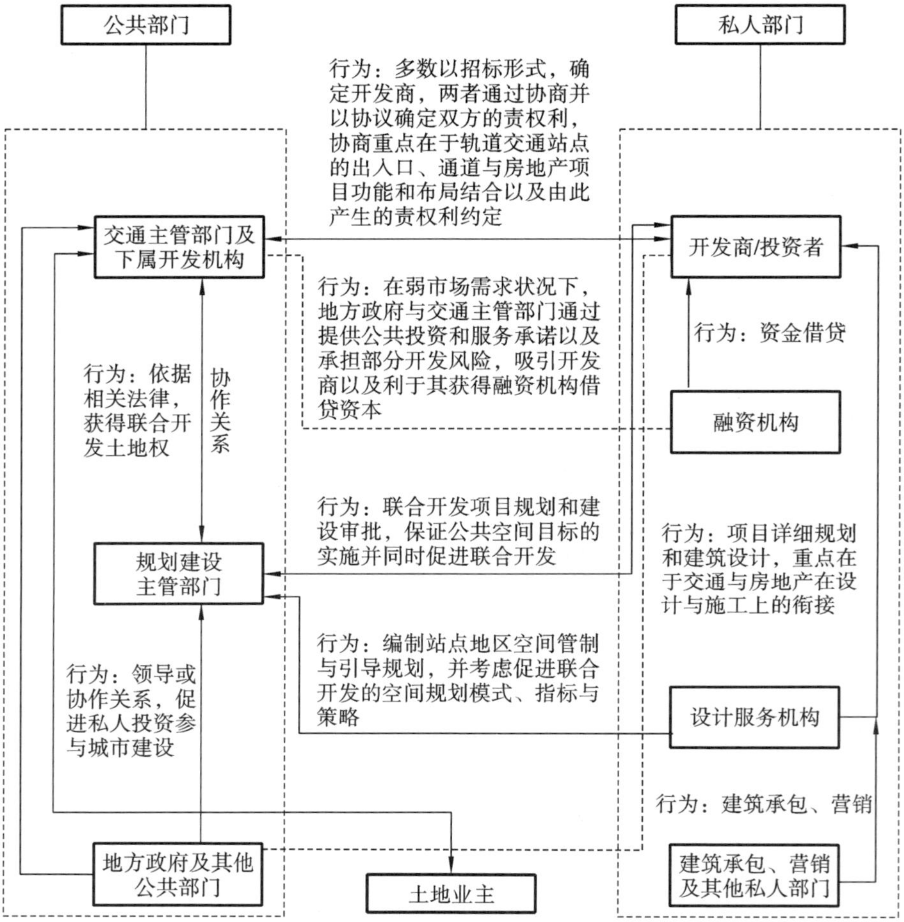

```
┌──────────┐                                              ┌──────────┐
│  公共部门  │                                              │  私人部门  │
└──────────┘                                              └──────────┘
                    行为：多数以招标形式，确
                    定开发商，两者通过协商并
                    以协议确定双方的责权利，
                    协商重点在于轨道交通站点
                    的出入口、通道与房地产项
                    目功能和布局结合以及由此
                    产生的责权利约定
┌──────────┐                                          ┌──────────┐
│ 交通主管部门及 │                                          │ 开发商/投资者 │
│ 下属开发机构  │                                          └──────────┘
└──────────┘      行为：在弱市场需求状况下，
                    地方政府与交通主管部门通过         行为：资金借贷
  行为：依据   协     提供公共投资和服务承诺以及
  相关法律，   作     承担部分开发风险，吸引开发      ┌──────────┐
  获得联合开   关     商以及利于其获得融资机构借      │  融资机构  │
  发土地权     系     贷资本                        └──────────┘

                    行为：联合开发项目规划和建         行为：项目详细规划
┌──────────┐        设审批，保证公共空间目标的         和建筑设计，重点在
│ 规划建设   │        实施并同时促进联合开发           于交通与房地产在设
│ 主管部门   │                                      计与施工上的衔接
└──────────┘        行为：编制站点地区空间管制
  行为：领导或        与引导规划，并考虑促进联合      ┌──────────┐
  协作关系，促        开发的空间规划模式、指标与      │ 设计服务机构 │
  进私人投资参        策略                         └──────────┘
  与城市建设
                                                   行为：建筑承包、营销
┌──────────┐        ┌──────────┐                ┌──────────┐
│ 地方政府及其他 │      │  土地业主  │                │ 建筑承包、营销 │
│  公共部门   │       └──────────┘                │ 及其他私人部门 │
└──────────┘                                      └──────────┘
```

注：虚线联系表示两者之间的行为发生在特定情况下非必然发生。

图 1.2　联合开发的参与主体及其行为

等机构。作为公共利益的代表，他们对开发活动提供政策扶持，因而成为协调各方利益的主体。

　　轨道交通企业在这三个参与主体中扮演了"向上承接政府战略，向下启动市场资源"的角色，成为整合政府与市场资源的平台。其主要负责协调开发活动与轨道交通建设的配合，通过向开发商租售土地或物业来补偿建设运营支出。

　　开发商是指参与具体开发的各类开发机构，他们提供开发所需的资金，并负责组织开发、建设及经营管理，以追求个体利益为主要特征。联合开发中的开发商要比一般的开发商花费更多的精力，需要达成许多必要的交易，进行更周到的规划，与公共机关的关系也比较复杂。这已成为联合开发和其他房地产活动最

大的区别。

3. 实施流程

联合开发是一项复杂的系统工程。因此,联合开发从规划、组织到实施必须遵照一定的程序进行。联合开发实施流程如图 1.3 所示。

(1) 联合开发机构的设立。联合开发机构包括主管机构(联合开发办公室)和执行机构(联合开发公司)。联合开发牵涉公私各个不同团体的行为,因此需要专设一个政府职能部门(即联合开发办公室)对开发活动进行全方位的控制与协调。联合开发公司则负责具体的合作开发活动。

(2) 市场调查。在进行联合开发规划前,必须对地区现状经济发展、土地利用、房地产市场等情况进行综合调查,以明确联合开发的潜力与实施范围。

(3) 联合开发规划的制定。制定详细的联合开发规划,以实现轨道交通与土地利用的有机互动。与此同时,相关部门及企业也需致力于完成保证联合开发活动实施的各项计划与安排。

(4) 土地的取得。在联合开发规划确定后,由联合开发主管机构向政府取得沿线土地的开发及经营权,并交由联合开发执行机构进行开发。

(5) 协议的签订及权责的分配。明确联合开发构想,通过书面契约规范彼此的行为,即规定私人部门、交通运输主管机构以及其他公共部门之间的责权利。

(6) 开发时序的选择与实施。联合开发公司需根据房地产状况确定沿线物业最合适的开发时机,以避免土地市场供求不平衡而导致的经济不稳定等各种弊病。

1.2.6　SOD 服务引导开发模式

1. 定义

SOD(service-oriented development),即以公共服务设施为导向的发展模式,就是通过公共服务设施引导开发建设的模式。政府利用行政垄断权的优势和行政及其他城市功能的迁移,使新开发地区市政基础设施和社会服务设施同步完成,进一步加大"生熟"地价差,从而同时获得空间要素调整资金的思路。作为新区行政中心、大型公共设施的建设势在必行,需要通过公共设施的建设,带

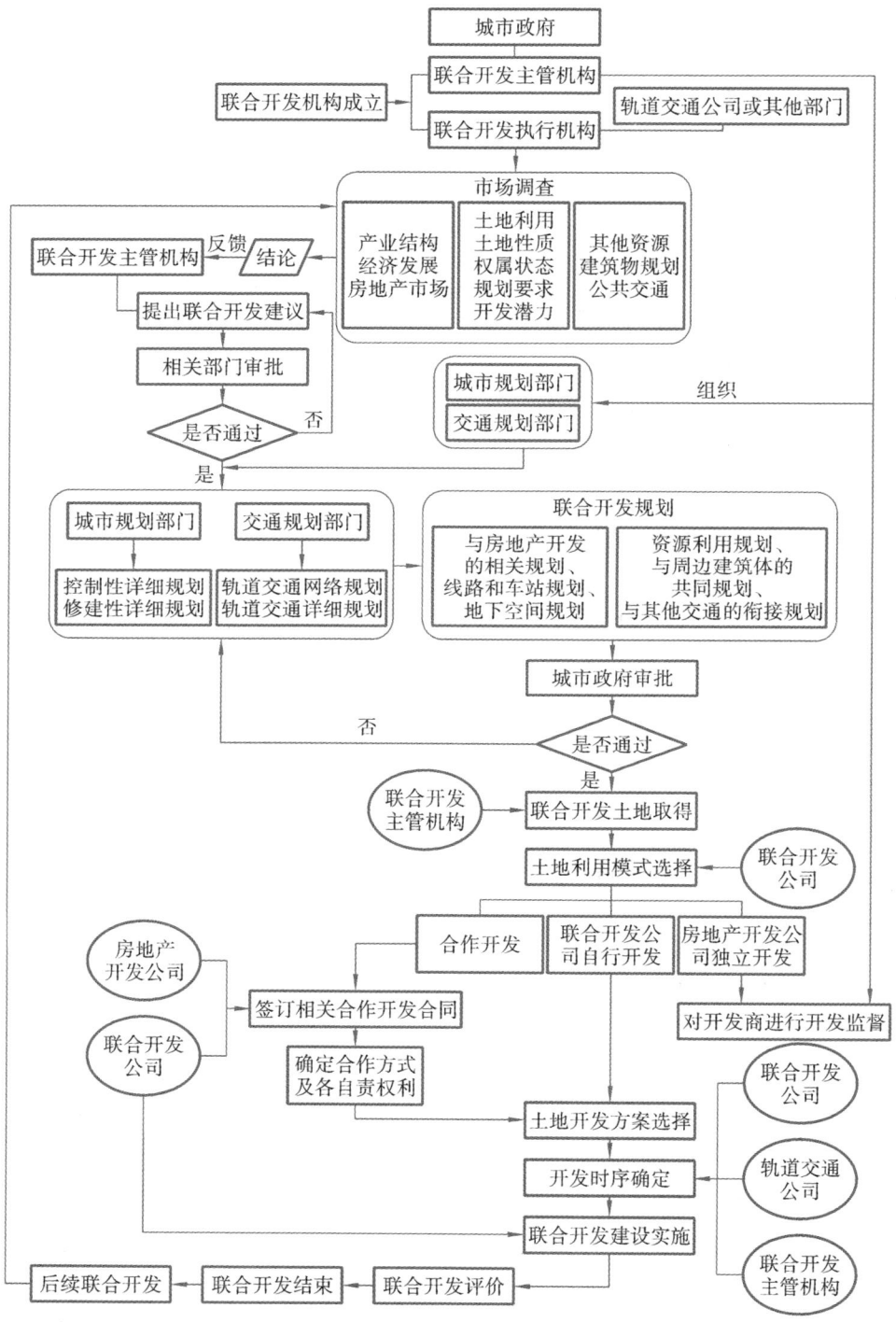

图 1.3　联合开发实施流程

动整个新区的发展。

2. TOD 与 SOD 的结合使用策略

目前国内在发挥城市轨道交通 TOD 功能方面最明显的误区就是只要城市出现大型新区建设项目,立刻就要求建设轨道交通进行支持。其实,判断新区发展何时需要建设轨道交通才至关重要。TOD 模式作用的关键是确定建设时机。一般来讲,轨道交通 TOD 模式线路的建设时机主要从新区内各建设项目实施进度、与轨道交通平行的道路建设情况和交通服务水平变化规律这两方面判断。一方面,轨道交通建设新区内各建设项目实施进度应一致,做到新区基本形成目标规模时,轨道交通建成运营。建设过早将形成巨大的浪费和运营负担,影响轨道交通可持续发展。另一方面,由于轨道交通与道路交通竞争优劣的可变性,在建设轨道交通 TOD 模式线路时,必须研究平行的道路建设情况和交通服务水平变化规律。只有道路交通不能满足交通需求,并造成道路服务水平迅速下降时,城市轨道交通建成运营才能发挥作用。同时,判断平行的道路交通服务水平变化规律还可以帮助决策者分析交通因素是否是新区建设发展的制约因素。如果不是,建设轨道交通也不能对新区建设产生根本性的支持作用。轨道交通发展模式的 SWOT 分析如表 1.6 所示。

表 1.6　轨道交通发展模式的 SWOT 分析

项目	SOD	TOD
特征	以城市客运量为先导,伴随着城市的发展,当城市发展轴向的客流量超过了城市道路和地面公交系统可以承受的情况,才考虑建设轨道交通	利用轨道交通的聚集效应,有目的地将轨道交通线延伸至城市规划的中心城外围或一些待开发地区,引导城市土地功能的调整。开发和人口的转移,巩固和发展城市公共交通的主体地位
优势(S)	建设轨道交通时效性显著,初期因客流量大,轨道交通经营效益大,有利于其可持续发展	有利于促进城市布局与结构的优化,引导城市土地均衡开发,提高城市化水平
劣势(W)	城市需要经历相当长一段交通拥挤和紊乱期,与现代化的城市建设要求不符	初期轨道交通运量小,一旦引导功能未实现,会导致城市轨道交通发展失衡

续表

项目	SOD	TOD
机会 (O)	以经济型观点对待轨道交通的发展,在客流密集地区建设轨道交通项目,更容易被政府接受,更受到公众的欢迎	是一种具有远见的发展战略,需要与城市规划协调进行。对于快速发展的大城市,机会大于挑战
挑战 (T)	一旦城市交通拥堵严重时,会直接影响城市的运行效率和经济发展	一旦轨道交通沿线土地的开发未实现同步,项目的风险不可避免

在通过建设城市轨道交通引导城市边缘地区发展的过程中,应选择适当的建设时机,力求使线路同时具备客流追随和规划引导功能。这样在线路建成运营后,可同时发挥缓解现状交通压力和引导城市新区发展的双重作用。若采用SOD 与 TOD 两种模式相结合的规划策略,也就是大型公共设施和轨道交通线路的结合,将会更加强化 TOD 模式所发挥的作用。这样在线路建成运营后,可同时发挥缓解现状交通压力和引导城市新区发展的双重作用,使客运量和线路开通量成正比例增加,还能确保采用 TOD 模式建设的城市轨道交通线路的建设与运营能进入良性循环和有序的持续发展,不致造成城市轨道交通建成后没有足够客流支撑,造成资金和资源的极大浪费。

1.3　TOD 与商业开发

1.3.1　轨道交通站域的商业价值

近年来,轨道交通站域商业开发的概念越来越受到人们的重视。随着香港时代广场、上海新客站、东京银座等大型轨道交通商圈的开发,轨道交通站域的商业功能和价值也备受关注。本书所探讨的商业化经营并不包含提高轨道交通票价等盈利手段,而是以轨道交通站域为依托的大规模物业开发。此方式是利用修建轨道交通车站所带来的新契机,重置轨道交通站域的各种功能,充分利用轨道交通站域进行商业的综合开发。商业的生命力源于客流的聚集,轨道交通站域越能将客流转化为购买力就越能体现其价值。这是分析轨道交通商业功能和价值再造的理论基础。客流结构、数量、购买倾向是轨道交通商业项目决策和选址的重要依据。从这个意义上讲,轨道交通客流的庞大数量、复杂构成以及乘客服务需要必然会使轨道交通商业成为一种极具增值能力的形态。

　　轨道交通和商业的影响常常是相互的。在规划初期,轨道交通车站的设置就会倾向于人流集聚的商业区;而轨道交通车站的设置又会促进新项目的开发,使轨道交通站域及周边地区的商业环境更加成熟。例如北京的公主坟周边地区,轨道交通的建设和车站的设立极大程度地促进了公主坟附近商圈的发展。天津的老城厢地区也由于轨道交通车站的出现而重现生机,老城厢自古就是天津的核心地区,却随着近代城市的发展而逐渐没落,而天津轨道交通 1 号线西南角站的设立和老城厢风貌保护区的改造改变了老城厢尴尬的境遇,使其焕发了新的生命力。

　　轨道交通站域的商业也有其自身的特征,受轨道交通影响,早晚高峰时期人流最多,晚间购买力较强。轨道交通方便了人们出行,因此对假日消费也有一定的刺激作用。轨道交通站域的商业拥有巨大潜力,若能合理规划,定位准确,将庞大的客流转化为强大的购买力,便能带动整个地区的繁荣兴盛。

1.3.2　TOD 模式下的轨道交通商业开发

　　如图 1.4 所示,TOD 模式是一种以提高城区空间利用率为目的的公共交通导向型商业开发模式。其要点在于围绕公共交通站点打造汇集社交办公、购物消费、生活住宿等多种业态的多功能商业中心。建设高效换乘的城市公交路网,实现多种交通载体的无缝接驳,极大减少市民对汽车的依赖,使得人民的日常生活需求在公共交通站点周边步行范围内即可得到满足。轨道交通沿线商业综合体要重点突出土地开发的系统性和多元化,从而达到交通系统的高效运行和城区土地的集约利用,形成高度密集型的网络化轨道交通商业体系。

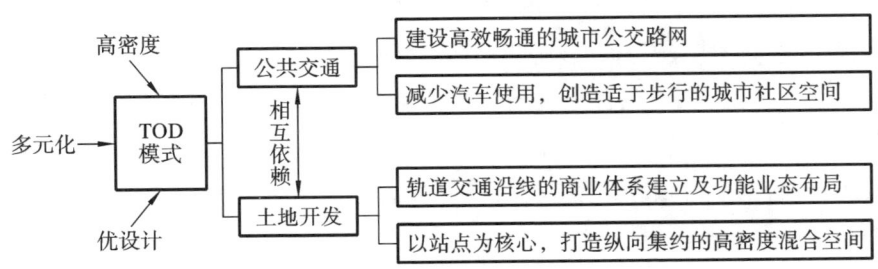

图 1.4　公共交通导向型商业开发模式

　　在 TOD 模式的理论指导下,城市的发展和扩张更加注重顶层设计。城市商圈的建设以及功能区域的布局均要在城市轨道交通线网建设和规划的基础上统筹谋划。站点周边土地的成功开发与轨道交通线网的运营效益紧密相连、相

辅相成,由此实现城市整体的集约化和可持续发展。TOD 发展模式具有前瞻性,带有"人随线走"的行为特征,成功实现城市消费客流从过去的被动适应型向现在的主动诱导型的积极转变,将一个需要政府财政补贴维持运营的社会公益性市政基础设施转变为统筹引领城市经济发展的措施和手段。它将商务休闲、学习教育、居住办公等各类功能版块聚集在轨道交通站点周围,通过地铁线路将客流人群引导至以地铁沿线各站点为核心的社区步行环境内,在减少路面拥堵、改善生态环境的同时,推进轨道交通沿线区域空间结构的优化和经济价值的提升,具有极大的社会公益性和商业聚集效应。

轨道交通站点的设置提升了周边区域的可达性,站点周边土地的区位价值存在显著差异。一般来讲,围绕车站枢纽中心,周边土地价值按圈层由内向外呈明显递减趋势。越靠近站点枢纽,该区域的可达性越高,空间价值越大,商业开发利用的强度也就越大。其中 0～400 m 为核心区域,空间价值最高,以现代化办公楼、商业购物中心的开发建设为主;400～800 m 为一般区域,空间价值略低于核心区域,但仍具有较强的商业利用价值,以酒店和高档住宅的开发建设为主;800～1600 m 为外围区域,空间增值属性衰减,商业开发价值不明显,为促进城市各区块功能均衡发展,外围区域多被规划为学校、医院、公园等非商业用地,站点周边区域价值分布如图 1.5 所示。

1.3.3 "地铁＋物业"轨道交通效益返还模式

在轨道交通商业开发的具体实践中,要重点着眼于地铁车站周边 800 m 以内的土地开发和物业经营。"地铁＋物业"商业模式中的"地铁"主要代表城市轨道交通网络中关于地铁线网及沿线各车站枢纽涉及规划设计、运营维护、客流疏导等硬件主体的建设管理;"物业"则主要侧重于地铁附属结构及周边土地资源等软体商业开发,主要包含地铁上盖建筑、车站及枢纽周边土地、地下商业综合体等商业资源。通过土地出让、楼宇出租、商业经营等手段整合轨道交通系统优势资源,将轨道交通正外部性效益内部化,为轨道交通项目的市场化运作创造条件。

从理论上讲,增加轨道交通企业经营收入,实现"地铁＋物业"轨道交通效益返还模式,有以下两种方式,如图 1.6 所示。

方式一:企业自主经营。由当地政府牵头,征求企业及社会相关利益主体意见建议,统一制定地铁商业开发政策。通过政策条文,以法律的形式明确轨道交通建设企业的合理利益,并给予其自主经营权,彻底清点盘活轨道交通网络沿线

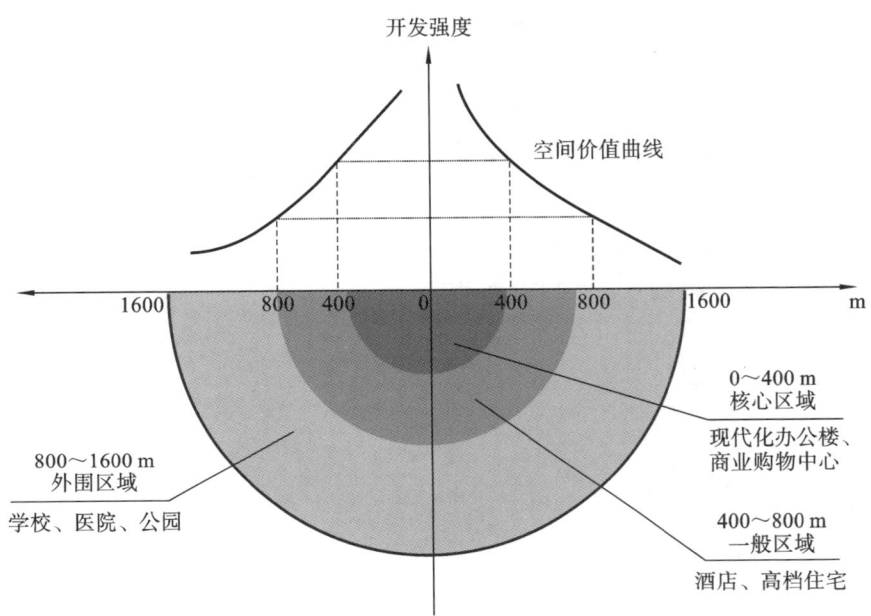

图 1.5　站点周边区域价值分布

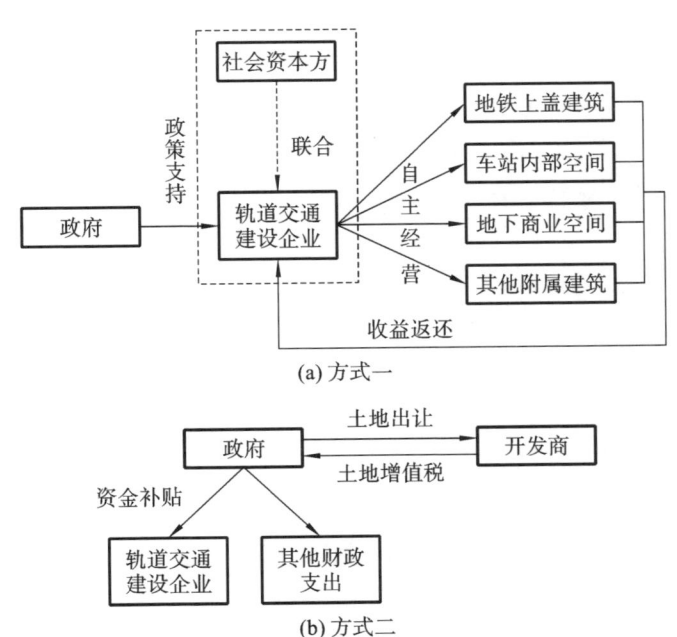

图 1.6　"地铁＋物业"轨道交通效益返还模式

的附属上盖建筑和地下可用空间,积极投入市场化运作,自负盈亏。在此基础

上,近年新兴一种多方合作的商业开发模式,即通过联合社会资本方共同成立项目公司,以合同形式明确各方权益,并要求社会资本方分担部分建设资金。

方式二:构建土地出让返还机制。在城市建设过程中,随着地铁线网逐渐加密外延,日渐网络化运营的轨道交通线路势必会极大提升沿线土地价值。对于车站枢纽周边 800 m 范围内的土地增值,政府可在招拍出让地块后,按照"近大远小"的原则,将向开发商收取的土地增值税按一定比例返还轨道交通建设企业,实现对于企业外溢效益的资金回补。

第2章 城市轨道交通站城一体化概述

2.1 城市轨道交通概述

2.1.1 城市轨道交通的定义、特点与系统组成

1. 城市轨道交通的定义

城市交通是城市发展的产物,是为城市服务的重要环节,是城市基础设施的重要组成部分,也是城市可持续发展的基本保障。城市轨道交通是城市公共交通的一个重要组成部分。随着城市的不断发展,它逐渐成为城市中最主要的交通工具。

我国国家标准《城市公共交通分类标准》(CJJ/T 114—2007)将城市轨道交通定义为采用轨道结构进行承重和导向的车辆运输系统,依据城市交通总体规划的要求,设置全封闭或部分封闭的专用轨道线路,以列车或单车形式,运送相当规模客流量的公共交通方式。在城市中使用车辆在固定导轨上运行并主要用于城市客运的交通系统均称为城市轨道交通。

2. 城市轨道交通的特点

与其他交通方式相比,城市轨道交通具有无可比拟的优势,主要体现在运量大、速度快、能耗低、污染少、可靠性高、舒适性好和占地面积少等方面。

城市轨道交通虽然有许多优点,但在具体的发展过程中存在建设投资巨大、线路建成后不易调整、运营成本高、经济效益有限等局限性。

3. 城市轨道交通的系统组成

城市轨道交通系统犹如一台"大联动机",各种设备相互联系、相互制约。只有城市轨道交通各种设备及其相互关系均处于正常状态,"大联动机"才能正常

运转。

城市轨道交通必须具有线路设备,线路设备是车辆运行的基础。在城市轨道交通沿线还需设置各种类型的车站,将其作为办理乘客乘降作业的基地,大量质量良好的列车是运送乘客的工具。城市轨道交通拥有完善的供电系统,供电系统作为列车的运行动力来源,为维持运营提供必要的动力和照明用电。同时,为了确保行车安全、提高运输效率,城市轨道交通必须设置一套完备的、现代化的信号及通信设备。这些设备作为运输调度集中与统一指挥的工具。因此,城市轨道交通线路、车站、车辆、信号及通信设备就成为城市轨道交通运输的基本设备。城市轨道交通的很多线路和车站位于地下,需要大量的机电设备保证乘车环境,需要完备的监控系统保证运行安全。城市轨道交通还必须设置各种必要的检修场所,并配备相应的检修机具,以便对上述各项基本设备进行检修,使它们处于良好状态,确保运输工作顺利进行。

2.1.2　城市轨道交通的类型

城市轨道交通系统包括地铁系统、轻轨系统、单轨系统、有轨电车、磁浮系统、自动导向轨道系统、市域快速轨道系统。

1. 地铁系统

地铁系统又称为地下铁道,其原始含义是修建在地下隧道中的铁路。随着地下铁道的发展,其线路布置不再局限于地下隧道中,而是根据需要也可以布置在地面或采用高架的方式修建,但城区内的地铁线路还是以地下为主。

地铁系统是一种大运量的轨道运输系统,单向高峰小时最大断面客流量为3 万～7 万人次。一般情况下,线路实行全封闭,可实现信号控制的自动化,适用于客运量较大的城市中心区域。

2. 轻轨系统

轻轨的原始含义是指车辆运行的线路所使用的钢轨比重型地铁所使用的钢轨轻。由于其使用的钢轨较轻,其整体的技术标准也低于地铁,因而轻轨的运输能力也远远小于地铁。早期的轻轨一般由旧式有轨电车系统改建而成。在 20世纪 70 年代后期,一些国家开始修建全新的现代轻轨系统,使得轻轨系统的行车速度、舒适程度得到了很大的改善。

轻轨系统是一种中运量的轨道运输系统,单向高峰小时最大断面客流量为

1 万~3 万人次。轻轨系统主要在城市地面或高架桥上运行,线路采用地面专用轨道或高架轨道,遇繁华街区也可进入地下或与地铁接轨。轻轨连接市区与郊区,用于构建市区与重点郊区的大运量通道。

3. 单轨系统

单轨系统是车辆或列车在单一轨道梁上运行的城市客运交通系统。单轨系统的线路通常采用高架结构,车辆则大多采用橡胶轮胎。从构造形式上,单轨可分为跨座式单轨与悬挂式单轨两种。跨座式单轨是列车跨坐在轨道梁上运行的形式,而悬挂式单轨则是列车悬挂在轨道梁下运行的形式。

单轨系统是一种中运量的轨道运输系统,适用于单向高峰小时最大断面客流量 1 万~3 万人次的交通走廊。其占地面积很小,与其他交通方式完全隔离,运行安全可靠,建设适应性较强。单轨系统的主要使用范围如下。

(1) 城市道路高差较大,道路半径小,线路地形条件较差的地区。

(2) 旧城改造已基本完成,而该地区的城市道路比较窄。

(3) 大量客流集散点的接驳线路。

(4) 市郊居民与市区之间的联络线。

(5) 旅游区域内景点之间的联络线、旅游观光线路等。

4. 有轨电车

有轨电车是使用电车牵引、轻轨导向、1~3 辆编组运行在城市路面线路上的轨道交通系统。有轨电车的轨道主要铺设在城市道路路面上,车辆与其他地面交通混合运行。根据街道条件,有轨电车车道又可分为以下三种情况。

(1) 混合车道。

(2) 半封闭专用车道(在道路平交道口处,采用优先通行信号)。

(3) 全封闭专用通道(在道路平交道口处,采用立体交叉方式通过)。

有轨电车是一种低运量的城市轨道交通系统,单向高峰小时最大断面客流量一般在 1 万人次以内。由于与其他车辆混合运行,运行速度较慢,一般为 10~20 km/h。目前,有些旧式有轨电车改造成了新式轻轨。

5. 磁浮系统

磁浮系统起源于人们对速度的追求,轮轨极限速度一般为 300~380 km/h。要想超越这一速度运行,必须采取不依赖于轮轨的新式运输系统。1922 年,德国人提出了电磁悬浮原理,并于 1934 年申请了磁浮列车的专利——"通过磁场达到悬浮并沿铁路轨道行驶的无轮车辆组成的悬浮列车"。磁浮列车实际上是依靠电磁吸力或电动斥力将列车悬浮于空中,速度可达到 500 km/h 以上,是当今世界上最快的地面客运交通工具,有速度快、爬坡能力强、能耗低的优点。

目前,磁浮系统主要有两种基本类型:一种是高速磁浮系统,其最高行车速度可达 500 km/h;另一种是中低速磁浮系统,其最高行车速度为 100 km/h。高速磁浮系统由于行车速度很快,通常适用于站间距离不小于 30 km 的城市之间远程线路客运交通。中低速磁浮系统由于行车速度相对较慢,对于城市区域内站间距大于 1 km 的中、短程客运交通线路较为适宜。

磁浮系统是一种中等运量的轨道运输系统,适用于单向高峰小时最大断面客流量为 1.5 万~3 万人次的交通走廊。磁浮系统列车主要在高架桥上运行,特殊地段也可在地面或地下隧道中运行。

磁浮系统在我国尚处新兴技术发展阶段,在城市轨道交通领域的应用经验还有待总结。选用这项技术方案时,应做充分的技术经济比较,如长沙磁浮列车示范线,其设计最高时速为 100 km,平均时速为 65 km,全线设磁浮高铁站、磁浮榔梨站和磁浮机场站三座车站。

6. 自动导向轨道系统

自动导向轨道系统是一种车辆采用橡胶轮胎在专用轨道上运行的系统。日本较早采用自动导向轨道系统,并于 1981 年开通两条线路:一是神户新交通公司开通的三宫—中公园线路,全长 6.4 km;二是大阪市的住之江公园—中埠头线路,全长 6.6 km。

自动导向轨道系统是一种中运量轨道运输系统。其列车沿着特制的导向装置行驶,车辆运行和车站采用计算机控制,可实现全自动化,应用无人驾驶技术,在繁华市区线路可采用地下线路,市区边缘或郊外宜采用高架线路。自动导向轨道系统适用于城市机场线或城市中客流相对集中的点对点运营线路,必要时中间可设少量停靠站。

7. 市域快速轨道系统

市域快速轨道系统是一种大运量的轨道运输系统,客运量可达 20 万~45 万人次/日(一般不采用单向高峰小时最大客流量的概念)。市域快速轨道系统适用于城市区域内重大经济区之间中长距离的客运交通。市域快速轨道交通列

车主要在地面或高架桥上运行，必要时也可采用隧道。由于市域快速轨道系统线路长、站间距大，可选用运行速度超过 120 km/h 的快速专用列车。

2.2　城市轨道交通站城一体化发展模式概述

2.2.1　城市轨道交通站城一体化发展模式概念与分类

1. 模式概念

站城一体化发展模式是城市轨道交通和城市发展相辅相成、共同发展的开发模式。城市轨道交通的发展推动了城市产业结构的变革，加速形成了"市中心—郊区（新区）"的城市形态，促使形成城市和轨道交通车站共同发展的模式。

站城一体化发展是促进城市可持续发展的一种有效方法。它通过在轨道交通沿线地区或站点周边区域设置住宅、办公、商业设施、公共设施等来吸引客流，诱导开发，促进经济发展。在轨道交通车站周边地区，倡导发展绿色交通，使城市轨道交通与公共交通、自行车、步行等交通方式有效衔接，有利于减少空气污染和温室气体排放；通过提高站点周边地区土地利用率、保护绿地、增加公园和文体设施等方法创造适宜居住的环境和公共空间。在轨道交通枢纽站及周边地区设置商场、宾馆、超市等商业设施或者娱乐设施，在确保收益的同时也为轨道交通创造了需求。通过在车站周围及沿线地区进行一体化开发，提升车站及周边地区的经济价值，使土地利用率及容积率得到大幅度提升，带动这些地区的经济发展，从而促进城市整体发展。

2. 模式分类

城市轨道交通站城一体化发展模式大致可以分为以下 2 类。

（1）以轨道交通车站为中心的集约型城市开发模式（模式 1）。

此模式主要指位于大城市中心区的轨道交通枢纽站和周边的城市街区进行一体化开发的模式。城市中心区域的车站或客流量较多的车站，往往会形成站前商业区、商业街，而这些商业区和商业街又会吸引更多的人流，创造经济效益。由于枢纽站的选址接近城市商业区和中心区，大部分土地都已经建设完毕，能够用于城市再开发的土地很少。因此，需要通过政府制定相关政策，支持轨道交通公司进行枢纽站建设,并合理利用开发用地,使土地利用高度集约化。目前,随着轨道交通的发展,枢纽站在功能及空间方面逐渐趋向复合化、复杂化。

(2)与轨道建设同步的沿线型开发模式(模式2)。

此模式是将轨道交通建设和沿线城市建设一体化进行的开发模式,适用于郊区(新区)。轨道交通沿线地区存在大量的人口,为枢纽站周边商业区、商业街的形成和发展奠定了基础。此模式使轨道交通沿线的开发向着城市郊区(新区)呈放射状展开,以轨道交通建设、沿线土地开发、住宅建设和销售为基础,通过整体规划将大规模的郊区(新区)城市开发项目和轨道交通建设项目同时推进。此模式重点对办公、居住和交通基础设施进行一体化城市综合开发,在郊区(新区)未被开发的土地上,同步进行轨道交通建设与城市开发建设,将资本收益作为项目收益,用于轨道交通建设和新城区开发项目。

通过轨道交通沿线整体规划制定用地性质,从而促进双向轨道交通客流的产生。同时,在沿线提供就业机会和可持续的城市管理,使居住人口增加,从而确保轨道交通的收益。沿线整体的开发控制,使沿线地区能够顺应时代和流行的变化,维持和提升沿线整体价值(如房地产价值、品牌效应等)。

这2类模式是基于TOD理论产生的,旨在进行高密度开发,提升站点或沿线周边地区土地利用率,完善交通换乘系统,增强城市功能,打造多功能、复合化的城市综合体,节约土地资源,形成地下、地面、空中一体式的城市公共空间,构造紧凑型城市,满足居民生活需求,创造经济效益、社会效益。

2.2.2 城市轨道交通站城一体化发展模式特点与适用性

1. 模式特点

(1)以轨道交通车站为中心的集约型城市开发模式(模式1)的特点如下。

①枢纽站点服务半径内容积率高。

城市中心的枢纽站是多条轨道线路相互联系的站点,其轨道交通建设用地面积巨大。假设站台长300 m,有5条轨道线路,总共宽100 m,其轨道交通用地面积约为3×10^4 m²。当容积率为9.0时,潜在面积为2.7×10^5 m²。因此,充分利用轨道交通用地的容积,就能全面提升枢纽站点服务半径内的容积率。

②枢纽站点服务半径内土地利用率高。

通过车站和其他交通设施的一体化建设来提高空间利用率,将多条线路和多部车辆集中在一个枢纽车站,乘客们换乘更方便,车站的换乘效率也大大提升。同时,减少换乘所需空间,共用轨道交通车辆及车站的各类设施(如步行通道、步行广场、站前广场等),避免重复建设。从车站空间整体来说,提高空间利用率,对其他交通设施(如市内公交、长途汽车、旅游观光巴士、出租车、社会车辆等)所需空间进行集约配置,以达到提升利用效率的目的。通过整体规划确保多种交通方式之间的换乘高效便捷,不仅可以提高乘客的出行效率,还可以实现枢纽站作为综合交通枢纽站点的功能,确保空间的高质量化。

③枢纽站点服务半径内城市功能复合化。

以枢纽站点为中心,呈放射状进行开发。枢纽站聚集了运输、办公、商务、娱乐、休闲、购物等城市功能。车站与周边地区高度复合化开发,形成第三停滞空间(third place),提升乘客的生活品质。第三停滞空间是指该区域能作为家(第一停滞空间(first place))和办公室(第二停滞空间(second place))之外的乘客停留、休闲的空间。车站与周边商业场所室内化无缝衔接,吸引大量人流,缩短乘客换乘步行距离。车站内部与附近区域设置了较为完善的生活便利设施(如生活用品零售店、流行商品信息宣传栏、公共服务站点等),餐厅、音乐厅、美术馆等文化艺术设施,方便乘客进行换乘、办公、休闲、购物、娱乐等活动,丰富乘客的生活。因此,车站从单纯提供出行服务的场所转变成了便利、舒适的生活空间,极大地提升了站城一体化开发的潜力。

此外,这样的车站周边开发通常规模都较大,因此会吸引各等级及各类型的商家入驻,从而吸引更多的乘客。比如,在以上班和上学等为目的的居民出行中,乘客会去咖啡厅休憩、去餐厅品尝美食、去图书馆查阅资料等。乘客在下班之后,可以方便地在车站及周边地区进行购物、看电影、听音乐、健身等活动,并且在此之后,还可以赶上回家的车。这些服务提高了轨道交通使用者的生活便利性。高度集聚及复合化能提升城市魅力,也能增加开发商的收益,加快房地产项目的投资回收。

④提升城市品牌。

模式 1 对提升城市品牌起到非常大的作用。这是一个能够提高城市竞争力的有效模式。乘客对城市的印象受到车站建筑及周边建筑物形象和氛围的影响。每天有大量的乘客在车站通过,车站的印象就很容易被乘客认知。若将车站的形象打造得非常有魅力,那么对打造城市的品牌将起到积极的作用。通过具有象征性的城市场景设计和引导,城市品牌形象塑造的效果将会得到大幅度

的提升。

（2）与轨道建设同步的沿线型开发模式（模式2）的特点如下。

①拥有发达的交通系统。

轨道交通开发和城市基础设施建设、以改善居住环境为目标的道路建设同步进行，防止产生交通堵塞，创造舒适的道路环境。对于作为各种交通方式起点的轨道交通站点而言，在其周边道路和交通设施配置规划中，根据规划和期望的人口密度及容积率制定交通规划方案，实现高效的交通设施配置和路网建设。此模式通过规划对该地区的建筑物等进行一体化设计和功能控制，建立发达的城市交通系统，确保形成优质的城市景观，从而提升以车站为中心的城市整体价值。

②确保每日稳定客流量。

此模式能确保稳定的轨道交通客流量，增加轨道交通的收益。在轨道交通沿线增加住宅及公共服务配套设施，吸引部分人群居住在郊区（新区），确保沿线各地均有通向城市中心的客流，以及从市中心通向郊区（新区）的客流。在与轨道建设同步的沿线型开发模式中，有计划地在终点站和中途车站设置可以成为出行目的地的设施，创造和上班、上学高峰时期相反方向的轨道交通客流。在郊区（新区）重要节点设置大学及专科学校，吸引城市中心或其他郊区（新区）的部分人群去往有学校的这个郊区（新区），确保定期、稳定的客流量，从而增加轨道交通的收益。

③沿线相关业务丰富。

在与轨道建设同步的沿线型开发模式中，轨道交通沿线相关业务全方位的开展使沿线地区发展迅速，生活便利性大幅度提高。车站周边地区作为联系城市和轨道交通的重点地段，进行生活服务设施建设，吸引客流和更多的投资。比如，在车站周边建设比较高水准的购物中心等生活服务设施，进一步带动民间投资在车站周边地区建设新的娱乐、文化、休闲等生活设施，从而吸引人口集聚，提升沿线居民的生活品质。此模式开展了丰富的沿线相关业务，产生了大量来自非轨道交通业务的利益产出，使地价得以维持、上升，保证房地产稳定收益，大大提升了沿线地区的价值。

2. 模式适用性

接下来从以下几方面对以轨道交通车站为中心的集约型城市开发模式（模式1）、与轨道建设同步的沿线型开发模式（模式2）进行适用性分析。

从效率性方面看,模式 1 通过枢纽开发实现了车站周边土地的高度利用,提高了社会资本投资效益,也提高了设施规划的效率;模式 2 的沿线开发促进了社会资本投资的交通、居住环境基础设施建设一体化,提升了房地产商品的附加值。

从便利性和舒适性方面看,模式 1 的显著特征是城市功能复合化,使商业、文化、交通、娱乐等功能集聚;模式 2 的显著特征是开展广泛的关联业务,使沿线地区公共设施、生活配套便利设施不断完善。

从收益性方面来看,两种模式均使车站周边地区成为高质量的功能性空间,有利于增加轨道交通公司的轨道交通业务收益。

这两种模式结合可以产生相辅相成的效果。以轨道交通建设为契机,在轨道交通站点及沿线周边地区建设住宅、办公、商业、休闲、娱乐、大学等功能性设施,可以为开发商带来开发利益,为政府提供高品质的城市服务和公共服务,为乘客带来更便利和舒适的生活。通过轨道交通沿线地区商业、办公、住宅等物业的开发,在取得资本利益的同时,增强节点站(枢纽站)周边的集聚效应,提升了城市魅力。轨道交通的建设使沿线地区居民的出行范围扩大了,同时也为轨道交通本身带来稳定收益。

2.2.3　城市轨道交通站城一体化发展模式应用

1. 城市轨道交通站城一体化发展模式重要性

城市轨道交通站城一体化发展在提高交通可达性的基础上,提高了容积率。地上空间、地下空间一体化开发,有利于土地利用的集约化,提高土地价值。在城市轨道交通建设过程中,将轨道站点周边物业开发纳入建设计划,使周边土地开发成为轨道交通融资的新途径,使轨道交通促进土地增值并合理转化为轨道交通内部效益,从而弥补轨道交通运营的亏损,同时实现轨道交通与周边物业双赢的局面。在轨道交通与周边物业正常运营后,轨道公司可直接经营地铁商业,以出租物业、广告位等方式回补轨道交通在运营方面的亏损,合理配置资源、平衡项目资金,有利于轨道交通持续良好运营。城市轨道交通站城一体化发展可以综合城市功能,完善城市轨道交通系统,有利于城市多元化发展,有利于缓解交通拥堵问题,有利于美化城市环境。

2. 城市轨道交通站城一体化发展模式应用现状

城市轨道交通站城一体化发展模式的应用,使交通功能和城市功能之间紧密联系,相互融合。通过以轨道交通站点为核心的周边城市区域一体化建设,可以形成有活力的城市空间,为市民提供便捷的交通、办公、购物、休闲、娱乐等服务。国外站城一体化发展研究起步较早,日本部分城市已采用站城一体化发展模式进行建设开发。我国香港进行了"轨道＋物业"的模式开发,逐步向站城一体化发展趋势迈进。我国部分城市进行了站城一体化开发的尝试,但是在轨道交通建设过程中还存在一些问题,如在运用站城一体化发展模式进行建设的过程中,规划与施工结果不一致,部分车站周边区域的功能性设施未达到规划标准等。

3. 城市轨道交通站城一体化发展模式应用趋势

随着我国各大城市的交通网络日趋完善,尤其是轨道交通系统日益完善,居民日常出行对城市轨道交通的依赖程度逐渐提升。轨道交通站点及周边区域需要满足居民生活的各种需求。这不是仅通过传统意义上的改建、扩建就能完成的,还需要运用站城一体化发展模式,聚集多元素,形成高效运转且富有活力的城市。在新一轮稳定增长进程中,城市轨道交通和城市规划合二为一的城市轨道交通站城一体化发展模式可以更好地支撑和引领城市空间布局的扩展,符合城市向组团式发展的趋势。大城市普遍面临建设规模高度集聚、城市人口基数巨大和中心城区用地稀少的问题。以轨道交通为核心,将交通空间、城市公共空间以及私有物业作为一个整体进行站城一体化发展能有效缓解这些问题。

城市轨道交通趋向站城一体化发展,轨道交通站点的功能趋向综合化,开发形式趋向一体化,轨道交通与城市建设将更人性化。合理利用土地资源,有利于土地利用集约化。将地下空间开发与地上空间开发相结合,引入商业、办公、休闲、娱乐等功能,形成多元化的城市空间,打造综合交通枢纽站点,满足居民交通、商业、娱乐等需求。

4. 城市轨道交通站城一体化发展模式应用建议

(1)规范城市轨道交通规划设计要求。

轨道交通规划设计要与城市总体规划、城市综合交通规划、城市布局结构规划、交通发展战略等密切配合,针对站点周边及沿线地区的土地利用现状、土地

发展潜力等进行分析,结合土地规划、城市总规、控规等规划资料及相关政策,进行合理的轨道交通规划设计。在项目建设之前,对站点及沿线周边地区的情况了解清楚,优化站点周边土地利用,提出集约的、高效的土地利用规划建议,做好用地规划的调整工作。并且,注重对发展的线路开展站点周边预用地控制规划,有利于后续轨道交通整体效益的发挥和一体化综合开发的有序进行。

(2)建立完善的站城一体化发展保障机制。

城市轨道交通站城一体化发展涉及政府部门、轨道公司、开发商、站点沿线地区相关企业等,是一个大型的系统工程,需要建立一个完善的运行机制,协调各参与者之间的利益关系,促进各参与者互相合作,保障项目工程能顺利进行。轨道交通建设项目涉及的土地范围较广,土地所有权的问题值得注意。要实施站城一体化开发,政府应制定相关政策,以优惠的价格将轨道交通建设所需土地卖给轨道交通公司,让其拥有土地使用权进行开发建设。通过轨道交通公司旗下物业子公司,对站点周边及沿线地区的物业进行开发。

(3)完善城市综合交通系统。

城市轨道交通系统是整个城市交通系统的一部分。事实证明,城市轨道交通站城一体化发展切实可行。它能使土地集约化,节约城市资源,促进城市发展,带来巨大的经济效益、社会效益。轨道交通站城一体化发展是围绕轨道站点进行开发的建设项目。增强站点交通功能、构建站点及沿线周边完善的交通系统是整个项目重要的一部分。城市交通问题会影响轨道交通站点的功能使用及运营情况。因此,在城市轨道交通站城一体化开发的过程中,应将站点及沿线周边地区的公共交通系统、慢行系统(自行车、步行系统)相结合,协调发展,发挥各类交通系统的优势,完善城市综合交通系统,增强交通功能。

(4)完善城市静态交通系统。

实施站城一体化发展后,城市轨道交通站点及周边地区功能多元化,商业、办公、居住、休闲、娱乐等多元素聚集,势必会吸引大量的人流。随着城市机动车保有量的增加,停车问题也越发受到重视。发展公共交通系统的同时,需要做好静态交通系统的完善工作,为私家车、出租车创造良好的停车环境。在建设之前,进行相应的静态交通规划,规划建设停车场、停车位。建议设置出租车专用停车点或港湾式停靠站,将其设置在轨道交通站点出入口附近,减少乘客换乘或步行的距离和时间。合理布置社会车辆停车场,以立体停车场为主,增加停车位,合理设置停车管理收费标准。这样有利于吸引社会车辆进入停车场停车,在缓解道路乱停车或停车难问题的同时为停车场带来收益。

2.3 城市轨道交通站城一体化发展模式相关理论

2.3.1 站城一体化发展模式下城市轨道交通与城市发展关系

从整体功能来看,城市轨道交通是城市交通功能的一部分。城市轨道交通影响城市土地利用,从而影响城市空间结构,最终影响城市发展趋势。发展城市轨道交通能有效解决城市交通问题。

(1)城市轨道交通促进城市经济发展。

经济发展离不开商业活动、物资运输、人们的消费行为等因素。城市轨道交通可以带动沿线地区的经济发展,促进城市商业圈的形成。以站点为中心向周边扩展,带动站点周边区域经济发展。多数城市轨道交通换乘站已成为综合型交通枢纽,商业元素较多,不仅给商家带来商机,也为需要购物消费的顾客带来便利。综合型枢纽站集合了办公、运输、居住、娱乐、商业、购物、休闲等功能,不仅与周边商场相连,还打造了地下商业街。这样可以吸引乘客进行商业、娱乐、购物消费等活动,创造经济效益。城市轨道交通还可以通过开发房地产,打造地铁站附近的住宅小区,吸引居民入住,增加收益。

(2)城市轨道交通促进城市公共空间发展。

近年来,我国城市轨道交通规划逐步与城市规划相结合,城市轨道交通发展建设与城市发展相联系。在城市轨道交通建设过程中,对沿线地区地上空间、地下空间进行开发,线路及站点的布局将影响城市空间形态的变化。城市轨道交通站点周边一体化发展融入经济、文化元素,合理布置办公、居住、休闲、娱乐、购物等业态,合理利用土地资源,打造地下商业空间。部分地铁出站口与商场地下层连通,不仅可以有效组织客流,还可以带动商场的发展,便于乘客进行换乘、商业活动。

进行城市轨道交通建设,可以有效提高沿线地区的城市密度,使沿线地区土地增值,吸引大量商业投资开发沿线及站点周边区域。城市轨道交通的立体式开发空间,除包含地面公共活动空间,还增加了地下公共活动空间及空中公共活动空间,为有限的城市空间提供额外的资源。城市轨道交通能吸引大量的客流,

并结合站点周边区域的商业体为乘客提供交通、商业购物、休闲娱乐、办公等服务,便于乘客出行购物、办公,有利于加强各功能区域之间的联系,促进城市公共空间的发展。

(3) 城市轨道交通促进城市可持续发展。

我国城市人口逐年上升。在城市资源有限的情况下,人口压力增大、城市环境污染问题及交通拥堵问题加剧。发展城市轨道交通可以有效缓解城市交通拥堵问题及环境污染问题。城市轨道交通是各种交通工具中最低碳、环保的交通方式,其客运量大、便捷、快速的特点能有效缓解道路交通压力。城市轨道交通使用电力系统,能在一定程度上改善城市环境质量,提高市民的生活品质,促进城市低碳、绿色、可续持发展。

2.3.2　站城一体化发展模式下轨道交通枢纽站开发

1. 轨道交通站点分类

城市轨道的用地功能应与其交通服务范围及水平相匹配。城市公共交通服务水平高的轨道枢纽站和重要站点,应作为城市各级核心商业服务中心,分类如下。

(1) 枢纽站(A 类):依托高铁站等大型对外交通设施设置的轨道站点,是城市内外交通转换的重要节点,鼓励结合区域级及市商业服务中心进行规划。

(2) 中心站(B 类):承担城市级或副功能的轨道站点,原则上为多条轨道交通线路的汇站。

(3) 组团站(C 类):承担组团级公共服务中心功能的轨道站点,为多条交通线路的汇站或轨道与城市枢纽的重要换乘节点。

(4) 特殊控制站(D 类):指位于历史街区、风景名胜、生态敏感等特殊区域,应采取特殊控制要求的站点。

(5) 端头站(E 类):指轨道交通线路的起点站、终点站,应根据实际需要结合车辆段、公交枢纽等功能设置,并可作为城市郊区型社区的公共服务中心和交通换乘中心。

(6) 一般站(F 类):指上述站点以外的轨道交通站点。

以上分类是根据轨道交通站点所在城市位置划分,分类依据不同,轨道交通站点分类方式也有所不同,也可以根据需求选取不同的分类依据,对站点类型进行划分。

2. 轨道交通枢纽开发的类型

（1）车站、基础设施、建筑物层叠型。

这种类型将车站、广场等基础设施以及建筑物上下组合，起到强化交通节点性能的作用。在开发地下空间的同时，在车站的正上方建设高附加值的设施，使其空间节点的作用得到进一步增强，提升核心性。将站前广场和轨道交通车站以车站大厦的形式进行立体化叠加，在实现功能强化和增加换乘便利性的同时，达到改善步行环境的目的。车站正上方的建筑物是百货商店等商业设施和生活服务设施，并且尝试通过附加值促进该地区的节点性进一步增强。在进行立体式功能叠加的同时，为了能够跨越建筑、轨道交通和道路等各个领域，进行建设和管理，巧妙应用立体城市规划方法。这种类型在维持现有交通功能的同时，为了能对道路、轨道交通和建设工程进行一体化的施工建设，将项目推进过程汇总，进行良好的项目管理。

（2）地下车站和城市连接型。

这种类型是将地下空间和地上空间相连接，设置标志性开放式的共享空间、下沉广场，强化地下车站同城市街区联动的类型。这种类型在新建或既存的地铁车站的上方或临街的建筑物中设置楼梯井、中庭或者下沉式庭院等象征性的空间来连接地下车站和上方部分，将其作为城市开发及营造核心的各种设施，由此来创造车站和城市的关联性。这种类型使建成的新地下车站和地上部分连接，连接车站和建筑物的空间作为公共空间存在。在店铺营业时段外、电车运营时段外以及非常时期时，这里必须发挥其作为宽敞开放空间的作用，负担其作为公共空间建设管理的任务。

（3）车站和城市一体化再生型。

这种类型通过基础设施、建筑一体化的城市功能再配置解决车站和城市建设问题。在周边已建成密集的城市基础设施和建筑的大型终点站地区，对站前广场进行重新规划，或者对车站正面的大楼进行翻新，由此带来车站和城市的一体再生。为了解决干线道路和轨道线路间狭小的空间无法满足不断增加的交通流量，以及进深不足的站前广场和车站大楼的拥挤问题，通过实行站前广场区域和建筑地块互换，以及根据实际情况采取两个区域立体重叠的城市规划方法，来保证充分的站前广场空间和改造后的建筑地块。由于基础设施建设和开发的一体化推进需要采用再生的方法，因此，从规划阶段开始，阶段性、长期性地按照确定的步骤来推进规划是非常有必要的。

2.3.3　站城一体化发展模式下轨道交通沿线开发

沿线开发的商业模式可采用将轨道交通建设和沿线开发有计划地同步进行的开发方法。它的特征归纳为以下 3 点。

(1) 吸引居民的设施入驻沿线各地。

在轨道交通沿线提供方便、更高品质的居住环境和优质住宅，并配备充足的生活服务设施，从而吸引居民入住。常住人口的增长，可以保证轨道交通的客流量，即保证轨道交通的稳定收益。另外，随着住宅用地的升值，可以实现以住宅销售为支出的房地产业收益的最大化。

(2) 吸引大学和大客流的设施入驻沿线各地。

在枢纽站点设置商业设施、酒店、文化娱乐设施等，在节假日吸引以市中心为出行目的地的客流群。通过沿线品牌的创立，房产价格得以提升，开发收益实现最大化。随着轨道交通运行效率的提高，轨道交通的收益得到提升。通过在沿线、节点周边区域进行轨道交通和城市一体化开发，并在沿线建立文化圈，开展生活服务设施、商业、办公、宾馆、文化事业等领域的业务。

(3) 商业设施的运营方式。

当地产业一般从住宅的销售、办公及商业设施的租金获得收益。在商业设施由轨道公司自己经营而非出租的情况下，这样产生的商业收益将成为轨道公司的一大支柱。可以在商业领域成立百货店、购物中心、大型综合超市 (general merchandise store, GMS)、专卖店等各种品牌，并开设分公司，以各节点和沿线为中心拓展商业业务。在轨道公司的产业结构上，商业成为继房地产业、轨道交通运输业之后的第三大支柱产业，给轨道公司带来了最大的收益。

2.4　城市轨道交通站城一体化经典案例

2.4.1　日本横滨港未来 21 区和东京涩谷站

日本是亚洲最早进行轨道交通站城一体化开发的国家。其轨道交通建设和城市化发展同时进行。日本的轨道交通建设是由国土交通省运输政策审议会所制定的交通规划决定。在其交通体系的建设中，政府处于主导地位，政府、地方自治体、开发商、相关专家共同参与，通过各方面意见的相互综合、协调，最后取

得共识。日本存在许多私营的轨道线路(简称私铁)。私铁对大量的轨道交通网络和居住区进行了一体化的开发建设,并且还和作为轨道交通主干线的国铁(Japan railways,简称 JR)的延长线进行一体化建设,从而建成了具有高度便利性的轨道交通网络。这些私营资本在建设轨道线路的同时,促进了沿线的土地开发利用,不仅为人们提供良好的居住、休闲、娱乐场所,也为私营轨道公司带来收益,为轨道交通吸引了大量的客源。随着轨道交通沿线开发商业模式的建立,以轨道交通站点为中心的商业、商务以及住宅开发的一体化建设逐渐展开。日本的轨道交通与商业开发相结合,采用通道式连接方式把轨道交通与商业相连。日本轨道交通建设在一体化综合开发、立体化交通换乘、与商业紧密联系等方面的成功经验值得借鉴学习。

日本运用站城一体化的发展模式,将城市公园、广场、过渡空间、商业界面与轨道交通地下空间进行不同程度的结合,促进与轨道交通共同发展,形成地下公共步行街与休闲广场、集散大厅、停车场、站内商场、办公楼等城市功能整合的一体化大型城市地上地下综合体。轨道交通站厅直接连通周边商业,实现无缝对接,乘客从地下便可直接进入各大商场进行购物,无须从地面再转入商场。站点周边大型商场与地上空间、地下空间融为一体,为乘客休闲、购物、娱乐、办公等活动提供保障,同时也为城市环境带来新的活力。

日本的地下空间系统非常发达,其地下空间、地上空间的一体化开发,使站点周边土地利用更集约化。站点及周边地区拥有商业、办公、娱乐、休闲、购物等功能,极大方便了居民的出行及商业活动。在轨道交通的终点站和换乘枢纽站,人流量更大,更应进行一体化开发,完善换乘站的换乘系统,增强站内及周边区域的功能,满足乘客的多方面需求,使站点及周边区域成为城市中最重要、最有价值的区域。轨道交通与商业的紧密结合是双赢的表现。在商业环境上,室内的空气质量和景观环境也达到了室外的效果,促使室内室外一体化,交通空间、商业空间、公共空间一体化,不仅增加了交通客流,还促进了商业的发展,为投资者带来可观的收益,创造了良好的地区商业氛围。日本横滨港未来 21 区、东京涩谷站都极具代表性,对它们的分析如下。

(1) 日本横滨港未来 21 区。

横滨港未来 21 区,也称港未来 21 区、MM21 等,位于日本具代表性的国际港口城市横滨的港湾部,是按照规划建设的林海再开发地区,通过地铁新线(港未来线)与城市中心连接。

MM21 是作为横滨城市中心再生的一环,通过滨海地区进行的城市再开发

建设而形成的街区。其采用结合社区营造活动的方式,制定公用设施、建筑、景观的一体化规划。现在该地区为有大规模办公场地需求的进出口企业提供了必要的设施,并每年保持持续增长发展。MM21 总共有 68 个街区,分布在 5 个地区,其中大多数街区集中在中央地区。MM21 区主要有 5 种业态分布,其中以商业办公、文化休闲为主的国际区和商务区占到了整个业态比例的近 2/3。MM21的业态分布如表 2.1 所示。

表 2.1　MM21 的业态分布

业 态 名 称	业 态 概 述	所 占 比 例
国际区	集聚公司总部以及相关文化、商业辅助设施	33%
商务区	包括博物馆在内地文化设施以及购物公园和城市住宅	31%
商业区	主要以酒店、商业、娱乐。会展设施为主	7%
步行区	围绕车站布置,大型的办公、酒店、商业集聚区	12%
开放区	主要以开放公园为主	17%

　　MM21 区的开发,旨在通过滨海部分的开发,连接既存的两个独立的楔形城区(关内和横滨站周边),从而形成咬合状的城市中心。MM21 车站周边地区的用地规划,形成了良好的、有活力的就业环境,设定了包括办公、商业、文化设施等综合性的土地利用性质,通过这种设置使该地区成为集办公、商业、国际交流等功能为一体的功能性区域。MM21 的功能划分如表 2.2 所示。

表 2.2　MM21 的功能划分

级　别	功　能	功 能 概 述	所 占 比 例
主要功能	交通枢纽	便利的铁路交通系统、公共交通系统、航运系统	29%
	休闲娱乐	提供丰富的自然环境和文化休闲设施	25%
次要功能	商务	先进的办公设施、高级国际会议中心	46%
	商业	包括特色购物中心和商业街,如横滨水手商业大厦	
	酒店	五星级高级酒店,如横滨格兰国际酒店	
	居住	人口较少,相对居住功能较小	

　　沿着海岸线,有两条贯穿该地区的主要干道:港未来大道(宽 40 m,共 6 车道)与国际大通路(宽 46 m)。港未来大道与首都高速道路相连,主要承担地上一般车辆的通过及联系地下港湾交通的作用,以求促进城市地区的交通顺畅。同时,垂直于海岸线,建设了连接主要干道的次级道路,再由这些道路延伸服务

道路深入街区。街区与海港的联系就可以在这样的道路网络设计的基础上建立起来。

在海岸线设置绿区,并通过设置轴线将城市中心与绿区联系起来。现在,滨海的公共空间从横滨站开始,经由 king 轴、临港公园、红砖公园、象之井、鼻公园,直到山下公园,都通过散步道、林荫道连接在了一起。针对 MM21 区开发所规划的轨道交通线路"港未来线",从横滨站方向开始约每 500 m 设置一个车站,共 6 站,每站都作为各自所在的不同街区的中心。每个车站的设计都委托给不同的知名建筑师设计,除体现地域特征外,还各具特色。以每个车站为中心建立步行圈(半径 500 m,徒步 10 min 左右)如图 2.1 所示。

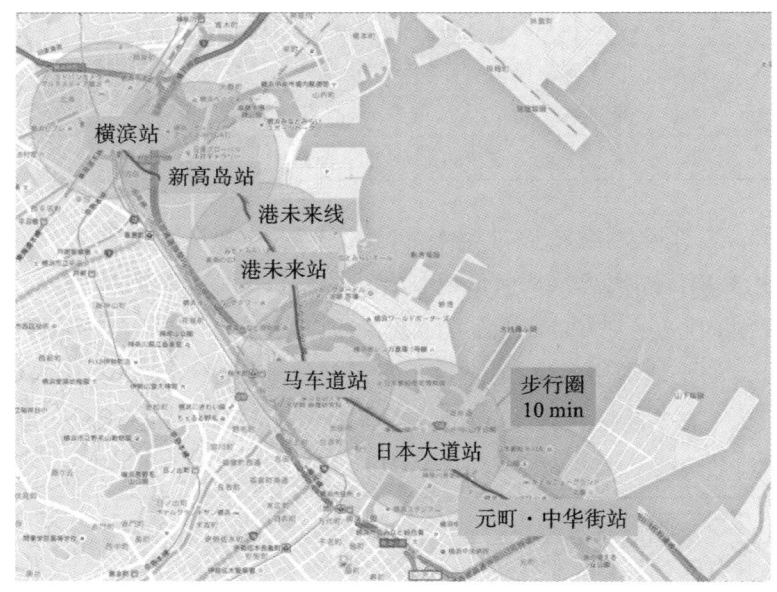

图 2.1 横滨港未来线沿线车站徒步圈示意图

MM21 的横滨皇后广场(queen's square Yokohama)是港未来线的"港未来站"以及包括车站上方设施的复合开发项目。其中包括 3 栋办公楼及宾馆、会展厅、商业设施、停车场及连接地铁站与底商街区的车站核(station core)等设施,是车站与周边区域一体化开发的成功案例,其区位如图 2.2 所示。

横滨皇后广场的空间构成是由街道状的皇后购物中心(queen mall)与作为城市中庭的车站核组成。街区的中央部贯穿了一条步行者网络的主轴线,也就是从横滨地标塔(landmark tower)开始,穿过横滨皇后广场,通向横滨国际平和会议场(oacifico Yokohama)的一条全长 260 m 的室内步行廊道,即皇后购物中

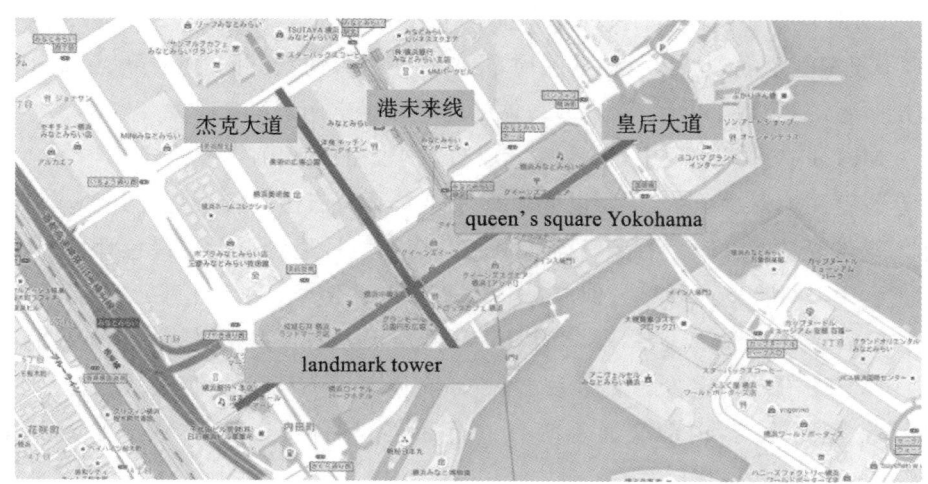

图 2.2　queen's square Yokohama 港区位图

心。三个街区面海的一侧,设有与滨水空间合为一体的皇后公园(queen's park)。在这样的布局中,可以通过室内的走廊前往街区内部各处,整体使步行者的回游性得到提升。在垂直方向上打通了地下 3 层到地上 5 层,设置了名为"车站核"的纵向空间,联络街区中央地下的港未来车站与皇后商场。这条垂直路线的设置不仅组织了到达办公用房、宾馆与商业设施等高层的流线,平台状的广场及座椅还方便了人们在此聚集、购物,也适合举办各种活动。

　　街道状的横滨成为每一个到访者都可以自由行走并进行丰富空间体验的道路式的城市空间。横滨皇后广场与之邻接的横滨地标塔都是多功能复合的大型综合楼,这些在车站附近的综合楼已经成为 MM21 的商业中心了。超越街区的天际线设定可以促进景观的形成,横滨皇后广场的 3 栋高楼呈大雁飞行状,从海的一侧到山一侧的横滨地标塔方向逐次递增。这 3 栋楼的高度,是依据从海向陆地逐渐上升的天际线而确定的。这些构成天际线的建筑物与东北侧独特扬帆造型的横滨地标洲际酒店一起,共跨越 3 个街区,但通过天际线的调和,创造出了与港口城市相适应的良好景观。

　　在步行者流线的设计中,为了能达到在街区内部穿行时随时随地都能感受到海的效果,包括看海景或闻到潮汐的气味,在总体规划中设定了两条面向海面的轴线,以及一条连接上述两条轴线的第三条轴线,即从樱木町站前开始通往海面的 queen 轴,从横滨站一侧向滨海公园延伸的 king 轴,以及连接这两条垂直向轴线的大型购物中心(grand mall)轴,并在这些轴线上设置步行者回廊、配合公共艺术的广场等,营造适合步行者通行的空间。

MM21地区主干道的地下,设置了容纳支撑整体城市运转的设备的共同沟,不仅有利于提升城市景观的品质,也有利于城市防灾。同时还导入了集中制冷供暖系统,实现了供给、管理为一体的地域冷暖空调系统。

MM21在开发过程中,采取多元投资战略,由政府和社会共同参与整个项目开发。在运营过程中,主要以区域环保和交通为依托,打造商业、办公、旅游、休闲娱乐等功能一体化的港口商业中心。整个项目建设理念是绿色环保,在规划过程中,保留已有的绿地,创造安全舒适的步行环境。从高级写字楼到国际会议中心都使用了先进设备,在节能、环保、制冷等方面也采用最为先进的设施设备。MM21有较为完善的交通系统,外部交通系统有发达的铁路系统、公共交通系统、航运系统,内部交通系统有人行通道、步行传送带等,慢行交通系统发达。

（2）东京涩谷站。

涩谷站是通过8条线路（JR山手线、埼京线、东急东横线、田园都市线、京王井之头线、东京地铁银座线、半藏门线、副都心线）,设有6个站点的大型轨道枢纽站,规模可谓是东京都内最大。由于交通便利,涩谷站周围形成了以商业、办公为中心的街区。特别是近年来,吸引了音乐、时尚、影像业等创造性产业进驻,形成了特有的文化及产业特征,在亚洲乃至世界范围内受到关注。

涩谷站经历了从大正时代开始的多次增建、改建,因此换乘路线相当复杂,除了车站设施的无障碍化及换乘便利性需要改善外,站前广场停留空间不足、流线混乱等问题也导致了步行者空间不足及机动车交通混乱等问题。由于干线道路及铁路的通过,车站与城区被隔断,还出现了整体交通网络不畅及道路狭窄、建筑物老化等诸多问题。

为解决涩谷站及车站周边日积月累形成的这些问题,轨道改良事业（东急东横线的地下化及东京地铁副都心线的相互直通运营、JR山手线、埼京线的站台移设,东京地铁银座线的站台移设）及城市基础设施建设事业（涩谷站街区土地区划调整）等包括多个开发项目为一体的工程得以推进,在有限的空间内集聚多种城市功能。这些项目涉及多个开发主体的参与,因此在长期的项目推进过程中,为协调相关主体的利益,就需要公共与私有主体之间的配合。这种协调官方与民间力量推进的站城一体化开发事业,是已成熟的城市中心进行再生项目的代表事例。

为实现涩谷站周边地区的都市再生,达到在车站中心部分及周围有限空间内有效衔接车站设施、车站广场等城市基础设施和既存建筑物功能的目的。实

施推进东急东横线地下化及东京地铁副都心线相互直通运行化、JR 山手线、埼京线站台并列化、岛式化,东京地铁银座线站台岛式化等项目。涩谷站街区土地区划调整工程与之同步进行,包括为了一体化改善涩谷站周边交通节点功能的项目,如 JR 东京地铁涩谷站的车站设施更新、站前广场的功能扩充、利用民有土地的一部分建设立体交通广场、东西站前广场的重组、雨水储留槽的建设等。利用《都市再生特别措施法》新出台的特例制度,在划定的四个“都市再生特别地区”内进行大规模的城市开发。

涩谷的城市再生就是通过以下步骤推进的。首先,通过土地区划事业确保站前广场、河川等的城市基础设施的更新建设,建筑用地的统合整形集约使用,以及确保轨道阔幅用地等。其次,通过开发项目及轨道改良事业,在轨道上方进行车站大楼建设(涩谷站街区),并通过灵活利用“都市再生特别地区”的优势改善东、西两侧站前广场的连通性,扩充交通广场等,实现一体化的整合。

涩谷站周边地区的开发,在上位规划及规划所在地的位置特性基础上,提出了以下三大基本方针,除了能促进涩谷城区的活性,也能对东京乃至日本的活性化整体提供可参考的做法。

①通过强化交通节点功能,促进形成舒适宜人、简单易懂的步行者网络。

涩谷站有位于多个层面的站台与换乘大厅等空间,存在换乘流线非常复杂、无法完全实现无障碍化、站前广场步行者滞留空间不足、步行者安全性无法得到确保等问题。车站周边地区由于谷状地形,干线道路、轨道等元素被切分成零碎的几个部分。车站与周边城区的接连相对脆弱,经常出现由于通往车站的流线阻碍而导致干线道路慢性阻塞的情况。还存在着由于违法停放自行车、卸货停车等导致的步行环境恶化的问题。

为解决这些问题,涩谷站在上行规划基础上的周边开发中,将轨道改良事业、土地区划调整事业综合起来,对周边的城区进行了重组建设。在编规划包括了建设以消解地形高差、街区分段等为目的的立体步行网络、停车场网络及建设城市规划规定的停车场等,以缓解车站周边的交通拥挤,创造一个步行者安心且安全的空间,同时也强化车展作为大规模枢纽站所具备的交通节点功能。

以上的做法不仅旨在提高地区整体的回游性,还能在原本被分断的区域内导入新的人流,促进整个区域的活性化与高人气的持续性。同时,这样的策略是在开发商及新设施跨越的干线道路管理者(东京都、东京国道事务所、涩谷区)的协作下实现的。在这种综合的城市基础设施建设中,特别值得关注的还有克服山谷地形,形成从车站出发延展到城区的立体步行网络。

②围绕生活文化传播据点的定位,导入增强街区的魅力及国际竞争力的城市功能。

涩谷站周边的开发项目,除了城市基础设施,还导入了提高其国际竞争力和潜力的城市设施,产生的时尚和音乐等流行文化吸引了大量外国观光客的到来。涩谷站周边,通过观光服务吸引各地来访者,形成了以创意产业为中心的面向世界的生活文化发源地,使涩谷具备的潜质尽可能最大化地被开发。

③强化防灾机能,改善环境。

涩谷站的周边开发通过各项目开发主体的联合,在软件和硬件上都采取了一体推进的方式,旨在营造出防灾应对力强、环境负荷低的高度防灾城市。在开发的同时,充分考虑在灾害时提供信息、临时收容无法回家的人员、供给物资,甚至提供回家支援等。更进一步考虑导入灾害时可供利用的、持久性好、低碳高效的分散型能源系统。

总的来说,涩谷站的一体化建设项目独具特色,其站内换乘系统也较为复杂。涩谷站远期将进行涩谷站街区、道玄坂街区、涩谷站南街区、涩谷樱丘口地区的开发。

2.4.2　香港

香港轨道交通是全世界公认的以轨道交通带动站点周边土地开发的成功典范,形成了世界上少有的盈利性轨道交通模式,促进了城市高效发展。

香港铁路有限公司按照"以人为本、高素质的生活环境、现代化高效率生活方式"原则,从车站及周边地块的控制规划、车站建设、地块物业开发至物业管理等方面均全程参与,从而能够一次性完成车站及周边的规划方案,处理好各种功能之间的衔接。香港地铁与物业的一体化发展,可以实现车站与物业无缝衔接。香港地铁构建了不同线路之间的"同台换乘"体系,为乘客提供便捷的换乘服务。节约建设和运营成本,使土地集约化,增加经济效益。在车站附近设置商业街及基础公共设施,并发展慢行交通系统,实现人车分离。

现以香港地铁中环站为例进行研究。中环站的区位优势显著,是荃湾线与港岛线的换乘车站,与香港站相连。中环站周边道路系统较完善,邻近干诺道中,与遮打道、德辅道、毕打街相交。

中环站设有13个车站出口。出口主要连接中环建筑物及购物中心的地库或大堂。乘客可在主要建筑物、购物中心及车站大堂中穿梭。此外,部分出口邻近主要街道、中区行人天桥系统及公共交通车站,方便乘客换乘不同的交通工具。

中环站共有 5 层,包括地下 4 层和地面车站出入口层。车站月台在 LG (lower ground,低于地面的楼层)2、LG3、LG4 层。LG2 层设有港岛线 3 号月台,去往柴湾。LG3 层设有荃湾线的 1 号月台和 2 号月台。LG4 层设有港岛线 4 号月台,去往坚尼地城。此站还设有毕打街大堂与遮打道大堂,都在 LG1 层和 LG2 层。毕打街大堂位于 LG1 层,上层是地面层,与车站出入口相连,它的下层为 LG2 层,与遮打道大堂、港岛线月台相连。

中环站内设有不同类型的商店为乘客服务,如 7-Eleven 便利店、饼店、咖啡店、书店、花店、恒生银行及 DHL 等。值得一提的是,由于香港地铁站的收费区内不能进食,因此大部分餐饮商店不会设在收费区内。此外,中环站也有不少自助服务设施供乘客使用,包括恒生银行及中银香港的自动柜员机、自动售卖机、自动照相机等。车站内更设有香港邮政邮箱及 i Centre 免费上网服务设施,方便乘客在车站内投寄邮件及浏览万维网的内容。车站更设有"e 分钟着数"机,供乘客购买网上服务及享用港铁友礼会的会员优惠。

香港"轨道交通＋土地综合利用"模式充分利用了地下空间和地上空间,不占用地面街道,有利于城市空间合理利用,缓解大城市中心区过于拥挤的状态,提高了土地利用价值。政府在项目的实际操作过程中,根据当地轨道交通的实际情况和财政承受能力,制定项目运作模式、补贴方式、支持政策等。在确定轨道交通的投融资政策后,由政府成立轨道交通投融资公司,轨道交通投融资公司代表政府发挥出资人的作用,采用市场化操作方式,引进轨道交通的投资者。香港这种由政府主导的投融资模式能有效拓展融资渠道,充分发挥市场化运作功效,对于内地轨道交通等基础设施的建设有一定的借鉴作用。

2.4.3　北京

截至 2023 年 3 月,北京已建成并开通运营了 27 条地铁线路,运营里程 807.0 km。《北京市轨道交通线网规划(2020—2035 年)》规划线网总规模约 2683 km。其中城市轨道交通由 38 条线路构成,总里程约 1625 km。现以西直门综合交通枢纽为研究案例进行分析。

西直门综合交通枢纽可以分为地下部分(地铁 2 号线、地铁 4 号线西直门站)和上盖部分(三座拱形的城市综合体、地铁 13 号线西直门站)。地下部分位于西直门桥区域地下,上盖部分位于西直门商业区,在西直门桥的西北角。它的地理位置优越,具有显著的交通优势。上盖部分邻接北京北站,站点周边区域有商业、办公、休闲、娱乐、居住等功能的业态。

西直门综合交通枢纽周边有多条主干道,道路系统较为完善。西直门综合交通枢纽有 9 个地铁出入口 A～F,其中 A～D 是地下部分(地铁 2 号线和地铁 4 号线)的出入口,E1、E2、F1、F2 是上盖部分(地铁 13 号线)的出入口。站点周边公共交通系统较为发达,几乎每个地铁出入口附近都有公交车站。公交车站附近还设置了自行车停放区域,方便乘客使用慢行交通工具。机动车停车场位于地下 2 层、3 层,在西环广场设有机动车出入口。

西直门综合交通枢纽交通换乘系统较为发达,乘客可便捷换乘城铁、地铁、公交等。西直门综合交通枢纽与北京北站实现了无缝衔接。乘客可以在站内进行铁路与地铁的换乘,也可以进行铁路与出租车、私家车的换乘,或者换乘地面公共交通。通过调查发现,西直门综合交通枢纽的地下部分换乘距离较长,通道布置较为复杂,每天站内的客流量非常大,尤其是早晚高峰期。虽然这样的设置增加了乘客换乘时间,但在一定程度上进行了分流,缓解了乘客在站台拥堵的情况。地铁 2 号线和地铁 4 号线都是岛式站台,呈十字形分布。地铁 2 号线站台中间有换乘楼梯,直达地铁 4 号线站台。地铁 4 号线站台两侧有楼梯通往站厅。乘客穿过环形通道就能到达地铁 2 号线站厅,直至站台进行换乘。地铁 2 号线、地铁 4 号线和地铁 13 号线之间的换乘较为复杂,需要更长的换乘距离。

西直门综合交通枢纽初步实现了站城一体化。其上盖部分聚集了办公、商业、娱乐、休闲、购物、餐饮等功能。其中,凯德 MALL 每天的客流量很多,在一定程度上改变了人流性质,将部分乘客转化为去商场购物、消费的顾客。同时,部分顾客又转变为乘客。由此可以看出,站城一体化发展模式在我国是可以实行的。

2.4.4　深圳

本节以深圳地铁 6 号线长圳站为案例进行分析。

深圳市光明区是国家绿色生态示范城区,重点发展高新技术产业。光明区承担了深圳西部地区重要的城市副中心职能。光明高新技术产业园区是光明区经济发展的主要引擎,是人口导入的重点区域之一。

长圳站处于光明区产业总体布局的核心区——光明高新技术产业园区西片区,是地铁 6 号线沿线产业发展走廊的中枢节点。在轨道交通的带动和吸附作用下,长圳站配备了光明区高新产业发展、人口集聚所需的各类配套服务设施。长圳站是光明新区南部"入口",紧邻光明城站,交通区位优越,是光明新区南部的片区交通换乘枢纽。乘坐地铁 6 号线与地铁 18 号线(规划中)的乘客在此站进行换乘。结合地铁站点综合开发带来的城市公共功能和建筑空间集聚效

应,长圳站是光明区城市门户区的组成部分,是多元化的城市综合体。

长圳站地区是集车辆基地、轨道换乘枢纽于一体的综合枢纽地区,力图发展成光明高新技术产业园区西片区的片区级中心,具备多元化服务功能。当地政府着力将该地区打造为以服务周边产业为使命,有居住、商业、商务、产业配套的综合型社区。

长圳站周边地区分为核心商业区、文娱休闲区、乐活居住社区三大功能组团,规划以贯通南北的地铁 6 号线为发展轴线,在其两侧创造核心商业区,向周边辐射。长圳站地区西部及东南部是中低层景观住宅区。该住宅区以社区绿化及广场为景观主题中心。长圳站地区东北部是低层滨水文娱休闲区。该休闲区以滨水文化设施建筑为人文主题中心。

长圳站地区不同功能区域之间分区明确,既满足了商业区的可达性与流动性,也充分保证了居住社区的私密性与独立性。与此同时,各组团之间又通过水体、绿化相互渗透、复合,景观作为纽带将整个区域联结成有机整体。

（1）核心商业区。

以地铁 6 号线及地铁 18 号线轨道站点为核心,在临近地块布局核心商业区,集中安排公共服务类功能,主要为商业、办公、酒店及服务式公寓,为光明高新技术产业园区提供商业服务。尽可能多地提供高质量开放绿化休闲空间,提升核心商业区的水准,力求通过打造高品位的工作环境,吸引更多高新科技人才,带动地区经济文化的进一步发展,形成良性循环。

（2）文娱休闲区。

以鹅颈水湿地公园为脉络,在两侧布局文娱休闲区,集中安排商业、休闲、娱乐空间,并布置住宅、学校等。开放式广场的处理加强了人与人之间的沟通交流及社区邻里关系。以文化、艺术为核心,通过外部空间环境的设计,发展多样化、开放的公共艺术场所,体现城市活力,提升文化品质。优化现有河道,改造滨水景观,塑造文娱休闲区。

（3）乐活居住社区。

规划在车辆基地上盖区域及站点外围区域设置住宅功能,为光明高新技术产业园区从业人员及地铁通勤人员提供居住服务。整体布局中积极推进滨水生态景观及社区绿地建设,为各类人群提供丰富的绿化休闲空间体验。以步行系统连接地铁 6 号线长圳站和地铁 18 号线站点,并设置商业连廊和社区体育休闲公园,提供优质的城市生活环境。以时尚、现代为建筑的主要基调,辅以人性化的景观空间,打造光明高新技术产业园区内的高品质住宅,吸纳高端技术人才,

从而为整个地区的进一步发展提供人才资源。

长圳站利用空中步行通道、地铁综合体内专有换乘通道来组织轨道站点、公交首末站、公交枢纽之间的换乘。通过在综合体底层布置小型公交枢纽,有效提高公交与地铁之间的换乘效率。

长圳站与商业紧密结合,两侧地面一至三层为商业建筑。对人流的有效组织使地铁与商业无缝连接。轨道交通带来的大量人流成为周边商业客流的强有力保障。长圳站地区西部为车辆基地,上盖是呈围合布局的住宅区,居住社区停车与车辆基地结合,为住宅区提供充足的绿化空间。

长圳站地区运用 TOD 理念,提升重点地区土地开发效率,确定地区发展总体定位,并以总体定位指导地区开发建设。安排各类功能空间布局,实现功能合理、空间品质优良的整体空间形态。整合站点与周边物业及交通设施的连接关系,实现站点与周边物业的高效协同发展。长圳站地区打破传统轨道交通设施用地低效模式,引入"轨道＋物业"的综合开发,采用立体复合的发展模式,对车辆基地进行上盖物业开发,集约高效利用土地。丰富地区发展功能,为产业的发展注入更多的配套活力。利用城市空间的垂直运动,加强建筑与城市的整合,促进城市的立体化发展。将办公、商业、车站聚集在一起,集聚大量人流。创造智能化、人性化的公共交通出行体验,实现分层次的城市空间链接。

2.4.5　案例小结

基于以轨道交通车站为中心的集约型城市开发模式和与轨道建设同步的沿线型开发模式,将前文 4 个经典案例总结为以下 4 种模式。

①日本模式。

此模式极具亚洲特色,具有代表性。其站城一体化发展技术先进,在有限的城市资源条件下,轨道交通建设与土地开发同步进行,使土地利用高度集约化。其发达的交通线网与土地利用有效紧密衔接,以轨道交通枢纽站为节点,以轨道交通线网为面,以点带面呈中心辐射状发展,使枢纽站成为城市综合体。城市功能多样化,方便站点周边地区的市民进行各项活动。

②香港模式。

此模式的核心是"轨道＋物业"。香港特别行政区政府大力支持轨道交通发展,提供良好的政策,建立完善的规划机制,融资环境良好。香港的轨道站点与周边土地利用相协调,站点及周边地区建立了完善的公共交通换乘系统以及发达的物业,促进经济发展。

③北京模式。

此模式是运用 TOD 理念开发而产生的。此模式主要以轨道交通为主,将公共交通、慢行交通有效衔接,旨在建立多样化的公共交通转乘系统。对每个站点功能进行详细划分,突出站点主要功能,完善站点及周边地区城市功能,打造城市综合体,增加商业开发,带动经济发展。同时,在北京城市周边地区建立高密度功能复合型社区,增强卫星城与中心城市的联系。

④深圳模式。

此模式是基于 TOD 模式优化演变而来的,通过深圳站城一体化开发经验的积累,不断丰富完善。此模式拥有一定的前瞻性,具有地方特色。在政府的大力支持下,各部门良好协作,因地制宜,建立完善的轨道交通换乘系统,进行一体化的城市空间开发,提高土地利用率,增强城市站点及周边地区的功能。

第3章 城市轨道交通一体化开发适应性评价

城市轨道交通一体化开发(以下简称一体化开发)项目策划初期需要对项目可行性进行适应性评价,以确定轨道交通项目与城市用地之间是否具备一体化开发的条件。一体化开发适应性评价应当综合考虑枢纽类型特征、交通可达性、枢纽所在城市经济发展水平、产业结构、枢纽片区发展基础等因素,以确保枢纽交通功能和枢纽片区一体化开发的成功。评价内容涉及一体化开发项目分类、前期准备条件评价、规模与环境条件评价、房地产需求评价、交通走廊备选方案评价、基建承载能力评价六部分。

3.1 一体化开发项目分类

规划项目的选址和规模不同,建设目标与发展目标也不相同,有必要对一体化开发项目规模和开发区域土地利用特征进行分类研究。参照已有的相关研究,可以将一体化开发项目按照开发规模分为城市层面、走廊层面、站域层面以及站点层面四个层面,按照土地利用特征分为未开发地区、郊区和市区三类。

3.1.1 按照开发规模分类

一体化开发项目按照开发规模可分为以下四个层面(见图3.1)。

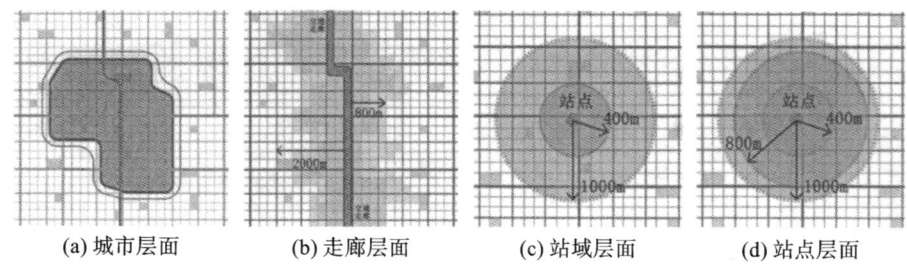

(a) 城市层面　　(b) 走廊层面　　(c) 站域层面　　(d) 站点层面

图 3.1　一体化开发项目按照开发规模分类示意

（1）城市层面。

城市层面指城市总体规划或战略规划中轨道线网层面的一体化开发。该层面需要关注土地利用与交通系统规划的整合，以支持整个城市的相关分析和决策，在法定规划文件中为一体化开发提供依据。

（2）走廊层面。

走廊层面指单条轨道沿线用地范围及其直接受益区域的一体化开发，一般指轨道沿线两侧 10 min 步行或骑行范围内（1000～2000 m）的开发。该层面开发需要确保轨道线路上站点之间的一体化开发相辅相成，关注走廊沿线职住平衡，形成以交通为导向的网络系统，并通过对比车站周围的开发潜力，评价具体车站的客流量指标。

（3）站域层面。

站域层面指距离轨道交通站点步行 5～10 min 区域范围内（400～1000 m）的一体化开发，重点关注该区域范围内的土地利用、站点可达性、综合性交通方式的衔接和连通性等。

（4）站点层面。

站点层面指距离轨道交通站点步行 5～10 min 区域范围内（400～1000 m）的单个或多个独立地块开发。地块离站点越近，则 TOD 开发潜力越大。该层面需要重点关注各开发项目的具体情况，包括开发强度与密度、内部交通循环、建筑设计和停车场设置等。

3.1.2 按照土地利用特征分类

按选址开发区域土地利用特征不同，一体化开发项目可以分为未开发地区、郊区和市区三类。

（1）未开发地区。

此类地区是指开发强度极低或者为零、基础设施条件差、目前几乎没有城市化的地方。

（2）郊区。

郊区是指城市外围缺乏开发的地区，其特征是土地开发强度低、公共交通缺失或者不发达。

（3）市区。

市区是指人口密集的城市建成区，其特点是开发强度大、开放公共空间少。

一体化开发区域土地利用特征分类的详细信息和相关图示说明见表 3.1 和图 3.2。

表 3.1　一体化开发区域土地利用特征分类及前景分析

区　域	机　遇	挑　战
未开发地区	唯一的所有权； 政府土地比例高； 有机会对站点周围进行新的社区规划； 地价低； 财政资源多； 有机会建设大容量的基础设施体系	项目成型时间长； 人口结构未知； 在初始阶段实现职住平衡的可能性较小； 由于通往市中心的公共交通连接性不强,常常会导致城市扩张； 开发商可能对该区域土地开发欲望较低
郊区	可用于开发的站点比例高； 有机会改善低密度社区的可达性； 地价低	人口密度低； 无序扩张的发展模式； 用地单一； 连通性较差； 机动车优先级高于慢行系统
市区	位于主要的交通走廊和市区中心附近； 公共交通分担率较高,尤其是在中低收入地区； 有机会改善周边的可达性； 存在城市更新的需求	土地所有权多样化； 地块不规则,配置多样化； 现有的用地类型不支持交通线路的穿越； 步行限制； 通行权的限制

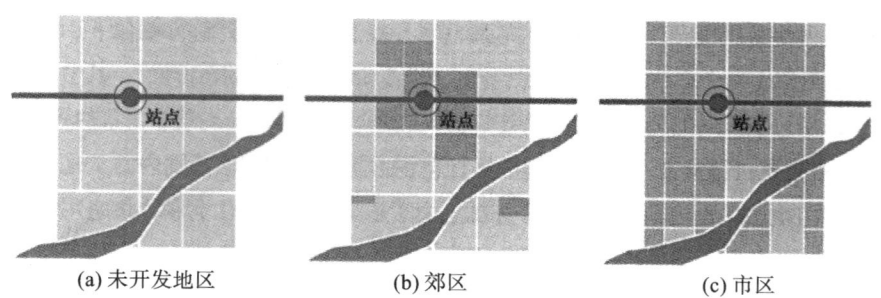

(a) 未开发地区　　　(b) 郊区　　　(c) 市区

图 3.2　一体化开发区域土地利用特征分类示意

3.2　前期准备条件评价

　　项目前期准备条件评价目标在于确定实施一体化开发所需干预措施的优先次序,尽早识别潜在的缺陷。前期准备条件评价利用人口普查信息、地理信息系统数据、现场调研数据以及相应的分区法规、现行总体规划等资料对开发区域现有的优势和劣势进行分析,以了解其一体化开发潜力和需要改进的方面。该评价可以用于城市层面、走廊层面和站域层面的项目评价,适用于城市未开发地区、市区、郊区和再开发地区等多种开发环境。评价目的是突出每个站区的一体化开发潜力。

　　项目前期准备条件评价包括初步准备条件评价、详细准备条件评价两方面。

3.2.1　初步准备条件评价

　　初步准备条件评价是指对影响一体化规划和实施的至关重要的外部因素进行快速评价,以便更好地了解当地政策和机制对一体化开发的支持程度。其评价对象以政府等公共部门为主。这些评价因素包括:现有的专业技术支撑能力、支撑开展一体化详细研究的现有数据的可用性、政府现有的政策和管理框架。

3.2.2　详细准备条件评价

　　详细准备条件评价分为站域层面的准备条件评价以及走廊层面的准备条件评价。

　　站域层面准备条件评价用于评价单个站点开发项目所在站域范围内的一体化开发准备情况,以识别车站区域属性和开发潜力。具体评价方法如下:轨道交通网络上每个车站的价值,包括节点、位置/场所和市场潜在价值。其中,节点价值包括车站的公共交通线路数量、车站之间的距离、日均载客量等的评价;位置/场所价值涉及车站周围 800 m 半径范围内的连通性,该范围内的文化、教育和卫生服务设施数量,车站服务区域内(影响范围内)住宅和非住宅用地的用途以及各类土地的比例等指标的评价;市场潜在价值包括 800 m 半径的服务区域内,车站周围每平方千米的人数和工作岗位,该范围内 10~20 年人口及就业增长率预测、平均收入等。

　　走廊层面的准备条件评价是对轨道交通线上所有车站的节点、位置/场所和

市场潜在价值进行评价,以显示整个走廊开发条件的情况。

3.2.3　前期准备条件评价指标体系

前期准备条件评价指标体系包括初步评价指标体系和详细评价指标体系。

1. 初步评价指标体系

初步评价用于衡量进行一体化规划和实施的技术、法规准备情况,主要包括现有技术能力、现有数据可用性、现有体制和政策框架三类指标,涉及 29 个子项指标。通过评判一体化开发项目是否具备各子项指标所指条件,将其评级结果分为低、中、高三个级别,该结果为下一步进行详细的准备条件评估提供了参考基础。其中,技术能力是指审查现有技术和专业人员在该领域的技术能力,以管理、实施和监督一体化规划活动;数据可用性是指需要准备一个全面的数据库作为资源,以帮助记录一体化开发的基本情况,并分析约束条件;体制和政策框架则用于评价城市在机构支持、规划、政策和发展市场方面的一体化开发准备情况。初步评价指标体系见表 3.2。

表 3.2　初步评价指标体系

一级指标	二 级 指 标	
技术能力	规划总监/城市总规划师(具备 TOD 规划、综合交通及土地规划经验)	
	城市设计师/城市规划师(具备街景设计、步行及自行车道设计经验)	
	交通规划师/工程师(具备交通部门工作、交通建模或相关领域的经验)	
	基础设施规划师/工程师(具备基础设施需求管理和规划经验)	
	房地产专家(具备可行性研究、房地产评估经验)	
数据可用性	节点价值	公共交通网络(包括公共汽车、大容量集体运输工具、支线网络)
		通过站点的公共交通线路
		站点位置(包括数量、类型和间距)
		车站交通流量
		交通载客量(包括现有和建议的载客量)
	场所价值	现有和建议的土地利用情况(包括建筑的用途、性质等)
		距车站步行 800 m 范围内的社会基础设施配套
		现有道路汇总清单

续表

一级指标	二级指标	
数据可用性	场所价值	现有基础设施清单
		现有人行道和自行车网络
	市场价值	人口普查信息(包括当前和预估的人口数量、人口密度、平均收入)
		近十年开发活动(正在进行或最近完成的项目)
		控制性详细规划
		空置土地和建筑物(包括规模评价和是否是公有制)
		土地价值(包括政府土地和市场价值评价)
体制和政策框架	与一体化相关的规划和监管措施	支持一体化开发的法规、最新开发计划、总体规划等
		在行人或自行车设施、公益事业基础设施和交通升级方面进行投资
		完整的街道网络设计政策和益于自行车出行、行人出行的开发计划
		评价城市交通网络的交通规划
		停车管理——降低或取消停车要求或支持共享停车的政策和举措
		鼓励城市经济适用性住房的政策、计划、方案
	机构/平台	负责整合交通和土地利用的现有机构或特别机构
		建立政治领导团体或顾问委员会,以促进城市的 TOD 开发与建设
		鼓励利益相关者参与

2. 详细评价指标体系

详细评价指标体系从节点、场所和市场价值对走廊层面和站域层面一体化开发准备进行评价,旨在强调经济、土地利用、城市设计和公共交通网络以及车站之间的相互依赖性。评价结果可用于指导城市起草一体化开发愿景,并随后编制一体化开发的详细规划,以提高站域的价值和经济潜力。其最终评级分为高、中、低三个等级,详细评价指标体系见表3.3。

表 3.3 详细评价指标体系

一级指标	二级指标	
节点价值	1	某一车站的公共交通线路数量
		低=不连接其他公共交通线路;
		中=接驳两条公共交通线路;
		高=连接两条以上公共交通线路

67

一级指标		二级指标
节点价值	2	站点间的平均距离(以交通路线的数量表示)
		低＝平均距离在 2 km 以上;
		中＝平均距离在 800～2000 m 范围内;
		高＝平均距离在 400～800 m 范围内
	3	车站的可达性程度(指从城市其他节点出发到该车站的出行时间,取决于车辆的速度和服务频率)
		低＝车站到最近的城市节点所需出行时间大于 15 min;
		中＝车站到最近的城市节点所需出行时间在 15 min 以内;
		高＝车站到最近的城市节点所需出行时间在 5～10 min 以内
	4	当前工作日的平均客流量
		低＝小于 50％的预测客流量;
		中＝50％～75％的预测客流量;
		高＝大于 75％的预测客流量
	5	车站步行范围内可使用的辅助交通方式的种类
		低＝不与其他交通方式接驳;
		中＝与另一种交通方式接驳;
		高＝接驳多种交通方式
场所价值	1	车站 800 m 半径范围内每平方千米的交叉口数量
		低＝每平方千米小于 50 个交叉口;
		中＝每平方千米 50～100 个交叉口;
		高＝每平方千米超过 100 个交叉口
	2	车站周围 800 m 半径范围内的连通性(步行 10 min 可到达)
		低＝两条人行道之间间隔远,现状条件较差,可达性较差;
		中＝两条人行道之间间隔适中,现状条件一般,可达性一般;
		高＝两条人行道之间间隔小,现状条件较好,可达性较高
	3	确定车站服务区域内住宅和非住宅用地的用途以及各类土地的比例
		低＝车站服务区域的主要用途类别占总面积的 70％～80％;
		中＝车站服务区域的主要用途类别占总面积的 60％～70％;
		高＝车站服务区域的主要用途类别占总面积的 50％～60％

续表

一级指标		二 级 指 标
场所价值	4	距离车站 800 m 范围内的文化、教育和卫生服务设施的种类 低＝可使用 1 种服务设施； 中＝可使用 2 种服务设施； 高＝可使用 3 种服务设施
市场价值	1	距离车站 800 m 半径范围内，每平方千米的人口数量和工作岗位 低＝小于该地区的平均密度； 中＝等于该地区的平均密度； 高＝高于该地区的平均密度
	2	距离车站 800 m 半径范围内，10～20 年内人口及就业预测增长率 低＝预计人口和就业密度不超过 50％； 中＝预计人口和就业密度在 50％～75％之间； 高＝预计人口和就业密度不小于 75％
	3	平均或中等收入 低＝低于地区平均收入中位数； 中＝等于地区平均收入中位数； 高＝高于地区平均收入中位数
	4	30 min 内通过公共交通和步行可到达的工作地点的百分比 低＝不超过 50％； 中＝在 50％～75％之间； 高＝不小于 75％
	5	房地产开发机遇（按现有建筑面积与监管范围内可建最大建筑面积之差计算） 低＝不超过 25％； 中＝在 25％～50％之间； 高＝不小于 50％
	6	过去几十年，在车站周围新修建的项目（正在进行或最近完成项目） 低＝无项目； 中＝1～5 个中小型项目； 高＝5 个及以上中小型项目或 3 个及以上大型项目

3.3　规模与环境条件评价

3.3.1　评价目的

　　规模评价可以帮助决策者理解不同规模的规划之间的相互关系及其对一体化开发实施的影响。

　　环境评价是基于当前和规划中的城市形态、与交通的关系、在吸引一体化开发相关投资方面的市场实力等方面进行评价。环境评价通过参考现行总体规划、控制性详细规划、政策、第三方报告、高质量航空卫星图像等信息,确定车站地区的开发环境类型,以便帮助城市确定一体化开发项目的干预点。该评价方法可以在一体化开发实施过程中的多个阶段使用。

3.3.2　规模与环境条件评价指标体系

　　规模与环境条件评价在 3.1 节所述开发规模分类和土地利用特征分类的基础上进行,具体评价指标见表 3.4。若在选项中至少有一个指标符合,则该城市就可以实施该级别(层面)和环境下的一体化规划。

表 3.4　规模与环境条件评价指标体系

一级指标		二　级　指　标
开发规模评价	城市层面	区域规划/城市发展规划/总体规划/控制性详细规划(筹备中/进行中/规划完成); 交通规划(筹备中/进行中/规划完成); 快速公共交通系统/地铁轨道系统项目规划(筹备中/规划完成)
	走廊层面	土地开发条例的修改(筹备中/进行中/规划完成); 交通规划(筹备中/进行中/规划完成); 快速公共交通系统/地铁轨道系统项目规划(筹备中/规划完成)
	站域层面	正在运营/在建的公共交通系统; 毗邻公共交通系统的公有空置土地及再开发机会; 正在进行中的土地资源共享策略; 市场利益(房地产价值的快速变化)

续表

一级指标	二级指标	
开发规模评价	站点层面	邻近公共交通站点地区的再开发机遇； 未开发用地、土地拍卖及开发的市场利益； 毗邻公共交通系统的公有空置土地及再开发机会
开发环境评价	未开发地区	由农业向高强度用途的土地性质变更计划； 国有土地(政府拥有土地)比例高； 人口密度极低或无人区； 靠近城市核心区,但总体仍使用小汽车出行； 高质量公共基础设施投资是拉动经济的关键驱动力
	郊区	完全没有或有低频次的公共交通服务； 较低的人口密度； 缺乏街道连通性、行人和自行车设施及城市建设之间的整合； 单一用途开发项目占据大量土地
	市区(新建及再开发地区)	高人口密度； 良好或完善的步行与自行车网络； 由零售业及服务业支持的混合社区； 就业岗位的高度混合

3.4　房地产需求评价

3.4.1　房地产需求评价目的

房地产需求评价用于评估一体化开发项目的市场价值,帮助分析房地产开发的潜力和不同混合用途开发项目的组合方式,以优化创收。该评价将一体化开发项目划分为四个基本类别:基于站点、基于站域、基于走廊和基于城市。评价还对规划开发项目的区域、位置进行分类,从而为构建房地产组成部分提出建议性战略,并根据市场情况和现有供应的等级对住宅、零售、商业和酒店等个别组成部分进行详细分析。

3.4.2　地产开发组成及收益

轨道交通枢纽周边地产开发主要包括住宅、零售、商务办公及酒店。一体化开发建议优先进行混合用途开发,以提高步行可达性,实现站点物业高效利用,提升站区活力。在混合开发的项目中,适当的规模和商业项目的选择是确保开发盈利的关键因素。通常,在低密度市场,住宅开发决定房地产其他组成部分的需求,但在许多一体化开发中,微观市场是由商务办公和零售开发所支配。因此,混合开发的使用比例是以交叉融资需求为出发点,对不同开发组成部分进行优化。

房地产需求通过价格和入住率两个指标来体现。价格是房地产微观市场需求和供给环境的直接变量。入住率反映了市场的空缺(供求关系)状态。房地产收益率是衡量未来收入或房地产投资收益潜力的指标。基于每个部分的盈利潜力,房地产开发组成部分盈利排名如表 3.5 所示。

表 3.5　房地产开发组成部分盈利排名

序号	开发组成部分/组件	衡　量　指　标	物业收益(年租金收入/资本价值)	基于收入潜力的排名
1	酒店	每间客房收入,平均入住率	最高	1
2	零售	资本及租值	中等至偏高	2
3	商务办公	资本及租值	中等至偏高	3
4	住宅	资本及租值	最低	4

注:此处所示的物业收益描述用于不同开发部分之间的比较。收益率通常由地点和微观市场条件等因素决定。

要确定一个物业的房地产开发需求,应按图 3.3 所示的价格和入住率来衡量。在每种可能性范围内,必须评价潜在的土地利用组合,以最佳地平衡收入风险和收入潜力。

轨道交通枢纽周边房地产开发需综合考虑车站等级和开发环境,住宅、零售、商务办公及酒店四种开发组成部分的开发潜力见表 3.6。

高
收入风险–高	收入风险–低至中等	收入风险–低
优先发展模式	优先发展模式	优先发展模式
住宅–低	住宅–低	住宅–低
商务办公–中等	商务办公–中等	商务办公–低
零售–中等	零售–中等	零售–中等
酒店–低	酒店–中等	酒店–高

价格

收入风险–高至中等	收入风险–中等	收入风险–低至中等
优先发展模式	优先发展模式	优先发展模式
住宅–中等	住宅–中等	住宅–高
商务办公–中等	商务办公–中等	商务办公–中等
零售–低	零售–低	零售–中等
酒店–中等	酒店–低	酒店–中等

收入风险–高	收入风险–高至中等	收入风险–低至中等
优先发展模式	优先发展模式	优先发展模式
住宅–高	住宅–高	住宅–高
商务办公–中等	商务办公–中等	商务办公–中等
零售–低	零售–中等	零售–中等
酒店–低	酒店–低	酒店–低

低
低　　　　　　　　入住率　　　　　　　高

注：各组成部分在土地利用总体结构中的比例：①低为10%～15%；②中等为25%～30%；③高为40%以上。

图 3.3　从最高到最低价格和从最高到最低入住率的房地产条件的图形表示

表 3.6　房地产各组成部分开发潜力

开发类别	车站等级	开发潜力		
		市　区	郊　区	未开发的地区
住宅	单线车站	高潜力	高潜力	中等潜力
	核心换乘站	中高潜力	高潜力	中等潜力
	多式联运枢纽	低至中等潜力	中等潜力	高潜力
零售	单线车站	中等潜力	低潜力	低潜力
	核心换乘站	中高潜力	低至中等潜力	低至中等潜力
	多式联运枢纽	高潜力	中等潜力	低至中等潜力
商务办公	单线车站	高潜力	中等潜力	低潜力
	核心换乘站	高潜力	高潜力	低潜力
	多式联运枢纽	中等潜力	高潜力	中等潜力
酒店	单线车站	中等潜力	低潜力	低潜力
	核心换乘站	中等潜力	低至中等潜力	低潜力
	多式联运枢纽	高潜力	中等潜力	低至中等潜力

3.4.3　房地产需求评价资料

房地产需求评价资料主要包括以下五个方面。

（1）人口密度。

此处说的人口密度包括城市区域、微市场领域（商务办公、零售业）的人口密度。

（2）基础设施费用比率。

基础设施费用比率即每平方米交通基础设施规划总投资除以每平方米土地费用。

（3）物业价格比率。

物业价格比率即每平方米物业均价除以每平方米土地成本。包括住宅、零售、商务办公、酒店的物业价格比率。

（4）溢价供应比例。

溢价供应比例即微观市场 A 级物业的总供应量（以平方米计）除以微观市场 B 级物业总供应量（以平方米计）。包括住宅、零售、商务办公、酒店的溢价供应比例计算。

（5）入住率。

入住率为入住单元占总单元的比率，包括住宅、零售、商务办公、酒店的入住率。

3.4.4　评价流程及指标体系

1. 房地产需求评价流程

（1）了解区域或全市范围内的建设环境。了解并比较区域或城市范围内的经济发展趋势与一体化开发走廊或拟建项目所在站区的条件。

（2）划定一体化开发项目市场区域界线。定义一体化开发项目市场区域的两个边界（站点 5 km 范围内为主要贸易区，5～8 km 范围内为次要贸易区）以了解市场的潜在规模、服务区域和支出潜力。

（3）进行供需分析。了解市场区域内不同开发组成的需求和供应情况。创建各开发部分的经济概况并编写竞争分析报告，以了解购买力和不同类型开发组成部分的风险和收入潜力。

（4）确定潜在和期望的地产开发组合。根据项目地点、投资风险和收入潜力确定最合适的房地产开发组合。

（5）准备开发计划。制定开发计划，其中包括开发成本、潜在收入和现金流、净现值（net present value，NPV）和内部收益率等要素。

完成上述评价后，结合评价结果编写房地产市场分析报告，建议将房地产市场发展趋势、通勤者出行特征、竞争优势与产业集群分析、长期居住和就业需求分析、建议的开发和再开发机遇、净现值和内部收益率的盈利能力和收入潜力、推荐的奖励办法和可能的融资结构等内容写入市场分析报告，综合评判站点周边房地产开发需求。

2. 评价指标

评价全过程涉及的指标体系包括 5 部分评价内容和多个评价指标，部分评价内容涉及更详细的评价指标（见表 3.7）。

表 3.7　房地产需求评价指标

评 价 内 容	一 级 指 标	二 级 指 标
区域或全市范用内的建设环境	人口趋势	人口数量、人口密度、家庭户数
	就业趋势	就业人口总数、失业率、就业机构总数
	建筑活动	住宅、非住宅比例
	最大的区域雇主	经济分析
一体化开发项目市场区域界线	自然特征	湖泊、河流、山脉等自然地貌特征
	管辖范围	政治边界、邻里边界
	已建基础设施	铁路、公路、机场、大型工业设施等
	交通	交通流量、交通拥堵数据
供需分析	社会经济概况	人口趋势：年龄、家庭人口构成、迁徙情况等
		经济趋势：家庭收入、可支配收入
		旅游数据：酒店住宿情况
		就业趋势：办公地产开发及规划
	竞争分析	住宅单元数量、不同类型房屋的面积、商业建筑空间供应、酒店客房数、土地价值（市场及评价）、租金收益率、已批准和计划的项目、地产入住率

续表

评价内容	一级指标	二级指标
潜在和期望的地产开发组合	项目地点	—
	投资风险	
	收入潜力	
开发计划	成本	土地收购成本;场地改善成本;规划、工程与设计成本;营销成本;物业税;一般管理费以及融资成本等
	收益	销售收入、销售百分比;租赁收入、租赁百分比;使用费用以及补助和贷款等
	项目时间表	前期开发阶段、建设阶段、稳定阶段时间表;资产管理、销售、运营时间表

3.5　交通走廊备选方案评价

交通走廊备选方案评价的目的是确定轨道交通的最佳线路走向,以确保一体化开发项目的效益最大化。根据世界银行相关研究,交通走廊备选方案评价包括对开发路线的初始范围进行评价,开展初步的走廊筛选和详细的走廊筛选等方面。评价并确定轨道交通的最佳线路走向,以确保一体化开发项目的效益最大化。

3.5.1　开发路线初始范围评价

开发路线初始范围的确定与评价需要对相关数据和利益相关者的反馈意见进行综合分析。具体做法是绘制初始走廊,并收集利益相关者、市政和交通部门以及公众的反馈,包括人口和工作岗位密度、目的地和土地利用情况、现有研究成果及建议等。其初步参考标准见表3.8。初始评估过程中要特别重视公众参与,需要考虑利益相关者的规划意见,该过程涉及两类利益相关者,包括主要利益相关者(交通规划部门、城市规划部门)和次要利益相关者(正式和非正式交通运营商,规划师,住房、基础设施和交通部门,邻里、社区组织等)两类。

表 3.8　初步参考标准

指　标	测 量 标 准	重　要　性
人口和 工作密度	通过普查数据和其他调查确定的住房单元和工作的密度	人口密度高的地区,确保可以公平地满足所有人的出行需求
目的地和 土地利用	通过 OD 图和土地利用图确定的城市内主要出行开发潜力(工作日和周末)	服务于公共场所和高活动中心,可缓解拥堵的可能性,并确保最佳乘车率
已有研究 成果	审查现有规划和政策文件中的建议,确保它们仍然相关和有效	确保对现有的(和相关的)研究进行评价,并在规划中给出建议,如交通总体规划、总体规划等

3.5.2　走廊筛选标准和指标

走廊方案的评价和筛选需要根据走廊筛选标准、相关数据分析以及利益相关者的反馈意见进行。筛选指标包括城市愿景和目标、运输需求、实施难易程度和业务可行性以及社区建设和振兴四类(见表 3.9~表 3.12)。

表 3.9　走廊筛选标准 1——城市愿景和目标

准　则	初始筛选措施	详细筛选措施
增长潜力	走廊 500 m 范围内的人口密度(人/hm²)和就业密度(工作/hm²)预测(10 年)	支持增长管理,将重点放在战略位置的高强度、多用途开发上;支持以轨道交通为导向的开发(公共交通社区),符合沿快速交通走廊和交通站发展的激励措施
经济发展	与走廊 500 m 范围内现有或拟建的主要增长中心的连接	有能力吸引和留住人才,影响长期就业目标,提高企业生存能力和吸引力
混合利用 开发潜力	沿走廊 500 m 缓冲区内有混合(2 个或更多)土地利用的区域	新的混合利用开发或再开发中土地可用性和市场接受度
土地价值 获取潜力	—	走廊沿线物业价值提升,增加了走廊沿线居住的吸引力

表 3.10　走廊筛选标准 2——运输需求

准　则	初始筛选措施	详细筛选措施
车站载客量潜力	现有及预计的人口和就业密度；现有运输服务的交通载客量	与交通网络上所有模式的交通系统容量相比，对公共交通客运量进行长期预测
出行时间改善潜力	路线长度；汽车平均延迟时间；最大 V/C 比；行驶时间（汽车与现有公交）（性能较低的道路是首选）	与主要交通工具相比，预计主要出行者的出行时间，出行时间应有实质性的改善
现有公交网络整合	现有公共交通网络的换乘点（越多越好）	与现有和规划中的当地、快速和区域交通系统整合的可能性，重点在于最大潜力的网络延伸和未来的扩展
交通服务的稳定性	—	影响交通服务稳定性、频率、质量和灵活性的通行特性，比如轨道的可用宽度
支持主动运输	—	支持主动出行选择（例如步行、骑自行车和公共交通）的城市形态特征，包括： （1）街区大小和街道连通性； （2）提供步行和骑自行车的场所

注：V/C 是在理想条件下，最大服务交通量与基本通行能力之比，基本通行能力是四级服务水平上半部的最大交通量。

表 3.11　走廊筛选标准 3——实施难易程度和业务可行性

准　则	初始筛选措施	详细筛选措施
执行能力	由一个或几个协调机构协调管辖（协调挑战越少越好）	分阶段实施，确保轨道网络的相对灵活性
易于施工	可获得的通行权和最小的不可移动的障碍物（空间越大越好）	施工的数量和复杂性

续表

准　　则	初始筛选措施	详细筛选措施
财务可行性	根据运营环境和模式的类型，预估每千米人均年度成本	快速成本效益分析（cost benefit analysis，简称 CBA）将实施和运营成本与潜在收入和生活质量收益进行比较
财产影响	—	尽量减少土地征用或重大土地调整的需要；避免对财产所有权或财产价值造成不应有的负面影响
环境影响	—	尽量减少对指定的重要环境地区、湿地和省级重要湿地、鱼类栖息地、林地和重要林地、重要河谷地或环境敏感地区、濒危和受威胁物种的栖息地和指定的具有自然和科学价值的地区的影响

表 3.12　走廊筛选标准 4——社区建设和振兴

准　　则	初始筛选措施	详细筛选措施
支持包容性增长目标	中低收入社区可以选择能负担得起的出行方式并从中受益，以方便到达城市节点和目的地	与规划增长、填充和集约化相比具有较高承受能力的其开发潜力也较大
与社区和商业区的连接	通过密集的街道网络实现更高的邻里渗透度和可达性选择	提升社区便利设施（学校、图书馆、医院等）的使用率，同时保持车辆进出住宅和商业物业，并尽量减少车辆对邻近社区的干扰

准　　则	初始筛选措施	详细筛选措施
强化潜力	指定用于增长和集约化开发的走廊是更可取的,因为它们的开发潜力和支持高客运量的潜力随时间推移而增强(优先提供未充分利用的地块)	在走廊 500 m 缓冲区内可供强化的土地,包括: (1)停车场; (2)未充分利用的空间; (3)破旧/生命周期终止的建筑物; (4)过渡性土地利用,例如旧工业用地等
公共空间及设施	—	允许更多地使用公共领域并提升美感,增强社区联系,通过设计来保障安全,并最大限度地减少对现有公共和私人树木的影响
文化遗产的影响	—	将对建筑文化遗产特征和考古资源的影响降至最低
气候适应能力	—	遵循城市密集化原则应对全球变暖趋势(例如洪水、干旱);降低空气污染和温室气体(greenhouse gas,GHG)排放的影响

3.6　基建承载能力评价

基础设施是规划可持续城市和弹性城市的基础。在一体化开发中,如果疏于对基础设施承载能力的考虑,可能会导致城市宜居性进一步恶化。因此,一体化开发的可行性和可持续性必须包括对基础设施的评价,以确保不仅能够满足城市目前的基础设施需求,并且有能力满足未来的基础设施需求。该评价主要目的是确定城市是否具有高质量和高可达性的基础设施。

3.6.1　基建承载能力评价流程

不同的开发环境对基础设施评价流程有所不同:在未开发地区进行项目建

设,不会受先前工作的约束,因为该类项目是在未利用的土地上进行建设,不需要改造或拆除现有的建筑物;而在城市建成区内(包括城市建成区和郊区建成区)已有一定规模的公共基础设施和其他公用设施,并且有可能将现有的已建建筑物转换为其他用途。基础设施承载能力评价流程如图 3.4 所示。

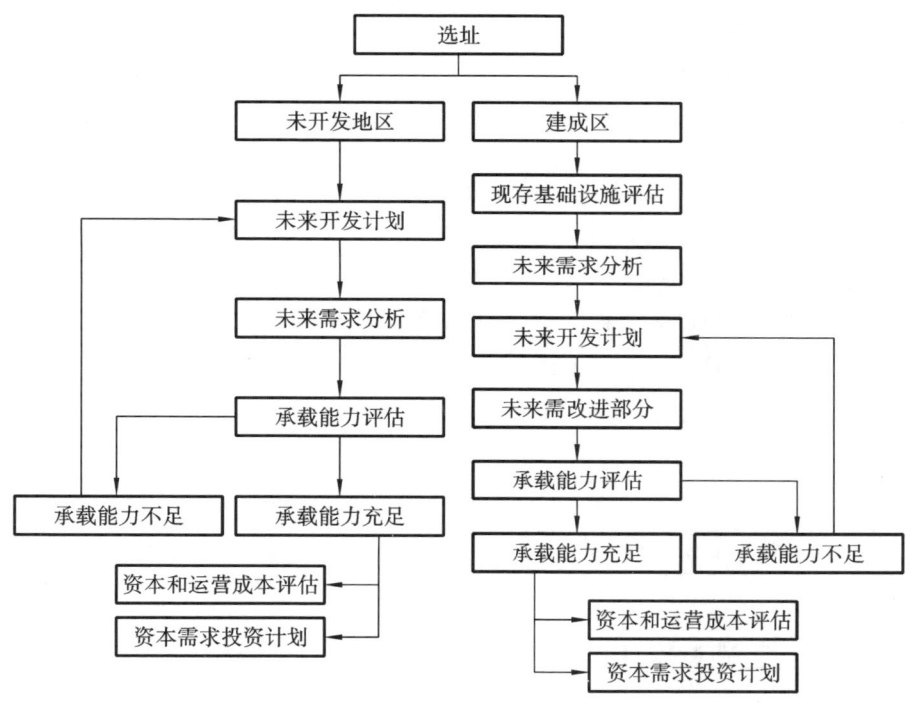

图 3.4　基础设施承载能力评价流程

3.6.2　评价内容及指标

1. 物质基础设施评价

物质基础设施是指城市的基本服务供应系统,包括供水、污水、固体废弃物管理、能源和景观等设施,此外,行人和自行车基础设施也是物质基础设施的组成部分。这些系统建设属于高成本投资,对城市发展至关重要,因此,有必要对区域内物质基础设施进行评价。物质基础设施评价指标清单见表 3.13,分为两个指标层级,并且不同开发环境下的物质基础设施评价目标也有所差异。

表 3.13　物质基础设施评价指标清单

一级指标	二级指标	评价目标	
		城市未开发地区	城市建成区
供水系统	耗水量、供水量、水处理、水网	确定资本投资需求	确定现有的设计容量,并满足额外的供水需求
污水系统	污水生成、污水处理	确定资本投资需求	确保有足够的能力满足额外的污水处理需求
能源系统	能源消耗、能源供应、发电量、配电和输电	确定资本投资,保障能源供应	评价和管理现有电网容量
固体废弃物处理	固体废弃物的生成、转移、处理、收集和转运	确定废物处理、收集和转移的资本投资	明确多余固体废弃物的产生量
信息系统	信息需求、信息采集和通信方式、信息节点、信息网络	确定资本投资和安全信息需求	确保能够满足额外信息需求量的增加
景观设计	景观需求、模式、规划、后期维护	了解现存问题和规划机遇	识别景观提供功能需求的能力

2. 社会基础设施评价

社会基础设施包括公共管理设施、公共服务设施以及商业设施,比如学校、医院、监狱、警察局、消防站、市场等。任何城市中心的生活质量都取决于是否有高质量和高可达性的社会基础设施。社会基础设施评价指标清单见表 3.14,分为两个指标层级,并且不同开发环境下的社会基础设施评价目标也有所差异。

表 3.14　社会基础设施评价指标清单

一级指标	二级指标	评价目标	
		城市未开发地区	城市建成区
医疗卫生	充足性、可达性、可负担性、质量	确定分区预留区和资本投资需求	确保有充足的医疗设施以服务于更多人口
教育	充足性、可达性、可负担性、质量	确定分区预留区和资本投资需求	确保有充足的教育设施以服务于更多人口

续表

一级指标	二级指标	评价目标	
		城市未开发地区	城市建成区
娱乐活动	充足性、可达性、可负担性、质量	确定分区预留区和资本投资需求	确保有充足的休闲娱乐区,以满足额外需求
警察局、消防站及其他	充足性、可达性、质量	确定分区预留区和资本投资需求	确保有充足的应急服务设施,以满足额外需求

3.7　深圳 TOD 开发模式的适应性量化评估案例

深圳是国内实践 TOD 最早的城市,特别是在城市轨道建设方面,秉承"建轨道,就是建城市"理念,推动城市与交通的融合。在深圳轨道 TOD 实施过程中,面临着与美国迥异的城市环境、土地制度和管理政策带来的挑战。一方面与国外采用 TOD 阻止城市低密度蔓延不同,深圳中心区人口密度已超过 2 万人/km²,深圳需要以 TOD 引导高密度城市空间有序发展;另一方面 TOD 实施牵涉诸多主体,缺乏统一指引和保障机制,存在落地难的问题,深圳需要因地制宜地构建 TOD 实施策略。因此,我们有必要通过对深圳对过去的轨道 TOD 开发模式的适应性进行量化评估,反思和总结 TOD 发展实施面临的关键问题,进而从规划统筹、保障机制等方面探讨 TOD 实施关键策略,以便实现多维度 TOD 扩张。

3.7.1　TOD 开发评价策略研究

1. TOD 模式开发影响层面分析

TOD 的实施背景有自身的特点,在 TOD 开发范围内城市人口多、土地使用性质复杂,国内城市推行 TOD 模式所要达到的目标、必须解决的问题、将来的发展需求都与国外城市有着很大的不同。有关 TOD 的影响可以从 TOD 的开发对城市空间结构、土地开发以及环境影响等方面进行初步的分析。

（1）TOD 对城市空间结构的影响。

随着我国进入城市化进程加快阶段，面临的新一轮大规模用地开发的特点及公共交通出行的特性，宜采用多中心均衡的城市用地布局形态。为了实现这种城市空间结构上的转变，就必须把以轨道交通为主导的公共交通模式与土地利用开发紧密结合起来，而这正是 TOD 策略的土地利用模式，通过利用公共交通系统来引导城市结构的优化和变迁，构建低成本、高效率的城市形态。

（2）TOD 对土地开发的影响。

TOD 在影响和改变城市空间结构布局的同时，也会刺激轨道沿线的土地开发，提高站点周边土地的利用效率和开发强度进而促进周边房地产价值的提升。根据交通和地价的关系我们知道城市土地区别于其他生产要素的最大特点之一，就是由于土地的相对位置不同，则地租不同。在实施 TOD 的开发后，由于城市轨道交通的高度可达性及其圈层的高密度开发，产生了对客流的"磁力效应"，大大刺激了沿线房地产市场的开发。

（3）TOD 对环境的影响。

TOD 项目的建设目标是遏制小汽车非理性出行，鼓励公共交通出行。将缓解城市的交通压力，改善城市日益严重的交通堵塞，同时，发展以轨道交通为核心的高质量公共交通，并通过提高道路网密度、设计适宜步行的街道和人行尺度的街区、自行车网络优先等政策管理，提高公共交通对小汽车拥有者的吸引力。降低小汽车的出行率，可以减少汽车尾气的排放，改善城市环境质量。

2. 构建以 TOD 模式影响层面为基础的评估方法

通过 TOD 影响分析，我们已经知道 TOD 对城市空间结构、土地开发、环境等诸多方面的积极影响，影响一般集中在三个层面。

（1）在城市整体层面，强调轨道交通网络形态与城市形态的匹配、适应、支撑。同时统筹轨道建设和城市开发的建设时序，通过协同管理手段，引导城市空间的有序扩张，促进城市中心体系的发育，支持新城建设和城市更新。

（2）在线路层面，强调轨道交通网络的锚固点与城市重点高强度区域空间的耦合关系。通过轨道沿线片区与站点周边地区的功能定位，引导轨道站点成为市、区及社区级公共服务设施优先布局的地区，重构城市公共空间。轨道与周边土地良好的结合以实现土地集约高效，进而对人口、岗位、客流产生影响。

（3）在站点层面，强调站点与周边用地一体化程度。要求围绕轨道枢纽实

施高密度开发,创造高价值城市空间。

本节的深圳 TOD 模式开发量化评估将基于上述三个层面开展。根据 TOD 模式推行的目的,采用线路网密度、站点覆盖率、服务人口、土地利用、开发强度、路网密度、接驳设施、配套设施等指标,借助多元大数据分析技术,基于轨道交通网络布局,对深圳 TOD 开发模式的适应性在城市层面、线路层面和车站层面进行量化评估。

3.7.2　深圳轨道 TOD 开发量化评估

1. 城市层面:轨道建设与城市规划缺乏协同,轨道 TOD 对城市结构引导不足

(1)轨道覆盖率不足,TOD 对城市多组团结构体系的支撑薄弱。

轨道建设由城市运营的衍生性活动变为引导城市发展的战略资源,体现对城市空间发展的引导和协调,促进城市走廊和重点区域开发,创造新的经济活动、机会和价值。深圳在轨道交通二期工程就确定了以 TOD 促进特区一体化发展的战略,通过建立轨道导向构建“三轴两带多中心”轴带组团结构,在关外重点打造宝安中心和龙岗中心。经过十多年建设,截至 2022 年 12 月,深圳已开通运营了 16 条线路,共 547.548 km,设车站 312 座。国外特大城市中心区地铁密度达到 0.8 km/km^2 以上,有的甚至达到 1.3 km/km^2。而深圳整体线路密度为 0.265 km/km^2(深圳特区报 2022 年 11 月 28 日发布的《深圳地铁进入“500 公里时代”线网密度位列内地城市第一》报道数据),远低于国外类似城市的标准,这是目前地铁建设存在的根本问题。从深圳轨道客流特征看,轨道客流集中在原特区内,而宝安中心和龙岗中心的交通集聚特征不明显,对人流吸引力不足,轨道对新城建设作用有待加强支撑,轨道对城市中心体系的支撑薄弱。

(2)轨道与城市的建设不同步,TOD 对城市职住布局引导不足。

深圳城市空间的拓展先于轨道建设,促使就业岗位随空间拓展向市中心集中,居住向外围扩散,导致职住分离日益加剧。对比居住人口和岗位分布特征,在 2017 年,轨道 800 m 范围内人口岗位覆盖率仅为 30%,与 2010 年相比提升 19%,但与国际大都市轨道站点人口岗位覆盖对比,深圳轨道站点周边居住与就业分布仍有待优化。轨道建设与城市建设的不同步,使轨道尚未有效发挥引导城市职住相对均衡布局的功能。

2. 线路层面:轨道沿线开发整体统筹不足,导致轨道 TOD 开发与片区建设脱节

(1)轨道沿线土地利用混合度不足,导致沿线地区吸引力与活力流失。

①轨道沿线开发缺乏整体统筹,沿线土地利用混合度不足。

混合功能开发是创造 TOD 区域前提,通过混合开发增加客流支撑能力和短距离出行需求,土地利用混合度是衡量轨道周边开发活力的主要指标。通过2015 年深圳轨道沿线土地利用构成分析(见表 3.15),与上海(300 m 范围内商业 15％等指标)对比可以发现深圳商业服务占比偏低,而且"商业＋服务＋公配"等提供岗位的土地利用比例远低于居住用地比例。深圳轨道站点周边土地利用混合度不足,多样性仍有提升的空间。

表 3.15　2015 年深圳轨道沿线土地利用构成分析

名　称	150 m 范围内	300 m 范围内	500 m 范围内	800 m 范围内	1000 m 范围内
居住用地	22.21％	28.23％	30.33％	28.57％	26.76％
商业服务	9.91％	9.48％	7.67％	6.22％	5.52％
公共设施	9.74％	10.96％	11.20％	10.47％	10.19％
工业	7.95％	9.65％	11.04％	12.44％	13.04％
绿地广场	1.22％	1.14％	1.03％	0.99％	1.01％
仓储用地	1.12％	1.04％	0.90％	0.98％	1.13％
交通设施	41.27％	31.03％	26.54％	25.01％	24.08％
非建设用地	6.58％	8.47％	11.29％	15.32％	18.26％

②沿线开发呈现均质化,导致沿线地区吸引力与活力流失。

在深圳早期的 TOD 开发中,由于缺乏对整条轨道沿线开发建设的统筹指引,在追求更高经济价值的价值取向下,轨道沿线以开发房地产和商业为主(见图 3.5),忽略了原有城市文化特质空间的保持和维护,造成车站周边开发个性的丧失,引起了吸引力与活力的流失。

(2)轨道建设带动沿线开发强度提升,但未能形成合理的开发强度和圈层结构。

①有效带动沿线地区开发强度的提升,促进了土地集约利用。

深圳推进轨道沿线土地开发时,采用香港高密度模式,对开发地块给予高容积率,促进轨道沿线土地的集约利用。根据建筑普查数据(2015 年)计算的各地

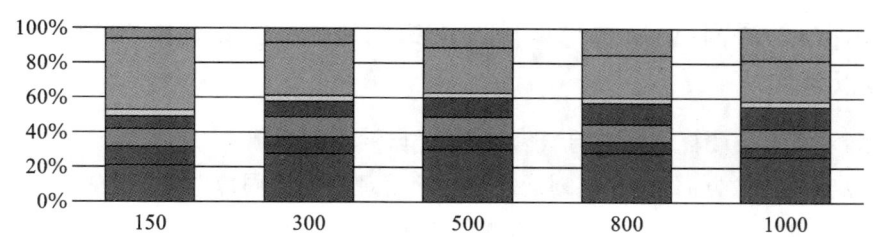

图 3.5　深圳轨道沿线 1000 m 范围内各类用地构成示意图

块容积率,现状的轨道站点及线路周边基本属于开发强度较大的区域,全市约 11.67％的建筑面积在现状轨道站点 800 m 以内。对比 2010 年的地块容积率,近几年增长较快的区域基本都分布在轨道站点附近。

②面对多方主体不同利益诉求,站点片区难以形成理想的 TOD 强度圈层结构。

尽管轨道建设有效带动沿线土地开发,但是深圳轨道 TOD 也面临着老城区基本建成、城市更新项目多、开发主体多的局面,给 TOD 实践带来不少困扰。尤其是老城区基本建成带来建设腾挪空间小,阻碍了沿线土地的整体开发,导致片区无法进行综合开发、整体开发强度不高的问题。2015 年和 2010 年轨道站点 500 m 核心范围内的平均容积率仅为 2.15 和 1.94(见表 3.16),与国际大等城市相比差距较大。这些表明,在这些高度建成的区域,需要联合多方力量进行整体统筹开发,才能有效推进 TOD 模式。

表 3.16　轨道站点周边开发强度分布一览表

年份	内　　容	各站点 150 m 内	各站点 300 m 内	各站点 500 m 内	各站点 800 m 内	各站点 800 m 以外
2015	平均容积率	2.13	2.15	2.07	1.80	0.54
2010	平均容积率	1.99	1.94	1.81	1.56	0.43

③过度的追求高强度开发,导致站点地区公共空间缺失。

在开展轨道沿线规划建设时,未结合轨道沿线地区大部分是属于高度建成的区域的现实,过多地考虑促进轨道站点周边高强度开发,没有针对公共空间、广场绿地等进行规划预留,导致轨道沿线绿地广场空间缺乏,进一步增加了轨道站点周边的环境压力和设施负担,难以营造良好的公共空间品质。

3. 车站层面:站点协同设计实施机制缺乏,导致 TOD 规划设计理念难以落实

(1)协同设计管理机制的缺位,导致好设计难以实施。

在土地供应方面,由于规划设计与土地管理分属不同部门管理,现有制度结构和激励机制使各种市政部门和机构难以展开密切合作,导致 TOD 开发在土地供应上得不到有效保障。目前,深圳 TOD 绝大部分是以轨道车辆段上盖物业开发实施。

规划设计层面,现行体制下轨道交通规划和工程设计与城市各级城市规划设计是分开编制,具有不同的编制周期和审批主体,协调复杂多元化。例如轨道线网和城市总体规划、总体规划与控制性详细规划协同时间周期长、协调难度大;在控制性详细规划中,轨道交通车站往往只作为交通设施点存在,车站与街区步行系统的衔接,车站与周边地块一体化开发条件的设定多数缺失,导致车站与周边地块一体化设计实施难。

(2)站点建设与地块开发衔接不足,且缺乏普适性设计标准。

借鉴香港的上盖物业开发经验,深圳在部分站点的 TOD 开发取得了一定的成功经验,并初步制定了开发密度标准规范,但由于缺乏轨道 TOD 全面性和普适性的规划设计标准,无法有效指导 TOD 的建设,导致深圳轨道 TOD 开发难以全面展开,如站点周边道路密度、站点出入口数量、公共汽车站设置等配套交通设施建设方面存在较大的随意性,给站点周边功能的优化设计带来无法逾越的障碍和交通组织带来无法弥补的问题。

3.7.3　建立深圳轨道 TOD 实施关键策略

基于深圳城市资源紧约束条件、功能混杂的普遍情况,无法在轨道 TOD 中生搬硬套 3D 原则,必须在传统 3D 原则的基础上,制定适应深圳的轨道 TOD 实施关键策略,重点是强调对开发的整体性统筹、对公共利益和目标的保障、对市场响应与规划弹性以及支撑实施的保障机制。

1. 构建完善的 TOD 政策保障机制

(1)提高 TOD 发展的规划统筹和引导力度,加强规划协调和反馈。

制定全市范围的 TOD 综合开发规划,由政府正式发布,并将成果纳入城市总体规划和控制性详细规划,保证轨道交通规划和工程设计与城市各级城市规

划设计得到有效的衔接,同时也能在规划设计和土地供应得到协同。

(2) 加强土地整备工作,建全土地储备机制。

制定土地整备计划,建立和实行土地整备的长效机制,对拟在近期开发的轨道交通项目红线外开发用地,纳入当地政府土地储备,优先开发闲置土地,土地储备向轨道交通地区倾斜,防止这些地区无序开发。

(3) 推行多种优惠政策,鼓励 TOD 综合开发。

在 TOD 区域,可以通过容积率奖励吸引开发商投资公共设施,促进住房和基础设施的同步开发,营造宜人的公共空间,并实现相对有序的高密度开发。

合理采取地价优惠手段和土地出让方式。遵循土地开发与轨道发展统筹协调、互利共赢的原则,科学合理研究设定出让条件,支持市场资本等多方面开发主体参与 TOD 区域开发。

2. 创新高密度地区的 TOD 开发理念和方法

针对深圳高密度城市的特点,转变原来的 3D 设计原则理念,构建适合高密度地区的 TOD 设计理念和方法。在经济可行的开发强度基础上,倡导公共空间引导 TOD 开发,侧重建设优质公共空间,增加 TOD 区域建设的多样性,营造特色空间,提升 TOD 地区的公共服务水平。

(1) TOD 发展应倡导公共空间引领下的高密度开发,在内圈层增加公共绿地等公共空间与公共服务设施。

(2) 以公共空间强化轨道站点公共服务功能组织。结合车站汇聚人流的特点,将轨道站出口直接联通公共空间、商业空间,加强轨道站与内圈层各商业空间、公共空间的有机联系,形成一个集约型的车站综合体,通过集中公共功能方便乘客活动,以连续的空间布局强化公共中心。

(3) 构建全过程衔接、全人群友好、全气候保障的慢行系统。以轨道站为核心通过无障碍和无缝衔接的空中步廊或人行地道形成立体化街区,在车站周边区域形成连续、宜人的步行系统,实现高密度开发下交通组织井然有序的集约化城市空间发展模式。

3. 制定 TOD 规划设计普适性标准

通过技术规制的建立,制定符合城市本地情况的 TOD 规划设计指导手册,把控好地块详细规划与建筑标准,特别是轨道交通站点地区的开发强度、功能混合、停车位缩减、慢行接驳公交的便利性等,是保障 TOD 规划设计理念落实最

有效途径。

符合城市本地情况的 TOD 指导手册应包含以下内容。一是制定站点 TOD 交通设计指引,包括轨道、公交、步行、自行车、出租车等交通方式组织模式、各类接驳设施交通设计、智慧交通等方面。二是明确站点 TOD 城市设计指引,包括总体城市设计、建筑功能布局设计、景观设计等方面。

4. 创建 TOD 与城市更新结合开发实施机制

轨道建设基本是在建成区进行,所以 TOD 区域开发会遇到众多的城市更新项目。为推动 TOD 区域进行土地再调整,需要制定联合开发机制,实行"轨道＋城市更新"投融资模式,将政府、开发商、轨道公司纳入联合开发机制。地铁公司取得沿线土地城市更新权,联合开发商开展城市更新,开发收益按比例分成,地铁公司将获得的城市更新收益用于轨道交通建设和运营费用。

第 4 章　城市轨道交通一体化
开发的制度支持

从各国一体化开发的成功案例可以看到,合理的制度支持,比如协调的工作机制和强有力的政策支持,是确保一体化开发从策划方案到建设运营全过程顺利开展并取得成功的关键。从一体化项目开发的过程来看,三个方面的制度支持非常重要,分别是规划制度支持、土地制度支持和投融资机制支持。

4.1　规划制度支持

4.1.1　健全的协调机制

1. 轨道交通规划与城市规划相协调

城市规划与交通规划的配合是轨道枢纽站与周边用地一体化规划成功的关键因素之一。交通规划要与城市规划、控制性详细规划相协调,在规划内容上实现三规合一。以新加坡为例,新加坡的城市规划和交通规划是由市区重建局(urban redevelopment authority,URA)和陆路交通管理局(land transport authority,LTA)分别承担的。新加坡城市规划采用概念规划和总体规划的二级规划体系:在概念规划层面,陆路交通管理局作为参与部门全程参与编制并主导交通规划;在总体规划层面,以陆路交通总体规划为支撑。概念规划在宏观层面突出战略性和远景化,总体规划和陆路交通总体规划在中观、微观层面突出实施性和具体化。陆路交通管理局与市区重建局的紧密合作,使交通规划与城市规划结合。城市规划为交通基础设施(如地铁线路)预留用地,以减少在商业密集区和高密度住宅区规划公共交通基础设施可能面临的用地矛盾。同时,双方在公交枢纽周边进行较高密度的开发时,能及时协调,以便推进一体化开发。

2. 多部门一体化协调工作机制

轨道交通枢纽与周边用地一体化开发规划内容复杂,综合性强,涉及不同的

政府主管部门和规划设计单位。规划、政策制定和具体实施的主体,在每一次的规划编制、政策制定和规划方案实施过程中,都要与相关部门紧密配合,可以通过征求意见、定期会议的形式,实现多部门规划管理一体化,形成多部门一体化协调工作机制,以确保一体化规划的顺利开展和实施。比如建立一体化开发建设工作联席会议制度,搭建供不同利益方沟通协商的平台,督促推进一体化建设管理和重大事项决策。成立一体化开发建设办公室,负责一体化开发建设的具体统筹、协调、督办工作,负责牵头制定城市轨道交通枢纽周边用地一体化规划、建设、实施计划,提出推进一体化建设的政策建议,督促落实一体化开发建设指挥部各项决策和议定事项。定期召开工作会议,解决需要协商的问题,比如召开联席会议,协调解决需要部门协调的重大决策事项;召开一体化开发建设办公室工作会,研究讨论建设过程中具体工作、跨行政地域同步配套市政设施建设等事项,推进一体化开发建设工作有序快速开展。

新加坡轨道交通一体化开发的协调工作由市区重建局牵头。市区重建局下设总体规划委员会,总体规划委员会针对轨道交通周边用地一体化开发进行协调工作,市区重建局局长担任会议主席,多部门同时工作,包括陆路交通管理局、土地局、建屋局等单位,以便实现土地与轨道交通一体化规划发展(见图 4.1),总体规划通过多部门同时协商,高层随时沟通,确定轨道沿线各个地块的用地性质和容积率以及相应的发展控制要求。

(1)总体规划上层协调。部局之间根据城市交通总体规划方针对 TOD 项目的实施进行协调,由各部门高层负责人相互沟通,提出自己部门的要求,相互协调,沟通过程可能长达 2~3 年。

(2)跨部门协商。在确定了轨道线网路网、周边用地性质及容积率之后,TOD 一体化发展项目需要由陆路交通管理局主导,开展跨部门的一些讨论会议,相互协商发展要求,如:陆路交通管理局和市区重建局主要负责确定地铁的位置、出入口数量等规划要求,以便在卖地之前设定限制性招标条件,同时由陆路交通管理局负责上报预算及工程可行性研究。在这个阶段,各部门工作人员几乎每天通过邮件、电话等形式沟通,几乎每周都会当面商讨具体事宜。

(3)规划建设协商。在开发商中标后,需要向陆路交通管理局提供发展控制方案进行审批,合格后方能施工建设。

(4)项目管理。在开发商建设过程中,持续跟进实际建设与设计方案是否有偏差,尤其是公共服务性质的建设,实现一体化开发(见图 4.2)。

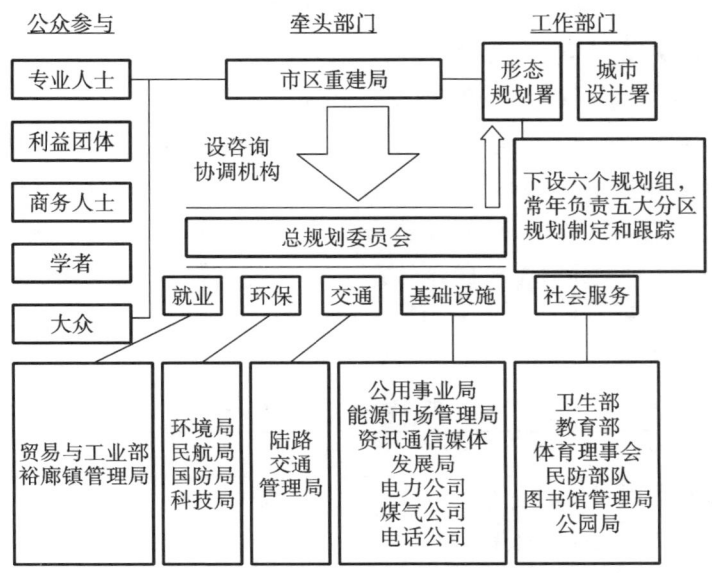

图 4.1　新加坡概念规划编制组织结构图

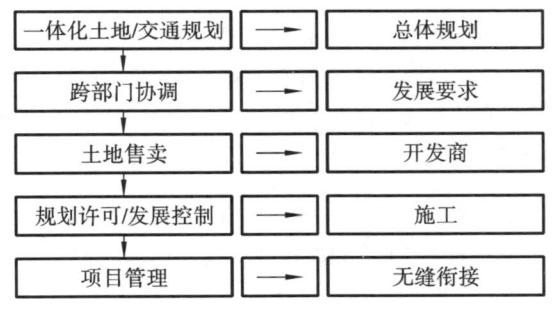

图 4.2　新加坡一体化规划机制

4.1.2　一体化政策引导

新加坡的交通与用地一体化开发能够成功的主要原因之一,在于其政府机构制定了强有力的公共交通政策。由于新加坡人口密度极大,土地资源稀缺,公共交通成为必然的选择。长期以来,新加坡交通规划一直秉承公交优先的理念,不断提高公共交通服务水平。自 1996 年陆路交通管理局发布新加坡陆路交通白皮书《世界一流的陆路交通系统》(*White Paper: A World Class Land Transport System*),提出要"在地铁站等交通枢纽周边推进 TOD 开发模式,提高站点周边开发强度"。自此,新加坡不断加快公共交通发展,推进地铁线路建设,提升公共交通服务质量;在《2008 年陆路交通总体规划》(*Land Transport Master Plan* 2008)中提出"提供一体化公交服务,保证常规公共交通与地铁系统的接驳,并统一票制;实时公共交通优先;继续推进地铁系统建设;缩短给予公交公司的运营年限,提高竞争水平;提升公共交通服务水平和安全性"。《2013 年陆路交通总体规划》(*Land Transport Master Plan* 2013)继续推进公共交通优先政策,加快扩展地铁线路,改革提升公共汽车系统,"提供更方便的公共交通换乘;建设有盖的步行廊道和自行车道"等。此外,新加坡政府在交通管理方面也出台了一系列相关措施(见表4.1),为持续落实交通与用地一体化理念提供了强有力的政策支持。

表 4.1　新加坡部分交通管理政策

政 策 措 施	政策发展基本情况
一体化换乘设施建设	新加坡大力推进"门对门"交通和"无缝衔接"交通服务,使不同交通工具的换乘距离控制在合理步行范围之内
有盖廊道	新加坡在全国建立了一套有盖走廊步行系统,直接从居住区内部延伸至附近公交车站和地铁站,方便市民乘坐公共交通
实时公共交通信息服务	政府整合公共交通的信息资源,通过多种渠道提供所有的公共汽车和轨道交通线路信息,并在主要的公共汽车站设置实时到站信息板,在手机和计算机上提供电子版本。公共交通服务信息在所有轨道交通车辆和公共汽车上发布
公共交通现代化	新加坡在 20 世纪 70 年代重组、扩展和更新了公共交通服务;20 世纪 80 年代投资建设了城市轨道交通系统;20 世纪 90 年代后开始对公共交通收费制度进行改革,确保公共交通可支付
城镇配套发展策略	新加坡政府调整了城市的建设方向和发展布局,在大都市内建了相对独立的、有完善生活服务设施的城镇,减少居民出行的距离

自 2013 年以来,我国在鼓励城市轨道交通和综合客运枢纽的规划建设方面出台了一系列政策文件,比如《国务院关于城市优先发展公共交通的指导意见》(国发〔2012〕64 号)、《发展改革委关于印发促进综合交通枢纽发展的指导意见的通知》(发改基础〔2013〕475 号)、《国务院办公厅关于进一步加强城市轨道交通规划建设管理的意见》(国办发〔2018〕52 号)等逐渐松绑一体化开发建设方面存在的制约条件和壁垒,为探索轨道站点与城市用地一体化开发创造了条件。尽管如此,由于缺乏具体操作细则,一体化开发长期存在规划方案难以落地的情况。2015 年,住房和城乡建设部推出了《轨道沿线地区规划设计导则》,为一体

化建设提供技术指导。在地方层面,2016 年至今,各大城市相继出台了关于轨道交通场站综合开发的实施意见(选取部分城市进行阐述,见表 4.2),开展 TOD 建设试点工作,初步对轨道交通枢纽与城市用地一体化开发进行了探索。因为不同城市的轨道交通一体化开发面临的情况不同,因此政策不可能完全相同。各地在试点工作开展过程中可以借鉴其他城市的实践经验,取长补短,同时结合地方特点提出指导意见和实施细则,创造适合本地区的规划模式。

表 4.2 我国部分交通规划管理政策

地区	发布时间	发文机关	标 题	一体化开发相关内容
国家层面	2003 年	国务院办公厅	《国务院办公厅关于加强城市快速轨道交通建设管理的通知》(国办发〔2003〕81 号)	拟建城市必须重视和改进规划的编制和管理工作。对规划建设城轨交通项目的线路,要搞好沿线土地规划控制,编制专项土地控制规划,防止新建建筑物对线路的侵占
	2012 年	国务院	《国务院关于城市优先发展公共交通的指导意见》(国发〔2012〕64 号)	突出公共交通在城市总体规划中的地位和作用,加强与其他交通方式的衔接,提高一体化水平;强化城市总体规划对城市发展建设的综合调控,统筹城市发展布局、功能分区、用地配置和交通发展,倡导公共交通支撑和引导城市发展的规划模式;同时,城市控制性详细规划要与城市综合交通规划和公共交通规划相互衔接,优先保障公共交通设施用地
	2013 年	发展改革委	《发展改革委关于印发促进综合交通枢纽发展的指导意见的通知》(发改基础〔2013〕475 号)	要在保障枢纽设施用地的同时,集约、节约用地,合理确定综合交通枢纽的规模。对枢纽用地的地上、地下空间及周边区域,在切实保证交通功能的前提下,做好交通影响分析,鼓励土地综合开发,收益应用于补贴枢纽设施建设运营

续表

地区	发布时间	发文机关	标　题	一体化开发相关内容
国家层面	2015 年	住建部	《城市轨道沿线地区规划设计导则》（建规函〔2015〕276号）	轨道线位走向及站点选址应考虑站点周边地块的储备及开发条件,使轨道建设能够引领周边区域的发展;站点核心区内与轨道站点直接相邻的地块,应作为空间一体化设计的重点,其空间组织应充分考虑不同产权单位的使用需求和管理需要,在不同高程空间中明确权属边界和管理边界,明确不同权属空间的对接要求
	2018 年	国务院办公厅	《国务院办公厅关于进一步加强城市轨道交通规划建设管理的意见》（国办发〔2018〕52 号）	坚持多规衔接,加强城市轨道交通规划与城市规划、综合交通体系规划等的相互协调,集约、节约做好沿线土地、空间等统筹利用;要加强节地技术和节地模式创新应用,鼓励探索城市轨道交通地上地下空间综合开发利用,推进建设用地多功能立体开发和复合利用,提高空间利用效率和节约集约用地水平
	2019 年	中共中央、国务院	《交通强国建设纲要》	建设城市群一体化交通网,推进干线铁路、城际铁路、市域（郊）铁路、城市轨道交通融合发展;尊重城市发展规律,立足促进城市的整体性、系统性、生长性,统筹安排城市功能和用地布局,科学制定和实施城市综合交通体系规划。推进城市公共交通设施建设,强化城市轨道交通与其他交通方式衔接

续表

地区	发布时间	发文机关	标　题	一体化开发相关内容
国家层面	2023 年 3 月	交通运输部、国家铁路局、中国民用航空局、国家邮政局、中国国家铁路集团有限公司	《加快建设交通强国五年行动计划（2023—2027 年）》	明确了未来五年加快建设交通强国的思路目标和行动任务，其中明确提出深入实施城市公共交通优先发展战略。如"遴选 50 个左右城市开展国家公交都市创建，建立公交都市建设长效机制""完善城市公共交通法规政策体系，推动出台城市公共交通用地综合开发政策"等等。在交通强国战略背景下，各大城市积极推动公共交通高质量发展，推进 TOD 模式创新与落地，向宜居、韧性、创新、智慧、绿色、人文的新型城市建设目标迈进
上海	2013 年	上海市人民代表大会常务委员会	《上海市轨道交通管理条例》	市规划国土资源行政管理部门应当会同市发展改革、建设、交通等相关行政管理部门和轨道交通企业组织编制网络系统规划、选线专项规划，并划定轨道交通规划控制区；同时，本市鼓励对新建轨道交通设施用地按照市场化原则实施综合开发。实施综合开发的，开发收益应当用于轨道交通建设和运营
	2016 年	上海市人民政府	《上海市综合交通"十三五"规划》（沪府发〔2016〕88 号）	按照公共交通导向开发（TOD）的理念，实现以轨道交通为主的站点周边紧凑型、高密度开发，与地区开发功能紧密衔接；加快推进综合客运枢纽建设，新建综合客运枢纽各类设施统一规划、统一设计、同步建设、协同管理，对已有衔接效率不高、功能不完善的综合客运枢纽实施改造，完善功能；完善综合交通运输规划与发展机制，进一步完善规划编制协调机制

续表

地区	发布时间	发文机关	标 题	一体化开发相关内容
上海	2016 年	上海市发展改革委、市规划国土资源局	《关于推进本市轨道交通场站及周边土地综合开发利用的实施意见》（沪府办〔2016〕79 号）	两规合一。在轨道交通专项规划编制中，同步研究各场站综合开发的规划控制要求，条件成熟的场站可达到控制性详细规划深度，明确各场站的功能定位、开发范围、开发规模和相关控制要素等；市各相关部门在轨道交通场站及周边土地综合开发利用项目的规划、审批、建设、运营过程中，要积极给予支持，明确各自的责任分工，确保上盖开发各项工作得到有效落实。制定符合综合开发利用实际的建设管理标准，研究鼓励轨道交通场站综合开发和土地复合利用等方面的政策，支持综合开发利用尽快取得成效。对有条件的轨道交通场站，要在确保轨道交通建设进度的前提下，力争同步规划、同步实施
	2020 年	上海市发展改革委、市规划资源局	《关于加快实施本市轨道交通车辆基地及周边土地综合开发利用的意见》（沪府办〔2020〕69 号）	明确申通集团作为轨道交通车辆基地上盖开发主体，鼓励通过市场化方式引进品牌企业共同参与，鼓励对条件成熟的车辆基地综合开发用地在上盖预留结构工程建设前先行出让，为上盖开发提供了更明晰的政策指引

续表

地区	发布时间	发文机关	标　题	一体化开发相关内容
上海	2022 年 10 月 4 日	上海市人民政府、市交通委	《上海市交通发展白皮书（2022 版）》	坚持继承与创新并举，在延续一体化交通发展的基础上，重在与时俱进推动发展理念的变革：更加注重交通与经济社会融合发展，更加注重区域及城乡交通一体化发展，更加注重交通服务品质与运行效率统筹发展，更加注重交通增量设施与存量设施协调发展，更加注重交通智慧绿色韧性发展，更加注重交通领域多元化社会共治
成都	2015 年	成都市人民政府办公厅	《成都人民政府关于推动城市轨道交通加速成网建设计划的实施意见》（成府发〔2015〕31 号）	按照"政府主导、社会参与、轨道优先、加快推进、市区（市）县共担"的原则，根据"一次规划、分步报批、加快实施、综合开发"的路径，统筹加快推进我市轨道交通建设；加强城市轨道交通场站综合开发。加强对城市轨道交通沿线地下空间、站点、"P＋R"停车场（park and ride，即换乘停车场）、车辆段等的综合开发，同步开发城市轨道交通沿线的上盖物业和地面、地下空间。城市轨道交通沿线地下空间配套设施纳入城市轨道交通项目整体管理
	2017 年	成都市人民政府办公厅	《成都市城市地下空间开发利用管理办法（试行）》（成府函〔2017〕211 号）	城市地下空间开发利用应当遵循系统规划、分层利用、公共利益优先、轨道交通引领、结合重点地区综合开发、地下与地上相协调的原则；鼓励轨道交通规划保护区范围内或与轨道交通相邻的其他地下空间工程，与轨道交通进行整体开发建设。轨道交通建设应当与沿线地块、道路、地下公共通道及市政设施等建设活动相衔接，按规划要求预留与周边工程的接口条件，连接通道的实施由周边工程的建设单位负责

续表

地区	发布时间	发文机关	标　　题	一体化开发相关内容
成都	2019 年	成都市人民政府办公厅	《成都市轨道交通场站综合开发用地管理办法（试行）》（成办函〔2019〕54 号）	轨道交通场站综合开发用地范围内的土地在出让前，须完成一体化城市设计及相应控规调整，一体化城市设计成果及相关技术要求需纳入拟上市宗地规划、建设条件
	2020 年	成都市人民政府办公厅	《成都市人民政府办公厅关于进一步鼓励开发利用城市地下空间的实施意见（试行）》（成办发〔2020〕12 号）	在未开发建设区域，对轨道交通等地下综合体重点建设片区，地下空间应当进行统一规划、整体设计，积极推进"带地下工程"方案土地出让。对于已出让地块，在建设方案审定中充分考虑项目特点、周边情况以及功能综合、复合利用的地下空间建设要求；促进地下空间互连互通。鼓励利用地下空间建设交通场站设施和道路设施，处理好地面建筑和各种设施空间关系，形成地上、地下有机协调的综合系统
	2021 年	成都市轨道交通建设和 TOD 综合开发领导小组	《成都市轨道交通 TOD 综合开发战略规划》	通过系统总结国内外城市 TOD 综合开发的先进经验，结合成都的发展实际，规划提出"1441"的总体思路，即一个总体目标、四大模式转变、四大特色做法和一套实施保障。按照"站城一体、产业优先、功能复合、综合运营"的理念，围绕轨道站点打造"商业中心、生活中心、产业中心、文化地标"，将成都建设成为全球 TOD 典范城市

续表

地区	发布时间	发文机关	标　题	一体化开发相关内容
北京	2016 年 7 月 4 日	北京市交通委员会、北京市发展和改革委员会	《北京市"十三五"时期交通发展建设规划》	加强轨道站点与周边用地衔接。发挥轨道交通对周边用地的引导作用,适当提高轨道站点和枢纽周边用地容积率。出台相关鼓励政策,保障轨道站点换乘设施用地,促进站点出入口、通道与周边建筑形成便捷有效的连接;完善轨道站点交通接驳设施;完善落实交通用地机制,加大交通基础设施建设的土地供应力度;促进公共交通与周边用地融合发展。健全公共交通用地综合开发政策落实机制,推动城市综合枢纽周边用地和轨道交通等走廊沿线用地的综合开发利用,促进公共交通与周边区域协同发展
	2017 年 9 月 29 日	中共北京市委、北京市人民政府	《北京城市总体规划(2016 年—2035 年)》	继续加密规划功能区、交通枢纽等重点地区轨道交通线网,加强轨道交通车站地区功能、交通、环境一体化规划建设;坚持立体分层开发,统筹地上地下空间布局。以中心城区和北京城市副中心为重点,以轨道交通线网为骨架,统筹浅层、次浅层、次深层、深层 4 个深度,加强以城市重点功能区为节点的地下空间开发利用;建立交通与土地利用协调发展机制。加强轨道交通站点与周边用地一体化规划及场站用地综合利用,提高客运枢纽综合开发利用水平,引导交通设施与各项城市功能有机融合

续表

地区	发布时间	发文机关	标　题	一体化开发相关内容
北京	2020 年 4 月 1 日	北京市规划和自然资源委员会	《北京城市轨道交通车辆基地综合利用规划设计指南》（征求意见稿）	在具有综合开发潜力的地区做好规划预留,分时序开发建设。协调综合利用工作与车辆基地工程建设周期同步开展、同步规划、同步设计,保证车辆基地正常运营;车辆基地用地内或周边应同步配置轨道交通站点。对于新建项目,必须同步配置轨道交通站点。对于既有车辆基地进行改造综合利用,应在未来轨道交通建设时优先配置站点;相邻车站应当采用一体化的形式,处理好与周边功能、交通、景观的衔接关系。车站一体化预留工程应当与车辆基地综合利用预留工程同步建设实施
	2022 年 10 月 31 日	北京市人民政府办公厅	《北京市轨道交通场站与周边用地一体化规划建设实施细则(试行)》	强化轨道交通场站与周边用地一体化规划设计、一体化土地开发、一体化实施衔接,探索投融资管理、规划管控、收益反哺等机制创新,推动轨道交通与城市功能有机融合、与周边用地高效整合;深入落实北京新版城市总体规划,坚持以轨道交通引领城市高质量发展,持续优化空间布局,精准配置资源要素,推动轨道交通场站与周边用地高效整合、轨道交通与城市功能有机融合

4.1.3　弹性开发控制策略——容积率奖励

市场经济下的开发建设具有不确定性和多样性,故应提高规划的实效性,适当发展"弹性控制方法",增加灵活性,以更好地促进公共项目的开发建设,引导土地的集约利用,适应城市的多元化发展。

容积率奖励政策是弹性控制方法在轨道交通枢纽与城市用地一体化开发中的重要体现,具有合理的奖励机制和约束条件,在鼓励开发商积极建设的同时,又对开发程度有所约束,有利于城市的可持续发展。

1. 容积率奖励的概念

容积率奖励是指土地开发管理部门在开发商提供诸如广场、骑廊、绿化、环境设施等符合要求的公共空间或公益性设施的情况下,允许开发商获得额外的建筑面积作为奖励(见图 4.3)。

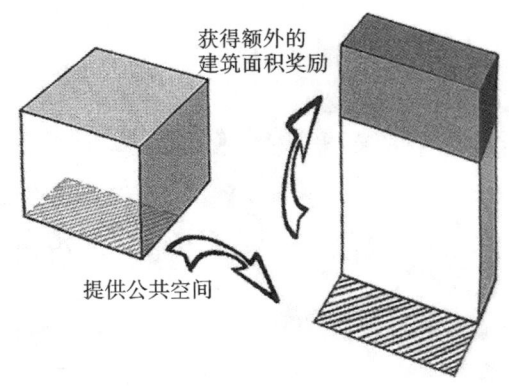

图 4.3　容积率奖励

2. 容积率奖励的适用范围

容积率奖励作为开发建设中的弹性控制方法,通常适用于商业区、交通节点等人流聚集较多,土地价值较高的区域。因为一般情况下,这些区域的用地开发强度较大,公共空间存在数量较少、品质不定、面积有限等问题,难以满足人们休闲娱乐、公共活动等日益增多的生活需求。容积率奖励能够在一定程度上改善这种情况,释放更多、更有效的开放空间,又满足了开发商的经济需求。容积率奖励应用范围广,在环境保护、历史建筑保护方面也有所应用。本书主要论述其在轨道交通枢纽与城市用地一体化建设中的应用。

3. 容积率奖励的内容

(1)容积率奖励的层级。

对于某一具体项目的容积率奖励,应在满足不同国家或城市区划容积率奖励标准的基础上,进行具体项目的容积率奖励指标设定。

同时,不同项目的容积率奖励标准是有差异的,即提供不同区位或不同品质的公共空间、公益性设施等所获得的容积率奖励内容是不同的。

（2）容积率奖励的对象及条件。

容积率奖励的对象是指能够提供符合容积率奖励要求项目的开发者（开发商）。

容积率奖励的条件在不同国家有不同的具体要求和分类体系,但其实质相同,均是为了维护城市的公共利益。综合东京、纽约等城市的容积率奖励条件,分为以下几类:

①宜人步行空间（公园、宽阔的人行道、广场和公共电梯等）;

②文化设施（艺术中心、图书馆和博物馆等）;

③社会服务设施（廉价住房、公共停车场、医疗设施等）;

④设计特色（屋顶花园、前庭、标志性的建筑顶层等）。

不是所有的城市地段都适用于奖励性管制方法,只有位于特殊地段的重点项目或有特殊要求的开发项目才有可能实施,如城市中心区、历史保护地段、重要景观节点、城市复兴地区等。

（3）容积率奖励的比例。

从构成角度看,容积率奖励需要具备额定容积率和奖励应有的计算比例,以对满足奖励条件所能获得的额外建筑面积的数量进行规范。容积率奖励比例的核心要求是满足容积率奖励的可行性要求,解决因超额容积率建设给城市环境带来"额外负担"的问题,即制定使新增公共空间带来的积极影响能够平衡"额外负担"的奖励比例。

（4）容积率奖励的上限。

容积率奖励作为政策性的奖励方法,在奖励限度上应予以规定。任何地区的环境承载能力、社会增值利益等都有一个临界值,不能无限增长,为避免出现因容积率奖励政策的实施而产生与城市发展不符的建筑规模、密度、体量等情况,对容积率奖励的上限予以规定,如应用特定地区容积率奖励要求、规定容积率奖励合计的最高限额（具体可见《东京都特定街区运用基准》《东京都高度利用地区指定基准》等基准文件）等方式。

（5）容积率奖励的有效性。

容积率奖励的有效性主要有两方面内容:一是城市建设方面,超额容积率建设给城市环境带来额外的负担要能与新增的公共空间（容积率奖励对象内容）所带来的积极影响相平衡;二是经济效益方面,奖励容积率的价值应与开发商建设

公共空间的投资成本相匹配。

4. 容积率奖励与一体化开发的关系

容积率奖励的优势在轨道交通枢纽与城市用地一体化开发中得到最好的体现。在一体化开发过程中,轨道交通枢纽的建设会促进周边用地呈高强度、多功能、混合化发展,汇集越来越多的商业、办公、居住等功能的建筑,进而致使人口密度大幅度上升,建筑也越来越高,公共空间受到越来越大的面积限制,环境及生活品质下降。容积率奖励的应用,能够使开发者在一体化开发建设时,主动谋求公共空间和公益性设施的建设以获取额外的容积率奖励。这种奖励政策不仅提高了城市公共空间质量、满足市民需求,同时符合开发者逐利的特性,还与 TOD 理念相契合,实现了市民、政府和开发者的共赢,高密度开发和开放公共空间建设的双赢。

综合分析不同国家的容积率奖励机制,在宏观层面并未进行过于详细的分类,但其内容涵盖广泛,涉及交通、环境、灾害、福利设施、历史建筑等多个领域,并考虑到老人、儿童、残疾人等弱势群体的需求,最终形成如今较为完备的奖励机制。轨道交通枢纽及城市用地的一体化开发依据项目的具体情况不同,仅契合宏观容积率奖励中的部分条例。因此,在项目实际运作中,更多的是制定针对具体项目的具体指标。

5. 容积率奖励的应用

(1) 东京容积率奖励的背景。

早在 20 世纪 70 年代,日本政府出台的文件中就提到对于非一般用途地域,可以通过提供公共空间以获得容积率奖励。1970 年,日本在修改《建筑基准法》时增加了容积率奖励的内容。

20 世纪 90 年代到 21 世纪初,日本地价一直处于停滞期;从 2000 年开始,日本部分地区的地价在城市更新政策和 TOD 建设理念的带动下有所提升。《建筑基准法》《城市规划法》《城市再生特别措施法》作为当时城市更新政策的相关法律文件,可以归纳出综合设计、特定街区、高度利用地区、再开发促进区等指定地区规划以及城市再生特别地区五类不同年代颁布的条例,并规定了各条例的规划缓和对象(其中包括对容积率的缓和)及其不同区位的容积率增加上限,作为开发商建设的奖励依据。同时运用 TOD 理念,制定并实施以轨道交通等公共交通站点为中心的发展策略,缓解了容积率奖励带来的诸如容积率上升、城市压力增大、自然环境受损等一系列不良后果，更好地促进城市更新，改善人居环境。

2003 年东京都出台了《东京城市景观发展促进条例》，要求城市再建区根据各地实际情况编制本地区的"城市再建方针"，鼓励利用容积率管理手段解决城市建设问题。该条例体现了东京城市建设"具体问题具体分析"的发展策略，特别适用于轨道交通枢纽与城市用地的一体化开发这一复杂情况，也为容积率奖励在一体化开发中的应用提供了制度保障。

除此之外，日本还制定了《东京都特定街区运用基准》《东京都高度利用地区指定基准》《东京都再开发等促进区地区规划运用基准》等规范，作为容积率补贴的依据。这些规范规定了不同区域（市中心、副市中心、一般地区等）的容积率奖励最高限额以及容积率评价标准等内容。

（2）云雀丘地区开发案例。

云雀丘站位于日本西东京市的住吉町地区。从轨道线网上来看，该站点位于池袋线上，能够与公共汽车站点接驳，因此交通状况良好，十分便捷。

本项目的开发范围是云雀丘站北侧（东北方向）面积约 4.1 hm² 的不规则片区，属于城市局部更新、轨道交通枢纽周边用地重新规划再开发项目。根据《西东京市城市总体规划》，该地区属于商业片区，改造前是与住宅区毗邻的商业街区，存在道路等城市基础设施不足的问题，因此如何营造安全舒适的步行空间、进行合理的土地利用、提升片区的繁华度和便捷性成为项目设计的重点（见图4.4）。

(a) 营造热闹、繁华的范围

(b) 改善步行环境

(c) 提高便利性

图 4.4　整备分析图

①分区情况。

以西东京都市规划道路 3、4、21 号姬丘站北口线(站前广场和道路,以下简称"西 3、4、21 号线")的整备为契机,将该不规则片区分为中心区 A、中心区 B、站点联合区 A、站点联合区 B 四部分,其中不同区域的整备目标、容积率奖励条件和上限有所不同(见图 4.5)。

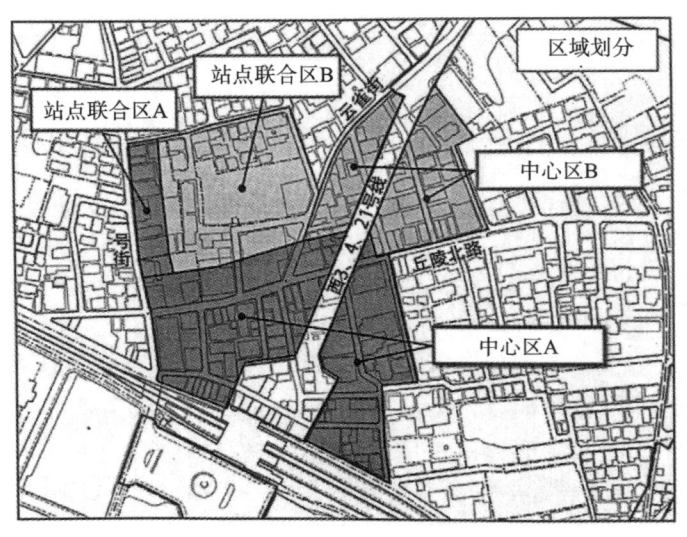

图 4.5　区域划分图

②容积率奖励项目和上限。

云雀丘地区的容积率奖励标准,首先要符合高度利用地区的容积率奖励标准(即《东京都高度利用地区指定基准》),不得突破其奖励上限,再满足日本国土交通省对该地区制定的具体的容积率奖励要求。该项目将对街道再生有必要贡献的项目列为《基于街道再生的贡献的容积率的比例增加①》,即共通项目,是指开发商必须达成的项目;将有利于城市更好建设的贡献项目列为《基于街道再生的贡献的容积率的比例增加②》,即选择项目,是指开发商自愿参与的项目。

《基于街道再生的贡献的容积率的比例增加①》包括对交通动线、行人动线、人行道空地(主要交通动线部分)的整备和对建筑物的墙面位置、高度、用途的限制与要求。按照分区情况,对这些共通项目的容积率奖励上限做出规定(见表4.3)。

表 4.3 《基于街道再生的贡献的容积率的比例增加①》相关内容

区域划分	中心区					站点联合区		
	A			B		A	B	
具体区域	西3、4、21号线毗邻区域	主要交通线路沿途区域	其他道路毗邻区域	西3、4、21号线毗邻区域	其他道路毗邻区域	—	交通线 I 毗邻区域	其他道路毗邻区域
容积率奖励上限	500%	480%	300%	350%	300%	300%	220%	200%

《基于街道再生贡献的容积率的增加②》中的贡献项目在不同分区中存在差异,具体条目在后文详细介绍。

该片区的容积率奖励最大上限＝片区标准容积率＋共通项目规定的容积率最大值＋选择项目规定的容积率最大值(选择项目规定的容积率主要依据开发商具体提供的符合要求的选择项目来计算,每满足一项加上其对应的容积率奖励额度)。各区域容积率奖励最高限度见表4.4。

表 4.4 各区域容积率奖励最高限度

区域划分	中心区					站点联合区		
	A			B		A	B	
具体区域	西3、4、21号线毗邻区域	主要交通线路沿途区域	其他道路毗邻区域	西3、4、21号线毗邻区域	其他道路毗邻区域	—	交通线 II 毗邻区域	其他道路毗邻区域
容积率奖励上限	650%	580%	450%	450%	400%	400%	370%	350%

③各分区具体奖励项目及额度。

a. 中心区 A(见图 4.6)。

b. 中心区 B(见图 4.7)。

c. 站点联合区 A＋站点联合区 B(见图 4.8)。

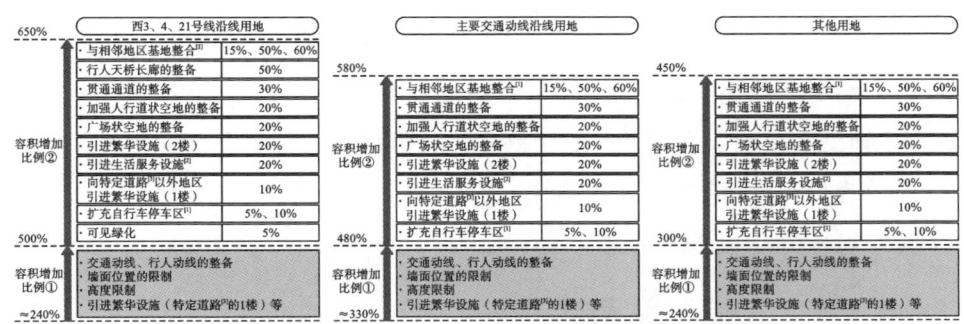

注：[1]根据规模等阶段性地设定评价；[2]仅限1楼部分引进设施（商业设施等）时；
[3]西3、4、21号线，云雀路，云雀丘北路，最通的沿途。

图 4.6　中心区 A 的容积率奖励细则

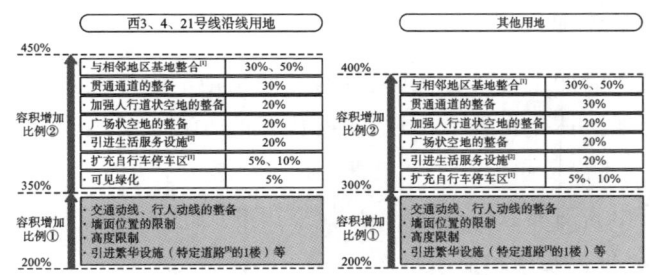

注：[1]根据规模等阶段性地设定评价；[2]仅限1楼部分引进设施（商业设施等）时；
[3]西3、4、21号线，云雀大道，云雀丘陵路的沿途。

图 4.7　中心区 B 的容积率奖励细则

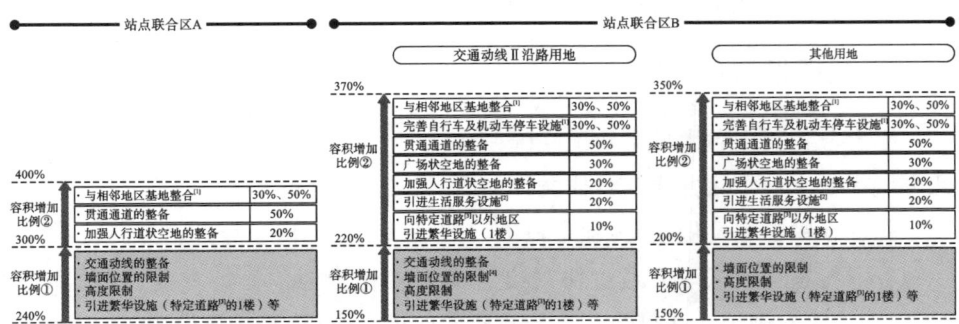

注：[1]根据规模等阶段性地设定评价；[2]仅限1楼部分引进设施（商业设施等）时；
[3]一号街、云雀大道的沿途；[4]3号仅限指定墙面线的用地。

图 4.8　站点联合区 A 和站点联合区 B 的容积率奖励细则

4.2　土地制度支持

土地供给制度是确保轨道交通枢纽与城市用地一体化开发建设成功的关键,本节将从一体化开发与土地出让方式、土地分层确权和土地储备制度支持几个方面进行分析。

4.2.1　土地出让方式

土地出让主要是指国有土地的出让。下文将列举新加坡和我国大城市的土地出让方式作为参考,以提出建设性意见。

1. 新加坡做法

新加坡大部分的土地所有权归政府,这些土地的发展利用均由政府进行调控。在轨道交通一体化建设中,通过政府代征的方式获得轨道交通枢纽周边用地,并由政府负责出资建设,之后,根据投标文件公开招标。

最低地价由新加坡总估价司核定,如果达不到此价,不必卖出。用地性质和容积率不同,地价也不同。如新加坡乌节路地铁站,地铁建成 15 年后周边地块才卖出,但是周边地块的桩基已经预先打好。取得地块的开发商必须一次付清款项,遵循招标文件的要求进行开发,一般要求招标之后 5～8 年内完成开发,以防止开发商囤地。

卖地年限:商业、住宅用地均为 99 年,工业用地 60 年。

2. 我国做法

综合分析我国各大城市轨道交通一体化开发的土地出让做法,梳理出以下几个城市的土地出让方式和具体文件细则(见表 4.5)。

香港地铁的主要做法是:锁定地价,与开发商协议开发,分期付款。

香港特别行政区政府通过协议出让的方式将土地出让给香港铁路有限公司,香港铁路有限公司凭借协议去寻找开发商进行合作,并与合作的开发商签订协议,由开发商支付土地出让费用。在此过程中,土地产权未发生变化,仍属于香港铁路有限公司。

表 4.5　我国部分城市的土地出让做法及相关政策支持

城市	土地出让方式	时间	发文机构	文件名称
上海	协议出让＋划拨	2016 年 10 月 7 日	上海市发展改革委、上海市规划国土资源局	《关于推进本市轨道交通场站及周边土地综合开发利用的实施意见》（沪府办〔2016〕79 号）
	注：(1) 对新建轨道交通场站综合建设用地，由所在区政府按照现行分工负责征收。在完成土地储备形成"净地"后，可以协议方式将轨道交通场站综合用地使用权出让给综合开发主体。轨道交通场站综合用地中用于车站、轨道部分的土地，按照划拨土地方式管理。 （2) 对既有轨道交通场站综合建设用地，所在区政府在充分做好相关风险评估的前提下，可收回已划拨供应的轨道交通市政设施用地。轨道交通场站综合用地使用权可以协议方式出让给综合开发主体。轨道交通场站综合用地中用于车站、轨道部分的土地，按照划拨土地方式管理				
深圳	土地使用权作价出资	2012 年 5 月 8 日	中共深圳市委办公厅深圳市人民政府办公厅	《深圳市土地管理制度改革总体方案》近期实施方案（2012—2015 年）（深发〔2012〕3 号）
		注：完善土地作价出资方式试点。以地铁三期开发用地为试点，探索国有土地作价出资方式适用范围取得土地使用权法律效力、运作程序和规则等，完善土地作价出资土地有偿使用方式。 试点单位：深圳市地铁集团有限公司 指导单位：深圳市规划和国土资源委员会			
		2013 年 5 月	深圳市人民政府办公厅	《深圳市国有土地使用权作价出资暂行办法》
		注：由深圳市人民政府选择经营性开发用地实施作价出资，将土地使用权注入国有独资的深圳市地铁集团有限公司、深圳市机场（集团）有限公司、深圳市特区建设发展集团有限公司等全资国有企业，封闭运行，完成增资手续后由三家公司分别进行开发运行			

续表

城市	土地出让方式	时 间	发文机构	文 件 名 称
	协议出让＋拍挂	2019 年 4 月 30 日	成都市人民政府办公厅	《人民政府办公厅关于印发成都市轨道交通场站综合开发用地管理办法(试行)的通知》(成办函〔2019〕54 号)
成都	注:(1) 符合《划拨用地目录》的非经营性地上、地下空间,按行政划拨方式供地; (2) 不具备单独规划建设条件须整体或分层开发建设的轨道交通场站综合开发用地,宗地物业有出让年限内不得整体或分割销售、转让要求的,经市、区(市)县政府批准,规划和自然资源部门按协议出让方式供地;宗地物业有销售、转让要求的,按拍卖、挂牌方式公开出让;对于涉及不同规划用地性质的,可打捆出让; (3) 除不具备单独规划建设条件的轨道交通场站综合开发用地外,其他轨道交通场站综合开发用地按现行拍卖、挂牌方式公开出让; (4) 轨道交通场站综合开发用地上市前,应按现行方式对土地进行评估。以拍卖、挂牌方式出让的,起始叫价可按不考虑轨道交通因素的宗地评估价的 70% 确定			

香港特别行政区政府采用协议出让方式出让土地时,对于沿线车站和轨道线路用地,只是象征性地收取土地出让金,甚至免缴土地出让金;对于物业开发用地,按照未进行规划建设前的市场土地价格收取费用;对于已经出让的大型物业开发项目,政府允许开发商对地块进行再次划分,并确定各地块支付地价和进行分期开发建设的时间。同时,香港允许土地分层确权,实现分层出让。

在土地出让费用方面,待香港铁路有限公司找到开发商合作后,再进行地价支付,并可进行分期付款。

4. 总结与建议

综上所述,我国轨道交通一体化开发的土地获取,受限于我国的土地政策,根据我国《轨道交通地上地下空间综合开发利用节地模式推荐目录》:依据现有土地供应政策,对符合《划拨用地目录》(国土资源部令第 9 号)的交通用地部分仍以划拨方式供地,其他部分需招拍挂出让的,主要采取招标、挂牌出让,也有采取协议出让、作价出资等方式(见表 4.6)。

虽然我国大城市积极创新、改进土地出让方式,但仍存在许多不足之处。因此,给予以下建议。

表 4.6　土地获取主要方式

土地获取方式	定　义	代表城市
作价出资	政府以土地使用权的评估值作为资本金注入市属地铁集团,由其以此为依托进行轨道交通建设融资,并用物业开发收益偿还债务融资、平衡运营缺口	深圳
协议出让	政府通过出台办法或会议纪要的形式,将相关地块的土地使用权协议出让给市属地铁集团,由其进行建设融资和物业开发	香港、上海
附条件"招拍挂"	政府在招标公告里要求参加竞投的主体资格,最终实现了线路运营和上盖物业开发主体都是一家公司,既确保地铁建设和运营安全,也实现资金平衡,降低政府补助负担	我国大部分城市

　　(1) 轨道交通枢纽与城市一体化建设时,应灵活选择适合既定开发项目的土地出让方式,并且不同用地参照不同协议出让方式确定作价金额和供地程序,体现其作为"有偿使用"的特点。

　　(2) 对于协议出让,要制定严谨的出让合同,避免出现开发商高价转让牟利或者低价撤资等随土地市场价格走向变动而产生的不良现象,防止在土地出让中政府收益受损。

　　(3) 土地的作价出资虽然有利于平衡投资资金,避免运营亏损,但在实际项目开发中,仍存在项目的土地价格及开发收益无法平衡资源配置缺口的问题。因此,要将作价出资与投融资机制统筹考虑,同时借鉴香港地铁的开发模式,如与政府合作控制地价等。

　　(4) 将轨道交通站点以及上盖物业建设用地均纳入可实施作价出资或入股的用地范围,由项目建设单位或与相关企业合作实施一体化开发,与轨道交通主体工程同步设计和施工,但应对允许作价出资或入股的用地规模予以严格约束,仅限定在必须的交通站场用地及其影响范围内,确保土地市场的公平性和竞争性。

　　(5) 应对土地出让费用支付期限予以宽限。目前,我国土地出让款多是要求在土地拍下后一年之内必须付清,有较大的财政压力。

4.2.2　土地分层确权

　　在轨道交通一体化开发中,土地权属是一个十分核心的问题,特别是在我国

这种土地性质清晰、权属明确的国家。对于大部分城市,土地权属的分区仅停留在水平层面,在站点规划中将土地分为红线内(由轨道交通建设方面负责开发并取得相应收益)和红线外(由当地政府开发并取得收益)两部分。

目前,针对轨道交通枢纽的综合开发更多的是提倡"分层确权"(指土地使用权)。土地分层确权是指可将土地进行立体的纵向分割,设立若干个相互之间不冲突的建设用地使用权,再进行分层出让。针对这部分内容,国家尚未出台实施细则。北京、广州、深圳等城市在轨道交通枢纽上盖物业开发中进行了不同的探索(见表 4.7)。

表 4.7　我国部分城市土地分层确权做法

城市	项目名称	做法
北京	五路车辆段项目	创新立体钉桩方式以综合服务设备结构转换夹层底板防水层为界,合理划分轨道交通与二级开发使用功能作为后续办理产权手续边界
广州	万胜广场综合开发项目	采用高层坐标方式,实现轨道交通上盖用地分层出让新模式。同时,为解决交通枢纽不动产登记问题,选取地铁 7 号线石壁站、官湖车辆段综合体作为试点对象,研究解决地下建构筑物所有权边界、国有建设用地使用权分层设立权属界限问题,开展多测合一、多证联办、推进三维确权登记新模式等技术创新
深圳	前海综合交通枢纽开发	对地下使用权空间进行分层控制,通过技术手段创新,即利用数字模型技术建立三维立体模型,明确不同用地空间的范围,通过立体确权,厘清地下空间边界关系

4.2.3　土地储备制度支持

1. 土地储备的概念

土地储备的基本含义是城市政府按照法律程序,依照土地利用总体规划和城市规划,对通过回收、收购、置换、征用等方式取得的土地进行前期开发并予以储存,最终实现调控城市各类建设用地需求的一种经营管理机制或行为。

土地储备在轨道交通枢纽与城市用地一体化开发建设上,主要表现为将轨道交通具体建设项目与土地储备机制相结合,即将一级开发的土地作为储备对象,以获得开发项目周边土地的增值收益,并将该增值收益专项用于平衡轨道交

通建设的投融资（如将土地增值收益纳入土地储备专项资金），形成"土地储备—增值收益—轨道建设"良性循环模式。

2. 土地储备的实施目的

当前我国在轨道交通枢纽与城市用地一体化开发机制上并不成熟，许多环节都存在问题。因此，应借鉴新加坡、日本等地的实践经验，在学习其开发模式的同时，也研究它们的土地制度。虽然由于法律规范、体制机制等原因无法照搬，但仍有所受益，土地储备制度便是其中之一。

土地储备制度有利于轨道交通和沿线站点一体化开发同步进行，形成"土地储备—增值收益—轨道建设"良性循环模式；有利于解决轨道交通开发与城市建设中存在的时序问题；有利于形成"轨道＋物业"的开发模式，带动周边地区甚至是城市的综合发展；有助于将轨道交通带来的外部效益内部化；能够缓解政府的资金压力，将土地价值最大化，把轨道开发带来的土地增值收益用于轨道交通建设，补偿建设投融资；有利于让投融资主体参与沿线土地的开发储备，形成轨道交通建设投融资和土地储备机制相结合的模式，在强化土地储备机制的同时，还可以建立高效的投融资机制。

3. 土地储备的分类

根据不同轨道站点项目建设周期、建设时序不同的原则，将土地储备机制分为近期土地储备和远期土地储备。

（1）近期储备用地，期限为 1～2 年。以住房和城乡建设部于 2015 年发布的《城市轨道沿线地区规划设计导则》为例，是指枢纽站（A 类）、中心站（B 类）、组团站（C 类）等重要开发区域的储备用地，能够利用项目推进获取资金，反哺轨道的开发建设，减轻政府及有关部门的财政压力。

（2）远期储备用地，期限为 3～5 年。以住房和城乡建设部于 2015 年发布的《城市轨道沿线地区规划设计导则》为例，是指特殊控制站（D 类）、端头站（E 类）等需要远期规划开发区域的储备用地，如 D 类储备地块，在产权明晰、构成简单兼具开发潜力的情况下可先行收储，后作远期开发规划安排，以获取土地的远期增值收益。

4. 土地储备的实践应用

在轨道交通枢纽与城市用地一体化开发中，不同国家对土地储备的规划安排不同,但其实质都是一样的,即通过科学预判将轨道交通站点或轨道沿线地区的土地提前收储,以赚取土地升值后的增值收益,实现利益最大化。表 4.8 分别列举了新加坡和日本多摩田园都市开发项目在轨道交通一体化开发方面的土地储备情况和做法。其中土地预留安排指将轨道交通规划中作为计划储备土地的安排;土地利用情况指已收储土地的利用做法,即收储后,未来如何运作或如何使用。

表 4.8　新加坡和日本的土地储备做法

国　　家	土地预留安排	土地利用情况
新加坡	将轨道交通站周围一大片土地作为发展预留用地,外围进行高密度住宅建筑的开发	在未开发前可进行环境绿化,并以此作为控制指标。当作为商业用地开发时,在新城开发形成一定规模后通过拍卖、招标的方式交付给开发商进行开发建设
日本（以多摩田园都市开发为例）	对站点周边和轨道沿线用地有计划地进行收购,并结合"地上权对价方式"吸引土地所有者参与一体化开发,后将土地所有者 45% 土地换取土地的一级开发权,并将其中 1/2 作为发展预留用地	将另外 1/2 土地进行城市设施建设,待发展预留用地升值后,出售给开发商进行开发。1953 年开发初期,售价为 0.43 美元/m²,20 世纪 60 年代中期,售价为 1.5 美元/m²

5. 土地储备的问题与建议

（1）存在的问题。

土地储备机制的核心是为了获取轨道交通带来的外部效益,即土地增值收益。但就我国目前的土地储备机制来看,项目主体仅获得了土地的一级开发权,并未获得土地的二级开发权,即不一定拥有物业开发的长期收益。在土地储备成本方面,政府以往控制储备成本的做法与轨道交通建设单位对储备成本的放松约束相矛盾。在项目建设中,轨道交通沿线的土地储备仅停留在站点层面,不是整体线路储备,存在储备用地分散、不成系统、整体收益遭到破坏的问题,以及即便满足线路层面的土地储备要求,但在开发建设中将远期储备用地先行开发,导致资金回笼时间较长。

（2）解决建议。

建议完善土地储备机制的支持制度，或建立新的建设机制以解决轨道交通公司获取二级开发收益与《中华人民共和国民法典》物权内容之间的矛盾（不是绝对矛盾，但可以进行优化），确保轨道交通项目尽可能多地获得土地增值收益来支持项目建设。政府应当制定有效的奖惩机制，施行轨道交通建设单位与土地储备成本的利益联动，以便更好地实现资金回笼。在项目建设实施中，要统筹考虑，整体施工。明确收益还贷的具体分配方式，防止利益冲突；注重轨道交通建设单位、土地储备机构与政府三方的相互配合，各司其职，力求做到事半功倍。

4.3　投融资机制支持

轨道交通建设具有正外部性，能够与周围土地利用相互带动、共同发展，实现两者的双赢。轨道交通的建设能够在一定程度上提高周边地区的可达性，提升周围土地价值，进而带动枢纽乃至轨道沿线周边地区商业、房地产等其他行业的迅猛发展；这种发展又为轨道交通提供了大量的人流，增加了轨道交通建设的后期盈利。该过程所获得的后期盈利以及土地增值收益均可纳入轨道交通的项目建设中，以增加轨道交通企业的融资能力。

4.3.1　投融资主体构成

按照一体化开发阶段的不同，可将投融资的参与主体分为投资主体和运营主体。投资主体是指在项目建设时期进行资本投入、同时承担项目开发风险的主体；运营主体是指项目建成后负责轨道交通日常运营，并提供轨道交通客运服务、车辆及设备设施维修服务、咨询培训服务及广告等商业和服务的主体。综合分析国内外各大城市的投融资做法，其投资主体和运营主体主要分为 3 种类型：企业主体、政府主体和政企合作主体。

4.3.2　投融资机制案例

1. 日本东京

东京的轨道交通建设有多个参与主体，包括私人企业，东京政府以及私人企业与政府合作的第三部门等。项目建设的主要资金来源于政府补贴，根据体制

差异,金额数量有所不同,其中公营地铁项目要比私营地铁项目获得的政府补助金额高。

截至 2021 年,东京轨道交通共 32 家运营商,其中最大的当属 JR 东日本(即东日本旅客铁道,前身为日本国铁,后实现民营化改革,目前为民营企业),除此之外还有 28 家私营的铁路运营商和 3 家地铁运营商,包括东京地铁、横滨都营地铁和东京都都营地铁。为确保轨道交通的正常运营,东京铁路对轨道站点周边土地进行综合开发,以获取后期的广告及物业费用,配合日常运营收入来支持铁路建设,实现多元化融资。

2. 新加坡

新加坡采用的是政府规划、投资和建设,运营公司负责运营的模式,具有政府与运营商权责清晰的优点。轨道交通建设中的资金筹集由陆路交通管理局负责,主要来源于政府的财政拨款。待项目建成后采用特许经营的方式交由运营公司进行运营,运营公司在特许经营期内向政府支付使用路网设施的牌照费,并按规定回购资产(其中轨道车站等资产仍归陆路交通管理局所有),特许经营期过后,将资产转移交给政府。在此期间,运营公司自行承担运营过程中的盈利和亏损,做到盈亏自负。政府对运营服务进行严格监管,并制定相应的奖惩措施,诸如取消特许经营权等;同时通过对运营公司的资产回购来回收部分投资。基于上述运作模式的优势,外加新加坡的自身规模条件、人均收入水平等因素,这种模式一直沿用至今。

3. 中国香港

香港的轨道交通核心是"轨道＋物业"的一体化开发模式(后简称"港铁模式")。香港特别行政区政府会予以新建线路场站及沿线土地物业发展权、票价定制权等政策支持,尽可能实现利益最大化。香港铁路有限公司负责项目的投资、建设和运营环节,并在轨道交通项目的规划过程中,与政府商讨相关土地运作细则,诸如土地收储、增加建设容积率、实施地下开发等内容,确保建设与物业开发的有机结合。同时,在轨道站点建设阶段,通过上盖物业与开发商合作,联合开发房地产项目。在这一过程中,香港铁路有限公司不承担建设风险和费用,只负责监管及作为开发商与政府之间协调沟通的纽带,并通过协议获得不同比例的利润分成和稳定的租金收入,实现一、二级联动开发。

根据香港轨道交通发展经历的三个阶段,目前其建设资金可归纳为:政府注

入的股本资金(1/4~1/3)、运营收入(包括票价收入、停车收入、广告收入、物业收入等)、借贷(主要为贷款和票据)、通过上市获得的民营企业资本金四种形式。在运作过程中,香港铁路有限公司尽可能减少或无须政府投资补贴,仅通过物业租赁、物业管理、车站运营经营等其他业务获取利润,能够有效地缓解政府的财政压力,同时成为轨道交通一体化开发中少有的营利性公司。

4. 中国深圳

作为近些年我国轨道交通实践的重要试点城市,深圳轨道交通投融资机制具有多样性的特点。

(1) 深圳地铁 4 号线。

不同于深圳地铁 1 号线工程的政府主导模式,深圳地铁 4 号线二期工程创新投融资模式,采用 BOOT(build—own—operate—transfer,建设—拥有—运营—移交)模式,也有部分文章将其归为 BOT(build—operate—transfer,建设—运营—移交)模式。该模式表现为"建设—开发—运营—移交"的发展进程,在建设过程中兼顾轨道交通周边土地和物业的开发与利用。深圳地铁 4 号线的项目公司是香港铁路有限公司在深圳建立的,拥有自 4 号线二期工程通车日起的 30年特许经营期,负责这段时间内 4 号线的全线运营及 290 万平方米的物业开发。同时,可在项目建设和经营期间享有自主经营的权益,但同样需要承担盈亏自负的风险,其中轨道交通枢纽站点及轨道沿线周边土地一体化开发所得收益(包括土地一级开发和特定土地二级开发收益)用于补偿项目投资和后期亏损。在特许经营期结束后将该项目的经营权无偿移交给深圳市政府。

(2) 深圳红树湾项目。

深圳红树湾项目采用"协议合作＋BT(build—transfer,建设—移交)融资建设"的开发模式(后简称"BT 模式"),是目前最接近港铁模式的一种创新形式。BT 模式是政府利用非政府资金来进行非经营性基础设施建设项目的一种融资模式。在这种模式下,企业与政府签约设立项目公司,以阶段性业主身份负责某项基础设施的融资、建设,并在规定时限内将竣工后的项目移交政府。这种做法的优点是风险小、收益高,可吸引国际资本投资,加速技术转移等;缺点是政策容易发生变化,需要较高的政府信用担保,以及融资困难等问题。关于 BT 模式,深圳市政府于 2011 年 2 月 16 日研究决定,在深圳市地铁 5 号线 BT 项目建设管理办公室的基础上设立深圳市轨道交通 BT 项目领导小组办公室,并将办公室设在深圳市住房和建设局。

在深圳红树湾项目开发中,中国铁建股份有限公司作为 BT 方负责总承包履约和 70%的融资,建成后移交给深圳市地铁集团有限公司和万科集团,万科集团能够获得 49%的收益权(另外 51%属于深圳市地铁集团),并将收益权对价先期支付给地铁公司。中国铁建股份有限公司作为建设方,提前捆绑进行招标,具有效率高、能够很快对项目进行建设、规避建设风险及解决大部分融资问题的优势。

4.3.3　我国投融资政策现状

目前我国尚未专门出台针对轨道交通上盖物业以及轨道周边用地一体化开发的相关投融资政策。本节对我国国家层面和地方层面与轨道交通建设投融资相关的政策内容进行了整理和归纳,见表 4.9 和表 4.10。

表 4.9　我国国家层面轨道交通投融资政策

发文机关	标　　题	投融资相关内容
国务院	《国务院关于城市优先发展公共交通的指导意见》(国发〔2012〕64 号)	推进公共交通投融资体制改革,进一步发挥市场机制的作用。支持公共交通企业利用优质存量资产,通过特许经营、战略投资、信托投资、股权融资等多种形式,吸引和鼓励社会资金参与公共交通基础设施建设和运营,在市场准入标准和优惠扶持政策方面,对各类投资主体同等对待。公共交通企业可以开展与运输服务主业相关的其他经营业务,改善企业财务状况,增强市场融资能力。要加强银企合作,创新金融服务,为城市公共交通发展提供优质、低成本的融资服务
国务院	《关于改革铁路投融资体制加快推进铁路建设的意见》(国发〔2013〕33 号)	推进铁路投融资体制改革,多方式、多渠道筹集建设资金。按照"统筹规划、多元投资、市场运作、政策配套"的基本思路,对新建铁路实行分类投资建设。同时研究设立主要应用于投资国家规定的项目铁路发展基金,以中央财政性资金为引导,吸引社会法人投入,社会法人不直接参与铁路建设、经营,但保证其获取稳定合理回报。"十二五"后三年,继续发行政府支持的铁路建设债券,并创新铁路债券发行品种和方式

续表

发文机关	标　题	投融资相关内容
国务院	《国务院关于加强城市基础设施建设的意见》（国发〔2013〕36 号）	推进投融资体制和运营机制改革。政府应集中财力建设非经营性基础设施项目，要通过特许经营、投资补助、政府购买服务等多种形式，吸引包括民间资本在内的社会资金，参与投资、建设和运营有合理回报或一定投资回收能力的可经营性城市基础设施项目，在市场准入和扶持政策方面对各类投资主体同等对待。创新基础设施投资项目的运营管理方式，实行投资、建设、运营和监管分开，形成权责明确、制约有效、管理专业的市场化管理体制和运行机制。研究出台配套财政扶持政策，落实税收优惠政策，支持城市基础设施投融资体制改革
国务院办公厅	《国务院办公厅关于支持铁路建设实施土地综合开发的意见》（国办发〔2014〕37 号）	促进铁路运输企业盘活各类现有土地资源。经国家授权经营的土地，铁路运输企业在使用年限内可依法作价出资（入股）、租赁或在集团公司直属企业、控股公司、参股企业之间转让
国务院	《国务院关于创新重点领域投融资机制鼓励社会投资的指导意见》（国发〔2014〕60 号）	积极推动社会资本参与市政基础设施建设运营。通过特许经营、投资补助、政府购买服务等多种方式，鼓励社会资本投资公共交通等市政基础设施项目。同时，政府可采用委托经营或移交—运营—移交(transfer—operate—transfer，简称TOT)等方式，将已经建成的市政基础设施项目转交给社会资本运营管理；加快推进铁路投融资体制改革。用好铁路发展基金平台，吸引社会资本参与，扩大基金规模。充分利用铁路土地综合开发政策，以开发收益支持铁路发展；建立健全政府和社会资本合作（公私合伙制，public—private—partnerships，简称PPP）机制，政府有关部门要严格按照预算管理有关法律法规，完善财政补贴制度，切实控制和防范财政风险；最后，创新融资方式拓宽融资渠道，充分调动社会投资积极性，切实发挥投资对经济增长的关键作用

续表

发文机关	标　题	投融资相关内容
国务院办公厅	《国务院办公厅关于进一步加强城市轨道交通规划建设管理的意见》国办发〔2018〕52号)	除城市轨道交通建设规划中明确采用特许经营模式的项目外,项目总投资中财政资金投入不得低于40%,严禁以各类债务资金作为项目资本金。支持各地区依法依规深化投融资体制改革,积极吸引民间投资参与城市轨道交通项目,鼓励开展多元化经营,加大站场综合开发力度。规范开展城市轨道交通领域政府和社会资本合作,通过多种方式盘活存量资产。研究利用可计入权益的可续期债券、项目收益债券等创新形式推进城市轨道交通项目市场化融资,开展符合条件的运营期项目资产证券化可行性研究。 　　进一步加大财政约束力度,按照严控债务增量、有序化解债务存量的要求,严格防范城市政府因城市轨道交通建设新增地方政府债务风险,严禁通过融资平台公司或以PPP等名义违规变相举债

表 4.10　我国部分城市的轨道交通投融资政策

城市	发文机关	标　题	投融资相关内容
北京	北京市人民政府	《北京市人民政府关于创新重点领域投融资机制鼓励社会投资的实施意见》(京政发〔2015〕14号)	创新信贷服务,支持开展收费权、特许经营权、政府购买服务协议预期收益、集体土地承包经营权质押贷款等担保创新类贷款业务。 　　支持重点领域建设项目开展股权和债权融资。 　　实行“主体运营＋经营性配套资源＋特许经营权”的整体投资运营模式
上海	上海市发展改革委、上海市规划和国土资源管理局	《关于推进本市轨道交通场站及周边土地综合开发利用的实施意见》(沪府办〔2016〕79号)	轨道交通场站综合建设用地开发,涉及地下经营性部分,地价按照本市相关规定收取。轨道交通场站建设用地成本和耕地占补平衡等相关费用,以及经营性上盖建设成本,纳入综合开发土地成本。 　　轨道交通场站及周边土地的综合开发利用收益用于支持轨道交通可持续发展。轨道交通建设主体所得的综合开发利用收益,优先用于轨道交通建设和运营维护

续表

城市	发文机关	标题	投融资相关内容
上海	上海市人民政府办公厅	《上海市人民政府办公厅关于本市保障轨道交通安全运行的实施意见》（沪府办发〔2019〕10号）	市发展改革委、规划资源、交通、财政、国资等部门要会同轨道交通企业,在制定颁布轨道交通成本规制的基础上,研究建立轨道交通健康有序发展长效机制,科学确定财政补贴额度。完善轨道交通电价和税费等优惠政策,合理降低轨道交通运营企业的成本负担。通过增收降本等综合措施,实现运营资金平衡,确保轨道交通运行安全可持续
广州	广州市人民政府办公厅	《关于保障我市城市轨道交通企业可持续发展和创新新一轮线网投融资机制的工作意见》（穗府办函〔2017〕45号）	研究新线建设按线路项目成立项目公司,以项目公司为主体,制定每条新建线路投融资方案,综合运用政府和社会资本合作、线路建设与站点枢纽投资开发一体化、优化建设和设备采购安装组织方式等多种模式
	广东省人民政府办公厅	《关于支持铁路建设推进土地综合开发若干政策措施的通知》（粤府办〔2018〕36号）	加大对符合条件的政府和社会资本合作(PPP)项目的信贷支持力度,为项目提供长期、稳定、低成本的资金支持。 支持土地综合开发收益用于铁路项目建设和运营。土地出让收入扣除土地收储等必要的成本和国家、省规定的刚性计提后,其余可用于铁路项目建设和运营。以"铁路项目＋土地开发"模式建设的铁路项目,可由出让土地获得收入的沿线地级以上市人民政府按照收支两条线的要求,根据与项目建设投资主体签订的综合开发协议约定,从土地综合开发收益中安排专项补助资金拨付项目公司,提高铁路项目资金筹集能力和收益水平

4.3.4　投融资机制建议

（1）在投融资政策上，制定更灵活的互动政策，如税收返还、相关产业补助、保障政策、奖励等。

（2）采用多样化、复合型的投融资模式，如"PPP＋ABS（asset—backed—securitization，即资产支持证券化融资模式）"这种"X＋X"的模式可以综合多种模式的优势，取长补短，拓宽融资渠道。

（3）在项目进行中，注重对合作伙伴的选择。在选择项目合作者时，要在项目初期就确定，以保证合作者能参与项目建设的全部环节，以便提出相关诉求和意见，进行问题商讨。同时，可以更多地考虑与专业的、成熟的开发商和运营商合作。

（4）在项目建设前充分了解土地情况，避免经济亏损。在进行轨道交通建设前，要对轨道交通沿线土地进行"摸底"和市场评估，特别是周边的土地权属问题，并据此确定开发层级（一级开发、二级开发，近期开发、远期开发等），以便更好地明确投融资的资金去向及时间安排。

（5）对于不同项目选择适合的投融资模式。以港铁模式为例，该模式更适用于一线城市这种人流量较大、土地价值较高的地区，而对于二、三线城市则并不完全适用。因此，应根据项目所在城市等级、周围环境等进行合理评估，选择符合项目背景的投融资模式。

（6）提升运营管理在轨道交通项目中的地位。我国轨道交通存在"重建设、轻运营"的情况，但运营收益往往也是融资金额的一个来源，操作得当能够成为一个很大的助力。

第 5 章　城市轨道交通商业一体化开发模式及业态配置

5.1　TOD 商业开发的模式与关键点

随着 TOD 理念的引入，商业开发开启了公共交通设施与房地产紧密结合的新时代。房地产与公共交通设施"联合开发"模式的研究主要反映在两者如何相连或整合。目前国内的地铁集团承担着地方地铁投资、开发及运营工作，如上海申通地铁资产经营管理有限公司、武汉地铁集团有限公司、深圳市地铁集团有限公司等。这些地铁集团拥有铁路车辆段、站点、线路的选址和开发权利及通过土地招拍挂、土地协议出让等方式成为公共交通运输设施的投资建设主体。所谓的"联合开发"正是此类政府性质的公共资源与私人开发的结合，并体现在成本收益、工程建设、运营管理等多个维度上。

5.1.1　TOD 商业开发的三种模式

联合开发模式在工程建设上表现为空间关系。美国城市土地协会在《联合开发——房地产开发与交通的结合》中提到，可以将 TOD 商业开发的模式分为紧邻联合开发、空间权联合开发及区域联合开发三种。三种开发模式的特点如下。

（1）紧邻联合开发模式。

私人开发土地靠近公共交通设施，主要通过地下通道相连。这类开发模式在国内地铁发展的早期使用较多，由于大部分地铁线路和站体选择在城市道路下方，因此其与周边地块主要通过地下通道相连，如图 5.1（a）所示。

（2）空间权联合开发模式。

交通系统穿越项目的上下方，如图 5.1（b）所示。这样不仅加大了工程难度，而且也需要更多合作协议和协调工作的支撑。此类开发模式会侵入私有地块用地红线内的线路或站点，在铁路车辆段开发中使用较多，不仅在技术上有诸

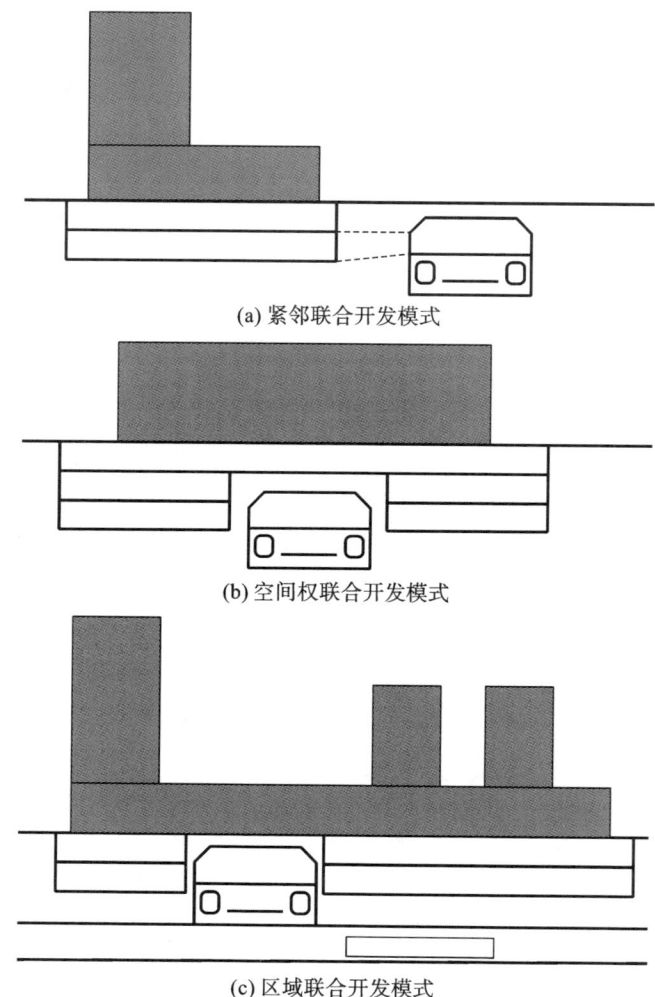

(a) 紧邻联合开发模式

(b) 空间权联合开发模式

(c) 区域联合开发模式

图 5.1　三种 TOD 商业开发模式

多挑战,还要求开发者前期在开发模式上有更多的思考。以深圳市地铁集团的轨道与物业综合开发实践为例,该项目采用了自主开发、代开发建设、协议型合作开发、法人型合作开发、代开发＋BT 融资建设、协议合作开发＋BT 融资建设等多种开发模式,每种开发模式都有其利弊(见表 5.1)。

(3) 区域联合开发模式。

区域联合开发模式综合了上面两种开发模式的特点,如图 5.1(c)所示,是

一种结合交通枢纽节点进行的多地块或片区式开发模式。此类开发模式相较于前两种模式的复杂性大大增加,且要求在前期规划阶段以导则、控规图则、综合约定等形式进行整体把控。此类开发模式的开发主体往往是政府,并结合了一级开发操作手段。

表 5.1　轨道交通综合开发模式

开发模式	概　念	优　势	劣　势
法人型合作开发	①将宗地注入项目公司,土地权属转移至项目公司; ②通过公开招标选择合作方,共同投资项目开发建设,项目公司相对独立决策,法人治理结构,风险由项目公司独立承担; ③销售利润和持有物业按股权分配,共同运营管理项目	①提前回笼部分资金; ②产权清晰、权责明确,后续管理运作相对简单,模式成熟; ③借助合作方实现品牌溢价	①涉及土地和国有企业股权转移两个审批流程; ②确定合作伙伴的时间较长; ③土地注入项目公司造成税费较重; ④双方税负水平均等,企业所得税无筹划空间
协议型合作开发	①通过公开招标选择合作方,签订合作开发协议,按契约管理,土地权属不发生转移; ②委托合资公司操盘,项目公司在双方授权范围内决策,风险由轨道企业直接承担,合作方间接承担; ③利润按协议分配	①合作方通过投资获取最大利润,积极性高; ②轨道企业分散了风险,土地权属无须转移,较法人型合作税负较轻; ③有较大企业所得税筹划空间	①该模式下持有物业双方长期合作、产权需按约定比例和时间过户给合作方,存在一定税负风险; ②竞标获得合作权益时溢价部分难以计入开发成本,土地增值税负担较重

开发模式	概　念	优　势	劣　势
代开发 ＋BT 融资建设	①轨道企业通过招标确定合作方(由代开发＋BT 建设组成联合体),其中代开发方为牵头方,项目管理者 BT 方为施工总承包方,并负责 BT 建设工程内约定部分的融资工作,中标后成立项目管理公司; ②项目以轨道企业名义进行开发,合作方输出轻资产管理,收取管理费;BT 融资建设工程收取固定投资回报和资金占用利息	①无土地产权转移税负,符合政府"封闭运作"的要求; ②代建方带来项目品牌溢价和工程管理水平提升; ③利用 BT 方的融资能力缓解资金压力; ④与单 BT 模式相比,有较大的企业所得税筹划空间	①模式吸引力不够大,合作方以品牌输出、人力资源输出模式获取代建服务费,多发生在房地产市场下行周期; ②轨道企业需单独持有经营性物业,承担开发风险
协议合作开发＋BT 融资建设	①土地权属不发生转移,轨道企业通过招标确定开发单位,开发商与 BT 承包方组成联合体应标; ②轨道企业与联合体按照协议确定责任权利。销售利润和持有物业按协议进行分配和共同持有经营	①以轨道企业名义开发,无土地产权转让税负; ②与合作方共同投资,共担风险,利用合作方的实际操盘经验和品牌获取溢价收益,分散了持有物业的经营风险; ③利用 BT 方的融资能力缓解资金压力	①引入合作方后,稀释了项目实际开发收益; ②合作管控风险加大

综上所述,三种 TOD 商业开发模式的特点如表 5.2 所示。

表 5.2　三种 TOD 商业开发模式的特点

开 发 模 式	特　　　点
空间权联合开发	通常与交通设施紧密结合在一起,包括要在交通系统上、下方穿越,需要更多的交易和计划,还需要施工协调,包括空间权和穿越权的相关协议
紧邻联合开发	靠近交通设施,并且与之相连,但不位于设施空间的上、下方,公私交易较少,主要考虑通道和相关工程协调
区域联合开发	在城市区域或副中心周围结合交通改良方案开发,通常包括较大的范围和各种不同类型的建筑体

5.1.2　开发中的关键点

无论哪种联合开发模式,开发时序、投融资模式、运营管理界面以及媒介与手段这四个关键点必须考虑。

(1) 开发时序。

公共交通枢纽与商业开发在时序上有三种:①交通节点先于商业开发;②商业先于交通节点开发;③商业与交通节点同时开发,也称一体化开发。这三种开发时序与上文提到的三种开发模式相结合,就会出现多种情况。前两种情况需要考虑地铁与商业不同步可能会造成商业地下空间的距离退让及接口预留的问题。一体化开发使得地铁站体与地下空间的接触由过去常见的"点"接触(通道或出入口连接)变成"面"接触。在 TOD 商业项目中,如果能实现一体化同步建设最为理想,但有时商业建设与地铁开发的时间不一定能同步,因而为未来的无缝衔接做好工程预留就显得尤为重要了。

(2) 投融资模式。

商业发展尤其是地下商业开发,作为城市轨道交通项目的衍生收益,将会进一步拓展此类项目的投资收益空间。大部分城市轨道交通项目具有项目权益边际效应大、资产保值增值能力强的特点,适合采用一定的市场化融资方式开发。

尤其采用公私合作模式(PPP 模式)时,通过引入社会资本共同开发,共担风险,同时能"让专业的人做专业的事",可以提高公共产品供给效率。

对于站点 TOD 商业项目(如地铁项目上建设物业开发),地铁公司与商业地产公司合作就是一种较好的开发模式。如万科集团通过与深圳市地铁集团有

限公司的合作,成功参与了深圳红树湾项目开发。红树湾项目位于深圳市中心区最优质地段,该项目也被视为万科转型城市配套服务商的标志性项目,采用的是 BT 融资的开发模式。

对于区域性 TOD 商业项目,实现 TOD 附近商业地产地上、地下的联动开发是一种较好的方式。国内片区式地下商业开发在早期具有城市区域公共服务的性质,建设通常由政府主导,较容易形成一定的规模,且容易配合市政设施形成一体化建设。政府与地铁开发主体成立项目公司,地上、地下统一联动开发,可以实现地上土地的收益补贴一部分地铁和地下商业早期的投资(见图 5.2)。

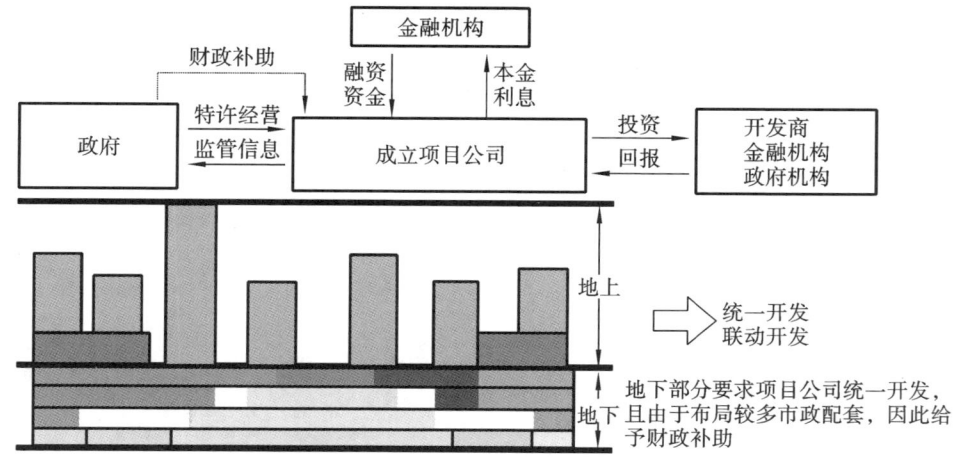

图 5.2 政府与开发主体成立项目公司实现地上、地下统一联动开发

(3)运营管理界面。

在 TOD 商业项目中,不仅仅有私人开发商投资建设管理的商业部分,也有大量具有公共属性的商业空间兼作步行空间的部分,如地下商业街、空中步行连廊等。这些空间涉及权属及运营管理的问题,都需要在最初的规划设计和协议制定上做好研究。如对于地块红线内的地上商业建筑范围内的地下商业部分,如果不必全天向公众开放,则可以采用地上、地下统一的产权和运营方式;对于需要为公众免费开放的地下街或空中连廊,则要在一开始就做好充分规划。如在加拿大蒙特利尔市波纳文图尔广场地区的人行通道规划中,设计了从地铁站到波纳文图尔广场的免费通道。蒙特利尔市政府为通道的转让和施工,支付了约 21.2 万美元费用,并支付 CNR 车站象征性的 1 美元作为共同通道的费用。波纳文图尔广场所有人则付给蒙特利尔市政府使用"通道"的租金,该部分既是人行通道,也是商场。

在这个过程中,政府应拟定奖励办法以鼓励私人开发者开发建设地铁车站、铁路站和大型停车场等公共交通之间的连接通道,以连接该城市区域的主要空间。

对于大体量的地下商业空间来说,在运营上也可以拆分为若干块,引入不同的运营商,一般每一块商业空间最大规模宜控制在 20 万平方米(建筑面积)以内。需要注意的是,在地下商业体项目中,租金收入不是第一位,物业增值才是最重要的。

(4)媒介与手段。

在 TOD 商业项目开发的过程中,常采用两种手段,一种是规划手段,在国内,常常通过控制性详细规划层面对地铁与私人地块的衔接、地下空间系统或空中步行连廊系统做出相应的规定,以便后期的深化实施。另一种是法律协议手段,在梳理产权、管理、运营上采用协议方式,协议中会对土地权利、租金租约、施工条件及协调措施、履行义务等方面做出具体规定。

5.1.3　难点分析

在 TOD 商业项目开发的过程中需要克服一系列难题,包括实现空间价值最大化的可建范围设定、一体化建设,以及消防、震动减噪等问题。

对于公共交通设施来说,为了满足安全保护和正常运营等要求,常需要退界。如根据轨道交通管理办法,安全保护区范围包括地下车站(含地下通道)、隧道外边线外侧 50 m 之内,地面车站、高架车站及线路轨道外边线外侧 30 m 内,车站出入口、通风亭、变电站、跟随所、冷却塔等建筑物(构筑物)、设备外边线外侧 10 m 内等。运营单位根据以上规定及实际情况编制安全保护区设置方案,报市规划国土部门审定后向社会公布。在实际操作中,地铁轨道区间往往会侵入私有地块用地红线内,或与私有地块用地红线贴临布局,在两者施工时间存在先后的情况下,如何最大化地保证有效建设范围(主要指地下)、减少不必要的退让,同时保证地铁运行的安全性,无疑是一个需要解决的难题。这些都与地铁埋深及建设项目地下室的埋深等情况密切相关。

在日本的许多地下空间开发项目中,由于采用了一体化建设方式,地下空间与地铁设施几乎贴临建设。另外,日本也有一些商业街利用了地铁站厅层上方的空腔来设置,如日本札幌地下商业街就是在城市道路下方以及地铁轨道线路上方设计的地下商业街。从消防角度来说,地铁站厅站台与普通民用建筑采用的消防规范有所不同,物业开发空间应与车站空间之间设置有消防分隔,并划分为独立的防火分区。随着地下商业及地铁设施一体化开发的需求增加,如何有效保证地铁与商业的消防安全成为开发过程中的重点及难点。日本涩谷站的涩谷未来之光地下商业与轨道交通车站之间的设计处理有较高借鉴价值,如其地下商业延伸到地下 3 层,并在地下 3 层站厅与商业大楼之间设置了一个通高空间,直到地面 4 层。这个空间成为一个轨道交通车站与商业楼之间的防灾缓冲带,同时有实现自然采光、排除铁道设施废热等作用。在国内连接地铁的商业项目开发中,下沉式广场的设置也可起到防灾缓冲的作用。

对于地铁上的建筑,减少地铁经过对建筑物产生的震动噪声等方面的影响也十分重要,可以在地铁的轨道、机车上采取新型减震手段,如采用防震型钢轨,在机车车辆上使用新型减震器等。对于因地铁风机、冷却塔引起的噪声,也应采取及时有效的措施,如使地面风亭、冷却塔远离敏感功能区,或在风机两端设置消声器,对冷却塔做整体消声围护等。这就需要在项目规划设计之初,与地铁建设单位做好相应的沟通与协调工作。

5.1.4 开发风险

在一些区域型 TOD 商业开发项目中,不可避免会有一些公共性空间需求或权益需要满足。此时,可以借鉴欧美国家的联合开发操作经验,政府或官方机构为私人开发商承担一定的风险,这样才能在联合开发中达到共同目标,否则这些风险可能会使私人开发商的参与热情降低,甚至萌生退意。

另外,在联合开发中选择专业的管理公司来运营也非常重要,成熟经营商业地产的技能对于项目未来的成功经营至关重要。而且关于开发项目中商业部分的专业经营应该从一开始就予以确定,公共机构与私人开发商在项目中的责任边界也应在一开始就划分清楚。

5.2 紧邻联合开发

5.2.1 空间布局

1. 线路平面位置

地铁线路的平面位置包括地下线、高架线及地面线三种类型。其中较为常

见的是前两种。地下线又分为三种布局形式(见图 5.3),具体如下。

图 5.3   地下线的三种布局形式

(1) 地下线位于慢车道和人行道下方。

地下线位于慢车道和人行道下方能减少对城市交通的干扰以及对机动车道路路面的破坏。

(2) 地下线位于道路中心线下方。

地下线位于道路中心线下方的优点在于对两侧私有建设地块的影响较小,且地下管网拆迁较少;缺点在于当采用明挖法施工时,会破坏现有道路路面和不同程度地干扰城市交通。

(3) 地下线位于建设用地红线内。

地下线位于道路红线外,但在建设用地红线内,这种方式对于现有城市道路及交通无破坏和干扰。

对于上述第一和第三种情况,若先建设地铁,地下室和地上建筑与地铁要保持一定的退距,因此地铁的保护范围往往会侵入建筑用地内,对实际的建筑用地范围造成影响。

高架线的布局方式也有多种,其中比较常见的是以下两种。

(1) 高架线位于道路中心线上。

高架线位于道路中心线上时,常与道路中心分隔带统一考虑。这种布局方式对两侧房屋的噪声影响较小,对路口交叉处转弯机动车的交通影响也较小。

(2) 高架线位于快慢车分隔带。

高架线位于快慢车分隔带时,可充分利用道路分隔带,减少高架桥柱对道路宽度的占用,但其可能对其中一侧房屋的噪声影响较大。

高架线造价虽然相对较低,但其对城市道路有一定的影响。高架线可以位于道路中心带上,带宽一般为 20 m;也可以设置在快车道一侧,但这种布局方式在城市中心使用较少,常用于城市边缘与郊区地带。

2. 车站站位布局

除了线路平面位置外,车站站位布局也会影响紧邻地块开发。车站站位一般根据车站与城市道路的关系分为以下几种。

(1)跨路口站位。

车站跨十字交叉路口,并在路口各角都设有出入口。这种做法一方面可减少人们穿越马路寻找地铁入口的可能,从而减少路口人车流线交叉;另一方面也为十字交叉路口四周的四个地块预留了地铁接口,便于周边地块地下空间的连接(见图 5.4)。这种做法在城市商圈开发中经常用到,郑州轨道交通 1 号线碧沙岗站就采用了这种方式。

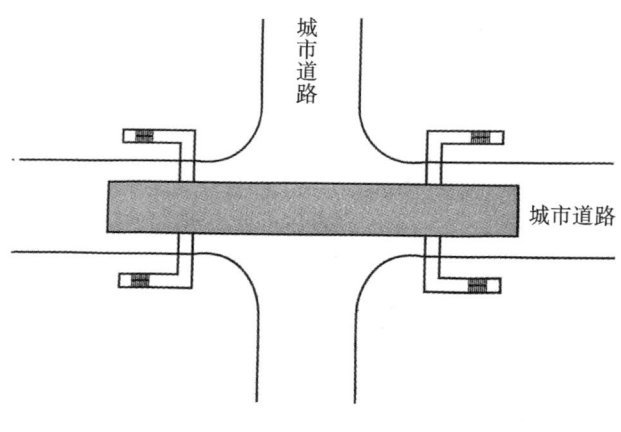

图 5.4　跨路口站位

(2)偏路口站位。

车站在路口一侧设置,即偏路口站位。这种布局不易受路口地下管线的影响,埋深减小,且减少地下管线的拆迁工作,施工时也减小了对城市道路交叉口交通的影响,同时还降低了工程造价。但其由于偏于一侧,因此与道路另一侧地块的衔接往往就需要采用较长的地下通道(见图 5.5)。

(3)两路口站位。

当两个路口都是主要路口且相距较近(小于 400 m),横向公交线路及客流较大时,可以将车站站位设于两个路口之间,以兼顾两个路口。这种做法在城市高密度开发区域运用较多,可在多个地块设置地下接口(见图 5.6)。

(4)道路红线外侧设置站位。

在道路红线外侧设置站位对于现有道路及交通基本上无破坏和干扰,但由

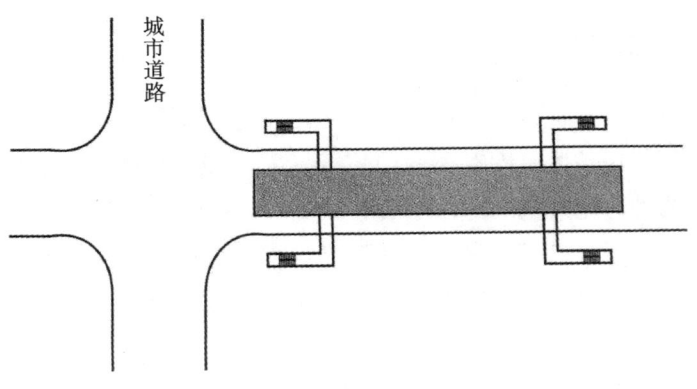

图 5.5　偏路口站位

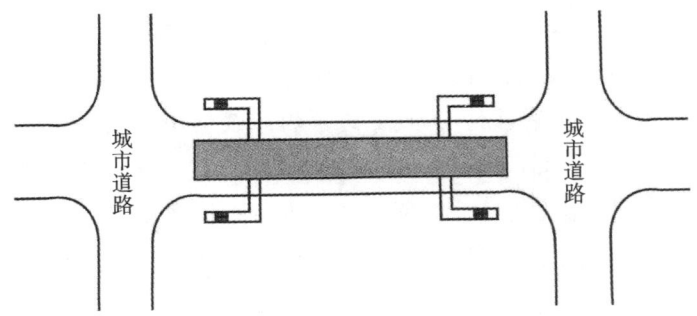

图 5.6　两路口站位

于这种做法侵入了用地红线内,因此需要与用地红线内的项目开发统一规划和考虑(见图 5.7)。

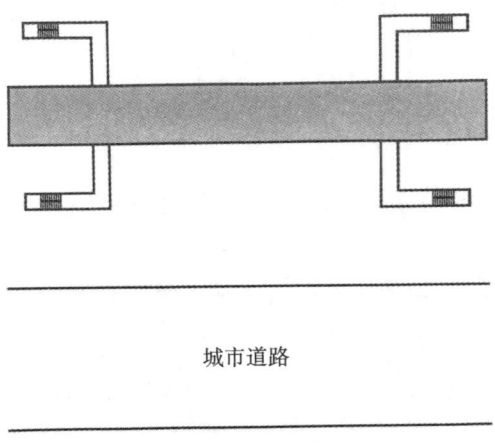

图 5.7　道路红线外侧设置站位

5.2.2　退界问题

地铁运营安全保护区是指在地铁运营线路及其周边特定范围内设置的保护区。全国各地对保护区范围有不同的执行标准,如深圳、杭州等地规定,地下车站与隧道结构外边线外侧 50 m 范围内,地面、高架车站及区间结构外边线外侧 30 m 范围内,出入口、通风亭、变电站等建筑物或构筑物外边线外侧 10 m 范围内,为规划控制区范围。如需变更规划控制区范围,须经市规划行政主管部门批准。

又如《成都市规划管理技术规定修编(市政工程)》中规定:规划轨道线路正线两侧 12.5 m,轨道车站两侧各 20 m 为快速轨道禁建线范围,在轨道地面区间禁建线范围内不得修建任何与轨道项目无关的地上建筑物、构筑物,包括悬挂物;在轨道地下区间禁建范围内不得修建任何与轨道项目无关的地下构筑物(市政设施及地下空间连通道除外)。规划地下轨道线路正线两侧各 50 m、轨道车站两侧 60 m(地面站)或 70 m(地下站)为地铁建设控制线。涉及规划地铁建设控制线内的项目,其相关技术要求须征得成都市地铁建设工程办公室的书面意见。在轨道控制建设范围内,建设单位须与成都市地铁建设工程办公室进行协商,取得控制性协调意见并执行后方可建设。

由此可见,由于地铁运营有安全保护范围,因此对于地铁先建、周边建筑后建的情况,需要考虑一定的退界要求。对于一些靠近道路红线的轨道交通线路,其临近建设项目常常会设置连接通道与地铁车站相连。因此若地铁先期建设,应在前期预留与周边商办地块地下衔接的接口,保证后期可以通过地下街或走廊与两侧地块连通。

5.2.3　接口形式

在紧邻联合开发模式中,地铁站厅层(非付费区)与周边地块的连通需注意舒适性和安全性的要求。

从舒适性角度来说,地铁站厅层与周边建筑地下商业空间应尽量平接,若高差不可避免,则应设置缓坡或自动扶梯。

从安全性角度来说,当地下通道同时作为地铁疏散路径时,应注意采用防火隔间或双层卷帘(间距不小于 6 m)来保证地铁疏散通道的安全性。另外,从站厅引出的出入口数量不仅要满足与周边地块的地下连接,也要满足至少两个独

立安全出入口的要求。当下沉式广场作为地铁与邻近地下商业的过渡空间时，也可以兼顾安全疏散功能。这时，下沉式广场中的自动扶梯、楼梯等的疏散宽度就应充分考虑商业与地铁各自的需求。

当地下商业与地铁站厅层之间的连通道长度大于 100 m 时，还应满足紧急疏散要求，如一些串接邻近地块的地下商业街长度往往大于 100 m，此时就应考虑设置安全疏散出口。

5.2.4　商业设施

地铁站厅内的商业规模往往不会太大，一般不超过 1000 m²，也称为"地铁便利集"。该类商业主要以便利快捷的商业设施为主，是小型商铺的集合，很多商铺面积仅为 8～15 m²。以深圳地铁一期站厅的商业为例（见表 5.3），商铺平均面积仅为 10 m² 左右，商铺设置数量 5～6 个的居多。

表 5.3　深圳地铁一期站厅预留零星商铺分布表（部分）

车　　站	商铺个数/个	总面积/m²	平均面积/（m²/个）
罗湖站	6	53.4	8.9
国贸站	3	27	9.0
老街站	5	40	8.0
大剧院站	5	51.2	10.2
科学馆站	4	38.7	9.7
华强路站	3	43.2	14.4
岗厦站	5	51.5	10.3
购物公园站	6	58.5	9.8
香蜜湖站	5	63.5	12.7
车公庙站	5	48.4	9.7
竹子林站	5	53.4	10.7
侨城东站	4	45	11.3
福民站	6	62.3	10.4
会展中心站	5	62	12.4
少年宫站	2	19.4	9.7
合计	69	717.5	10.5

这类商铺属于稀缺资源,在招商上可借鉴香港地铁的成功经验,以银行、便利店、西饼屋等为主,并且主要租赁给采用连锁经营的商业企业,这样既能统一管理,又能突出品牌优势。

地铁站厅还常常通过地下街串接周边物业,这类地下街规模一般不会太大,小的仅 1000～10000 m²,大的一般也在 50000 m² 以内。地铁站厅外的地下街往往由另一个统一运营主体来运营。这类地下街具备了一定的规模,除便利性业态外,还会引入一些轻餐、流行时尚业态等,在商业策划上也可以更具有主题性。如日本钻石地下街,便是以女性为目标客群,由时尚、轻松、多样、行销四个主题构成,业态包括时装、杂货、餐饮等。日本地下商业街的规模分类如表 5.4 所示。

表 5.4　日本地下商业街的规模分类

规　模　分　类	商业建筑面积 S/m^2	案　　　　例
小型	$S \leqslant 30000$	大阪钻石地下街、大阪虹之町地下街(一期)、名古屋中央公园地下街、东京歌舞伎町地下街、福冈天神地下街、横滨波塔地下街
中型	$30000 < S \leqslant 50000$	大阪梅田地下街
大型	$50000 < S \leqslant 100000$	东京八重洲地下街、大阪阪急三番街、大阪长堀地下街

5.2.5　附属设施

城市轨道交通车站一般由车站主体、出入口、通道、通风道及风亭组成,其中,出入口、风亭这些附属设施均可考虑与红线内建筑结合。

首先,对于地铁出入口来说,除了前面所提到的与下沉式广场相结合外,也可以考虑与地上建筑相结合。这样做既可以节省土地资源及基建投资,同时又可以优化城市环境。对于高架轻轨出入口来说,可以通过设置高架桥连接附近的商业建筑,高架桥可以根据气候条件采用敞开式、半封闭式或全封闭式等不同形式。

另外,地铁的风亭一般要求设在建筑红线内,可集中或分散设置,较好的设置方式是与地面建筑相结合,但应考虑风亭与周围建筑物的距离要满足防火间距要求,不应小于 5 m。风亭除与地面建筑结合外,也可与下沉式广场相结合,从而减少对地面环境的影响。

一般标准车站会在车站两端各设置两座活塞风亭,一座排风亭和一座新风亭,且风亭之间有一定间距要求,组合成低风亭组和高风亭组。但无论是低风亭组,还是高风亭组,当其独立建造时,均会对城市环境和视觉视线有一定的影响,因此与下沉式广场相结合,可有效"隐藏"风亭,从而留出宝贵的地面空间。

5.3　空间权联合开发

5.3.1　主要类型

目前国内涉及空间权联合开发的项目共有三种主要类型。

1. 公共交通站房或线路与商业项目上下叠合

上海地方标准《城市轨道交通上盖建筑设计标准》(DG/TJ 08—2263—2018)把车站上盖建筑划分为三类,分别是竖向叠加式、半融合式及全融合式(见图5.8)。竖向叠加式主要是指上盖建筑与车站主体垂直分层利用,共用部分楼板,但同时又保持垂直方向上连通的空间组合方式。半融合式是指上盖建筑在横向空间上至少有一个方向把车站半包融,两者共用部分墙体和楼板。全融合式是指上盖建筑在横向空间上把车站完全包融,即车站成为上盖建筑中的一部分,两者在水平、垂直方向上连通,成为一个有机整体。

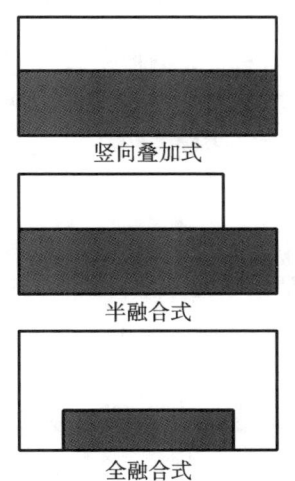

竖向叠加式

半融合式

全融合式

图 5.8　车站上盖建筑的三种类型示意

2. 结合地铁设施的地下商业空间

对于埋深较深的地铁线路,可利用线路上空和地面覆土下方的空腔区域设置商业空间。比如,当地铁站厅层设在−10 m(相对地面)以下,采用明挖法修建时,可充分利用其上方空间。在一些城市道路或公共绿地下方的地铁线路或站点上方可考虑设置地下商业街。但此类地下商业街在结构、消防设计上受地铁

系统的限制较大,需要综合考虑。另外,此类商业设施的运营及权属问题也不同于一般商业项目,需在项目开发之始就加以考虑。

3. 地铁车辆段上盖商业物业开发

传统车辆段常常设于城市远郊地区,且多为厂房式的单层建筑,主要用于地铁车辆的停车、检修、试车等。它一般会占用较大的场地,会造成土地资源的浪费。为了实现土地集约化利用的目标,不少城市开始对地铁车辆段上盖进行物业开发,包括商业、住宅、办公等多种业态类型,如上海华润万象城项目、青岛青铁华润城项目等。但在车辆段上盖商业,其附近应设地铁站点,以提升地块商业价值。

地铁车辆段上盖商业物业开发也有诸多挑战,包括消防要求高、振动及噪声超标等问题,在前期的投资成本也相应较大。

5.3.2　空间规划

在空间规划方面,空间权联合开发的项目主要可以分为两大类,一类是地铁上盖商业项目,另一类是城市道路或公共绿地下方的商业项目,这两类项目由于受到外部制约因素的影响,在空间规划上会有一定的不同。

1. 地铁上盖商业项目

狭义上的地铁上盖商业项目是指地铁等交通设施与私有商业开发的空间实现高度复合化的一类项目,表现为地铁等公共交通设施占用了私人用地的一部分空间权。根据公共交通设施在空间上的独立程度,可以大致分为"三类八种"。"三类"分别为竖向叠加式、半融合式与全融合式。其中,竖向叠加式包括两种,地铁设施位于私有商业项目的下方,以及轻轨位于私有商业项目的上方(见图5.9);半融合式包括三种,此时公共交通设施与私人商业物业可能共用楼板和部分墙体(见图5.10);全融合式也包括三种,此时公共交通设施的所有楼板和墙体基本上都与私有商业物业共用(见图5.11)。对于地铁上盖商业项目,私有商业物业与公共交通设施在空间布局上存在水平和垂直两个方向上的关系(见图5.9～图5.11)。其中,水平方向上的关系包括直接联系和间接联系两种方式。直接联系是指商业物业与公共交通空间共用墙体或向公共交通空间完全打开,实现空间上的完全融合;间接联系则是指商业物业与公共交通空间通过通道或广场等间接手段相联系。

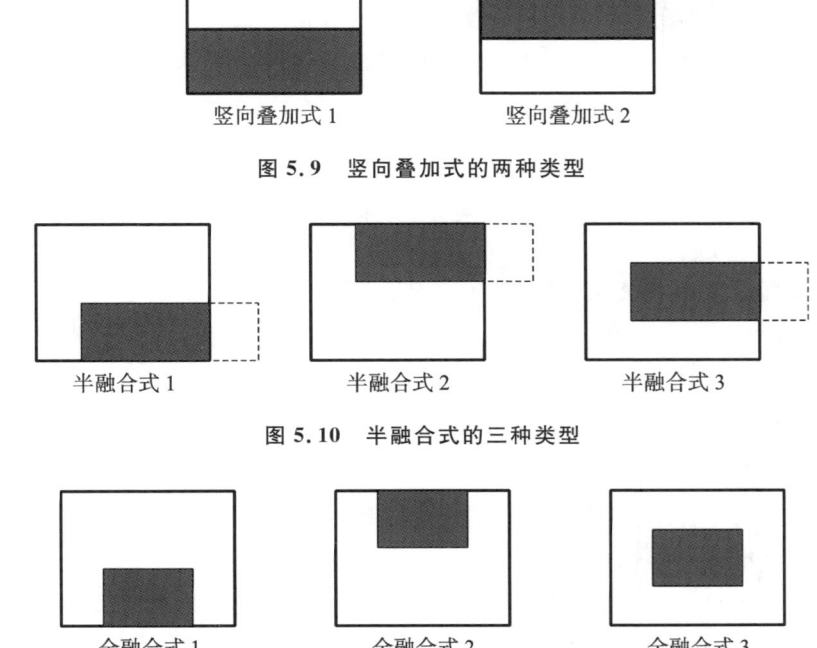

图 5.9　竖向叠加式的两种类型

图 5.10　半融合式的三种类型

图 5.11　全融合式的三种类型

由于国内消防的要求,在水平关系上基本都采用间接联系的方式。《城市轨道交通上盖建筑设计标准》(DG/TJ 08—2263—2018)甚至对通道宽度等也提出了进一步的要求。该标准规定连通通道的宽度应根据通道的预测客流、通道的服务水平以及场地条件等确定,且与车站的连接口部位宽度不宜大于 8 m。如果是广场连接,广场应有一定的开敞度,且符合有关消防规定。

直接联系方式中的共墙开洞是相对保守的一种方式,同样参照上述规范,在共墙时对于墙上开洞的宽度、间距等有所要求,如"共用墙体上开设的单个门洞的宽度不宜超过 8 m,相邻门洞之间的距离不应小于 24 m。""共用墙体上开设的门洞应在上盖建筑一侧设缓冲区,缓冲区通向门洞开口最近边缘的水平距离且不应小于 6 m,缓冲区内装修材料的燃烧性能应为 A 级;该区域不应用于除人员通行外的其他用途。"在日本三井不动产开发的东京日本桥城市区域更新项目中,就采用了完全面向地铁站开放的地下一层商业布局。为了解决消防安全性问题,该项目设置了两排具有一定间距的防火卷帘,从而实现了日常商业空间与地铁站厅空间的融合,这就是类似设置缓冲区的做法。

关于商业物业与公共交通空间垂直联系,也有两种方式——直接联系式与

间接联系式。间接联系式是通过下沉式广场等空间形式将两者在垂直方向上联系起来,下沉式广场成为两者间的缓冲地带。直接联系式中的商业位于地铁或轻轨站台的正上方或正下方,两者之间可通过站台内的自动扶梯或楼梯直接相连,如站厅商业就属于这种类型。但考虑到消防要求,目前在国内,这类直接连通站台层的商业体量一般都比较小。

2. 城市道路或公共绿地下方的商业项目

商业街位于城市公共用地(如道路或公园)的下方,主要连通周边建筑与地铁、公共汽车中心等交通枢纽,以形成市中心内有效的地下联网。此类地下街不一定恰好在地铁线路的上方,但却起到了非常重要的连通作用。

日本福冈的天神地下街就是此类空间权联合开发的一个典型案例。天神地下街总面积约 52900 m²,全长约 590 m,地下共设两层,其中地下一层商业通道连通了周边的办公、商业建筑。地下一层层高 5.1～6.1 m。

位于城市公共用地下方的地下商业街在规划时要尤为注意埋深,还需考虑景观及市政管线对于覆土的基本要求(一般为 3～4 m)。

5.3.3　动线规划

地下商业空间的动线规划分为两种情况:一种是地上有商业体,地下商业空间位于地上商业体的正下方,在这种情况下,动线规划应重点关注与地上商业的垂直联系;另一种是地上无商业体,上方一般为道路广场或绿地空间。两种类型地下商业空间比较见表 5.5。

表 5.5　两种类型地下商业空间比较

项　　目	有地上商业	无地上商业	备　　注
地下层数	以地下一层为主,地下二层(三层)为停车、设备机房等辅助功能空间	以地下一层为主,地下二层(三层)为停车、设备机房等辅助功能空间	一般以浅层开发为主
地下一层相对标高	−7～−6 m	−9～−7 m(根据覆土及地下管道埋深等情况而定)	—

续表

项　　目	有地上商业	无地上商业	备　　注
与地上空间联系方式	以中庭为主	下沉式广场、封闭式入口商亭(适合于寒冷地区)	—
柱网布局	一般与地上相一致	相对自由	若位于地铁轨道区间上方,则受制于地铁结构柱网
动线走向	一般与地上商业一致或做简化,同时连接地铁站	在城市道路下方,受制于红线宽度,以单动线为主,复动线为辅;绿地下方相对自由,但均考虑连接地铁站	—

1. 商业规模

纯粹为解决交通功能的地下商业街,一般规模不宜过大,如大部分位于车站站前区的地下商业,一般会认为购物是此类商业街的重要功能。但根据调查发现,在路过车站的乘客中,真正想买东西的不到 20%,因此这种通道式商业的面积一般在 10000 m² 以内。在日本,大约一半的地下商业街面积在 10000 m² 以内,其中 30% 的地下商业街面积小于 1000 m²。只有极少量的地下商业街面积达到 50000 m² 以上,如东京八重洲地下街(74413 m²)、名古屋中央公园地下街(52232 m²)。若该商业不仅仅作为联系通道,同时还作为一个服务于一定区域甚至远郊客群的商业,那么其规模可相应扩大。

2. 动线组织

地下商业动线的特点是简洁,尤其是对于封闭、无自然采光的地下商业街来说,若上方无地上商业,则动线组织应尽量简单明了,可以以直线为主,并且尽量减少复动线、环形动线设计,因为此类动线容易使人失去方向感。

3. 地铁接口

一般地下商业街考虑到安全性、采光、舒适性等方面的要求,以浅层开发为

143

主,即设在地下一层,地下二层及其以下一般为停车场。但也有一些与地铁结合较为紧密的地下商业。由于地铁站厅层可能设于地下二层及其以下,因此为充分利用地铁人流,可以考虑在地下二层,甚至地下三层局部设置商业。地铁作为人流的重要导入口,扮演了"主力店"的角色,因此将地下商业尽量连接地铁站厅成为提升商业活力的一个必要手段。地铁人流的导入,也使得地下商业的租金大大提高,有时甚至比地上还高。地下商业街与地铁连接还要考虑如何实现标高上的自然衔接和过渡,商业规划中普遍不太接受采用步梯处理高差,而采用坡道或自动扶梯处理高差则是较为主流的方式,当然,若两者标高能一致的话,就更为理想了。

4. 通道宽度

由于地下通道的宽度与人流量密切相关,会直接影响人的舒适体验和商铺经营(见表5.6)。当地下通道人流过于拥挤时,反而会降低两侧商业的效益。从通道的服务水准来看,通行流量具有以下规律。

表5.6 通道服务水准与通行流量的关系

等 级	描 述	流量/(人/(m·min))
服务水准 A	自由行走	27
服务水准 B	步行活动略受限制	27~51
服务水准 C	步行较困难	51~71
服务水准 D	步行困难	71~87
服务水准 E	几乎无法步行	87~100

一般来说,地下商业通道的主通道宽度为8~12 m,次通道宽度为6~8 m。但具体通道宽度还要根据客流量仔细判定,尤其是承接地铁高峰人流的商业通道更需考虑高峰时段的通行能力。基于较高服务水平的地下商业街,其宽度应在最小通道宽度的基础上再增加2 m,以保证两侧商铺前区有一定的停留空间。以日本地下商业街宽度为例,早期的通道宽度常为5~6 m,现在一般为6~8 m。

可根据式(5.1)计算通道宽度为 D 时每小时在服务水准 A 下的通行人流 P。

$$P = (D - D_y) \times 27 \times 60 \tag{5.1}$$

式中,P 为每小时的最大通行量;D 为地下人行通道的净宽度;D_y 为预留宽度(一般两边有商铺时为 2 m,无商铺时为 1 m)。

①假设无商业的地下人行通道净宽为 6 m，则有式(5.2)。

$$P=(6-1)\times27\times60=8100(\text{人/h}) \qquad (5.2)$$

②假设地下商业街净宽度为 9 m，则有式(5.3)。

$$P=(9-2)\times27\times60=11340(\text{人/h}) \qquad (5.3)$$

③假设地下商业街净宽度为 12 m，则有式(5.4)。

$$P=(12-2)\times27\times60=16200(\text{人/h}) \qquad (5.4)$$

由于地下街的主要人流来自地铁，因此要准确估算其每小时通行流量，就需要有预计地铁站上下车人数的资料。

假设都市型地铁站每天的上下车人数为 200000 人，设有两处入站的检票口，地铁利用时间为 6:00—23:00，共 17 个小时，安全系数为 1.5，此时估算见式(5.5)。

$$P=(200000/2/17)\times1.5\approx8800(\text{人/h}) \qquad (5.5)$$

此时平均每小时的人流量，在早晚高峰可能会更多一些，若客流超高峰系数取 1.3，则建议地下商业街主通道净宽不小于 9 m。

5.3.4　附属设施

在空间权联合开发的商业项目中，地铁的一些附属设施需与上盖商业统一考虑。

1. 地铁出入口

一般来说，浅埋的地铁地下车站出入口数量不宜少于 4 个，深埋的地铁地下车站出入口数量不宜少于 2 个。地铁上盖商业常考虑与地铁出入口合建，既为商业带去人流，也为地铁出入口提供比较好的遮风避雨的空间。出入口应尽量与建筑同步设计和施工，这样建设过程比较容易协调；如不同步，设计及施工则会受到一些限制。地铁的疏散出口原则上还要考虑直接对外疏散，即其可能要直通地面或下沉式广场。

2. 地铁风亭

风亭是地铁车站因通风需要而设在地面的附属构筑物。出地面风亭一般均设有顶盖及墙体，通风口设于风亭上部，距地高度一般不小于 2 m，特殊情况下可降低，但也不宜小于 0.5 m。由于在道路两旁的风亭常要求建设在建筑红线内，因此在设计时应考虑与地面建筑结合布置，风井直通裙房屋面，也可以考虑

以下几种结合布置方式:①风亭与下沉式庭院结合;②风亭远离公共面,与建筑后勤面结合;③风亭与城市构筑物、雕塑结合。

南方地区地铁车站常设置 8 个风亭,其中 2 个新风亭、2 个排风亭、4 个隧道风亭。根据《地铁设计规范》(GB 50157—2013),进排风口间距至少要有 5 m,使得风亭尺寸相当庞大,对城市景观造成重大影响。在这种情况下,风亭设计形式上可借鉴国外做法,采用雕塑感强的风帽式风亭设计,或是采用城市绿化中的地面风口做法,这种敞口风亭的做法在国内应用较多。但敞口式风亭需注意防淹问题,风亭竖井底部应设置潜污泵排除雨水。地铁冷却塔也存在噪声、漂水、余热等问题,常用的处理方式为采用下沉或半下沉式布局,与城市绿化带相结合等。

5.3.5 柱网布置

岛式车站站体宽度一般较窄,为 25~30 m,设在岛式车站上方的地下商业街的走道宽度往往受限于两排柱子之间的间距。如某岛式车站,其站台中两排柱之间的净距为 6.1 m,柱子直径为 0.9 m,所以从柱中心到柱中心的距离为 7 m,另外柱外侧的站台宽度为 2.5 m,再加上轨道区间外侧为 5.8 m,因此该空间适合于小型零售或餐饮业态布局。

从剖面上看,地铁垂直上方地下商业街成立的条件是,商业公共走道处的净高应在 3 m 以上。根据经验,站厅层地坪装修面距离楼板结构面的净高不小于 4.9 m,所以基本上能保证站厅装修后吊顶至站厅的高度不低于 3 m。

另外,若步行商业街设于城市道路下方,且地铁为浅埋方式的话,则只能让商业街与站厅层尽可能平层衔接。

考虑到国内地铁的站厅层总宽度范围为 20~30 m,结合地下商业街商铺类型与进深取值要求(见表 5.7),对于无主力店的地下商业街(位于地铁区间上方)建议采用单动线布局。

表 5.7 地下商业街商铺类型与进深取值要求

业 态 类 型	进深/m
小型店铺	6~8
品牌店	12
高级服装店/餐饮	10~15
书店/便利店	10

对于非地铁区间正上方的无主力店地下商业街,20~40 m 进深的建议以单

动线布局为主,30～60 m 可考虑双动线布局。所谓双动线布局即两条动线之间以通透的商铺为"中介",一般在一些并联双岛式轨交线路上方可以考虑双动线的地下商业街布局模式。

5.3.6　结构与施工

一般而言,若地铁上方地下商业街与邻近建筑非同步施工,则两者之间可能会出现高差,甚至台阶。但若同步设计和施工,则可以实现地下商业与邻近建筑在地下尽可能平接,此时最多考虑 1～3 m 的留缝衔接的问题。可以采用地下空间板向外延伸的方式,用以缝合这 1～3 m 的差距,从而形成一个统一的空间。

如果地铁与相邻商业项目无法同步施工建设,地块的开发往往需要大幅度地退让已建轨交线路,按照一般规律,至少要退让 1 倍坑深,这也使得地块的开发受到很大的限制。为了避免出现这类问题,可以考虑采用结构预留的方式,结构预留可以根据地铁先建或后建情况,采用地铁代建或开发企业代建。上海南京西路 42 号地块开发采用了地铁代建方式,在该案例中,为了保证项目未来与地铁的无缝衔接,在地铁两跨范围内做先期结构代建。而上海龙阳路地铁站则采用了企业代建方式,近期建设为地下停车库,远期可做机场线设施。

5.3.7　消防与防灾

地铁及地铁上盖地下商业街与周边建筑连接时,应考虑消防缓冲设计。一般有两种缓冲形式:一种是设置下沉式广场;另一种是设置缓冲空间,如设置连接通道(至少一个柱跨),且该缓冲空间需要有直接对外疏散的楼梯及自动扶梯,连接通道两侧应有防火分隔设施。日本对地下空间的开发较早,积累了很多消防与防灾方面的经验,这些经验都值得我们借鉴。如日本的规范标准《关于地下街相关的基本方针》中就提到,地下商业街与地铁站应用防火卷帘门进行双重分隔,当发生火灾等紧急情况时相互间可以隔开。另外,当疏散楼梯设置在建筑内时,还应注意以下几个设计细节:①疏散楼梯边上应设置自动扶梯;②疏散楼梯宽度至少 2 m,且楼梯总宽度应不小于通道宽度,如有困难时,可以计入扶梯宽度;③地下空间与建筑物两侧均应设置防火门;④楼梯的地上部分不应设门,应以开敞形式与外面连接;⑤不得在楼梯中间与建筑物地下一层进行连接。

另外,此规范中还提出以下几点值得参考的做法。

（1）建议在地下公共人行通道的端部和步行距离不超过 50 m 的位置，设置与其他部分隔离的防烟分区。这个防烟分区是有利于防灾的广场，称为"安全分区"，要求既使用机械排烟，也要用防火卷帘进行分隔。因此在地下街的平面布局上，建议每隔 100 m 设置一个节点空间，这个节点空间可以同时兼做安全场所，该安全场所设置疏散楼梯直通地面。

（2）地下公共人行通道不设置防火分区（主要是为了确保火灾时疏散通道的畅通），而在店铺的规定上，每 200 m² 划分为一个防火分区，店铺之间用防火墙隔开，公共地下人行道采用防火防烟卷帘门隔开。另外，面向广场节点的店铺开口处，采用带防烟薄板的防火卷帘门＋内设金属丝网的玻璃屏（防火玻璃）。

（3）对于火灾隐患较大，涉及用火的店铺（如餐饮等），一方面要限定其数量，另一方面也要将其集中布置在与其他商铺隔开的防火分区（或防烟分区）内。

在地下空间中也可采用天窗、光导管等设施将自然光线引入地下，以提高舒适性和防灾性能。如大阪市江坂车站站前公园就在地下一层自行车库的天花板及墙壁上，设置了许多天窗及通顶空间，使地下空间更为明亮，同时这些天窗及通顶空间也成为公园设计的有机组成部分。

5.3.8　业态策划

TOD 商业中与地铁紧邻的地下商业部分，其业态规划一般分为两种情况，一种是位于大型商业或购物中心下方，与地上商业为同一权属关系。这种情况下的地下商业一方面可利用地铁人流导入的便利，另一方面又可与地上商业形成业态互补。此类地下商业一般常会布置一些主力业态及与之契合的小型店铺。如广州天河城购物中心在地下一层设置了主力百货吉之岛，上海月星环球港购物中心地下一层设有主力超市 TESCO（乐购）以及数码、餐饮、健身等业态。另一种是独立运营的地下商业街，其业态布局与选择从其自身效益角度出发。以日本主要地下商业街为例，其零售业的比例为 50％～80％。图 5.12 中的三类业态的比例——零售业 67.8％、餐饮业 28.1％、服务业 4.1％，只是面积构成的平均值。另外，从这些地下商业街的营业额平均贡献度（单位面积的营业额）来看，零售业为 1.23，餐饮业为 0.53，服务业为 0.56（见表 5.8）。因此，新建地下商业中的业态结构比例，也大致可以按照零售业占比 60％～65％、餐饮业 25％～30％、服务业 5％～10％来确定。

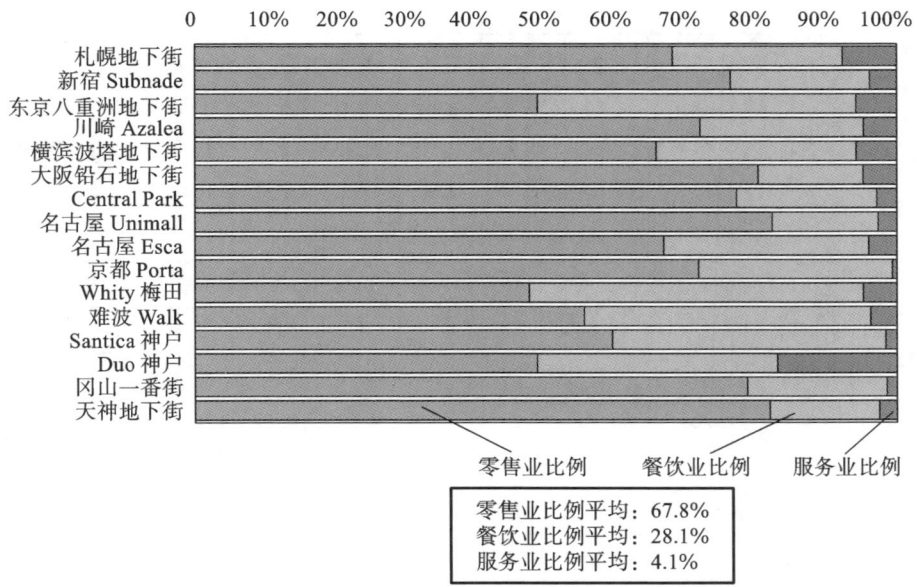

图 5.12　日本主要地下商业街业态比例示意

表 5.8　日本主要地下商业街业态面积比例与贡献度

地下街名称	零售业销售额比例/(%)	零售业用地面积比例/(%)	零售业贡献度	餐饮业销售额比例/(%)	餐饮业用地面积比例/(%)	餐饮业贡献度	服务业销售额比例/(%)	服务业用地面积比例/(%)	服务业贡献度
札幌地下街	86.9	67.8	1.28	8.6	23	0.37	4.5	9.2	0.5
新宿 Subnade	90	75	1.2	10	21.1	0.47	含商品销售额	3.9	—
东京八重洲地下街	75	49.4	1.52	21.8	44.5	0.49	3.2	6.1	0.5
川崎 Azalea	84.5	70.4	1.2	13.1	25.2	0.52	2.4	4.4	0.5
横滨波塔地下街	80.7	65.9	1.22	16.7	28.4	0.59	2.5	5.8	0.4
大阪钻石地下街	91.3	80.1	1.14	6.6	15.6	0.42	2.1	4.3	0.5
Centra Park	89.9	76.8	1.17	8.3	19.9	0.42	1.7	3.2	0.5
名古屋 Unimall	92.4	81.5	1.13	7.2	17.7	0.42	0.4	0.8	0.5

续表

地下街名称	零售业销售额比例/(%)	零售业用地面积比例/(%)	零售业贡献度	餐饮业销售额比例/(%)	餐饮业用地面积比例/(%)	餐饮业贡献度	服务业销售额比例/(%)	服务业用地面积比例/(%)	服务业贡献度
京都 Porta	86.1	72.6	1.19	13.8	27.3	0.51	0.1	0.1	—
Whity 梅田	63.7	48.9	1.3	33.7	47	0.72	2.6	4.1	0.6
难波 Walk	72.1	57	1.26	25.7	39.8	0.65	2.2	3.2	0.7
Santica 神户	73.7	61.4	1.2	26	38.1	0.68	0.3	0.4	0.8
Duc 神户	69.7	50	1.39	21.2	33	0.64	9.1	16.5	0.6
冈山一番街	91.9	80	1.15	7.9	19.6	0.4	0.2	0.4	0.5
天神地下街	89.3	83	1.08	9.9	15.7	0.63	0.8	1.2	0.7
地下街平均	—	—	1.23	—	—	0.53	—	—	0.56

此外,从日本案例中可以看到,当商业有效面积(出租面积)增大时,零售业比例呈现降低趋势。如当商业出租面积达到 20000 m²,零售业态比例就降低到 40%～45%(见图 5.13)。相比之下,国内运营尚可的地下街,零售业态比例基本控制在 30% 以内,有些甚至更低。如上海五角场太平洋森活天地,其餐饮业态比例就相当高。

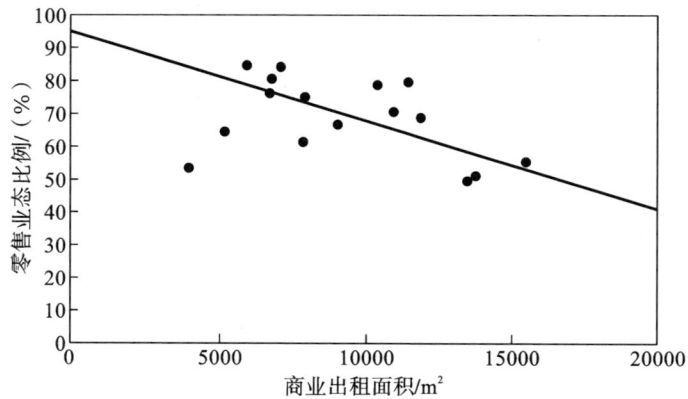

图 5.13　日本主要地下商业街零售业态比例与商业出租面积大小的关系

日本在地下商业街业态规划时提出如下几条思路。

①设置能满足当地居民要求的商业。

②具有其他商业街所没有的特色商业。

③汇集具有承担租金能力的商铺租户。

④考虑邻近商业内容的业种及业态结构。

⑤周围设置具有社会影响力的设施结构。

此外，餐饮店结合防火分区的划分宜集中布局，由于其设备投资比零售店大，而且不易改变规格，因此在布置规划时也应慎重对待。

5.3.9　空间权联合开发的设计思路

对于空间权联合开发的 TOD 商业项目，在规划设计中应遵循较为明晰的思路。该思路可以总结为以下几点。

1. 确定 TOD 开发模式

首先要明确项目是属于地上有商业项目还是无商业项目，同时还要确定与地铁等交通设施在空间组合上是属于竖向叠加式、半融合式还是全融合式。不同的开发模式，其动线布局、业态规划、消防及结构措施都会有所不同，面临的挑战也可能会不同。

2. 八大空间规划要素

空间规划要素包括以下八个方面。

（1）标高关系。

如 TOD 商业的关键层标高与地铁站厅层的站台层标高关系是否可实现平层无缝衔接，均须在规划阶段予以充分考虑。

（2）接口。

对公共交通枢纽与商业体之间接口设置的合理性和有效性须做充分研究。

（3）商业动线规划。

商业动线规划应确定商业动线的走向、主通道宽度等（具体计算方式见5.3.3节）。

（4）结构技术措施。

根据 TOD 商业与交通设施结合的位置关系及施工先后情况确定相应的结构方案，一般要提前做好结构预留的准备。

（5）消防规划。

研究 TOD 商业的防火分区设置、疏散出入口、疏散路径设计,灵活采用消防缓冲空间、下沉式广场、避难走道等布局来优化消防设计。

（6）业态规划。

根据项目特点、规模大小进行业态构成及比例的规划,并要考虑今后的运营、管理因素。

（7）配套系统规划。

配套系统包括货运系统、停车配套设施等。如货运系统,货物从装卸区至各商铺的水平移动距离最大为 200 m 左右,同时根据业态需求做好货梯布局、垃圾收集设施布局等。

（8）附属设施等细节设计。

地铁风亭、冷却塔等出地面的附属设施应在前期做好规划,以尽量减少对商业布局及城市风貌的影响。

5.4　区域联合开发

5.4.1　选址范围

关于 TOD 的开发范围,有一种说法是其在尺度上有一定的要求。我们来看一个与之相近的词"TID"。TOD 和 TID 的具体理念已在本书 1.2.2 节和1.2.4节分别进行了阐述。可知,TID 更关注"核心中的核心"的综合开发,一般是指围绕公共交通站的少数或一个地块开发,更类似于项目的运作。如果用开发范围来区别 TOD 和 TID 的话,真正的 TOD 往往指城市片区的一级开发,开发的范围为 $50 \sim 200$ hm²;TID 则指若干地块的二级开发,开发的范围为 $10 \sim 15$ hm²。

TOD 开发实例如英国伦敦的国王十字站及其周边开发,是全伦敦最大的TOD 项目,其中总计 50 栋新建大楼、20 座历史建筑、1900 户住宅、20 余条步行街、10 座公园,新开发的公共空间面积达 10 万平方米,从 2008 年开发计划开始,历时 12 年以上才完成。又如日本东京丸之内地区开发,总用地面积约12000 km²。

TID 开发实例如中国香港九龙站开发,占地面积 13.54 hm²,总建筑面积约109 万平方米,其是以西铁线九龙站为核心,半径 200 m 范围内的集中开发,开

发范围为 16 座住宅大厦，2 座混合用途（酒店、服务式公寓、住宅）大厦，1 个约 82750 m² 的购物中心，还有幼儿园、5400 个停车位等。其在半径 200～500 m 范围内则规划了住宅和休憩空间，此范围内的建筑通过人行天桥与核心区相连。又如中国香港青衣站的综合开发，也是在青衣站周边 200 m 范围内进行了高密度开发，包括上盖建筑购物中心青衣城（46170 m²）和住宅区盈翠半岛等，占地面积约 5.4 hm²。

据研究，TOD 开发区域内物业的价值与其和交通站点的距离有密切关系。商业物业离公共交通枢纽 200 m 之内时，可增值达 26.7%；办公物业的价值在距离公共交通枢纽 500 m 范围内时也是较高的，在 600 m 以外时就不高了。基于以上研究结果，建议将距交通节点 200 m 范围内的区域作为 TOD 核心腹地，布局以商业为主的公共功能；200～500 m 范围的区域开发办公、公寓等综合服务设施，500～800 m 范围的区域建议进行以住宅为主的复合开发，这两片区域也可称为"直接腹地"；800～3000 m 范围的区域需要借助公共汽车等其他交通工具方能到达，可称为"间接腹地"（见图 5.14）。

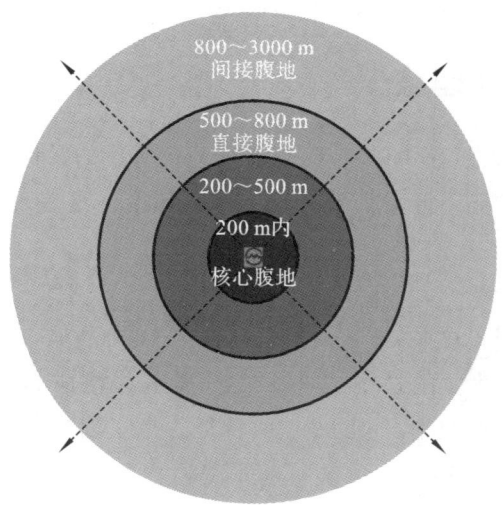

图 5.14　TOD 开发区域内物业价值与距公共交通枢纽距离的关系

除了上述业态布局有显著差异，开发密度即容积率也应有梯级变化。以中国香港为例，其在核心区的商业开发容积率均在 10 以上。中国香港《建筑物（规划）规例》提出，在地铁车站附近每新增 92.9 m² 的楼地板面积，将额外每天产生 60 个乘次的客流量，容积率的提高也会带来公共交通客流量的增大，以及物业价值的提升。

另外,一般来说,以普通人 5 min 的平均行走距离 300~400 m、10 min 的平均行走距离 600~800 m 为计算基础,在 TOD 城市开发中应做好这两个尺度的深入研究。

当然,公共交通节点的不同能级也会影响到前期的研究范围。我们将公共交通节点大致分为以下三种类型。

(1) 超区域级:地铁+高铁综合枢纽站。

该能级的交通枢纽由于辐射范围较广,交通能级大,在规划时还会考虑到周边产业的导入,因此其研究范围是最广的。除研究核心腹地外,还需考虑直接腹地甚至是间接腹地。

(2) 区域级:地铁换乘站。

多条地铁线交会使其交通能级也较大,在规划时应至少考虑核心腹地及直接腹地。

(3) 地区级:地铁一般站。

该能级的交通枢纽一般指单一的地铁线路站点,其辐射范围有限,在研究时宜考虑以核心腹地为主,同时兼顾直接腹地。

5.4.2　设计理念

在区域联合开发过程中,还应注意贯彻几个重要的设计理念,而这些设计理念的贯彻与落地,均离不开对商业布局的深入研究。这些理念概括起来体现在以下三个方面。

(1) 一体化。

过去,公共交通设施(如地铁、轻轨、高铁)常常割裂城市,大大削弱了城市的活力。而带有商业性质的地下或空中人行通道往往成为"缝合"城市空间的"线",流动性和连续性成为 TOD 城市的特征。也正因为如此,完善的步行系统和步行网络成为 TOD 城市与传统机动车交通导向的城市的最大区别,而商业就是各个区块之间的"黏合剂"。

(2) 人性化。

当步行网络、公共开敞空间成为主导元素后,非机动车网络也变得密集起来。城市街区变得更为开放,城市空间的人性化特点更为突出。其中,商业街区的开放性及其与城市公共空间的融合成为明显特征。当商业占据建筑的首层时,基地内的私人空间开放给公众,并与城市人行道相互连接,步行网络的形成变为可能。以日本东京丸之内地区 TOD 开发为例,街区内部形成了大量"中间

领域"，该"中间领域"成了步行网络的一部分。而且不光是地面，各大厦的地下通路也连成了步行网络。

（3）多样化。

TOD 城市的另一大特点在于其功能的多样化，这使得城市具有丰富性与活力。在多样化功能中，商业功能的多种业态带来的丰富性是最不容忽视的。正如日本东京丸之内的规划中提到，以丸之内仲通街（中街）为中心设置的店铺、咖啡厅和餐厅，提高了街区的回游性，人们徒步就可以感受愉悦。

5.4.3　角色组成

大范围的区域联合开发离不开两个主要角色：政府部门及开发商。在我国，政府部门对于促成区域型 TOD 项目具有决定性作用。无论是土地资源的获取，还是城市设计导则的确立，以及一些创新性工作方式（如联审审批制度）的建立等，都需要由政府相关部门牵头或组织推进。当然，每个大型的区域联合开发 TOD 项目也都是由一个个小的 TOD 地块构成的，因此开发商的选择也很重要，好的开发商与政府合作，可以降低项目的风险，并增加项目的可行性。选择开发商如果不够谨慎，就会导致项目出现较大偏差。选择开发商的标准是，其应为一个开发者，而非投机者。投机者的真正目的是闲置土地，并将其转手卖给其他开发者赚取差价。这必然造成开发的延误，尤其是当轨道交通的建设日程较为紧迫的时候。

当然，在合作中，政府部门和开发商都应承担一定的风险，这样才能在联合开发中实现公共利益和目标。而且由于参与者往往想尽量减少对公共设施长期经营及维护方面的付出，因此在联合开发中专业负责未来商业部分经营的主体应该从一开始就确定下来。与此同时，公共和私人参与者的责任划分也需要在项目之初确定。

5.4.4　因地制宜的开发模式

不同的 TOD 区域应具有不同的特色，在规划时应避免"千城一面"。笔者认为，可以从区域的潜质出发来发掘特色，这里提出三种开发模式以供参考。这三种模式分别为田园都市模式、城市更新模式和中央商务区（central business district，CBD）模式。必须注意的是，任何一种模式都是因地制宜的产物，不可随意套用。

1. 田园都市模式

田园都市模式一般用于郊区 TOD 项目的开发。这种模式又可细分为两种布局,分别为"车站＋商业"布局和"车站＋公园＋商业"布局。

（1）"车站＋商业"布局。

"车站＋商业"布局最典型的案例为日本的多摩站周边区域开发。多摩站周边区域又叫"多摩新镇",是承接东京人口外溢而形成的卫星新城。其核心区是依托多摩站而开发的 TOD 商业。它既有目的型商业（如 Hello Kitty 主题乐园、影城等）,也有配套商业,且均紧靠车站周边设置。其中在站体两侧就设有多摩商业街、Ito Yakado 美式超市及 Forest 购物中心,再加上站内商业构成了一个非常丰富多元的商业环境。由于该区域定位为宜居的 TOD 新城及绿色低密度住宅区,因此"车站＋商业"的布局方式非常适合这种 TOD 新城。同时在车站商业中还整合了公交换乘枢纽,使其进一步成为区域的交通中心。

与车站结合紧密的业态均为满足日常生活所需的社区型商业业态。值得一提的是,离车站不远处还有一个 Hello Kitty 主题乐园,其融餐饮、购物、演艺、游乐于一体,吸引了一批来自东京市中心的目的性消费人群,同时也大大增加了多摩站周边区域的客流,提升了区域人气,连 Hello Kitty 主题乐园周边住宅的价值也得到了提升。

（2）"车站＋公园＋商业"布局。

日本东急南町田站区域综合开发是典型的"车站＋公园＋商业"布局案例。该区域的开发以南町田站为依托,将鹤间公园与站前商业区进行一体化开发,形成一个中心。具体做法是在公园与商业中心之间形成一个完整的回游动线。不仅如此,该项目还在车站与商业中心附近建设了都市型住宅,在公园南侧又设置了社区居民喜爱的体育设施用地。

2. 城市更新模式

城市更新模式中比较典型的例子有大阪梅田站及其周边的复合开发。大阪梅田商圈是日本关西地区最早也是最大体量的一个 TOD 商圈,它包括了 7 个轨道交通站点及数十个大小不一的购物中心。梅田站周边的复合开发是一个循序渐进的开发过程,随着交通立体化程度越来越高,商业开发也日趋丰富。其中最有特色的是与商业相伴的多层次步行系统,从空中直到地下二层,把阪急百货、阪神百货、希尔顿广场、综合商住发展计划（grand front osaka,GFO）综合体、友

都八喜(梅田店)及多个地下街连接在一起,形成了一个四通八达的地铁及商业网络。

3. CBD 模式

一般在城市高密度区域会采用"车站＋复合街区"模式,即 CBD 模式。这种模式的代表案例有东京丸之内、品川、涩谷等 TOD 项目。以涩谷站为例,其地下空间开发充分,地上也是高密度开发。该项目在区域规划中非常注重地下空间、轨道线与周边建筑的垂直空间关系,使得地上、地下形成良好的一体化开发。CBD 模式注重以下两点。

(1) 设置多处垂直交通核。

如涩谷站周边设有 7 处垂直交通核,分别通往涩谷标志大厦、涩谷樱丘大厦、涩谷未来之光等建筑。

(2) 设置通风井。

涩谷站形成了完善的地下自然通风体系,包括自然换气开口、换气结构及排烟设备。如涩谷站与涩谷未来之光之间的自然换气开口的面积为 $250\ m^2$。这个数据是根据建筑基准法中自然换气基准公式,即换气开口面积(下沉式广场)应为建筑面积的 1/20 计算得出的,并考虑了出站层的机械排烟系统。

从涩谷站 TOD 区域开发来看,其设计结合了涩谷区域"创新·时尚·娱乐城"的最初定位,因此之后的一切开发均以打造科技、时尚、新文化的平台为目标。这种定位与东京丸之内、品川的定位都是不同的。丸之内定位为世界级的金融和高档商业区,而品川站的定位为城市高档商务区。可见,在日本,各个TOD 项目的定位并不完全相同,而是充分考虑了地域特色。

国内目前在 TOD 片区开发中采用较多的模式是 CBD 模式。大量的新城以CBD 高密度开发为名义被快速打造出来,但在这股热潮下又产生了一大批雷同、千篇一律的所谓 TOD 片区开发项目。当 TOD 开发缺乏辨识度及个性时,它们又沦为了一个盲目开发的噱头。

5.4.5　规模设计

商业开发最有价值的区域应集中在站点周边。商业规模设计并不是越大越好,而是需考虑以下两个原则。

1. 理性原则

具体来说,理性原则意味着商业规模在最初就应进行合理规划。商业规模的合理性体现在其与TOD站点能级与类型的匹配上。美国非营利性组织重新连接美国在其《站区规划:如何做TOD社区》的报告中就提出美国TOD社区的分类标准及要素,将TOD站点分为中心型、区域型、走廊型三大类,每一类TOD社区的容积率、总居住单元数量、工作岗位数量等都是不同的。

参照该标准,我国TOD社区分类及规模建议见表5.9。

表 5.9 我国 TOD 社区分类及规模建议

项　　目	成熟市中心 TOD	区域中心/ 新城中心 TOD	城市邻里/ 郊区中心 TOD
容积率	≥5	≥3	≥2
总居住单元数量/万个	2~3	1~2	0.5~1
工作岗位数量/万个	10~15	1~5	0.5~3
商业规模/万平方米	≥30	10~30	5~10

注:①TOD中心指的是单一站点;②TOD社区范围为以站点为中心,步行5 min(400 m)的范围。

2. 弹性原则

对于商业开发规模的设定,可以在理性规划的基础上留出未来发展的弹性空间,但这个空间也不是无限扩大的,必须控制一个上限。可以用案例比较法和需求调研法来测算得出合适的商业开发规模。

(1)案例比较法。

案例比较法是一种基于类似项目的经验值而得出商业合理开发规模的方法。具体来说,案例比较法有以下两个主要工作步骤。

①步骤一:推算地上商业规模。

这一阶段主要采用控规(即控制性详细规划)匡算法。控规匡算法就是根据现有区域控规中规定的商业面积和办公面积总和,结合不同区域(如城市商务中心或商业中心)的商业面积和办公面积比例经验值,做初步匡算,以得出大概的商业总面积。

商业比例一般根据与轨道交通站的距离而有所变化。如在轨道交通上盖周边,宜适当放大商业比例,在区域主干道沿线则宜适当缩减商业比例,而在非以

上两区域的其他地区可缩小商业比例。以某 CBD 核心区的商业规划为例,其核心区 2.3 km² 内商业面积和办公面积总和约 535 万平方米,其中商业面积和办公面积的平均比例为 17∶83,而在 83% 的比例中除办公面积外,还有 3~4 家酒店。另外项目在两轨道交通站上盖区商业面积和办公面积的比例为 3∶7,在区域主干道沿线商业面积和办公面积的比例为 2∶8,其他地区商业面积和办公面积的比例为 1∶9。大型购物中心大多位于地铁站附近,沿主干道布局。

再来看一下其他著名 CBD 的商业面积和办公面积的比例。日本东京新宿 CBD 办公面积约 43%。中国天津于家堡 CBD,办公面积与商业面积分别占 55% 和 15%。在商业、商务核心区中,商业面积和办公面积的比例大多为 1∶(1~5),有时甚至达到 1∶6。具体情况可能需要结合区域定位等再做详细分析。

②步骤二:推算地下商业规模。

地下商业规模是根据地上业态特点及规模推算取得的。若地上业态为商业,则其地下空间商业比例也较高。以日本东京新宿 CBD 为例,其商业地块地上与地下商业面积比例约为 7∶1(见表 5.10)。若地上业态为办公,则地下空间商业体量就会小很多。同样以日本东京新宿 CBD 为例,其办公地块地上办公面积与地下商业面积比例约为 49∶1(均指建筑面积,即 gross floor area,简称 GFA),如表 5.11 所示。

经统计,在国内外著名 CBD 案例中,地下商业占地下及地上商业总量的比例约为 18%。根据不同地块的位置特点及地上业态情况还可略做调整,如轨道交通站点上盖可以上浮至 21.6%;若地上为商业空间,可上浮至 19.8%;若地上为办公空间,建议下调至 14.4%。

还有一种方法是地下空间开发面积的商业占比推算法,可作为对以上推算法的补充。这种方法是根据地下空间的规划面积推算商业面积,当然,前提是地下空间面积规划要恰当。国际上一些成熟 CBD 的地下空间除具有商业功能外,往往还有市政、交通、公共服务功能(见表 5.12)。一般商业建筑面积占比不超过 50%。商铺面积(即营业面积)占商业建筑面积的 50% 左右,即商业得房率约为 50%。以日本为例,日本地下纯商业面积一般占整体地下商业面积的 49% 左右(见表 5.13)。

(2)需求调研法。

需求调研法是指通过对该区域的目标客群的需求、偏好等进行调研,来确定该区域商业业态和办公业态的需求总量,同时便于为项目确定商业定位。

表5.10 地上业态为商业时,地下商业建筑面积

地上业态	序号	项目名称	地上商业 GFA/m²	是否有地下商业	地下商业 GFA/m²	是否连通地下连廊
商业	1	小田急百货店	43636	是	5454	是
	2	小田急 Hulk	7318	是	1995	是
	3	伊势丹总店	64296	是	13100	是
	4	丸井新宿店	34400	是	2600	是
	5	三越新宿·BICQLO	22000	是	6000	是
	6	京王百货店	41294	是	8258	是
	7	新宿 Lumine 1	25000	是	5000	是
	8	新宿 Lumine 2	20550	否	—	否
	9	Lumine Est	53300	是	10660	是
	10	NEWoMan	7600	否	—	否
	11	新宿 Flags	9799	否	—	否
	12	高岛屋	53946	是	4495	是
	13	总计	383139	—	57562	—

注:商业地块地下空间商业比例相对较高,地上商业面积与地下商业面积比例约为7∶1。

表5.11 地上业态为办公时,地下商业建筑面积

地上业态	序号	项目名称	楼层数	地上办公 GFA/m²	是否有地下商业	地下商业 GFA/m²	是否连通地下连廊
办公	1	千驮谷	16 F/B2 F	42998.35	否(1—2 F)	—	否
	2	JR 新宿 Miraina Tower	32 F/B2 F	110858.28	否(1—4 F)	—	是
	3	JR 南新宿大楼	18 F/B4 F	58028.99	否(1—2 F)	—	否
	4	小田急 Southern Tower	35 F/B3 F	79560.99	否(1—4 F)	—	否
	5	新宿 Maynds Tower	34 F/B3 F	102694.77	是(B1 F)	2800	是
	6	新宿 L Tower	31 F/B5 F	86042.21	是(B3 F)	7200	是
	7	Front Place 南新宿大楼	8 F/B1 F	5918.97	否(1 F)	—	否
	8	总计	—	486102.56	—	10000	—

注:办公地块地下空间商业体量比较有限,地上办公建筑面积与地下商业建筑面积之比约为49∶1。

表 5.12　国际 CBD 地下空间的规模及主要功能

项目	新宿	金丝雀码头	拉德芳斯	曼哈顿	中环
所属地区	日本东京	英国伦敦	法国巴黎	美国纽约	中国香港
总占地面积/万平方米	230	336	750	2600	488
地下空间面积/万平方米	20	8	67	50	15
地下空间功能　交通	√	√	√	√	√
地下空间功能　商业	√	√	√	√	√
地下空间功能　市政	√	—	√	√	√
地下空间功能　公共服务	—	√	—	√	—

表 5.13　日本地下商业空间面积配比

地下商业名称		合计	营业商铺（商场）	休息	交通		辅助
					水平	垂直	
东京八重洲地下商业	面积/m²	35584	18352	1145	11029	1732	3326
	占比/(%)	100	52	3	31	5	9
大阪虹之町地下商业（一期）	面积/m²	29480	14160	1368	8840	1008	4104
	占比/(%)	100	48	5	30	3	14
名古屋中央公园地下商业	面积/m²	20376	9308	256	8272	1260	1280
	占比/(%)	100	46	1	41	6	6
东京歌舞伎町地下商业	面积/m²	15727	6884	0	4104	504	4235
	占比/(%)	100	44	0	26	3	27
横滨波塔地下商业	面积/m²	19216	10303	140	6485	480	1808
	占比/(%)	100	54	1	34	2	9
占比平均值/(%)		100	49	2	32	4	13

①调研范围。

调研范围一般包括两方面：一方面是项目核心范围，即项目周边 3 km 范围内；另一方面为更广域（如城市范围内）的消费者、商家等。

②目标客群。

根据项目所处的区位及功能定位来确定目标客群。一般来说，一个 CBD 区域开发项目的两大主力客群为商务客群和居住客群。消费业态的选择与主力客群的出行方式有密切联系。一般商务客群是地铁出行的主力，同时也是地下商

业消费的主力。不同类型客群对不同业态的消费频率也不一样,均应进行详细调查。另外,根据年龄、职业状况、家庭构成等对目标客群进行细分也十分必要。如商务客群可细分为商务金领、企业业主(35 岁以上,属于企业高级管理层或私企老板)、中高级白领(25～35 岁,企业中间管理层)、职场新人(25 岁以下的企业白领)等。居住客群可以细分为家庭客群(30 岁以上,三口或四口之家)、单身人士(20～30 岁),以及情侣、新婚夫妇(25～35 岁,未婚或已婚未育人群)等。

③消费需求规模预测。

根据不同目标客群对消费需求(即商业面积需求)规模进行预测。如居住客群,根据辐射区域的原始人口基数来测算消费人口基数,具体计算公式见式(5.6)。

$$消费人口基数 = 原始人口基数 \times 区域辐射度 \times 意向度 \qquad (5.6)$$

一般 3 km 核心范围内的区域辐射度较高,可能为 60%～90%。而 3～10 km(即周边社区)的区域辐射度就会大大降低,根据交通的便利性和商业业态的差异化估算,可能为 10%～40%。10～30 km(城区内)的区域辐射度还会进一步降低,可能低至 10% 及以下。这个数值范围与项目本身的规模、业态特点、交通便利性等因素均有较大关系。

而对于商务客群来说,根据区域内行业结构对就业人口数量进行初步判定(也可以较为粗略地按 10～15 m²/人来估计),得到未来该区域内导入的商务人口数,应扣除其中一部分在本项目区域内置业的商务人口,得到原始的商务人口数,再根据与前面相似的消费人口基数计算公式得出有效的办公人口基数。

根据办公人口基数中不同细分客群在不同消费业态上的消费比重,预估其月均消费额(此方法对于评估居住客群与商务客群一致);再根据当地商业坪效求得商业需求面积,一般不同业态的商业坪效也是不同的,如零售、餐饮、休闲娱乐、生活服务的商业坪效比例一般为 10∶7∶5∶4,具体比例根据当地市场调研确定;将办公、居住等各类人口的商业需求面积相加得到商业规模总需求量。

在商业规模测算中,第一种案例比较法属于基于经验的判断,因此适宜在项目前期阶段做初步测算用,第二种需求调研法适合于后期的精细测算。

上述提到的商务客群及居住客群为项目区域内外的"常驻"客群,除此之外,还有地铁或交通枢纽站体带来的旅游客流或不同交通工具之间换乘的出站客流,这部分客流如果能最大化地转换为商业客流,则会大大提升商业价值。

提高商业客流转换率可以从以下三个方面入手。

a. 商业动线规划与客流的自然流向相结合。如商业动线是连接不同交通

工具的换乘通道,或是旅游客流向旅游目的地的必经之路。

b. 业态构成应符合此类人群的出行需要。可以重点考虑三种业态类型:日常必需品,包括餐饮、个人护理品、美妆用品等;创意品,包括富有特色的零售商品等;旅游品,包括旅游咨询、旅游纪念品商店、本地特色商品店等。

c. 延长运营时间。对于地下商业等商业空间也可以考虑结合地铁的运营时间特点,提供 24 h 商业服务,从而争取更多的顾客。一个地铁站单日客流量扣除日常通勤人流,剩下的为旅游换乘或其他目的客流,如果能有 20%~50% 的客流转换率,将带来不少额外的商业收益。

5.4.6　权属分析

在区域联合开发 TOD 项目中,土地权属关系是较为复杂的问题。这种复杂性体现在两个维度上:一个是水平向维度;一个是垂直向维度。

就水平向维度来说,在区域联合开发中,为实现一体化设计及连续步行系统,常会有跨地块的空中连廊、地下空间或几个地块共同围合的城市公共绿地、广场等,而这些建筑设施或空间往往是在用地红线外,但日常为各个地块所共同使用的。还有一些空间,如下沉式广场常位于地块红线内,但 24 h 开放为城市使用。

在垂直向维度上,TOD 开发常常会叠合多种功能业态,有些具有城市公共属性,如交通站体;也有一些具有私人属性,如商业、办公等。这对于传统垂直切分土地确权的方式来说是个巨大的挑战。为保证城市公共空间的连接性,在权属模式、开发模式、管理模式上都要有所创新。笔者就以上问题提出以下建议,供读者参考。

1. 空间分层确权

传统的土地权属划分方式为以用地红线为界进行垂直划分,这种土地平面确权方式在打造一体化的 TOD 综合枢纽地块时就成了障碍。由于交通站体上盖建筑及区域共享地下空间等均是相互交织或上下叠合融为一体的,这种以红线为界的土地划分方式导致各地块或不同属性功能(私有或公共)的连接、重叠成为难题。因此,如果可以创新突破,如采用空间分层甚至分轴划分用地性质,分别办理土地划拨和出让手续,往往会比较有利于这种综合性的 TOD 项目开发。以重庆沙坪坝铁路综合枢纽项目为例,该项目是通过立体布局,把多种交通方式进行无缝衔接,以打造集商业、生活、城市综合交通于一体的城市综合体,由

重庆城市交通开发投资(集团)有限公司与龙湖集团共同合作开发,在土地资源利用上采用了上面提到的空间分层分轴的确权方式,从而实现了铁路方、重庆市政府、龙湖集团的多方共赢局面。

2. 三级开发模式

在区域联合 TOD 开发中,开发模式的创新也很重要。这里提出三级开发模式,以应对 TOD 片区中不同使用属性地块的开发。

(1)一级。

用以实现区域整合的人行主干系统,包括地上、地下的连续步行系统,如连廊、地下空间等,此类建设项目应由政府主导开发。

(2)二级。

交通接驳发展用地,如地铁上盖项目、超级枢纽综合体项目,最好是通过政策诱导,由政府和发展商来共同开发。因为此类项目涉及与轨道交通开发有关的一系列市政问题,由政府与民间合作较易产生好的效果。

(3)三级。

节点活动项目,包括地铁侧盖及 TOD 区域内的其他地块开发,应采用政策诱导、价值引导及开发商自建的方式。

由此可见,三级开发模式既可保证城市公共空间开发的连续性和完整性,又可保证各功能地块的活力和开发效益。

3. 相关政策引导

除了上述的土地权属划分方式和开发模式上的创新外,还需要相关政策的引导。如日本为了实现地铁车站与周边土地一体化,颁布了《都市圈住宅用地开发和铁路建设一体化推进特别措施法》(简称《宅铁法》)、《都市再开发法》等法规。其中《宅铁法》中就有一些有利于一体化开发的诱导性政策。如为了满足铁路及综合开发用地的需要,由铁路公司或第三部门先行购买开发区域内的土地;将先行购买的零散土地和规划铁路交通站点区域内的土地进行集约交换,以增加铁路及其上盖设施开发的可能性。此外,《宅铁法》还有容积率奖励与转移政策等。

5.4.7 业态策划

TOD 区域联合开发中的商业布局一般与距离站点的远近有关。如在地铁

500 m 范围内,人流量大,比较适宜布置大型商业设施,因此大型集中商业建议布置在地铁站点周边。以日本东京新宿 CBD 为例,其在新宿站旁布局了集中商业区。500 m 范围内有 10 家大中型商业,而 500~800 m 内仅有 3 家。

在业态策划上,TOD 区域商业业态也是多元化的。以英国伦敦金丝雀码头为例,其配套的商业设施极其丰富,包括高档服装零售、餐厅、酒吧、超市、健康中心、健身俱乐部等。

TOD 区域联合开发项目中商业业态的类型、规模,也应基于该区域内的客群类型及其需求确定。一般此类区域内既有商务客群,也有居住客群,因此会要求业态比较多元,至少应包括购物类业态(零售店、品牌店、超市等)、餐饮美食类业态(正餐、快餐、美食广场、咖啡厅等)、休闲娱乐类业态(健身中心、美容美发、网吧、酒吧、卡拉 OK 等)、便民服务类业态(食品店、便利店、药店、银行、家政服务等)。当然,不同业态的比例还与细分客群的需求有关,可参照第 5.4.5 节提到的"需求调研法"进行研究确定。

5.4.8 动线规划

TOD 区域联合开发项目的商业动线规划应从区域整体来考虑,首先应充分衔接交通枢纽,增加人流的导入,把人流价值最大化。以日本东京新宿站为例,它是日本最为古老的地铁站之一,经过百余年的扩建,现在拥有了 200 多个地铁出入口,每天接待客流 360 多万人。许多商场都设有直通地铁的出入口。其地铁出入口主要经由地下一层和地上二层到达,在地下一层不同地铁线路的换乘往往需要经过地下商业街。地铁设施通过地下商业街的延展,与各个地块连接起来,充分发挥了地铁设施的巨大效益。

在动线规划时要特别注意点、线、面的规划,重点要考虑以下这些要素。

1. 车站核、城市核

在 TOD 区域联合开发中,要特别注意垂直方向上的空间联系。这些垂直联系点就像巨大的地上、地下空间网络的锚点,把交通功能与其他城市功能良好地衔接在一起。它们也叫"城市核"或者是"车站核"。这些垂直联系点不仅是重要的交通节点,也是重要的城市空间节点,它们的作用如下。

①打造城市标志。
②创造活力、交流空间。
③提高识别性。

④提升回游性。

⑤增加舒适性(自然通风等)。

⑥信息传递中心。

这些车站核、城市核常常由以下空间构成:商业中庭、换乘中心,或者是兼有以上两种功能的城市空间。如日本横滨市的皇后广场中庭(见图 5.15),就是一个 8 层通高的车站核。在开设高速铁路港未来线的港未来站时,横滨皇后广场已竣工 7 年。但是,当时为了加强地铁站与地上开发的联系,经地铁与物业方双方协商,将原先规划在基地外侧的车站特意移到横滨皇后广场的基地内,然后在建筑内部设车站核,站台是开放的,从车内一出来便可看见上方的商业空间,同时在商场内也可俯瞰车站。最典型的城市核设计就是涩谷未来之光大楼的边庭,该边庭从地下三层贯通到地上四层,连接涩谷站站厅与地上,并为地下空间引入自然风和阳光,同时商业设施也一直延伸到地下三层。

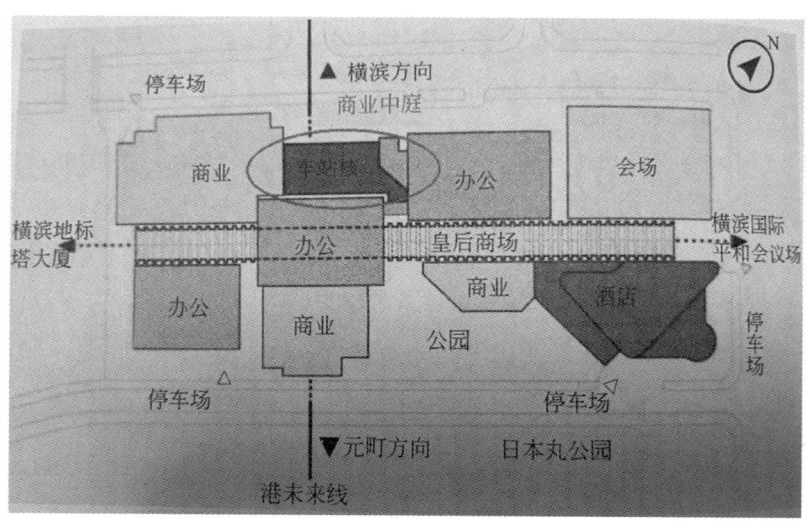

图 5.15　横滨皇后广场的商业中庭兼车站核

对大型的城市片区来说,城市核可以不止一个。如涩谷站周边区域开发中,在由地面、地下、二层平台构成的复合空间网络中引入了多个城市核,以加强车站与城市的联系,同时用以提高换乘效率。这些城市核设计既要注重交通流线的组织,又要注重城市活动的导入,以激发街区活力。因此,在规划设计时引入了开放式展厅、共享或租赁办公空间、表演广场等,使之成为一处处城市创意交互的场所。

2. 城市走廊

如果说城市核是一个个强有力的中心节点,用以将各种交通路线、商业流线集聚交织在一起,那么"城市走廊"就相当于从这些"节点"向外发散的"线",它们是联系车站和城市的水平流线,从而构成了一个有机的步行网络。

城市走廊的常见形式有空中步廊、地下街、城市街道。城市走廊应是集城市功能、舒适体验于一体的线性空间。城市走廊的目的场所应是各种商业或文化设施,因此在流线规划上应注意这些目的场所的设置。

同时,城市走廊也应是舒适和不乏趣味的城市空间。从舒适角度来说,城市走廊应满足遮风避雨的要求,并引入光、风等自然要素,从而在城市高密度环境中创造出舒适的公共空间;从趣味性来讲,城市走廊也可以作为城市活动的场所,可以是画廊、咖啡厅、开放式讲堂等空间。如涩谷马克城中的横跨神宫大道的天桥,作为多条地铁线的重要换乘空间,每天有大量的人经过。为了使这个空间充满趣味性和吸引力,设计师特意在天桥南墙上设计了一幅 5.5 m×30 m 的巨大壁画,并从北侧天窗中巧妙地引入自然光。自然光使壁画的色彩显得更为柔和,从而使得这个平日人们匆匆而过的空间成了一个富有吸引力的场所。

3. 地下街

城市高密度的 TOD 区域常常通过地下街把各个地块串接在一起。地下街从空间形式上来说有线型和面状两种。在城市道路下方适合开发线型地下街,而在公共绿地、广场、道路交叉口下方则适合开发面状地下街。以日本大阪站周边地下街开发为例,大阪站南侧从 1963 年梅田地下中心开发开始,建设了一系列地下街,包括堂岛地下街、大阪钻石地下街等项目。从大阪地下空间的布局来看,堂岛地下街基本属于线型开发,大阪钻石地下街则是面状开发。大阪站周边地区的地下空间通过线、面的有机结合,形成了四通八达的步行网络。

在地下街规划时,还应注意空间的可识别性,以方便人们在地下寻路。以日本东京银座站为例,这是一个整合了三条线路的综合车站。该站体的设计较有特色,体现在三条线路(银座线、丸之内线、日比谷线)的检票厅的平面形状都各不相同。其中银座线的圆形检票厅空间、日比谷线的矩形检票厅空间及丸之内线的三角形检票厅空间都具有较强的辨识性,使得每个车站都各具特色。

5.4.9　TOD 区域联合开发的设计思路

TOD 区域联合开发涉及的规划内容涵盖城市设计、建筑设计、商业规划、交通规划、市政设施规划等多专业,因此需要在前期就厘清设计思路和各专业的内在联系。商业设计又是渗透到地铁线路规划、步行系统规划、交通规划等各个环节的内容,所以需要在深刻领悟商业原理的基础上,用宏观、整体的视野来看待整个规划设计流程。TOD 区域联合开发的一些设计思路如下。

(1)厘清地铁等重要交通线路的情况。

在此类区域开发中,地铁线路往往是多条的,有的甚至还有高铁、轻轨等多种快速交通工具,因此前期须厘清线路布线情况、深度(标高)、建设状态等。这些信息比较复杂,但对后面设计的深入又是极为重要的。比如,如果是已建、在建地铁线路,是否可以设置上盖建筑,周边开发项目退界需求就成为需要重点研究的内容。对于未建的地铁线路,站点选址是否还有调整优化的余地?若线路上方未来要做开发,是否要预留荷载?诸如此类问题均需要进行全面考虑。

(2)确定拟规划的片区范围。

确定片区范围,往往基于两方面:一方面是物理边界,如城市快速路、大型绿地公园;另一方面则是步行 5~10 min 边界,一般离地铁等交通枢纽不超过 1 km 的范围。

(3)确定周边地块功能分区和容积率梯度。

以交通核为中心,周边地块由近及远宜布置商业区、办公区、娱乐文化中心、住宅等,容积率也呈梯度变化。

(4)"城市核"设计。

第 5.4.8 节中已经提到城市核作为重要节点,在城市区域开发结构中具有重要地位。城市核往往承担着多种城市职能,它既是换乘中心,也是商业中心、商务中心、公共活动中心、城市标志。城市核在形式上可以是商业中庭、进出站大厅、公共文化设施的中心空间,甚至可以是公园、绿地等。

(5)城市走廊设计。

第 5.4.8 节中提到的城市走廊主要指步行流线,关键是建构一个连续的回游系统。城市走廊可以是以下几种。

①地面步行街。

②地下步行街。

③开放式商业街区。

④城市共享中庭。

⑤空中平台及人行天桥。

(6)地下街设计。

地下街也属于城市走廊的一种,但作为 TOD 片区开发中的重要一环,在此

要特别强调一下。在地下街规划中应注意整体规模控制,以及与城市核、地上建筑、公共绿地等的衔接,注重地铁站厅的特色设计等。地下街的开发一般有两种模式:一种是公共地块下的主动线与私人地块下的商业次动线结合;另一种是片区地下部分都归属政府开发,全部公共化。

(7)地上、地下车行交通系统设计。

原则是减少或避免过境和快速交通直接导入片区,注意车辆到发规划、路网密度及断面规划、地下环路设计、停车设计及货运服务系统设计等。

(8)市政设施设计。

市政设施设计包括地下市政管廊、集中能源站、垃圾房等的设计。

(9)环境共生设计。

环境共生设计包括两个方面:一方面是对整体景观环境的打造;另一方面是相关生态节能措施的运用。

综上所述,TOD 区域联合开发设计本质上共分为九步。这九个步骤基本上可以实现相对完整的 TOD 片区规划设计结构。

5.5　城市轨道交通商业业态配置

城市轨道交通商业业态的配置是指城市轨道交通集团根据各个站点、站点不同分区及建筑的特点,决定各商业业态的不同分区及其营销策略。城市轨道交通商业业态的配置主要包括业态种类、规模及营销策略的选择与确定。

目前,城市轨道交通商业空间的开发还处于摸索阶段,对于商业业态配置的研究还不成熟。因此,在这个过程中往往存在各种各样的问题,使得城市轨道交通客流无法有效地转化为商业客流,阻碍了城市轨道交通的可持续发展。为了促进城市轨道交通商业的发展,最终实现城市轨道交通的可持续发展,有必要进一步分析城市轨道交通商业业态配置中存在的问题,并找出解决的办法。

5.5.1　城市轨道交通商业业态配置概述

1. 配置原则

(1)满足消费者需求。

满足消费者需求是城市轨道交通商业业态配置的基本原则。消费需求是指

城市轨道交通客流对城市轨道交通商业中的商品或服务等消费品的需求和欲望。受收入、消费偏好、年龄等的影响,不同消费者的消费需求存在差异性;同时,随着人们物质、文化及生活水平的日益提高,消费需求也呈现多样化、多层次的趋势,消费领域不断扩展,消费质量不断提高,因而,不同时期消费者的消费需求也表现出差异性。

因此,在进行商业业态配置时,要充分考虑各个时期消费者的需求,以此确定商业业态的种类及规模。

(2)满足政府需求。

满足政府需求是城市轨道交通商业业态配置的核心原则,主要是指满足城市轨道交通集团的融资需求,为今后城市轨道交通线网建设的进一步发展提供充足的资金。城市轨道交通线网建设的成本高,单纯依靠城市轨道交通票价收入,无法抵消城市轨道交通建设所投入的成本,绝大部分还需依靠城市轨道交通商业所带来的收益,为进一步发展城市轨道交通筹集资金,从而实现城市轨道交通的可持续发展。因此,在进行城市轨道交通商业业态配置时,应结合城市轨道交通集团实际的融资需求,保证城市轨道交通商业的经济效益,为城市轨道交通今后的发展提供资金。

2. 配置手段

(1)商业业态个性化配置。

随着城市综合一体化的发展,城市与城市轨道交通的联系越来越密切,企业之间的竞争也越来越激烈,企业生产逐渐从以产品驱动为主发展到以顾客驱动为主。因此,在进行城市轨道交通商业业态配置时,既要满足商业业态的基本配置,又要实现商业业态的个性化配置。个性化配置是指以城市轨道交通站客流为服务对象,对城市轨道交通站点的客流、交通等各种资源进行收集、整理、分析及分类,结合市场特点及客流特点,制订正确的经营策略,为客流提供个性化的产品和服务。

个性化配置是根据顾客的需求,并结合顾客的结构特征、消费心理行为等进行规划,做到以需定产,体现城市轨道交通商业以人为本的经营理念,有利于建立经营者与顾客之间良好的关系,提高顾客忠诚度,从而提高商业经营水平及核心竞争力。

(2)地面商业与城市轨道交通商业协同发展。

地面商业与城市轨道交通商业协同发展,是指协调地面商业与城市轨道交

通商业的各种资源,包括客流资源、交通资源、商业业态等,保证各种资源的相互协调,以促进地面商业与城市轨道交通商业的可持续发展,实现地面商业与城市轨道交通商业的共赢。地面商业与城市轨道交通商业的协同发展,一方面有利于各种资源互补,充分发挥各自的优势,利用各种经济资源,推动城市轨道交通商业的发展,最终促进城市轨道交通商业取得规模效益;另一方面,有利于优化地面与城市轨道交通的商业业态结构,实现城市轨道交通商业业态的最优配置。

3．配置目标

（1）商业业态的多样性。

城市轨道交通商业业态配置的基本目标是实现城市轨道交通商业业态的多样性。商业业态的多样性是指在进行商业业态配置时,应保证商业业态的种类齐全,包括主力商业业态、必备性商业业态及特色性商业业态,以满足消费者的多样化需求。城市轨道交通具有客流集聚效应,能够为城市轨道交通商业带来巨大的客流,这些客流的消费需求是多种多样的。实现商业业态的多样性,可以为城市轨道交通客流提供多种选择,有利于提高城市轨道交通商业的竞争力,从而提高其销售经营水平。

（2）城市轨道交通的可持续发展。

实现城市轨道交通的可持续发展,是城市轨道交通商业业态合理配置的最终目标。城市轨道交通商业业态的合理配置,有利于实现其利润的最大化,为城市轨道交通集团投资城市轨道交通线网建设提供必要资金,以实现城市轨道交通的可持续发展。

4．主要影响因素

由于城市轨道交通商业的特殊性,其对巨大的客流资源具有市场独占性。为了充分发挥巨大客流的市场独占性,有必要分析消费客流,包括客流结构、消费需求及消费心理,以保证商业业态配置的合理性,引导客流在城市轨道交通商业空间进行消费,为城市轨道交通商业创造更多利润。

（1）客流结构。

不同的客流,其消费偏好也不同,因此,有必要对客流结构进行深入分析,包括年龄、性别等,并对这些客流进行归类。

消费者的年龄层对消费商品的选择有一定的影响。受工作状况、收入、生活习惯等影响,城市轨道交通开通初期,搭载城市轨道交通及在城市轨道交通商业

空间进行消费的人群以 18～35 岁年龄层为主，随着出行习惯的逐步深入，城市轨道交通商业的消费客流呈全龄化特性。18～35 岁消费群体是城市轨道交通商业的消费主体，其消费行为表现出很强的自主性，根据自己的偏好选择商品，追求时尚，同时强调个性化，在购买决策中带有较强的冲动性，容易受到社会、环境等各方面的影响；36～55 岁消费群体收入水平高，主要关注耐穿、耐用、舒适的商品；55 岁以上消费群体的消费习惯、消费兴趣稳定，比较保守，不容易接受新的商品和新的消费风格。

消费者的性别对商品的选择也有一定的影响。男性消费群体在购买商品时，比较注重商品的质量、性能、价格等，其消费类别属于实用型；女性消费群体情感丰富，不仅重视质量、性能和价格，还重视美感，影响其购买决策的因素较多。

（2）消费需求。

随着人们物质文化水平的日益提高，消费需求也呈现出多样化、多层次的趋势，并由低层次向高层次逐步发展，消费商品日益丰富，消费质量也呈现出不断提高的趋势。影响消费需求的主要因素有消费者收入、消费偏好等。

①收入。经济状况决定人们的购买能力，也影响着消费者的选择，最终决定其消费欲望。在其他条件不变的情况下，当收入水平提高时，消费者的购买能力也随之提高，对生活质量的要求也就越高，其消费需求随之增多。在进行商业业态配置时，应研究分析消费者每一阶段的收入和消费水平，根据实际情况，选择商业业态的种类、规模及营销策略，只有这样才能满足不同消费人群的需求，提高企业的收益率。

②消费偏好。由于消费偏好的存在，消费者往往会在潜意识的支配下进行消费。在其他因素不变的情况下，对某种商品或在某种商店消费的偏好程度越高，购买该商品、服务或者在该商店购买商品的需求就越多。受消费偏好的影响，消费者更愿意在地面购买商品。由于消费偏好具有一定的引导作用，经营者可以据此了解城市轨道交通商业空间消费者的消费需求，以适当地调整城市轨道交通商业经营策略。一方面，改善城市轨道交通商业环境，为城市轨道交通商业消费者创造良好的消费环境；另一方面，要求城市轨道交通商业经营创新，以突破消费偏好带来的障碍，将消费者有效引入城市轨道交通商业。

（3）消费心理。

消费心理是指消费者进行消费活动时所表现出的心理特征与心理活动的过程，以及由此产生的消费行为，包括消费者搜集商品信息、选择商品品牌、向生产

经营单位提供信息反馈等心理行为。消费者心理体现在消费观、消费者兴趣及消费习惯等方面。

根据城市轨道交通商业消费者的消费观,可以判断其对消费的态度,结合城市轨道交通商业经营过程中相关的消费数据判断消费者所喜欢的商品风格和样式,判断消费者的消费水平,并推荐适合的商品。经营者应善于观察消费者的行为特征,了解其对产品的特殊认知倾向,即了解他们的消费兴趣,揣摩并分析消费者的心理活动,适时向其推荐相关商品。消费习惯体现在消费者对于商品品牌、营业环境等方面的行为忠诚度,经营者有必要引导消费者形成在城市轨道交通空间消费的习惯。对消费者消费心理的判断,是提升商业经营水平、创造利润的重要环节。

5.5.2　城市轨道交通商业业态配置存在的问题

1. 无法将客流转化为商业客流

在城市轨道交通商业业态配置中存在的最主要问题是无法将客流转化为商业客流,致使城市轨道交通商业发展缓慢。城市轨道交通的客流量大,容易使人高估城市轨道交通的价值,而实际上,并不是所有的客流都能促进城市轨道交通商业的发展,将客流转化为商业客流才是促进城市轨道交通商业可持续发展的关键因素。

无法将客流转化为商业客流的原因如下:在经营者方面,采取的营销策略不当,对消费者的吸引力不足;在环境方面,受到空间、环境等因素的限制,城市轨道交通商业空间的低可视性使消费者产生了压抑感,使得城市轨道交通商业对消费客流的吸引力相对较低。但究其根源,主要是消费偏好、消费习惯的存在,使得消费者更喜欢在地面商场中进行消费活动。

2. 商业业态同质化

我国城市轨道交通开发利用还处于初步阶段,对于商业业态的配置经验不足,导致城市轨道交通商业业态配置与地面商业业态趋同,同质化现象严重。

同质化是指同一大类中不同品牌的商品在性能、外观甚至营销手段上相互模仿,以至逐渐趋同的现象。

随着经济的快速发展,城市轨道交通商业业态同质化现象越来越严重,不利于消费者识别及城市轨道交通商业成长壮大。城市轨道交通商业在发展过程

中,必然面临来自不同市场的竞争压力,为了增强其竞争力,需对其业态进行创新,不断开发特色化商品,实现差异化发展。

3. 商业业态种类单一

目前,我国城市轨道交通商业业态种类较为局限,无法有效吸引消费者,不利于将客流转化为商业客流。

为了促进城市轨道交通商业的发展,有必要逐步实现商业业态的多样化,使主力商业业态、必备性商业业态与特色性商业业态相结合发展。主力商业业态具有极强的客流集聚效应,通过客流宣传所带来的广告效应,促进和扩大商品的销售,从而促进城市轨道交通商业的发展,实现盈利;必备性商业业态可以满足消费者的基本需求;特色性商业业态则有利于进一步吸引消费者。

由于城市轨道交通商业业态的配置存在以上几个主要问题,因此,城市轨道交通集团应结合城市轨道交通商业业态的配置原则、配置手段、配置目标及影响因素,合理配置城市轨道交通商业业态,实现城市轨道交通的可持续发展。

5.5.3　城市轨道交通商业业态合理配置的建议

(1) 营造良好的城市轨道交通商业环境,引导消费者改变观念。

城市轨道交通商业环境不太符合消费者长期形成的消费习惯、消费心理。为了进一步促进城市轨道交通商业的可持续发展,一方面为消费者营造良好的城市轨道交通商业环境,努力营造与地面相类似的生活环境,特别是空气清洁度、采光条件及视听环境,以满足消费者正常的生理需求;另一方面,在经营管理过程中,要在经营管理方式和商品开发上进行创新,引导消费者改变传统的购物观念,吸引更多的消费者在城市轨道交通空间进行消费。

(2) 引进多种商业业态,满足消费者多样化需求。

由于城市轨道交通商业的特殊性,结合各个站点及其所处区域商业环境的不同,商业定位应充分考虑城市轨道交通客流的特点,并体现城市轨道交通商业个性化的特征。在配置业态时,应结合不同空间的具体特点,引进多种业态,避免业态的单调、重复。

城市轨道交通站台由于集散乘客的功能性要求和限制,基本上不设置商业功能;城市轨道交通站厅面积小,以零星商业网点为主,经营即时性消费品;城市轨道交通通道面积较大,人流较为密集,以具有一定商业特色的商业街为主;城市轨道交通上盖大型购物中心,商业功能完善,业态组合多样化,具有主题特色,

能够吸引更大范围内的消费者。

（3）制定合理的营销策略，引导城市轨道交通客流转化为商业客流。

良好的营销策略能够提高消费者对城市轨道交通商业的认可度，促进城市轨道交通客流转化为商业客流。城市轨道交通商业经营者可以适时在车站、通道、出入口、集散厅等空间进行广告宣传，不断在广告内容和形式上进行创新和突破，针对产品定位与目标消费群确定主题；同时，利用广播、电视、传单等方式，对商品进行包装，以提升产品的整体形象，从而吸引并引导消费者购买该商品。

（4）建立城市轨道交通商业品牌，实现城市轨道交通商业特色化发展。

由于客流的相对稳定性及快速性，许多商业形态和商品不适合城市轨道交通商业的发展，因而城市轨道交通商业特色的塑造难度大于一般性商业项目。城市轨道交通商业在发展过程中，可以结合自身发展的需求，建立城市轨道交通商业品牌，以创造品牌效应，提高消费者对商品的认可度。特色、品牌是城市轨道交通商业发展的关键，如果城市轨道交通商业经营无特色、定位无差异，就无法吸引消费者进入城市轨道交通商业空间消费，无法受益于城市轨道交通集聚的客流。因此，城市轨道交通商业可以引入连锁品牌商家，提升城市轨道交通商业的服务水平及服务附加值，增强品牌认知度，培养乘客对城市轨道交通商业的品牌忠诚度。

第6章　城市轨道交通站点与商业空间的一体化设计

6.1　城市轨道交通站点与商业空间的一体化设计目标与适用前提

1. 设计目标

轨道交通的"高效率"和与其结合开发的商业"高效益"是轨道交通站点与商业空间一体化设计的基本目标。轨道交通站点作为交通建筑,功能的属性决定了其追求的主要目标是对客流运输与集散达到更高的效率,所以轨道交通建筑设计成功的关键就在于如何设计出清晰、流畅的客流动线,使其既能满足轨道交通的运输与集散效率,又能很好地与商业建筑互补,形成一种良好的结合模式。了解乘客的心理及行为特征,提高商业空间的品质与吸引力,最大限度地对轨道交通客流进行转化,并且利用转化而来的客流产生最高的商业价值,这正是轨道交通站点与商业空间一体化设计的关键所在。以城市环境为出发点,在兼顾效率和效益的前提下,提高城市的综合效益,最终达到人、建筑、城市三者的和谐共生。

2. 适用前提

本章的设计方法与策略适用范围如下(对于其他类型、规模的商业项目,根据具体情况局部参考)。

(1)适用于轨道交通上盖商业体(标准轨道交通上盖与准轨道交通上盖)。

(2)适用于对整体品质要求较高的体验型、一站式商业购物中心。对传统百货商场指导意义不强,可视情况局部参考。

(3)适用于商业面积在5万~15万平方米的一站式商业购物中心。当区域成熟度差、人口基数不足时,或区域竞争激烈、无法寻找空白机会时,可以采取体量放大的极端做法,涵盖更多的消费内容,以实现购物中心一站式理念。

(4)对于批发市场性质或具有专业市场性质的项目不具有借鉴意义。

6.2　轨道交通站点与商业空间的一体化设计基本原则

（1）规划先行原则。

轨道交通投资巨大，有不可逆性，工程建设之初就应从城市总体规划出发，制定线路与站点的具体规划，明确功能定位，符合城市的发展方向，并且在充分考虑轨道交通站域特征的基础上，结合轨道交通的建设对区域进行一体化规划设计，将轨道交通辐射地区的各种要素整体统筹考虑进行开发，避免上下部空间相互制约，最大限度发挥城市空间的整体效益。

（2）整体性原则。

整体性原则是轨道交通站点与商业空间一体化设计的基础，目标是要统一整合轨道交通站点与商业空间内外交通流线、功能空间、业态布局、公共设施等方面，使之协同运作，共同构建一个动态、完整的体系。而且作为城市功能体的组成元素，轨道交通站点与商业空间整合系统要统筹考虑建筑与城市的关系，而城市设计最主要的目标就是城市的整体性，交通一体化设计，合理组织轨道交通站点与商业空间，形成多元、立体的空间层次，纳入并丰富城市空间。同时利用相互关联的因素，进行整体性的设计和开发，从而提升综合效益。

（3）互动性原则。

互动性原则就是两个事物之间相互影响、相互制约。轨道交通站点与商业空间一体化设计的互动性主要体现在交通功能与商业功能的相互融合与促进。

互动的前提是保证两种功能可以在同一空间被整合，具有共存的可能性，并且相互之间不会产生干扰。这是因为积极、有益的互动是在功能兼容的基础上实现的。功能兼容是指在功能整合利用时，不会影响原来各自功能的运行效率。

在一体化设计中，不仅要使商业与交通功能单元之间相互渗透和兼容，同时要创造积极的环境秩序，促使各种功能在复合的过程中，产生"集聚效应"，互相激发功能效率的提高。

（4）空间有机性原则。

建筑不仅是为特定功能而服务的，只注重特定功能空间，而忽视人在其中的感受，忽视场所感的营造，会导致建筑空间与城市空间的枯燥乏味，人的行为也会变得单一。传统的交通建筑就是机动性空间，人永远都在流动，人与人之间缺乏交流的机会和场所。传统的商业建筑则是交易的场所，只在乎是否达成交易，

而不在乎购物体验。这样会导致建筑空间与城市生活的枯燥乏味。要改变这种不利局面，就要运用一体化设计的综合性优势，从人的行为和环境的关系角度出发，进行场所的重新塑造，将轨道交通站点与商业建筑形成的一体化空间变成满足人们各种社会活动需求的场所，为城市生活提供多种可能性。

（5）复合性原则。

在人们的需求日渐多样化的今天，商业空间已不再是仅为满足商品交易需求的单一功能化的空间，它的外延变得日益广泛，并与其他功能不断融合、交叉，形成复合形态。结合轨道交通站点的商业综合体，在功能的复合上可以满足人衣食住行的基本需求，在业态的复合上可以给人提供购物、交往、娱乐、文化、休憩等高情感的要求。复合性的设计和人的心理需求相协调，使得这样复合型的建筑更具有吸引力，为城市生活提供了多彩的舞台。同时，功能与业态的复合，使得土地得到更有效的集约化利用。

（6）人性化原则。

交通空间和商业空间是城市居民日常生活中频繁使用的建筑空间，人流量大、使用对象范围广是这种类型建筑的最大特点。这种类型建筑空间与环境的设计，必须从人的角度出发，尽量符合每一个使用对象的需求，体现以人为本的设计理念，如人性化的标识系统、人性化的空间环境、人性化的尺度、无障碍设计。

（7）可持续发展原则。

如同生命体一般，城市也需要以消耗资源为代价才能得到不断的成长，所以城市周边的环境资源是其赖以生存的基础。随着城市发展的速度越来越快，城市化水平越来越高，资源紧缺问题越发明显，其中尤其是土地资源紧缺最为棘手。这些资源的消耗，不仅威胁到城市的发展与社会的进步，甚至威胁到了人类的生存。基于此，可持续发展成了人类城市发展的必然途径。可持续发展就是指既满足当代人需要，又不损害子孙后代满足其需求能力的发展。

在轨道交通站点与商业空间一体化设计中，从宏观到微观，大至区域生态环境，小到各种主动式和被动式绿色建筑技术，可持续发展的理念有着非常广泛的应用范围。针对一体化设计，需要重点倡导以下几个方面的可持续性。

①紧凑式开发。

紧凑式开发要求轨道交通站点和商业空间的区域集群式开发在垂直方向上组织，在一体化设计过程中尽可能把各种不同类型的功能空间向空中和地下空间发展，将空中、地面、地下空间的利用统筹起来，以使城市土地资源得到高效率

的利用,形成立体化的城市建筑空间形态。

②可变性和适应性。

将城市空间的发展过程看作一个动态、开放的体系,不能在设计中将其固化,而要为将来的再开发保留一定程度的可能性。

③土地资源的再利用。

在轨道交通站点与商业空间的一体化设计中,尽可能通过再生、更新等手段循环利用基地内建筑,并重视对轨道交通站点周边闲置与废弃土地的开发。

(8)互联网思维原则。

互联网思维是当今互联网浪潮下新的思维模式,对于轨道交通站点与商业空间一体化设计中的设计策略与方法有着指导性的作用。在一个生活方式以互联网为基础的新型社会中,需要以这种新的思维角度去协调组织轨道交通与商业、人与空间之间的关系,从建筑设计跨界到更多的相关领域,寻找设计和互联网思维间的某个连接点。

运用互联网思维来指导轨道交通站点与商业空间一体化设计,需要遵循以下原则。

①用户思维:设计以人为本,以人的行为习惯出发,营造舒适的购物空间。

②简约思维:化繁为简,简单的动线设计产生直接的顾客体验。

③极致思维:只有把顾客消费体验做到极致,才能更好地吸引客流。

④迭代思维:商业建筑在社会的不断发展中、人生活习惯的变化中,要不断地更新商业空间与业态模式,在迭代中更好地满足消费者的需求。

⑤流量思维:在商业设计中最重要的就是人流,而轨道交通与商业结合带来的就是巨大的人流量,关键就是如何吸引与利用这蕴含巨大商机的人流量。

⑥大数据思维:对数据进行挖掘,形成大数据思维,避免数据孤岛,这对商业与轨道交通来讲都极为重要,可以得到两者结合设计的重要条件,如人流量、行为方式、人的活动轨迹等。

⑦平台思维:平台思维就是开放、共享、共赢的思维。轨道交通与商业体之间的结合就是创造这样一个生活的舞台,通过互相借力最终达到轨道交通、商业开发、消费者三赢的目的。

6.3　轨道交通站点与商业空间的一体化设计策略

6.3.1　项目前期开发策略

1. 明确商业项目开发的三条主线

在商业项目设计前,每个参与项目的团队应该先了解商业设计项目的整个流程,以及在不同阶段投资方、设计方、运营方三者每个阶段的分工与协作,这样在整个项目开发过程中承担不同任务的团队之间才能有效地协作(见图6.1)。

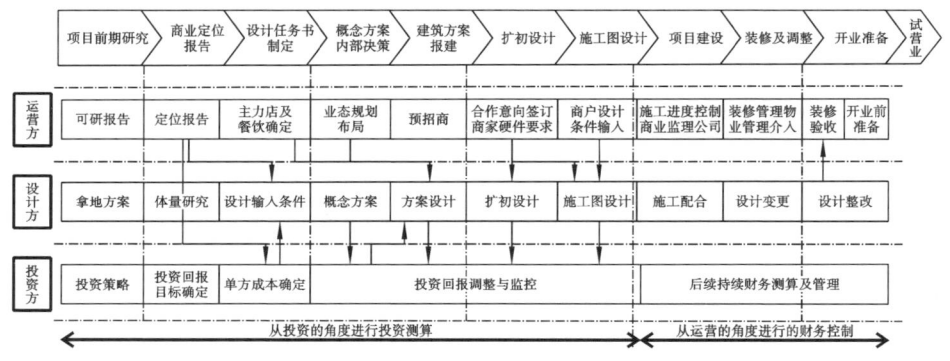

图 6.1　商业开发三条主线

2. 项目选址立项

项目立项选址过程中(土地获取前),需要通过详细而周密的市场调查对项目进行可行性分析和综合定位。设有轨道交通站点的商业地块,其商业客流的优势是与生俱来的,因此未来的发展潜力与商业价值相较于传统的商业地块要高出很多。这就要求开发商在前期拿地阶段就密切留意政府相关部门的地铁线路及站点规划,在开发实力允许的情况下,尽量选择设有轨道交通站点的商业地块,最好能够与站点无缝衔接或与轨道交通站点出入口紧邻。

特别要注意的是我国商业体在开发时有可能会受到轨道规划和土地开发协调滞后等因素的制约,商业综合体的建设和轨道交通的建设大多不同步,开发商与设计者应以超出城市现阶段发展的眼光去考虑基地和轨道交通的关系。滞后

地考虑轨道交通对商业项目的影响是很致命的,在后期极有可能会付出相当巨大的代价来弥补。

选址立项完毕(土地获取后),项目定位是项目入市的第一步,是商业地产项目设计的第二个环节。项目定位是在前期项目市场调研及可行性分析的基础上对项目进行科学的分析,分析项目自身及资源条件,从如图 6.2 所示的几个方面进行分析,最终得到下一阶段设计所需结论。

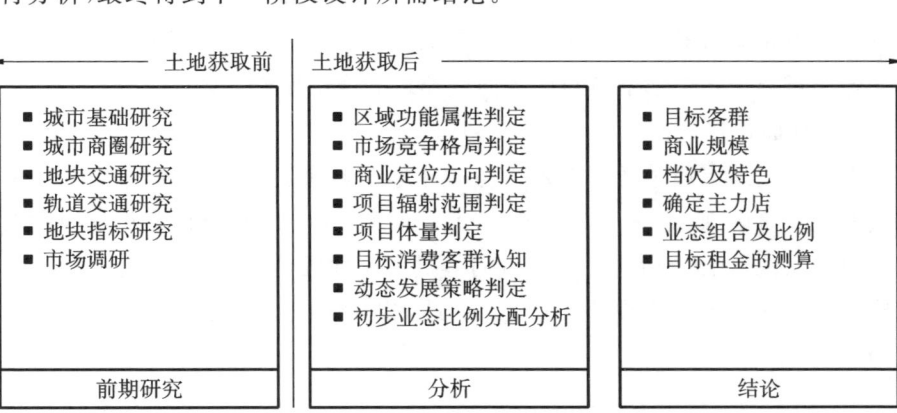

图 6.2　项目的分析和定位顺序与方法

6.3.2　总体规划研究

1. 商业建筑体量及尺度

首先轨道交通上盖商业体量的形状及尺度与后续设计的店铺大小、进深,商业动线的类型以及购物体验有着极大的关联性。进深过大会造成内部店铺进深过大、单店铺面积过大,容易出现商业次动线,影响商业效率,降低购物体验。长度过长会导致水平动线过长,顾客容易产生疲劳感,人流不易带动,所以一个合理的商业地块尺度对后续商业建筑的设计有着决定性的作用。一般来讲,地块长度宜控制在 200~250 m,较少超过 300 m;进深宜为 70~100 m。

2. 轨道交通站点与商业建筑的关系及设计要点

在确定了商业建筑的适宜形状及尺度后,应当结合轨道交通站点与商业建筑的位置及接入口的关系有针对性地采用不同的设计手法。一个地铁站至少有3~4 个出入口,除了商业建筑自身的吸引力与先天的区位条件,能够吸引地铁客流与非目的性的商业人流通过轨道交通站点与商业建筑的接口进入商业建筑内部,其中一个重要的因素就是科学地对两者的连接通道进行设计,并且运用人的行为心理学,从以人为本的角度出发进行引导性路径的安排。例如:乘客为了躲避冬夏两季的寒冷和酷暑,舒适从容地从商场室内穿行往往成为乘客的第一选择;而室外温度宜人的春季和秋季,为了避免拥挤嘈杂与空气混浊的地下空间,无购物目的的乘客往往希望以最快的方法到达地面,此时往往会选择快速穿越室内商场距离最短的出口至地面,所以需要更多吸引客流的手段。以下是轨道交通站点与轨道交通上盖与旁盖商业建筑的连接形式及设计要点。

(1)地面连接。

轨道交通站点通过地面出入口与商业建筑紧密连接,需要通过室外空间再进入商业建筑内部(见图 6.3 和图 6.4)。地面连接方式在设计之初就要针对基地周边的人流量、人流状况、人流方向等进行全面的调研与分析,基于分析结果来确定地面连接接口的数量与方位。一站式购物中心所需的一层出入口数量一般为 3~5 个。

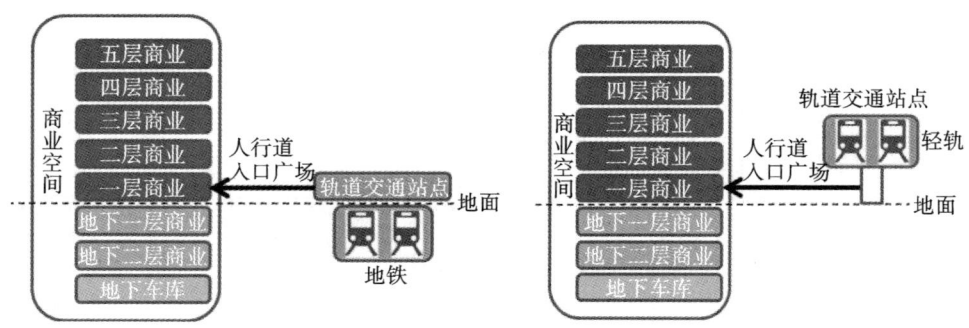

图 6.3　地铁站点与商业地面连接　　　图 6.4　轻轨站点与商业地面连接

地面连接的接口空间设置要点如下。

①商业入口的开口方向要直接面对主要人流来向,如来自地铁出口、城市广场的大量人流,并设置醒目标志物,如发光二极管(light emitting diode,LED)屏幕、LOGO 等,有助于吸引客流,地铁站风井在地上部分应当与商业建筑相结合,以利于商业环境的优化,可考虑与广告、LED 屏幕相结合。

②在商业建筑外部与轨道交通人流交汇的室外空间设置入口广场、外挑或凹入的门廊、玻璃天棚等,这样既保证了人流集中和缓冲的空间,又能增加项目的可识别度与吸引力。需要注意的是,在商业入口广场设计时的尺度非常重要,合理的尺度决定了人对场地、对建筑的感受。在日本著名建筑师芦原义信的《外

部空间设计》一书中,对外部空间尺度有所研究,他认为采用 20～25 m 的模数是最合适的,可以营造积极的空间,保证人与人、人与建筑之间有着一定的感觉波及,所以应该在设计中每 20～25 m 注重节奏感,或是采用不同的铺地材质,或是通过景观的处理,使得即使大尺度的空间中也可以避免单调,富有趣味性和新奇感。

③在室外连接的路径上,营造良好的景观氛围,并和商业建筑风格一致,用景观吸引并引导轨道交通人流。

④在商业建筑中设置开放式中庭形成主入口,半围合形态的中庭具有一种接纳感,并能直接展示内部精彩的商业氛围,从而对外部人流产生很强的吸引力。

（2）地下连接。

这种形式的连接分为两种:第一种是地下轨道交通站点在商业建筑范围以外的外围式(见图 6.5),轨道交通站点通过地下通道与商业建筑地下层相连;第二种是地下轨道交通站点包含在商业建筑之中的包含式(见图 6.6),站厅直接连接地下商业空间,如上海日月光中心。

地下连接的接口空间设置要点如下。

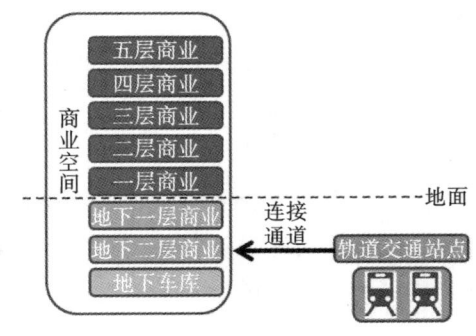

图 6.5　外围式地下连接方式

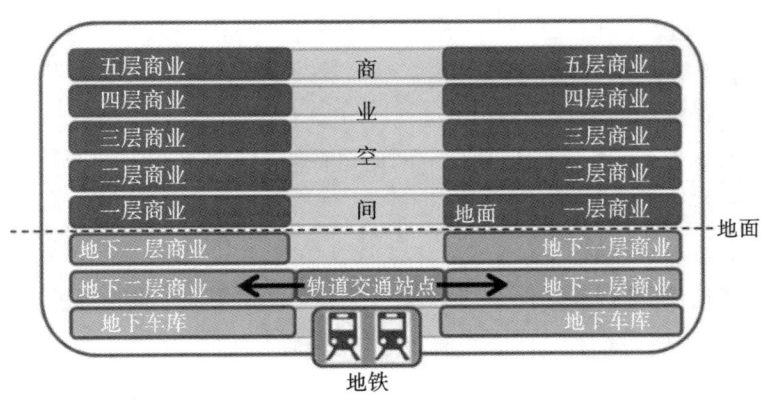

图 6.6　包含式地下连接方式

①地下通道的设置要尽量消除顾客的压抑感和拥挤感，高度上应保持地下商业的层高一致，宽度一般大于 6 m。灯光设计上尽量采取简洁采光，避免灯光直射产生压迫感。

②通道较长时可采取折线形设计，避免直线的枯燥乏味，若隐若现的终点能引起顾客无意识的探索欲望。

③如连接通道过长，可以酌情考虑设置移动步道，但移动步道会降低人流的通行速度，如果连接通道人流量较大且不够宽敞，应谨慎设计。

④通过人性化设计、全面的标识系统、有趣的灯箱广告等解决地下建筑方向感差且有幽闭感等问题，地下商业入口的设置要有标识性，和主体商业气质相吻合。

⑤在商业建筑外部或者内部空间适宜部位设置开敞空间，如下沉式建筑入口与下沉式广场，并且对接城市地下轨道交通的出入口，便于人流的缓冲与集散。同时下沉式广场对地下商业导入人流、新风、采光都有良好作用，可提供一个购物休闲的场所，空间识别性很强并能带来与地面首层相同的商业价值。下沉广场的尺度可以参考上文地面广场尺度的标准，但同时要注意下沉广场平面的宽度与下沉高度的宽高比，即 D/H 的值，当 $D/H<1$ 时，处于下沉广场中的人无法清晰地感知周围建筑的整体，但可看清周围建筑细部，当 $1\leqslant D/H\leqslant 2$ 时，处于下沉广场的人能够看清建筑的整体，但不能明确建筑所处在的环境，当 $D/H>2$ 时，处于下沉广场的人就能够在周围环境和自己位置关系中明确定位。

⑥将地下轨道交通站点非付费区与商业空间直接无缝相连，直接有力地接纳大量人流。

⑦商业中庭的空间直接延伸到地下，改变传统的地上中庭空间模式，与地下轨道交通的出入口相连，直接将轨道交通人流引入商业建筑核心空间，使得顾客对商业空间有强烈的方向感，同时顾客通过商业中庭可以看到楼上各楼层的商户店招与展示面，打破了地下商业空间的沉闷，对商业空间起到了优化的作用，并且有利于商业人流的拉动。

⑧地下轨道交通系统与地面商业空间应充分利用自动扶梯能够连续运载大量人流的特性，解决两者之间的竖向交通问题，从而使顾客能够顺畅、舒适、便捷地到达各层商业空间。

（3）空中连接。

通常在二层或三层以天桥、连廊的形式直接使轻轨站厅与商业建筑相连，使人流便捷地导入商业空间，带动二层以上的商业的人流（见图 6.7）。同时还可

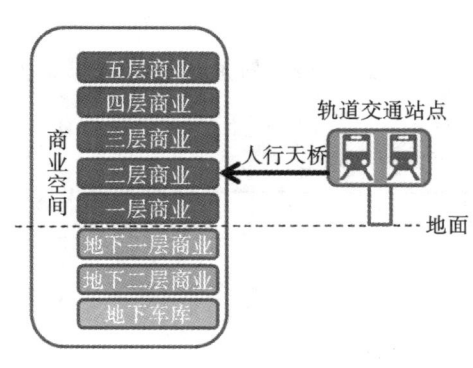

图 6.7 空中连接

实现穿越道路行人和道路车辆完全分离,形成安全、美观、通畅、连续的步行系统。相对于地下步行空间,空中步道可以自然采光通风,具有较好的空间环境品质。

空中连接的接口空间设置要点如下。

①设置上升式广场、空中花园、门厅与商业中庭等,给顾客更好的空间带入感的同时便于外部人流缓冲和集散。

②空中连廊应当与连接层的商业主动线直接相连,根据客流量适当加宽该楼层的通道,创造出良好的可视性商业环境。

③空中连廊的宽度要科学舒适,满足集中人流的通过性。

④相比于开敞的空中连廊,应尽量采用实用性更强的封闭连廊,可以根据不同的地域特点,采取防风、遮阳、避雨等造型设计,并提供照明及空调设施,布置温馨有感染力的艺术画或者生动有趣的广告,与商业室内空间无缝衔接。

在实际的案例当中,轨道交通站点与商业建筑的关系可能是仅仅拥有单一的连接方式,也可能拥有其中两种甚至三种的连接组合,但可以肯定的是多个轨道交通出入口,可以全方位、多层次地引导人流,使商业建筑与轨道交通站点更好地融为一体,有利于促进轨道交通商业的整体经营。具体的优点表现如下。①有利于人流的疏导。事实证明,拥挤的环境会降低消费者的购物欲望,导致购物率下降,设置多个轨道交通出入口,有利于合理分散人流,提高消费者购物概率。②不同区域与不同平面的轨道交通出入口设计,不但为顾客乘坐轨道交通提供了极大的便利,同时还能引导购物客流,扩大了商业的延展面,使更多商街与更多楼层上的商户能享受到轨道交通所带来的人流和商机。同时,对于轨道交通上盖商业体而言,地面出入口对于建筑的重要性不言而喻,而与轨道交通站点的连接,会引起轨道交通上盖商业体对外入口位置或数量的变化。根据统计,中高端商业购物中心对外出入口一般不少于 5 个,分别设置在:地下 1~2 个;首层 3~4 个;首层以上轻轨或其他建筑物之间的人行天桥 1~2 个。

6.3.3 轨道交通站点与内部商业动线的一体化设计

商业动线设计是购物中心设计的核心因素之一,同时也是轨道交通上盖商

业成功的基础。合理的动线设计是保证购物中心运营效率、顾客购物体验与提高整体商业价值的前提,如果无法保证商业动线的合理,轨道交通站点与商业空间的一体化设计的成功也就无从谈起。商业动线的分类见表 6.1。

表 6.1　商业动线的分类

商业动线分类		
内部动线	水平动线	• 单动线 • 多动线
	垂直动线	• 垂直电梯 • 扶手电梯 • 坡道楼梯

(1)确定商业动线设计的基本原则。

确定商业动线设计的基本原则即单动线优先原则。因为越简单的动线规划设计对消费者消费越有利,单动线可以让购物者有良好的消费体验,利于店铺租金的提升,如沈阳万象城。水平动线长度一般宜控制在 200~250 m,单侧可设置 15~20 家店铺。单动线组织可以采取直线或弧线形人流组织方式,其中较为提倡曲线形动线,因为曲面能扩大商业展示面长度,并且可以丰富"视觉空间感",提高"单店能见率",增加"游逛趣味性"。

(2)尽量避免多动线设计。

多动线设计缺点如下。①次动线的人流量明显不如主动线,容易出现"死铺"。②多个路线选择常常会让顾客失去方向感,无法看到所有店铺。如受到用地影响无法避免出现多动线设计,要注意通过设计手法避免死角店铺和容易迷路的情况出现。如香港圆方购物中心,采用主题颜色分区与清晰的指示系统将五条动线明确地区分开。

在明确商业动线设置原则的基础上,考虑与轨道交通站点相衔接,就比较容易形成合理的整体商业动线。上文已述轨道交通站点与商业的连接形式分类,而在实际情况中,轨道交通上盖商业与轨道交通站点的连接存在多种组合形式,连接口的数量也是根据每个项目的条件而定的。具体组合中,一些标准的、原则性的方法如下。

①轨道交通连接口设置一条 10~30 m 的商业通道直接面对商业主中庭或次中庭,使地铁人流能够直接到达建筑核心,可以利用主中庭或次中庭的扶梯进入上部空间,通过竖向交通直接拉动人流。

②地上地下扶梯的设置要考虑距离与方向两个要素,自动扶梯间距为 20～60 m,距地上地下入口不小于 10 m,自动扶梯的设置方向为中间扶梯往中庭方向,高层两侧扶梯往端头方向。这样设置使扶梯便捷性较高、舒适性较好,同时可以带动人流,提高商业价值。

③在进行购物中心规划时,重要的是从立体、多维的角度出发,创造便捷的垂直交通体系和多首层概念。跨层梯能够快速将人流引导至高层,提高目标层直达效率,将人流高层化分流,增加目标层商业价值。

④当商业建筑与轻轨站点在二层或者三层相连时,接驳口位置应尽量与地面主入口位置错开,避免空中连廊对地面主入口造成压迫,遮挡地面主入口,从而削弱地面主入口的辨识度。同时,错开的两个出入口更有利于建筑内部复合型人流的拉动,也丰富了内部空间的变化。

⑤当轨道交通换乘站需要在商业建筑内部设置的时候,首先要处理好换乘流线快速、便捷的要求,通过预测的人流量计算与设计换乘的最佳路径与方式,与此同时,通过借用商业空间的良好环境,营造高品质的换乘空间,吸引人流。

6.3.4　商业空间设计策略

商业空间的营造对购物的体验尤为重要,空间的尺度与品质是顾客感受最直接的,只有在空间上一体化设计,才能最有效地加强轨道交通空间与商业空间的联系,提高空间品质,吸引轨道交通的人流向商业客流转化。

(1)轨道交通站点与商业空间连接的商业通道的宽度要适当放宽,通常要大于 6 m。

(2)中庭是商业建筑中最重要的体验空间,上文已经分析了中庭空间对轨道交通上盖商业的重要性。通常主中庭的面积为 450～800 m²,次中庭的面积为 300～400 m²。

(3)中庭空间趣味性的创造是使人流向高楼层移动的重要手段。中庭空间通过退台、造型变化,将顾客的视线向上引导,对于吸引购物者上楼选逛有良好的推动力,以提高商业价值。

(4)中庭天窗是商业地上地下空间自然采光的重要手段,创造了趣味空间。但出于节能考虑,中庭的天窗采光面积不宜过大,并可以增加遮阳设施,避免阳光直射,增加中庭的舒适度。

6.3.5　商业业态布局的一体化设计

成功的主题定位和业态布局,一定要抓住目标人群,主题鲜明,与周边竞品有明显差异化的特色,强调体验式消费,才会产生很强的商业吸引力,如上海环贸定位"高端、时尚、潮流",引入特色餐饮,延长营业时间;K11 艺术购物中心定位"艺术化的购物体验",引入都市农场等体验性业态;浦东嘉里中心定位为"社交式商业中心",引入特色餐饮、时尚生活等业态。而且在电商大行其道的今天,实体商业的"体验性"是电商无法替代的,是增加实体商业吸引力的"法宝",同时也成为商业运营成功的关键点。

轨道交通商业的定位及业态应当紧跟潮流,根据顾客的消费需求不断调整。就总体业态比例而言,目前大型轨道交通商业业态比例的明显趋势是餐饮比重的增加,达到 30%～40%,餐饮的地位越来越高,因为对于体验式购物,餐饮是最好的配合业态。

与轨道交通站点一体化设计的商业业态布局策略有以下几点。

(1) 主力店设置。

主力店的规模相对较大,品牌效应强,对人流有着很强的吸引力。主力店应分布在多楼层、多位置,在多个层面发挥作用。在建筑平面上,若平面为长方形,进深略浅,则主力店应位于建筑两端,一般商铺设置于购物中心中部,即所谓的"哑铃"形布局,通过主力店的两端拉动作用,为中间商铺带来更多人流(见图6.8)。若建筑平面略方,进深较大,则应将主力店设置在购物中心中部,一般商铺围绕主力店呈"U"形布局,通过主力店的中心拉动,为外围商铺带来更多人流(见图 6.9)。

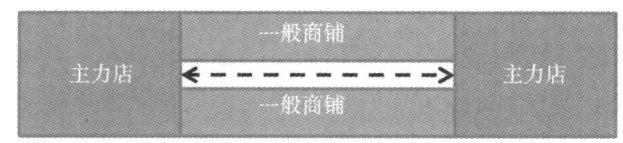

图 6.8　"哑铃"形布局

(2) 目的性消费业态。

例如娱乐、健身、教育等,应设置在商场顶层,餐饮业态遵循"上天入地,中间布点"原则,即餐饮设置在层数较高楼层或者地下层,中间楼层零星设置(见图6.10)。这样布局可以使地下及地面的大量人流在顶层和地下之间流动,盘活各层商业。

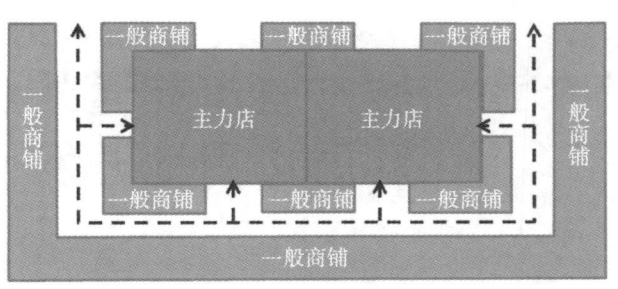

图 6.9　"U"形布局

（3）业态组合与商品定位。

与轨道交通站点连接的楼层的业态组合
与商品定位以中高档休闲餐饮、轻餐饮、零食
为主导，辅以部分主流青春流行服饰店、快时
尚、3C（即 计 算 机（computer）、通 信
（communication）和消费电子产品（consumer
electronic）的简称）数码店、个人护理用品店、
化妆品店、生活杂货、家居用品店、美食广场、
精品超市等，业态应符合地铁商业大众型、快
速型、随机型、轻便型的消费特性，如浦东嘉

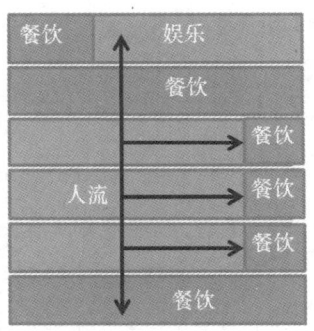

图 6.10　目的性消费业态布局

里中心地下一层业态分布。这类商铺通常面积较小，租金单价较高，商品体积
小、重量轻，客单价不高，重在求新求变，激发客人随机购买欲。

189

第7章 城市轨道交通站点及周边用地开发

7.1 轨道交通站点及周边用地开发的影响因素

7.1.1 规划因素

在规划的编制过程中,影响轨道交通站点地区用地开发因素主要有三方面:综合交通规划、法定规划、非法定规划。其中,法定规划对轨道交通站点地区用地开发有着决定性的影响。交通运输规划对站点地区用地开发有促进或阻碍的作用,取决于交通运输规划是否考虑了今后用地开发的要求。非法定规划是对法定规划成果的有益补充,能弥补不利于用地开发的条件,对满足特定地区用地开发的技术要求比较有利。

(1)综合交通规划。

以需求为导向的综合交通规划,对交通站点的功能定位是服务全市,使人流尽快流向城市各个目的地,而不是单单流入站点地区,利用轨道交通站点建设所引起的城市土地利用的变化来改变城市居民的出行分布。这种土地利用的变化一方面促进了轨道交通站点地区形成公共活动中心,引导城市向多中心模式发展,另一方面又引起交通量的产生,从而起到稳定交通客流的效果。如果忽视这种变化,在一定程度上既损害了地区发展利益,反过来又限制了轨道交通站点发挥最大的交通功能。因此,交通运输规划不仅要考虑交通需求,还要考虑地区的交通供给状况。

从本质上来说,我国大多数城市的综合交通规划仍然建立在需求导向上,以解决城市交通为目标。这种导向下,交通站点的选址更多地考虑站点建设所能解决的交通问题,以及站点建设的公共投资成本和工程难易程度。而很少考虑与之相邻土地的开发问题,使得大部分交通站点地区难以与站点取得良好结合,换乘人流难以进入站点地区,使具有发展潜力的地区难以得到合理的开发。

加拿大蒙特利尔将地铁从圣凯瑟琳街移到迈索纳沃大道,为城市提供了更多具有开发潜力的土地。这个例子很好地说明,综合交通规划是成功用地开发的诱因,而非成因。一旦交通运输规划对地区开发产生负面影响,那么很有可能将阻碍交通站点地区用地开发的发生。交通站点地区的用地开发尤其要重点考虑交通运输规划与土地利用规划之间的关系,并处理好交通站点与开发地区的界面关系。交通站点与站点地区友好的界面关系是影响站点地区用地开发的重要因素。

(2) 法定规划。

我国的规划体系是自上而下的法定规划体系。在规划管理中,以法定规划确定的控制要素为建设项目的设计要求。因此,交通站点地区用地开发所需要的各种要素必须在法定规划中表述出来。只有经过法定规划确定,站点周边用地开发项目才能获得相应的规划支撑,用地开发才能顺利进行。

为此,在法定规划的编制过程中,要考虑到交通站点地区用地开发的需要。在交通站点的位置、用地性质、地区开发强度、地区道路系统等方面多结合轨道交通站点开发的特性,为今后的建设实施提供方便。尤其是用地性质与开发强度方面,要尽可能提供城市需要的、强度适中的规划指标,一方面有利于吸引投资,另一方面有利于城市多中心的发展。控制性详细规划阶段需要考虑到用地开发对土地使用性质与强度的要求,并将这种要求落实到控制性详细规划的成果中,以便对今后用地开发项目建设产生实际指导作用。因此,在法定规划中调整交通站点地区的土地用途、开发强度等各项指标,是影响用地开发至关重要的因素,也是用地开发的根本。

(3) 非法定规划。

非法定规划指的是城市设计、概念规划等未纳入法定规划体系的规划设计。在交通站点地区的用地开发中,非法定规划是对法定规划的有益补充,用以解决联合开发中法定规划无法明确的要求,如公共通道、连通通路等。非法定规划还能更多考虑开发项目建设中所涉及的相关城市管理要求。

非法定规划要更好地指导城市建设,就必须明确它与法定规划之间的关系。法定规划对城市建设的强制指导作用是根本。当法定规划已经明确时,非法定规划作为有益补充必须遵守法定规划的强制性要求,这样才能起到协调法定规划要求与联合开发项目要求的作用。这是由我国特定的规划体系决定的。如果非法定规划自成一体,不以法定规划为依据,那就无法发挥非法定规划在用地开发过程中的协调作用。在法定规划尚未明确时,非法定规划可以在设计边界明

确的条件下,编制符合用地开发主体利益的规划,以此来对法定规划进行优化与补充。

(4) 两者关系。

法定规划体现的是政府对城市建设的强制性控制要求,缺乏对建设者利益诉求的考虑。虽然非法定规划如城市设计等成果对城市建设可能更具指导意义,但由于它不属于法定体系,按照我国"依法治国"的要求,在实际城市建设过程中,非法定规划的控制力度与依据不足,无法真正用于指导开发建设。

法定规划与非法定规划的结合有两个基本要求:其一,非法定规划的编制应该以法定规划的控制要求为依据;其二,法定规划要留有与非法定规划的接口,确立非法定规划的法律地位。非法定规划的编制应该以法定规划的控制要求为依据,否则非法定规划就成了"无源之水,无本之木",无法与法定规划衔接,也无法指导城市建设。法定规划与非法定规划相互衔接,使非法定规划与法定规划各层次成果相结合成为可能,以满足特殊地区的特殊管理要求,增强法定规划对特殊地区的控制能力。因此,只有当非法定规划以法定规划为依据,并且与法定规划体系中相应规划层次的编制成果相结合,尤其是与控制性详细规划的结合,才能从真正意义上指导城市建设。

7.1.2　非规划因素

根据国内外学者对城市用地开发的研究结果,影响轨道交通站点地区用地开发的因素,除了与规划直接相关的因素,还有诸如土地权属、市场预期等因素。通过对国内不同案例的分析了解到,土地整合、管理责权、交易契约等问题对轨道交通站点地区的用地开发有重要影响。

(1) 土地整合。

作为用地开发就必须要有土地能够用于开发。如果没有足够可用于开发的土地,则任何设想都不能付诸实施。所以,土地整合是交通站点地区用地开发的关键。利用土地储备的手段能够实现土地整合。

土地储备其实并不算十分新颖的土地整合方式。日本、加拿大蒙特利尔都采取相似的土地储备方式对交通站点周边的土地进行整合。不同之处在于储备完成后对土地的处置。我国的做法是对经营性用地进行公开出让,对非经营性用地通过政府征地予以划拨。

因此,涉及交通站点地区用地开发所需土地可以分为两部分:经营性用地和非经营性用地。经营性用地方面需要解决的问题是与它相关的各利益主体的收

益情况。具体来说,就是原土地所有者、土地储备机构、最终开发主体在具体开发项目建设乃至使用中各自的收益。与此相关的是经营性用地在法定规划中的开发强度等规划指标要求。非经营性用地方面的问题是土地权利人对土地重新开发的意愿。通过对经营性用地和非经营性用地的分析,笔者认为由于轨道交通与其他交通方式的不同,在开发方面轨道交通站点地区用地开发应当制定特殊的政策,例如允许在非经营性用地一定竖向范围之外转让它的空间开发权。可以规定轻轨站点用地除满足轻轨交通净空要求的竖向空间外,其余空间可以用于城市开发,以解决站点与周边地区的衔接问题。

总的来说,因为我国的土地开发制度有土地储备的要求,用地开发所需的土地整合要求能够得到保障,但是仍需要在政策上对可能促成联合开发的空间权开发方面给予特殊制度保障。允许交通站点地区进行空间权开发的特殊规定,将对站点地区联合开发产生促动。

（2）管理责权。

作为管理城市建设与提供公共服务的政府部门,在轨道交通站点地区的用地开发中虽不涉及部门利益,但也容易因固守本部门的责权而无意识地阻碍了正常开发。

例如,轨道交通站点与联合开发项目之间通路的建设与管理问题。这条通路可能是由联合开发项目派生出来的,但因涉及使用公共土地,因此需要由政府部门进行建设。但政府管理部门可能因为建设资金等问题而搁置通路的建设。通路对联合开发项目的成败是有重要影响的。缺少与交通站点之间的联系将导致联合开发项目错失开发时机,从而阻碍联合开发。管理部门为避免今后建设与管理主体不清问题,反对规划中控制共用通道,以减少部门协调工作。

然而,轨道站点周边用地开发是一项特殊的开发项目,不能用一般的开发管理要求进行管理,需要明确这个特殊地区的管理责权。虽然管理责权问题无法依靠规划解决,但只要公共管理部门能够打破原本的管理责权范围,弥补管理漏洞,规划控制将在联合开发中发挥更好的作用,从而保证联合开发地区的公共环境水平,促成联合开发。

（3）交易契约。

从国外的经验来看,城市轨道交通站点周边用地开发的整个过程都需要谈判并签订各种交易契约。它是将市场对用地开发环境的期望要求预先形成交易契约,是一种寻求效率的做法。

但是市场的需求同样千变万化,城市建设中遇到的各种问题也并非一份建

设导则所能囊括。因此,对今后可能引起的各种规划变化,应当有一个固定的机构与各开发主体进行协商。建设导则支持"规划管理委员会＋总规划师"的模式。目前来看,这种模式能够解决联合开发当中有关建设的协调问题。但这种模式是否能够解决开发中遇到的各种问题还需要实践来检验。

7.2 轨道交通站点及周边用地开发形式与对策

7.2.1 政府开发

目前,城市政府仍然是城市建设的投资主体和管理主体。城市规划作为一种自上而下的行政行为,更多地体现了政府在宏观调控方面对城市建设的控制要求,而忽视城市建设的经济要求。例如,在上海南站地区已经完成了从总体规划到控制性详细规划的各层次规划编制工作。但在各个层次的规划中,并没有对地区开发建设的成本与效益进行估算,完全按照上层规划对地区建设的总量控制要求来核定建设量。不核算建设的投资回报,是法定规划不断被迫调整的关键因素。

另一方面,法定规划的编制内容有强制性要求,其成果基本固定且具有普适性。在进行建设项目开发时,规划管理部门以按法定体系编制并批准的控制性详细规划为依据,核定各开发项目的建设总量及其他相关规划指标。而该控制指标体系则遵从控制性详细规划编制要求,主要包括用地性质、用地面积、容积率、建筑密度、建筑高度、绿地率、停车泊位数和建议出入口等,并且这些控制指标内容是刚性的,各种控制要求由相应的法规明确。

政府作为开发的主体具有其独特之处,与私人作为开发主体大不相同。政府作为开发主体,可以从城市全局层面通盘考虑,开发时能与其他相关规划比较好地衔接,一般不会出现不断修改开发计划的情况,以实现利润最大化。政府在开发时,可以统筹考虑各个站点开发量,使沿线站点在合理的强度下进行开发建设。

由于基础设施项目投资较大,政府开发基础设施项目时无法很好地利用民间资本,单一的政府作为主体开发在解决轨道交通站点周边用地开发中无法规避其存在的缺陷。

7.2.2 轨道交通公司开发

轨道交通公司一般为由当地人民政府出资设立的国有独资公司。这类公司

由当地政府授权,负责城市轨道交通的融资、建设、营运和管理,承担国有资产的保值增值责任,具有独立法人资格。当地国资委依法履行出资人职责。

在日本,轨道交通企业采取的是以轨道为中心,以房地产及租赁业、购物中心等零售服务业、公共汽车业、出租车业、旅游观光、宾馆设施等为兼业的经营模式。日本轨道交通企业最主要的经营策略是土地经营和轨道经营同时进行。该类企业通常由手中握有廉价沿线土地的众多公司合伙组成,统一进行土地利用与轨道建设规划以及基础设施配套,然后出售部分土地以补偿配套费用,其余用于自行开发。这就是日本城市建设中著名的"土地重整"过程。通过轨道与沿线土地综合开发的方式,以轨道带动土地开发,以土地开发培育轨道。

7.2.3　联合开发

联合开发是指将地铁系统的服务与车站设施设置在土地使用或商业发展上更有潜力和优势的区位,以达到相互配合并带动彼此的发展的目的,进而促进城市的繁荣,实质是一种由轨道交通引发的土地集约化开发模式。按照国内学者建立的联合开发公司的设想,一个联合开发项目主要涉及政府三大部门和二类企业:交通运输、土地管理和城市规划管理部门,城市开发(或房地产开发)公司、公共交通公司。在政府的领导和协调下,由上述部门和企业,按照城市发展规划就交通建设项目成立联合开发公司。联合开发公司内主要设三个子公司:第一,交通运输公司,负责交通设施的建设、经营管理、维修等;第二,房地产开发公司,主要负责交通设施附近的房地产开发;第三,其他(娱乐、旅游、餐饮等)公司,结合出行分布和房地产开发的特点,进行相关的经营。在土地转让费和前期准备费上,政府对联合开发公司给予支持,待联合开发项目投入运营若干年后予以偿还。

从实践经验看,将轨道车站和上盖物业做联合开发(包括公共汽车换乘接驳站设计),使车站区域综合发展成为"衣、食、住、行、工作及娱乐"的集中地,从而增加轨道客运需求与竞争力。车站周边用地的基本布局为:在站点半径 200 m 以内作为高强度开发的居住及商业或办公用地,半径 200~500 m 为中高强度的开发用地,半径 500 m 以外为低强度、低密度城市开发及公共绿地和公园。

轨道交通站点周围的土地在建成初期能从低层次向高层次的产业转变,而且土地使用强度也向高强度发展。这样,通过轨道车站联合开发形成的沿轨道线路以各站点为中心的"珠链状"发展格局,可优化城市结构和用地布局,促进土地集约化利用,保证主要中心地区有良好的可达性,也保证轨道交通系统有较大的客流和运营效益。

日本东京的东急田园都市轨道交通线建设和多摩田园都市的联合开发,规划面积 50 km²,规划人口 40 万。至 1992 年人口已达 47 万,其资产价值升值部分被返给轨道交通项目。日本实行"新城开发者负担制度",该制度要求新城区内的开发者按要求提供联系市中心与新城之间的城轨建设用地,并承担施工基面以下工程费用的 1/2 以及适当的其他费用。

根据香港地铁建设的融资来源,一般政府以股东形式投入约 20%,房地产企业投入 15% 以上,其余来自借贷。各地铁公司就地产物业与房地产企业合作,建造费用和风险均由房地产企业承担,各地铁公司一般可分享 50% 利润。此外,地铁公司还可以通过商场租金、广告和物业方管理获取后续的运营收益。以香港机场地铁线的建设为例,建设成本共 351 亿港元,而带来的房地产开发总投资为 1500 亿~2000 亿港元,为地铁公司带来 180 亿~200 亿港元的收益,超过机场地铁建设成本的 50%。

轨道交通对周边用地的刺激是通过其良好的可达性实现的,距离站点越近的用地其受益越大,站点周边用地是土地价值最高的区域,利用联合开发实现建设资金的筹措是一种很好的开发方式。在具有联合开发潜力的地区,应尽量采取此种开发形式进行用地开发。

7.3　轨道交通站点及周边用地功能与开发模式

多元化的城市功能将导致城市结构的重组,进而影响到整个城市外在的形态和表象。城市功能的重组主要表现在三维空间的功能布局与使用强度上,在轨道交通站点周边用地开发过程中,体现为站点及其周围区域土地使用的高效性、功能复合和空间布局的立体化。具体的操作过程是:通过综合开发的手段,以站点建设为契机,从而引发其周边用地的一系列的城市开发,其中包括交通换乘站点的开发、商业开发、公共服务业开发、住宅开发、商务办公开发,以及城市空间地上地下一体化开发、城市中心再开发、历史地段保护开发、城市广场与绿地开发等,最终的表现形式为多种城市功能在三维空间上的复合。

轨道交通站点周边用地综合开发模式可分为以下三种:以城市交通功能为主、城市交通与商业功能并重以及多种城市功能复合。下文结合相应实例分别给出开发对策。

7.3.1　以城市交通功能为主

为研究以城市交通功能为主的站点周边用地,下文选取上海南站和纽约中

央火车站为例进行对比分析,从八个主要方面归纳总结其特点(见表7.1),并为提出相应的对策,提供了实证依据。

表 7.1　上海南站与纽约中央火车站相关资料

站点名称	上海南站	纽约中央火车站 (Grand Central Terminal)
周边用地 开发功能	以交通功能为主	以交通功能为主
地区城市职能	上海西南交通门户地区,为整个城市的对外交通以及城市内部交通换乘起到重要作用	为大中央枢纽站地区,与宾夕法尼亚车站同为大纽约地区重要的交通枢纽
交通组织方式	北广场有候车平台、停车场、公交枢纽站;南广场有公交枢纽站、停车场、长途汽车站;1号线、3号线和11号线三条城市轨道交通线路在此设站换乘	车站分两层,均在地下,有44个站台和67条轨道;站内有五条大都是北方铁路线;并可与数十条公共汽车线以及莱辛顿大道线(4、5、6号线)、纽约地铁7号线(包括区间线和快线)和短途列车S线(Shuttle)进行换乘
周边用地面积	东起柳州路,西至桂林南路,北靠沪闵路,南抵石龙路,总用地面积约 60 hm²	车站位置位于纽约曼哈顿第42街和公园大道的交汇处,总用地面积为 19.42 hm²
周边用地功能	火车站、长途汽车站、停车场、公园绿地、居住等	火车站、商业街区、写字楼、公交博物馆等
周边用地 建筑面积	27.5 万平方米	不详
周边用地 开发强度	容积率0.45,建筑密度约30%	不详
开发建设历时	自 2002 年开工建设,2006 年投入运行,周边用地开发及更新仍在进行中	1869 年开工建设,1871 年建成使用;于 1903 进行改扩建

　　在规划轨道交通线网时,其线路通常会与城市原有的交通组织方式发生交汇。人流在轨道交通站点与城市对外交通发生换乘时,该站点周边用地的开发

应较多地结合对外交通,尽量减少通道长度,避免大量的商业开发,使人流实现较快的换乘。

作为城市的对外交通门户,这类站点一般会距城市主要功能片区有一定距离,如上海南站位于城市西南部。其交通区位优势明显,但不会承载过多的除交通功能以外的城市功能。因而以交通功能为主的站点,决定了这类轨道交通站点周边用地的开发强度较低。

结合以上案例,相关控制对策如下。

(1)用地范围控制。

轨道交通站点的直接影响范围为控制区,间接影响范围为协调区。轨道交通站点半径 500 m 范围内为控制区(特殊站点可适当放大);半径 500 m 范围以外为协调区。

(2)用地性质控制。

结合以交通功能为主的轨道站点特点,其用地功能会较为单纯,按照由内至外(相对轨道站点)依次布置交通换乘、一定规模停车场、中等规模商业、居住区等,以提高站点的换乘效率。

(3)用地强度控制。

轨道交通站点周边用地以轨道站点为中心,一般可分为三个用地开发圈层:半径 200 m 范围内为低强度开发区,半径 200~500 m 范围内为中低强度开发区,半径 500 m 以外为中强度开发。借鉴国际国内成果经验,一般该地区(500 m 影响区内)的建筑毛容积率总体应控制在 0.5 以内。

以交通为主的站点周边开发模式,用地功能以服务交通为主,强度呈现为以站点为中心,由内向外不断提高。

7.3.2　城市交通与商业功能并重

为研究以城市交通与商业功能并重的站点周边用地,下文选取巴黎拉德芳斯(La Defense)新城和香港九龙站(Kowloon Station)为例进行对比分析,也从八个主要的方面归纳总结其特点(见表 7.2),并为提出相应的对策,提供了实证依据。

结合原有商业形成的商业与交通并重发展的轨道交通站点地区,其开发强度会远高于单纯以交通为主体的站点地区。在相同的开发背景与开发内容下,由于以城市交通与商业功能并重发展,必将会有部分用地用于各种交通设施建设。这类站点周边用地开发时,可以考虑设置目的式的建筑,如购物中心、酒店、

写字楼等,构筑轨道客流,减少通过式的人流,为地区发展注入活力。

表 7.2　巴黎拉德芳斯新城与香港九龙站相关资料

站点名称	巴黎拉德芳斯 (La Defense)新城	香港九龙站 (Kowloon Station)
周边用地 开发功能	城市交通与商业功能并重	城市交通与商业功能并重
地区城市职能	巴黎中轴线西端新城中央商务区（central business district, CBD）,集办公、科研、展览、商业、娱乐和居住为一体的都市副中心	九龙火车站与其复合,实现了零距离换乘;九龙站是联系香港新机场与中心区的综合客运枢纽;集商场、酒店及办公建筑为一体
交通组织方式	成为欧洲最大的公共交通换乘中心,RER 高速地铁、地铁 1 号线、14 号高速公路、2 号地铁等在此交汇;建成 67 hm² 的步行系统、集中管理的停车场设有 2.6 万个停车位,交通设施完善	交通设施布置在地下三层,通过垂直交通、换乘通道来衔接包括铁路、地铁、公交和社会车辆等各类交通
周边用地面积	拉德芳斯地铁车站的综合体用地 6 hm²,整个 CBD 占地约 750 hm²	九龙站物业发展是机场铁路沿线最庞大的发展计划,占地面积 13.4 hm²,预计吸纳超过 5 万的居住及就业人口
周边用地功能	集办公、科研、展览、商业、娱乐和居住为一体	居住、办公、商场、酒店等
周边用地 建筑面积	综合体总建筑面积为 27 万平方米;CBD 已建成写字楼 247 万平方米、其中商务区 215 万平方米、公园区 32 万平方米	包括 19 栋高层住宅、酒店及办公建筑,总建筑面积 109.02 万平方米
周边用地 开发强度	容积率 4.5	容积率 8.14
开发建设历时	1958 年开始规划建设,目前仍在进行开发建设	1869 年开工建设,1871 年建成使用;于 1903 进行改扩建

结合以上案例,相关控制对策如下。

（1）用地范围控制。

轨道交通站点的直接影响范围为控制区，间接影响范围为协调区。

（2）用地性质控制。

结合城市交通功能与商业功能并重的轨道站点特点，其周边用地性质一般呈复合功能，按照由内至外（相对轨道站点）依次布置购物中心、酒店、娱乐中心、展览区、居住区等，以目的式的吸引点形成稳定的轨道客流。

（3）用地强度控制。

借鉴国际国内成果经验，一般该地区（500 m影响区内）的建筑毛容积率总体应控制在 1.5 以上。结合轨道交通站点及周边用地的布置，用地的开发强度可在已有法定规划控制的基础上适度提高。

城市交通与商业功能并重的站点周边开发模式，用地功能以商业及部分居住为主，强度呈现为以站点为中心，由内向外不断降低。

7.3.3　多种城市功能复合

为研究多种城市功能复合的站点周边用地，下文选取日本横滨"MM21"地区 24 地块和加拿大蒙特利尔地下城为例进行对比分析，同样从八个主要的方面归纳总结其特点（见表 7.3），并为提出相应的对策，提供了实证依据。

表 7.3　日本横滨"MM21"地区 24 地块与加拿大蒙特利尔地下城相关资料

站点名称	日本横滨"MM21"地区 24 地块	加拿大蒙特利尔地下城
周边用地开发功能	多种城市功能复合	多种城市功能复合
地区城市职能	横滨大都市核心区域，整个项目是一个港口地区的更新计划	城市综合核心区，地下城为每年有 5 个月冬季的蒙特利尔提供了连续的室内活动空间
交通组织方式	功能组织和空间秩序依赖于 24 地块主体建筑中心内的巨型中庭，中庭最下层直接进入中央地铁站，从而避开了地面交通，直接吐纳大量人流	围绕地铁车站构建完善的步行网络，形成了大量以地下通道为主的地下空间；强调地面地下商业设施的整合，建立各个建筑群之间的联络通道；地铁出入口通过地下人行道与地下城紧密相连，地下城出入口又联系地上建筑，形成长度达 30 km 的世界最长的地下步行街

续表

站点名称	日本横滨"MM21"地区 24 地块	加拿大蒙特利尔地下城
周边用地面积	地区占地约 180 hm²；其中地铁站作为整个项目中立体化交通的重要组成部分,被纳入了综合开发的领域	不详
周边用地功能	步行商业街、饭店、银行、办公楼、美术馆会议中心、展示中心等	居住、办公、大型购物中心、广场、会议展览、酒店等
周边用地建筑面积	在介于横滨标志塔与和平会馆之间的 24 地块是一个典型的城市复合结构,建筑面积达到 32.5 万平方米；其他建筑面积不详	不详
周边用地开发强度	不详	不详
开发建设历时	地块原为 19 世纪建立的对外贸易码头；新的规划开始于 1981 年,宗旨是将传统的港口贸易文化与现代的商业、商务、旅游活动相结合,成为国际大都市的核心区域	自 1962 年对外开放营业的维尔·玛丽广场是蒙特利尔地下城的发展源,开发多年后其地下街及地面建筑仍不断更新

　　在原有的多种城市功能的基础上,轨道的建设为城市各片区发展赋予了新的活力。许多城市通过城市再开发,其片区功能更加趋于合理化；而一些城市通过地下街的开发,充分发挥了城市多种功能集聚所产生的乘数效益。

　　结合以上案例,相关控制对策如下。

　　(1)用地范围控制。

　　轨道交通站点的直接影响范围为控制区,间接影响范围为协调区。

（2）用地性质控制。

结合多种城市功能复合的轨道站点特点，其周边用地性质一般呈复合功能，按照由内至外（相对轨道站点）依次布置大型商业、娱乐设施、办公写字楼、文化体育设施、会议展览、商住楼等，以目的式的吸引点形成稳定的轨道客流。

（3）用地强度控制。

借鉴国际国内成果经验，一般该地区（500 m 影响区内）的建筑毛容积率总体应控制在 2.0 以上。但针对一些不可能进行大规模地面开发的地区（如古城区），可结合地下空间进行开发，采用地下通道联系地面建筑的方式实现地区的一体化开发。

多种城市功能复合的站点周边开发模式，用地功能以商业、娱乐及办公为主，强度呈现为以站点为中心，由内向外不断降低。

第8章 城市轨道交通站际地下空间开发模式与策略

8.1 站际地下空间定义

轨道交通站际地下空间指联系两个或多个相邻轨道交通站体之间的地下城市空间(见图8.1)。站际地下空间可以视为地下点状空间向地下网络城市的过渡,也可以看作TOD开发后期站域整合演进的一个状态。站际地下空间是通过连通站点之间多个吸引力点,为人群提供多样的地下活动类型与路径选择,从而形成区域网络效应,是地下空间不断拓展的一种表征,也是完成城市地下空间网络化的重要过程。

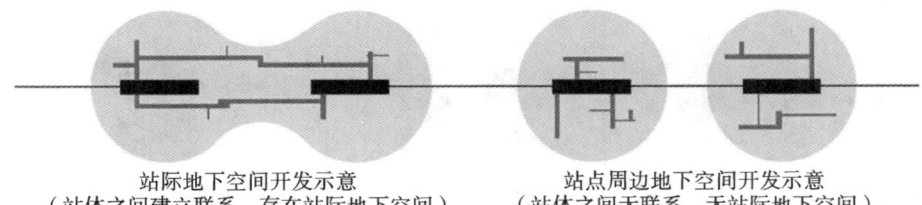

| 站际地下空间开发示意 | 站点周边地下空间开发示意 |
| (站体之间建立联系,存在站际地下空间) | (站体之间无联系,无站际地下空间) |

图8.1 站际与站点地下空间开发对比示意

按照站点之间的空间关系,站际地下空间可分为三种空间组织类型,即同线相邻型、异线相邻型、相交枢纽型(见图8.2)。

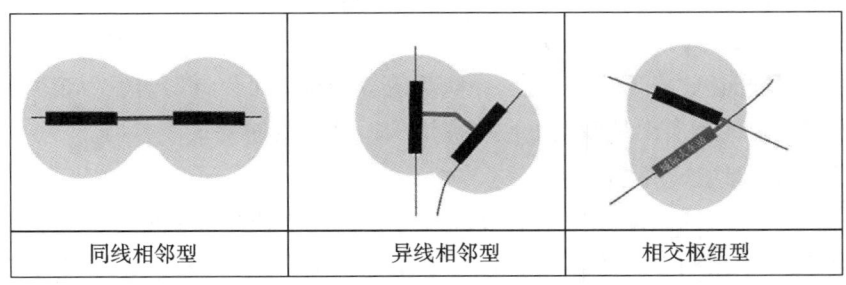

| 同线相邻型 | 异线相邻型 | 相交枢纽型 |

图8.2 站际地下空间的空间组织类型

类型 A：同线相邻型。

相邻站点位于同一条轨道交通线上，靠外部城市空间发生关联。两站之间不发生换乘行为，但可疏解中心区人流量压力。站际距离多为 300～1000 m。

类型 B：异线相邻型。

两条线路毗邻，相邻站点在空间距离上靠近，但相对独立，靠外部城市地下空间发生关联。两站换乘不是唯一的目的，大多需另购车票进行换乘，行人可因其他功能需求而进入。站际距离较为灵活。

类型 C：相交枢纽型。

两条或多条线路的站点存在紧密的联系，站点之间以内部通道联系。一般指城际火车站植入下的综合交通枢纽站。站际距离一般较近。其行为特征存在以换乘功能为主及非换乘为主两种情况。如在中国，城际与城市轨道交通连接通常以站内换乘为主，极少有人因为商业需求而刻意进入，而在日本等地下空间发达国家，则常常通过城市开放型地下商业街进行换乘转换。

根据其城市发展阶段及所在的不同区位，站际地下空间可分为三类开发模式，即新城中心一体型、旧城中心渐进型、交通枢纽集中型（见图 8.3）。

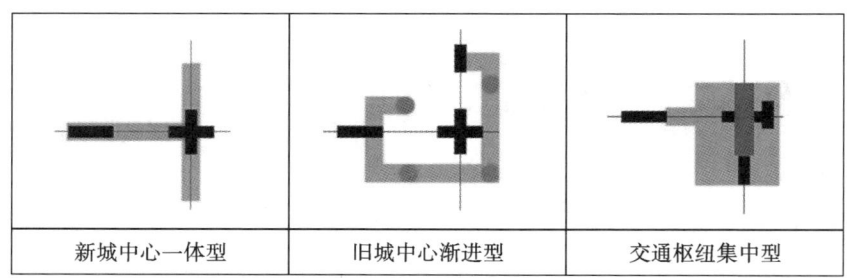

| 新城中心一体型 | 旧城中心渐进型 | 交通枢纽集中型 |

图 8.3　站际地下空间的开发模式类型

类型 A：新城中心一体型。

该类开发模式的站际地下空间指在实行规划一体化开发的新城中心区，地下空间后于轨道站或同时形成的情况下形成的站际空间。此类开发模式要求预先统筹规划完备。由于相邻站点、地块建筑等的设计可以同时进行，故协调统筹相对容易，因此是实现站际地下空间成形的一种有利的方式。

类型 B：旧城中心渐进型。

该类开发模式的站际地下空间指在亟需空间修补与优化的旧城中心区，地下空间先于轨道站形成的情况下形成的站际空间。此种类型目的是在轨道交通植入的契机下整合连接现存散点状地下空间，拓展地下空间容量。由于早期未

经过统一规划,站点之间已存在诸多已建地下空间,因此实施上具有一定的困难,具有渐进式开发的特点。

类型 C:交通枢纽集中型。

交通枢纽集中型指以城际或城市交通枢纽为核心的典型开发模式,目的是将城际轨道交通与城市交通(包括轨道交通)结合,形成高效的综合交通体系。该类开发模式的站际地下空间通过诸多站内及站际步行通道联系周边区域,形成一个高效聚集的城市节点区域。

8.2　站际地下空间开发模式

8.2.1　站际地下空间开发模式类型建立

1. 站际地下空间开发主体与连接模式

地下空间的开发与产权关系相结合形成不同的开发模式,其中政府的推动与协调是其中最关键的因素。根据开发主体的不同,开发模式可分为政府主导型、企业独资型及公私合营型。

站际地下空间连接模式呈现出的特征通常有三种:一为利用道路或公共区域地下空间连接;二为利用建筑物及周边地下空间连接;三为利用地下交通枢纽内部空间连接,如图 8.4 所示。

(1) 利用道路或公共区域地下空间连接。

此种类型为利用道路或公共区域连接各建筑和轨道站,到达目的地无需穿越相邻用地,或利用地下轨道交通建设的上部闲置空间作民用空间使用,确保资源的合理利用。该类型形式一般为中间为公共通道,两侧为各类商业,此类通道一般为全天开放,可有效缓解地面步行交通。路线清晰,空间结构简单明了,引导性强,可连接较多的建筑和街区,有利于提高土地的使用效率。但因可能会在市政道路下进行建设,建设成本相对较高。单纯用作交通的过街通道在人流量小时造成空间的浪费。因此通常后期逐渐开始招商引资,将通道变身为地下商业街。该类型在我国一般采用政府主导型开发模式,在其他国家也存在企业独资型和公私合营型的开发模式。此种类型的代表为日本。由于日本土地权属问题,其地下空间布局主要结合城市公共空间布置,即以地下商业街的开发形式来组织区域的地下空间系统。

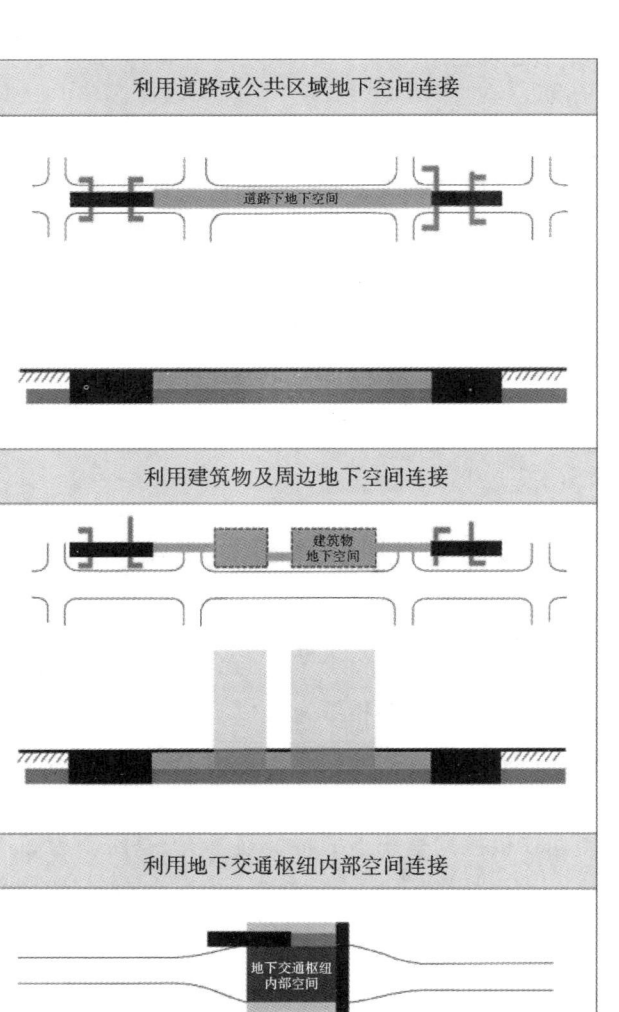

图 8.4　站际地下空间连接模式

（2）利用建筑物及周边地下空间连接。

该类型为相邻建筑地下空间之间设置步行连通道，并最终与地铁相连，形成地下网络。该类型的优势为大部分由私人开发商建造，建设成本较低，故政府财政压力较小；步行通道与建筑物连接紧密，界面不易断裂，开发效果理想。但在

建设过程中,开发商各自为政,易导致地下空间整体性不强、系统凌乱、方向感弱。并且开放时间受限于地块建筑的开放运行时间。

此种类型的代表城市为加拿大多伦多。多伦多地下城(PATH)是城市市民应对恶劣气候时的集体选择,其将建设用地间的地下空间相互连通形成网络,大部分由业主自发建设,政府负担较少,建设成本相对较低。地下网络的位置依据建筑物位置而定,受地面街道位置限制较少,是独立于地面街道的交通网络。城市地下常设置各类商业设施,地下停车场通常也紧邻地下空间,PATH 构成了市民通勤出行链的重要环节,其使各个建筑物在地下相互串联、畅通无阻,构建了比地面街道更为紧密的联系网络。

(3) 地下交通枢纽内部空间连接。

此种类型主要出现在城市或城际交通枢纽内部换乘通道中,满足以交通行为为主的步行活动。这里主要讨论在城市综合型城际交通枢纽中各交通工具的换乘通道。在这种通道的修建过程中,存在多个业主方,如高铁公司、城市轨道交通公司、物业开发公司等。因此,综合型交通枢纽是一个集聚的复杂系统,地下交通枢纽内部空间连接存在多方业主协调问题。该种类型的各通道通常同时建造,因此需要在建造开始之前就协调好各业主的利益关系。

日本地下空间常出现公共用地下的地下商业街模式,这与其土地私有制制度有着密不可分的联系。但值得注意的是,以上三种类别的使用与国家政策驱动有很大的关系。在加拿大,土地归私人所有,政府的行政职能较小,其主要控制各个地块间的公共用地。政府可以制定优惠政策,促使相邻业主共同出资完成地下空间的连接和地下城的修建。如蒙特利尔法律明文规定,只要是在地铁边居住的业主,均有义务考虑修建直接连接到地铁的地下通道,并与政府共同承担建设费用。此外,以上几种类型在城市地下空间中可同时存在,芝加哥地下网络 Pedway 就是由政府独立建造的地下通道和合建式的建筑物附属地下设施两部分构成。故在地下连接模式类型选择上可取长补短、灵活使用。站际地下连接模式类型对比情况见表 8.1。

2. 站际地下空间开发模式划分及特征

在实际操作中,站际地下空间建设区位、时序决定了实施要点和途径的不同。因此,依据城市发展阶段、所在区位探讨其开发模式,可以将站际地下空间的开发分为新城中心一体型、旧城中心渐进型和交通枢纽集中型三种类型。三类站际地下空间开发模式特点见图 8.5。

表 8.1　站际地下连接模式类型对比

类型	利用道路或公共区域地下空间连接	利用建筑物及周边地下空间连接	地下交通枢纽内部空间连接
特征	利用道路或公共区域连接各建筑和轨道站，到达目的地无需穿越相邻用地	相邻建筑地下空间之间设置步行通道，并与地铁相连，形成地下网络	城市交通枢纽以内部换乘功能为核心的多交通工具连接通道
优势	通道一般为全天开放，可有效缓解地面步行交通；空间结构简单明了；可连接较多的建筑和街区，有利于提高土地的使用效率	大部分为私人开发商建造，政府财政压力较小；不易造成商业界面断裂，开发效果理想	满足交通枢纽大客流量的集散需求；城市中心区空间集聚，效率高，避免大量人流涌入地面
劣势	建设成本相对较高。单纯用作交通的过街通道，在人流量小时造成空间浪费	开发商各自为政，易导致地下空间整体性不强；开放时间一般有限制	只针对城市交通枢纽地区；空间性质偏内向性；存在多个业主方，没有明确的法律条文规定权限范围，协调难度较大

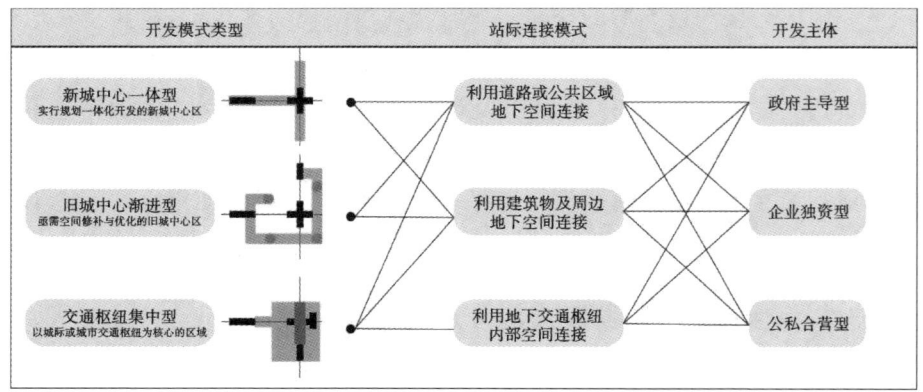

图 8.5　三类站际地下空间开发模式特点

8.2.2　模式 1:新城中心一体型

1. 基本特征

新城中心一体型主要指实行规划一体化开发的新城中心区,这类地下空间的开发具有很强的自主性,必须预先统筹规划。该类型地下空间驱动因素主要有地下空间资源储备、构建地下市政规划系统及综合交通系统。从我国打造新城的普遍模式来看,新城中心区的尺度一般都很大,地下空间的规模也巨大,其建设通常存在不同的建设时期。故新城背景下的开发建设首先需克服两个困难,一是短期内地面空间供给充足,如何准确预测未来的空间使用情况,对地下空间资源进行前瞻性储备;二是如何保证在不同建设时期建设的地下空间,最终形成一个连续的整体。

2. 实施路径

在实际操作层面上,首先要对地下空间的开发可行性做出评价,包括对站点所在地理位置及区位条件、站际建筑功能空间类型及开发强度做出判断等,以确保目标地块具有站际地下空间开发的必要性。一般情况下,具有多条轨道交通线路的大城市,地下空间开发形态以矩阵式为主;具有 1~2 条轨道线网的城市副中心或中等城市中心,地下空间开发形态以轴线式为主;具有单条轨道线路的小城市,地下空间开发形态以点式为主。

其次,新城地下空间的规划设计需要依托地面建筑进行统一规划,利用地铁、地下商业街、地下过道、停车场等功能空间进行一体化开发。在此过程中需注意在功能上进行分层开发,例如建筑物的地下空间考虑预留地铁接入口;各地块开发边界突破道路红线,实现多地块一体化开发;合理布置通道服务型、商务配套型等地下走廊,并保持合理的比例。在南京江北新区核心区规划设计中,轨道交通滨江站到中央商务区站共计 24 个板块都是地下空间一期的用地范围。地下空间共计 6 层,最深处 30 m,但整个“公共交通＋步行者”慢行系统都在强调一体化设计和无缝换乘。地下各层由下到上设置了地铁运输、停车空间、公共配套、商业配套等功能空间。在开发条件允许的前提下,尽量利用地块间预留的开发空间,实现互联互通。

开发实施利用主体也影响着地下空间的系统设计,因此其是规划设计中首

先要确定的内容。在北京朝阳区 CBD 核心区前期的规划设计中,设计单位比较了国际上较为成熟的地下空间规划模式。针对北京 CBD 以项目开发建设为主,政府财政投入相对较少的实际情况,选择将各用地相互连通,这有利于在前期资金投入较小的情况下,利用建设用地之间的通道,将各项目分散建设的地下设施进行资源整合。

此外,这里所定义的站际地下空间主要指 2 个相互联系站点之间的地下空间,而新城中心一体型项目涉及的地下空间范围多包含 3 个及以上站点,而多站要比两站间地下空间的空间行为组织更为复杂。

8.2.3　模式 2:旧城中心渐进型

1. 基本特征

旧城中心渐进型针对的主要是亟需进行空间修补与优化的旧城中心区。旧城中心区区域具有人口密度高、商业价值高的特点,在轨道交通植入的契机下拓展地下空间容量,整合连接现存散点状地下空间,实现站际地下空间的连接,可以促使区域价值提升。例如日本福冈的天神地下街,随着地铁空港线天神站和地铁 7 号线天神南站的先后落成,延伸了其地下街长度,在进行多期渐进式开发后,最终形成了总长 590 m 的地下街道,连通了福冈三越、大丸、福冈市政等多栋商业、办公综合体,同时也与周边的地下停车场相连接,形成了复杂的地下空间网络。

由于旧城区多未进行统筹性规划,且城市不断发展,因此位于该区域的地下空间具有多阶段、渐进式开发的特点。唯有经历一段时间的运作,城市各元素协调整合到平衡状态,才能使该站际空间形成一个稳定的体系。

2. 实施路径

由于旧城中心存储了许多发展成熟的建筑,因此地下空间的开发会涉及地下空间用途、土地分层及公私营项目衔接等问题,故需充分考虑土地产权、财务可行性等相关因素。此外,需妥善选择开发主体模式。一般来讲,可采用政府主导或政府引导等方式进行,需提出强制性要求或提供激励政策,鼓励私营企业参与地下空间建造,以构建全面综合的地下空间。政府主导的方式,主要集中应用于在城市公共空间下方修建地下空间的情况;而当地下空间需通过建筑物内部、

其他权属地块内或公共投资有限的条件下,往往采取由政府牵头,私营企业提供资本支持的公私合营模式。在该模式中,政府一般通过容积率奖励、现金奖励等措施来鼓励私人开发。新加坡在市中心兴建地下行人网络项目的规划便是采用商户出资,政府提供奖励政策的开发模式进行地下空间的修建。为了实现中心区地下总体规划,市建局出台了现金补助激励政策。在这种激励机制下,开发商在规划区域内的地下空间建设每平方米可以报销 28700 新元,其中,部分连接到私人土地的地下空间则可由市建局进行评估,每平方米最大可得到 14400 新元的回报。

上海静安寺周边地区是上海中心城西区的中心,被定义为"高质量的商务商业区",但其面临着商业空间不足、交通严重负荷的窘境。因此将静安公园的地下空间规划以疏解交通压力为核心目的。由于静安寺站周边各地块均分属不同开发主体,因此在地下空间一体化规划和建设中,面临协调困难的问题。因此,静安区政府组织编制静安寺城市设计工作文件,保证静安寺地块及周边用地的统一筹划,为打破地块间用地使用权的界限奠定了良好的基础。另外,政府还建立了协调机制,鼓励开发商配建公共空间,并引入立体产权与联合开发政策,规定了分属不同开发主体的相邻地块,其中一个地块可以通过向另一地块转让部分空间的土地使用权,提升地块的价值,实现两块土地的综合开发。该种地役权的出让方式,使得地上地下空间的立体整合更具灵活性,这种模式对已经高度开发、空间有限的地块再开发和更新十分实用。

此外,由于旧城存在部分空间的私有化,加上市民维权意识的逐步提高,部分国家已经将公众参与落到实处,这对私有公共空间的开发和管理具有重大的意义。

8.2.4　模式 3:交通枢纽集中型

1. 基本特征

交通枢纽集中型指以火车站与轨道交通复合型枢纽为核心的典型开发模式,目的是将城际交通与城市交通结合,形成高效的综合交通体系;并通过诸多站内及站外步行通道联系周边区域,形成一个高效聚集的城市节点区域。中国传统意义上的火车站往往体量较大,占据大量城市空间,过于独立且与周边商业开发联系较少,其客流人群往往以中长途旅客为主。现如今,中国已进入大都市圈快速发展阶段,就业岗位聚集,通勤圈外扩。时空紧约束背景下,构建以轨道交通为主体,多层次、中低运量公共交通为基础的公共交通体系成为共识。交通枢纽集中型的站际地下空间一般出现在区域中心级大城市,与周边二、三线城市共同构成区域城市群。这一类城市区域成为商业开发和企业办公的首选地。

城市中心区设火车站不应对现有规划产生不利影响,因此以轨道交通为主导的公共交通是消解客流量的不二之选。如深圳广深港福田站选址于福田CBD区,其设有 34 个出入口,与周边建筑无缝衔接,形成了包含多个地铁换乘枢纽的枢纽群及地下步行网络,有力支撑了枢纽地区的高强度开发。东京火车站是日本最繁忙的车站之一,每日出发抵达列车约 4000 列。车站共有 4 个出口,东侧接八重洲地下街,其将东京火车站与周边 16 栋大楼相连,得以保证大量客流的疏散,并最大程度实现了地下空间资源的开发利用。

2. 实施路径

相较于其他两种开发模式,交通枢纽集中型由于包含城际火车站,因此,人流会在更为紧缩的条件下集中,人流疏散及过境交通侵入中心区问题成为规划设计中最需要关注的要点。解决人流疏散问题要以便捷、快速疏散为导向,其一般的处理方式有以下 2 种:①加强道路与建筑体结合,充分利用立体空间,实现"零距离"换乘,做到无缝衔接,完善区域步行系统;②与周边商业紧密结合,利用地下商业街、上盖物业配合疏散。将过境交通引入城市中心区容易造成城市空间的割裂,因此需剥离过境交通,分离目的地不同的交通;以城际火车站建立为契机,完善周边路网形成循环体系,让枢纽内部交通融入城市交通系统。

交通枢纽集中型所包含的交通枢纽建筑多为一个复杂的集合体。为了尽可能大的利用空间资源,集合体通常包括高铁站房及站场改造、城市轨道工程、综合交通枢纽工程、城市道路改造和上盖物业开发等,形成多层次的地下空间结构。这对地下空间的空间结构、建设管理、安全评估、节能防灾、交通组织等都提出了挑战。此外,已建成区的市政道路、官网、绿化、建筑等设施相对完备,使得工程面临的外部条件非常复杂。因此相关部门应及早介入,联合多方业主沟通洽谈,处理好与已有轨道交通站点、公交车站、出租车站和步行系统、商业设施的衔接协调问题;合理组织施工建设,减少施工过程中对周边正常城市生活的干扰。

8.3 站际地下空间开发设计原则与构建策略

8.3.1 设计原则与构建策略概述

1. 设计原则

（1）可持续性。

地下空间造价昂贵，且开发具有不可逆性，应在总体规划的前提下进行合理、有序的开发。应注重各个地下空间在水平和垂直方向的连接，保证良好的可连接性，重视城市整体感的塑造。在进行现行开发时，不应阻碍后续开发利用，应重视中远期开发计划，合理平衡现阶段和远期需求，保证地下空间实施过程中在空间和时间上的连续性和发展弹性，以实现可持续性发展。

（2）协同发展。

"协同发展"是指城市生活与交通系统互相融合，是原本单一的交通功能设施与城市相互配合、联合发展的过程。依托轨道站点与周边城市空间的相互关系，改变原本地下空间各自独立、割裂的状况。尽量实现空间的串联，建立一种资源共享、利益互促的有益关系。

（3）综合开发。

实现城市空间各要素的互关互连，可谓是牵一发而动全身，因此不应将城市作为一系列要素的拼贴，而应以综合开发为原则，将城市各要素进行整合，使得各空间环境更加高效紧凑。将城市地上、地下各功能设施（如交通、商业、娱乐、停车、基础设施等）整合到一个体系中，不能将其割裂开来对待，因此在规划设计工作中首先要将地上和地下空间通盘考虑，对现状和需求进行尽量准确的分析预测，做到资源的合理利用，从而提高城市运作效率和吸引力。

2. 构建策略

在我国城市高密度建设及对地下资源需求不断提升的大背景下，站际地下空间的建设从城市的经济效益、社会效益、生态效益上都体现出了对于城市效能的优化。站际地下空间作为城市地下空间网络的重要部分，实现了地下空间从点到线，再到域的建立过程，其目的在于实现城市各空间的可达性。在空间形态上,其结构的建立实际上可拆分为若干个轨道站点和地下公共空间联系的建立过程。但在这个过程中,不仅需建立轨道站点与地下公共空间的功能与空间联系,还需对站际地下公共空间进行整合,结合考虑轨道站点与地下公共空间整体运作效率,以及其未来对周边的区域辐射效应。因此应从更宏观的角度,考虑城市整体发展战略、区域规划,结合城市轨道交通站点影响激发、地下公共空间体系化整合等目的共同构建站际地下空间结构体系。

在站际地下空间的规划中,应注重以建立交通系统为中心的设计策略,使功能组织、公共空间、环境意象与之有机整合、高效运作,促使城市空间的正常运行。站际地下空间系统的构建过程中,需将土地、交通、景观、历史等进行一体化研究,并综合考虑政府、轨道交通公司、开发商等多方参与者的利益,以求得综合效益的最大化。站际地下空间设计要素联系和站际地下空间设计策略建构如图8.6和图8.7所示。

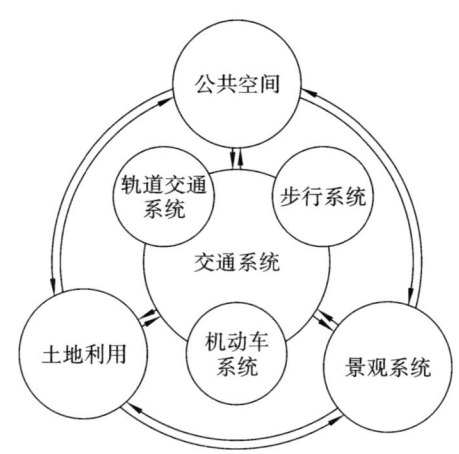

图 8.6　站际地下空间设计要素联系

8.3.2　空间设计策略

1. 站际功能多元聚合

城市是由多种复杂系统所构成的有机体,城市功能是城市存在的本质特征。轨道交通站际地下空间是城市功能多元化的具体体现,城市功能多元化是城市空间系统化的重要一步,其关键在于城市公共性的提升。

地下空间要扩大其对城市的影响必定先赋予其城市意义的功能,除了传统

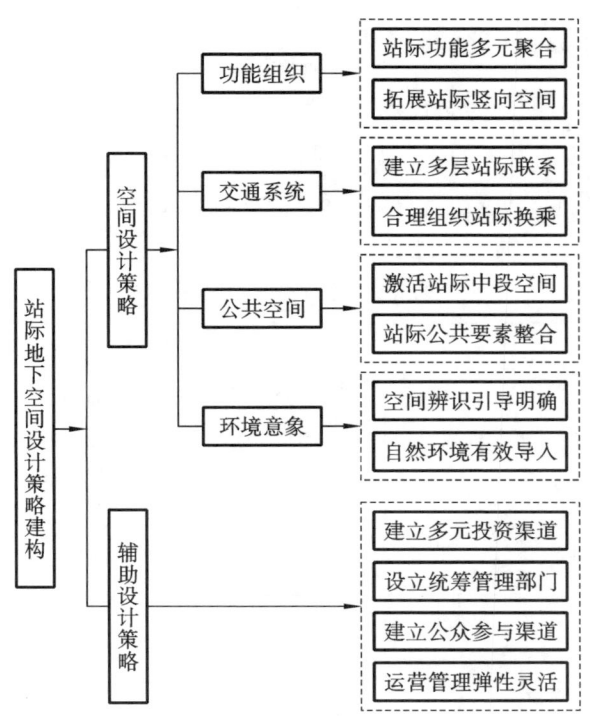

图 8.7　站际地下空间设计策略建构

的交通功能、防灾功能,公共广场、公共绿地、商业、剧院、美术馆等功能空间也开始置入地下空间(见图 8.8)。设计者应将地下空间当作地面空间一样去考虑人们的生活需求,对其进行多层次、复合化的利用,从而实现区域功能的高效整合,达到优化城市空间系统的目标,实现"点"到"域"的效能激发;有效组织交通流、便于分期建设及后期管理,控制站际地下联系在合理范围内展开。如加拿大蒙特利尔 Place-des-arts 站与 Place-D'rems 站利用地下空间串联了学校、剧院、综合体、政府机构等功能空间,将地下空间完全纳入城市体系中,提升了地下空间的多样性与开放性。

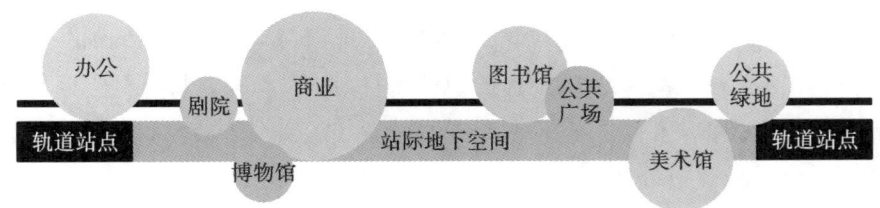

图 8.8　站际功能多元聚合示意图

2. 拓展站际竖向空间

根据规划区域的功能布局和未来城市发展需求,对地下空间的竖向开发要做到理性开发、由浅及深的原则。同时,具体开发深度要根据区域所在城市工程地质条件和技术水平决定。根据现有开发实践的经验,可以对站际地下空间竖向分层提出如表 8.2 所示的建议。

表 8.2　竖向分层规划建议

开发深度	−5～0 m	−10～−4 m	−15～−7 m	−15 m 以下
道路或公共区域地下空间	市政管线	地下商业街、人行地道、地下车库、地下道路	地下商业街、人行地道、地下车库、地下道路	地铁,远期开发用地
建筑物及周边地下空间	商业、地下联络通道、地下活动室、地下办公室等需要长时间停留的设施具有优先权	主要发展停车、建筑设备和仓储设施,明火商业不宜在此深度区间发展	主要用于停车、建筑设备和仓储,商业不宜在此深度区间发展	地下商业设施、地下车库、远期开发用地
地下交通枢纽内部空间	根据实际功能立体分层设置换乘功能,可利用较大深度的地下空间			

以日本六本木新城森大厦为例,其共 54 层、高 270 m。地下二层直通地铁日比谷线六本木站,地下一层设有餐厅、商店、便利店,地上部分为 54 层的"森之塔",大厦的最上部是代表都市文化的核心"森艺术中心",街区内的酒店、购物中心以及朝日电视台等综合性设施构成了商业、文化、信息的中心聚集层。

3. 建立多层站际联系

站际步行系统应强调立体化联系,即地下、地面与空中步行系统的一体化考虑,为行人创造内外通达、高效便捷的通行条件(见图 8.9)。将公共空间扩展到不同的城市标高中,从而适应多种类型的站际空间,实现公共空间量的提升。地面步行系统是城市中最常见的步行系统,高空步行系统由天桥演变而来,连接轨道站与周边建筑、高层公共空间及屋顶平台。在此基础上,根据实际情况,灵活组织地下通道、地下商业街等功能空间,实现轨道站之间的联系,从而达到区域

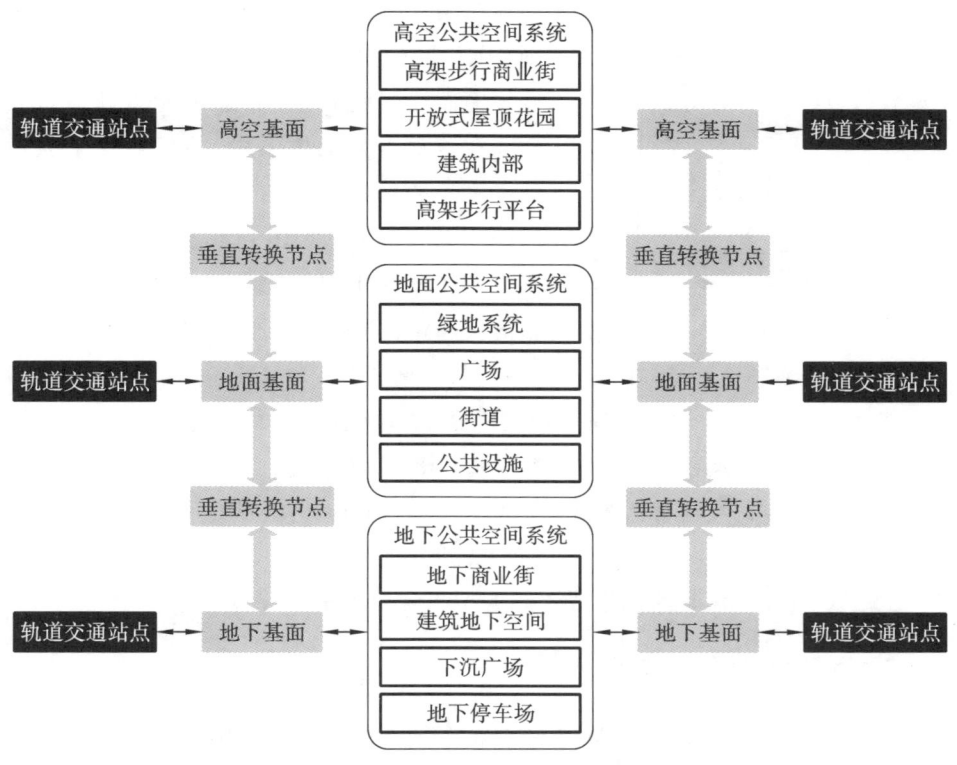

图 8.9　多层面步行组织示意图

空间联合开发的目的。

日本涩谷站周边起伏的山谷状地形,已经形成了一定规模的以坡道为主且富有变化的步行空间。这是一种独特的、以步行者为中心的城市空间。涩谷之光作为涩谷街区密布的步行网络的起点,通过构筑多层空中步行立体交叉网络,将车站中心地区与基础设施相连接,实现了环游性和连续性。泰国曼谷暹罗地区通过空中高架步行体系串联起了 MBK 购物中心、Siam Discovery 购物中心等暹罗地区最著名的建筑,并联系起暹罗站与相邻的七隆站,这是形成站际体系的另一种思路。

4. 合理组织站际换乘

在站际地下空间组织类型中主要有两种以换乘为主导的路径组织,一是异线相邻型城市轨道交通换乘站,二是相交枢纽型(包含城际轨道交通)换乘站。在这种情况下,便捷与快速是首要考量因素,需强化以地下空间为核心的立体集

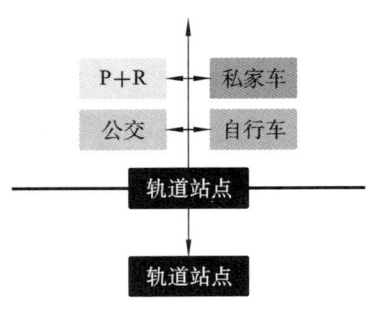

图 8.10　立体集中式换乘示意图

中式换乘。以最大化扩大区域通行能力为原则,采用立体空间系统布置,尽量避免各交通设施平面交叉,提高道路通过能力和通行安全。在该垂直换乘体系中,不仅实现了轨道站点之间的换乘,还打造了以公共交通为主的综合交通系统,如 BRT、轮渡、小汽车、自行车等。在设计中更注重人的出行感受,力求站内换乘路径便捷、舒适,尽量实现线路间的"零换乘"(见图 8.10)。

韩国首尔三成洞 COEX 周围地区建成了韩国国内最大规模的"地下城市",其集合了地下公交换乘中心、城市机场航站楼、停车场、商业和公共文化设施,共计地下 6 层。项目贯通韩国高速铁路(Korea train express,KTX)与广域高速铁道(great train express,简称 GTX,正式名称为首都圈广域急行铁道)等 6 条铁路,汇集 90 条公共汽车路线形成了超大型综合换乘中心,换乘极为便捷。

5. 激活站际中段空间

站际地下空间系统中,与轨道站点相距较远的公共空间需要有足够的吸引力,才得以支撑长距离的地下步行系统。公共空间与轨道站点的距离与其吸引力程度呈反比,故应加强站际中段公共空间的吸引力,将站点客流量辐射到站际中部,体系的建立才具有意义。特殊情况下,甚至可以单就一个公共空间展开城市设计的专项研究(见图 8.11)。

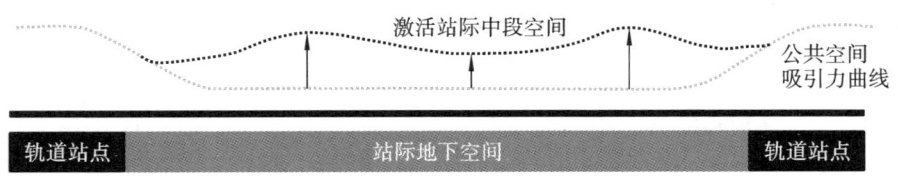

图 8.11　站际中段空间激活示意图

首先,站际公共资源需尽量连接,实现公平共享。综合考虑公共空间的布置,尽量联系更多的公共空间并在站际范围内合理分配,以提高不同使用者对公共空间使用的公平性。同时,应考虑地下空间与城市各类型空间结合的可能性,特别是私有空间的局部公共化。如上海的五角场地区商业发达、人流密集,但停车问题一直无法解决。淞沪路地下通道在设计之初便考虑了停车资源的合理利

用：利用站际地下空间连接万达广场、百联又一城、创智天地和江湾体育场等地区，释放商业中心区交通压力，解决了商圈停车资源不足的问题，也将常年闲置的地下车库资源有效利用起来，平衡该区域停车资源。

其次，需提升公共空间行为类型承载力。联系了轨道交通站点和各地块建筑等公共空间的站际地下空间需容纳换乘、通勤和消费等多种空间类型。在组织地下空间形态时应考虑其实用性。部分空间可考虑灵活、弹性设计其运营模式，以应对个性化需求和解决使用者在不同时间段的需求。提升使用者行为类型丰富性的同时，可增大空间可利用率，并带来更多城市活力。如加拿大蒙特利尔 Place-des-arts 站与 Place-D'rems 站区域内的德斯嘉丁综合体位于站际中部区域，其公共开放式的中庭设有喷泉、绿植、路灯，为市民提供了一个具有"地面感"的场所，并可利用中庭空间开展公共活动，合理利用空间资源的同时，也提升了人气，增加了市民对该场所的认知度。六本木新城露天广场位于六本木新城综合体核心地带，是一处带有可伸缩顶篷的多用途娱乐场所，从圆形舞台上的现场活动到占用整个区域的表演，这个露天区域可满足各类活动的需要。

6. 站际公共要素整合

地下空间设计的关键在于满足所服务的人的需求。因此，扩大站际地下空间的影响则必须扩展车站的传统边界，使内部空间与外部城市环境无缝融合。在这种情况下常出现同时具备私人与公共双重属性的空间（如中庭等），其在功能上容纳了交通、商业、商务、休闲娱乐等功能，从而大大提升了空间的使用效益，也有利于地下空间"地面感"的提升。具体设计手法为地下空间与临近的公共设施（如大型商业体、博物馆或景点等）联系起来，必要时进行一体化开发。总体来看，地下空间与城市公共要素整合主要分为与建筑整合、与景观整合、与道路整合 3 类（见图 8.12）。

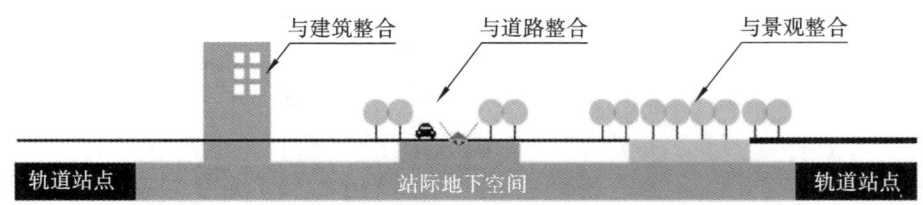

图 8.12　站际公共要素整合示意图

公共空间可以与多种功能建筑相整合。日本横滨市皇后广场包括3座办公楼、1家酒店、1座会堂、多座商业建筑和停车场,占地面积为4.4 hm²,总建筑面积达50万平方米,一条被称为"皇后商业街"的大型中轴线把这些建筑连通起来。皇后广场与港未来站通过一个巨大的中庭直接相接,可以从建筑物内部通往位于地下五层的地铁站。与常规的封闭式地铁不同,自然光可以照射到地铁站台,让乘客一下车,就倍感空间宽敞、活力充沛。

在实际规划中,通常可以利用公共空间与景观整合的手法巧妙地解决城市问题。百盛地铁站位于新加坡历史文化区中心。车站的设计要求是通过视觉与外部世界的连接来增强乘客们的旅游体验性,同时这个位于历史街区和公园的车站与周围现有景观要素自然流畅地融为一体,原因是将车站的屋顶设计成一个被水面覆盖的玻璃天窗。该地铁站建筑可媲美旁边的艺术博物馆,同时也打造了一个可通往博物馆、教堂、新加坡管理大学图书馆的公民广场。

公共空间与道路的整合方式通常为结合城市道路进行上车行、下步行的划分,可有居中车行、两侧车行2种情况。日本梅田地区地下街是日本大阪市北区的商业区,亦是大阪的主要购物区。区内有多座高层大厦、百货店、酒店、剧场,是日本具有代表性的高层办公商业区域。其中有JR大阪站、阪急与阪神梅田站、市营地下铁梅田站、东梅田站、西梅田站、JR北新地站等车站,是大阪的交通要冲。主要道路地下有Whity梅田、Diamor大阪地下街,除了联通邻近大楼,更与堂岛地区的"堂岛地下中心"结合形成巨大地下街。

在日本名古屋久屋大道改造规划中,将街道拓宽为100 m,中部为宽70 m的绿化,两侧各有4车道。绿地中段为600 m长的大通公园,在其下建造中央公园地下商业街。地下街容纳了含20多条公交的终点站、地下商业、停车空间,将交通、购物、休闲等功能融为一体,并通过下沉广场将人流巧妙地从大通公园与周边设施引入地下,美化了城市生态环境。

7. 空间辨识引导明确

站际地下空间除了解决城市交通问题外,同时也是一个具有辨识度的空间范围。其开发一旦形成,则成为城市重要的空间节点,应具有强烈的可识别性。因此,需要利用环境意象加深使用者对其的认同感。环境意象层面的策略主要从空间辨识和地下自然环境两方面说明。

连接轨道站的站际地下空间,由于工程限制或对人流疏散的考虑,常常不可避免地导致步行距离过长,加上地下空间的封闭性,以致人们对地下公共空间认

知性不强,寻路能力和空间定位能力受到影响。内部环境特征对人们的空间辨识尤为重要,其主要依赖标识系统和空间特征。发达城市站点地下空间均设有详尽的指路系统,协助乘客在复杂的地下空间寻路。此外,有研究显示,空间特征较之图形信息作用更为明显。

表达空间特征的关键在于提升空间差异。在此之前,需要保障空间的易理解性、流线清晰性和无障碍设计等基本要求。在制定基本原则之后,可依据不同空间特点表达个性,在共性和个性中求得统一。具体的设计手法有:①利用空间中的关键性节点空间(如下沉广场、建筑中庭等)增强辨识性;②利用周边城市空间元素对出入口空间进行重点设计;③长距离地下空间可进行分段设计,利用统一规定的室内装饰风格及材料实现区域领域感,并结合地域特征塑造独特的空间氛围。

8. 自然环境有效导入

整合自然环境,实现有效导入以建立地上地下空间在功能、心理上的联系。站际地下空间不仅可实现交通设施、公共建筑可达,也可实现景观可达,公园、绿地等同样可作为吸引力点存在。在城市空间中难以利用的碎片化空间可作为景观资源使用,如构建街道景观、小型口袋公园、大型公园绿地等多层次景观系统。在增大城市绿化的同时,也可以提升步行系统舒适性与景观相关行为产生的可能性。

为了提高土地利用效率和生态效益,可采用城市绿地和城市功能相结合的一体化开发方式:①与地下车库等交通空间复合利用,即地上为绿地空间,地下为停车库,既可以解决人车混行的问题,又可以提高土地利用率;②与轨道交通站点相结合,通过自然环境的融入可提升站厅环境品质;③与地下商业综合体集合,可激发商业购物与休闲交往行为;④与地下文化空间结合,可提升公园的生态价值和文化品位。例如,日本名古屋荣地区的 Oasis21 通过整合改造久屋大通公园、荣公园、荣地下街,建立了新的城市文化据点,并大幅度地利用了自然资源,如天窗采光、地面人工绿化、大屋顶铺设水幕、循环利用雨水等。

地下空间自始至终都难以逃脱其幽闭、阴暗的固有特征,自然景观的植入,可在一定程度上缓解。如在下沉广场、建筑中庭、地下街等空间设置景观,强调景观类型与空间设计的配合,增强地下步行途中的愉悦之感;摆脱割裂的景观,增加可使用、可接触的景观,结合城市基础设施,增强与人的互动性,为城市增添活力。日本东京大手町地区利用尺度不一的若干下沉式公共空间与地铁通道相连接,同时为市民活动创造了更多可能性。其得以成功开发在于政府出台了针对开发商在建筑开发中对城市公共空间做出贡献可进行容积率奖励的政策。

8.3.3 辅助设计对策

1. 建立多元投资渠道

在考虑地下空间的用途、财务可行性和土地产权的同时,须确定开发主体模式及具体的执行安排。一般来讲开发主体模式主要分为 3 类:政府主导型、企业独资型及公私合营型。国内目前主要采取政府主导型模式开发,该模式缺点在于地下空间开发成本会增加政府财政上的负担。为应对该情况可采取政府统筹协调、多主体介入的开发模式,实现共赢。对于大型公共空间,可主要以公共投资为主,政府统一管理;对于中小型公共空间,可选择在平衡公众利益的前提下,引入强制性要求或提供激励政策,鼓励私营企业参与地下空间开发建设,以构建全面综合的地下空间(见图 8.13)。

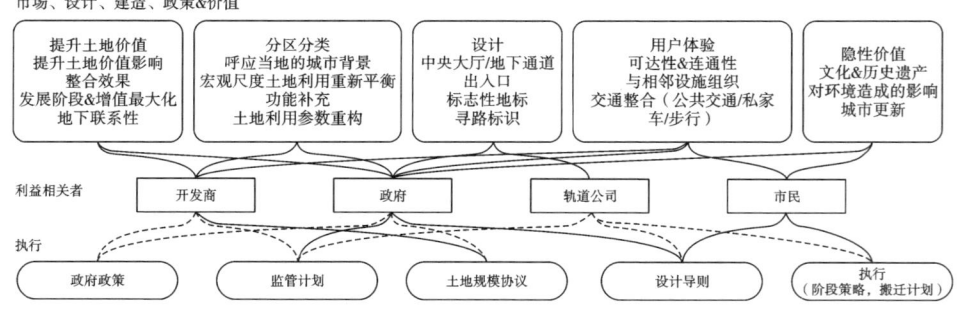

图 8.13 多元主体共赢模式

2. 设立统筹管理部门

城市设计的成功实施除了编制时机恰当、城市设计成果权威外,还需有信念坚定的实施主体。具体实施方法可借鉴法国的城市设计"协调建筑师"制度,即从公务员中选拔或购买社会服务,聘任相应的城市设计"协调建筑师"。其主要职责为以践行权威城市设计成果为原则,负责设计实施范围内每一栋建筑工程的平面、出入口等统筹协调工作,以达到控制范围内地下空间的一体化建设。在组织施工期间,可借鉴深圳市在建造深圳福田综合枢纽时成立的枢纽建设指挥部,其全面协调多家建设单位、施工单位的工作,组织一体化施工思路,保证了枢

纽施工期间中心区可正常运行。

3. 建立公众参与渠道

地下空间作为城市公共空间,天生具有对城市居民的社会责任,由于其建设和运营并非一劳永逸,在持续的运营和建设过程中,公众监督起到了非常重要的作用,因此除了信息公开化之外,政府可鼓励非政府组织(non-governmental organizations,NGO)在城市建设和管理中担任政府与民众之间的沟通纽带,打造沟通平台、形成互动桥梁。如 2015 年 6 月,香港土木工程拓展署展开一项策略性地区先导研究,深入探讨在四个策略性地区(金钟/湾仔、铜锣湾、跑马地及尖沙咀西)发展地下空间的可行性,制定地下空间总纲图为未来地下空间发展做出指引。从选定研究范围到优化方案确定,共进行了两次公众参与过程。

4. 运营管理弹性灵活

城市空间服务于人,为市民提供了健康宜人的生活环境。因此地下空间也应从人的空间使用需求出发实行灵活的运营管理。其运营管理形式首先应满足空间使用的便利性。无论公有或私有,地下空间运营时段需与周边公共交通及建筑保持一致。如轨道交通正常运行时间段一般为 6:00—24:00,在此期间,地下街宜保持开放。此外,出于安全考虑,地下空间容量均应以满足最大客流量为基准进行设计,但在部分轨道站点客流量呈大波动现象,特别是在商务型站点更是呈现明显的潮汐现象。因此在客流低峰段可通过引入城市商业、社会交通活动,弹性利用空间,主动引入城市人流,提高空间使用率。

第9章 多层级城市轨道交通一体化开发规划

9.1 都市圈背景下多层级一体化轨道交通发展

在以城市群为主要形态的新型城镇化进程中,中心城市依托的坚实产业基础和辐射带动能力吸引外围地区要素进一步集聚整合,逐渐形成围绕中心城市、以通勤联系为重要表现、具备更紧密经济社会联系的都市圈,为城市群带动国家经济增长、推动区域协同、参与国际竞合提供有力支撑。国家发展和改革委员会将都市圈定义为城市群内部以超大特大城市或辐射带动功能强的大城市为中心、以1小时通勤圈为基本范围的城镇化空间形态。目前,长三角城市群的上海都市圈,粤港澳大湾区的广佛都市圈、深莞惠都市圈已逐步形成。都市圈对要素的集聚整合具体映射到产业结构升级和城市空间重组,推动交通出行需求和模式的变革。职住分离、外围组团集聚、中心城区拥堵等特点日益突出,现有轨道交通体系在功能层次、技术标准、互联互通等方面已不能完全满足都市圈多层级、多样化的出行需求。

9.1.1 都市圈背景下交通需求特征及典型问题

1. 都市圈背景下交通需求特征及发展趋势

职住分离形势加剧,通勤范围扩张。以金融、互联网、专业技术服务、智能制造等为代表的现代服务业和先进制造业要求高度密集的资本和人力资源,促使中心城区就业岗位进一步集聚,而建设用地的稀缺和人们改善居住品质的意愿加强促使住房的供需均衡进一步外扩。

外围集聚效应显现,跨界交通需求激增。都市圈内高度城镇化的边界地区是要素跨行政边界流动的重要通道和都市圈协同发展的先行载体。随着产业转

型和人口结构变化,以边界组团为代表的外围组团小范围辐射带动能力增强,内部交通及跨境通勤交通需求大幅增长,有形成边界地区集合城市交通圈、集中强化与中心城区联系的趋势。

中心城区拥堵持续加剧,道路交通扩张难以为继。在城市建设用地趋于增量管控、存量优化的新发展条件下,超大城市核心区开发与更新强度持续提升,出行需求持续增长,仅依靠道路交通供给能力的提升难以为城市交通良性运行提供有效保障。

2. 都市圈背景下轨道交通典型问题

人的时间贫困。职住分离加剧的背景下,既有轨道交通设施与服务模式仅简单延伸到外围组团,无法有效控制出行时间,由长距离出行导致的长时间通勤人群比例持续增加。时间贫困人群的工作与生活时间受大幅挤压,在可支配时间和时间价值两个维度的综合作用下严重影响工作效能和生活质量,进而加剧社会阶层分化风险。

空间的无序蔓延与组团功能失衡。以轨道交通建设带动城市土地开发与新城建设是当前超大、特大城市增量发展的典型模式,但新城定位不清晰、交通设施盲目建设的情况也普遍存在。对于以居住功能为主的新城,未配置适应潮汐性、大运量、高速度的轨道交通,而是采取中心城区轨道交通简单延伸的短站距、密集设站模式,难以保证中心城区与外围组团的强联系和支撑外围组团协同高质量发展:①旅行速度低下,难以通过控制通勤时间提升出行品质;②导致走廊空间粗放开发,加剧了中心城区"摊大饼式"的无序蔓延,分化了本应往新城集聚的要素,呈现出将高品质新城拉平为中低品质市郊绵延区的趋势。

轨道交通系统功能割裂、服务模式单一。受制于行政管理体制、权责主体划分及相关技术标准缺乏,铁路(目前运营包括高铁和城际铁路)和城市轨道交通仅在城市空间布局层面实现简单协调,而在设施规划建设、运营组织、服务配套等方面尚未形成有效对接。轨道快线、市域(郊)铁路尚未形成规模,不同类型轨道交通功能难以有机统筹,衔接换乘便利化程度较低。

当前国内城市轨道交通建设普遍滞后于城市发展,缓解中心城区拥堵是轨道交通建设中前期的关键诉求,发展重点往往在服务城市核心区的地铁普线,而对外围区域具有空间引导功能的线路被暂时搁置。

9.1.2 东京都市圈空间结构与轨道交通体系的互动演进

日本东京都市圈轨道交通体系与当前多中心一体化的都市圈空间结构相适应,包含地铁、私铁、日本铁路(Japan railways,JR)、新干线等多种形式,这种体系一方面在空间分布和功能定位上存在差异和分工,另一方面在枢纽建设运营与线路资源共享上具有较高协同程度。东京市圈多层级轨网空间分布与功能定位见表9.1。

表 9.1　东京市圈多层级轨网空间分布与功能定位

类别	线路数量	线路规模	车站数量	站距分布	平均站距	空间分布	功能定位
地铁	13	312.4 km	282	0.6~1.8 km	1.13 km	集中在东京区部,以都心为核心呈网络化布局	主要服务城市核心区中短距离出行需求
私铁	62	1400 km	863	0.7~2.0 km	1.5 km	以 JR 山手环线为起点、向各大客流走廊向都市周边外围组团放射	主要服务以通勤为代表的城市中心-外围联系需求,兼顾城市核心圈内出行需求
JR	31	1490 km	544	1.0~4.0 km	3.0 km	呈现以东京区部为核心的"两环多射"模式,覆盖主要普通域际走廊	主要服务普速域际联系和以通勤为代表的城市中心—外围联系需求
新干线	—	223 km	—	—	25 km	以东京站为核心向主要长途城际客流走廊放射	主要服务长途域际出行需求

东京都市圈城市空间形态演变经历单核心集聚、单核心-多副中心聚散以及多中心一体化等阶段(见图 9.1),轨道交通体系的形成与发展与之密切互动。

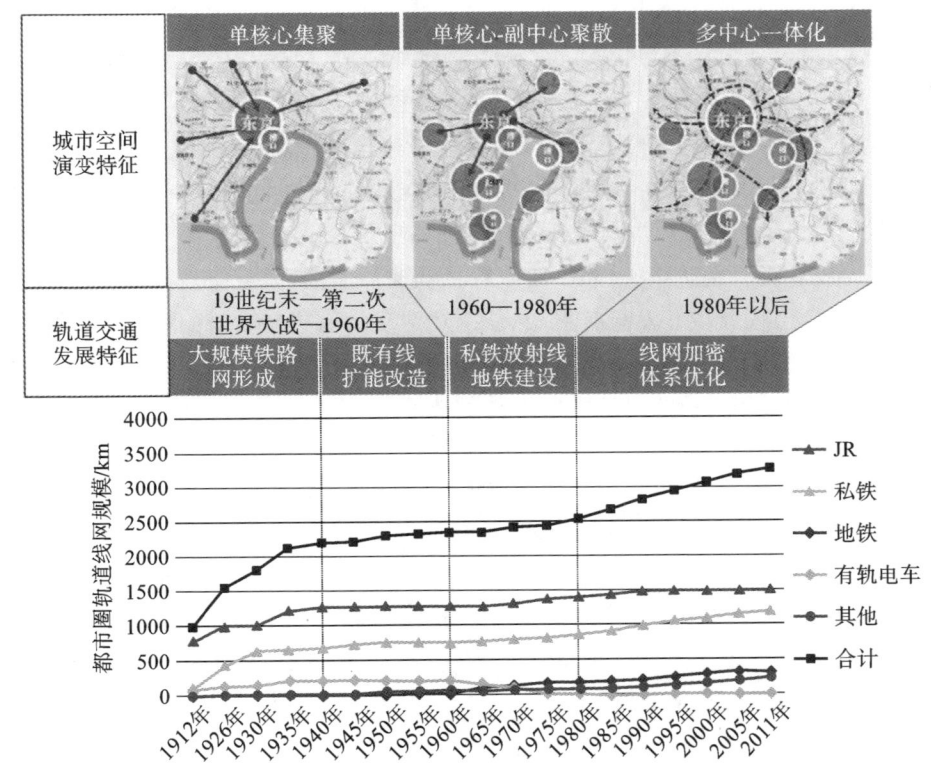

图 9.1　东京都市圈空间结构与轨道交通体系发展变化情况

(1) 1940 年以前:小型单中心城市,铁路网基本格局形成。

明治维新期间,国有、民营资本大规模投入铁路建设,至 1890 年日本全国共建成铁路 6009 km,并于 20 世纪初开启电气化进程。东京地区至 1940 年形成了现有铁路网基本格局,但城市化区域规模小,铁路主要服务城市间货物运输和宗教朝拜。中心城区轨道交通以有轨电车为主(最大规模达 210 km),地铁仅建成运营 14.3 km。

(2) 1940—1960 年:城市单核心集聚,既有轨道设施扩能改造。

第二次世界大战前后,东京依靠既有港口资源发挥了前店后厂的作用,人口、生产要素进一步集聚,形成了以工业体系为主的单核心城市,交通运输需求剧增。受军事运输垄断、养护维修欠缺、战争破坏等影响,第二次世界大战结束时日本铁路运输能力大幅下降。1950 年后,日本经济开始复苏,但受制于财务状况和补助政策,新建铁路较少,国铁主要通过开行快速列车、引进柴油和电动

机车等方式恢复运力、提升服务水平,私铁主要通过加大列车编组等方式增加运力。中心城区仍以有轨电车为主,但面临路面拥堵、小汽车竞争等挑战,运营压力增大。

(3)1960—1980 年:单核心-多副中心格局形成,地铁与放射线大规模建设。

土地空间资源紧约束下,东京中心城区人口与产业结构开始调整,外围区域城市化进程加快,空间布局逐渐呈现"单核心-多副中心"形态,主要通勤走廊压力剧增。轨道交通采取在主要通勤方向上复线化、双复线化等扩能改造措施提升通勤运输能力,同时反馈刺激外围区域进一步开发。20 世纪 70 年代以后,政府出台了私铁建设补助政策,掀起了新一轮私铁建设热潮,轨道交通建设与 TOD 模式实践同步推进,新城开发与放射线、外围轨道建设有机结合,涌现出以多摩田园都市为代表的"新城—轨道"开发典范,都市圈轨道网络规模进一步提升。中心城区的经济结构升级转型与土地增值推动了地铁的持续建设和迅速运营,其取代有轨电车成为公共交通的主体。东京都市圈典型新城基本情况对比见表 9.2。

表 9.2　东京都市圈典型新城基本情况对比

新城	距都心距离/km	规划面积/km²	规划人口/万人	开业年份	轨道交通开通年份	开业 20 年居住人口/规划人口/(%)
多摩田园都市	15～35	31.6	42.0	1966	1966	95.0
多摩新城	25～35	28.84	28.59	1971	1974	49.3
千叶新城	24～45	19.3	25.3	1979	1979	49.8
筑波科学城	45～60	284	27	1972	2005	65.1

(4)1980 年以后:都市圈多中心一体化,轨道网络体系优化。

在产业布局持续优化调整背景下,外围副中心通过承接功能转移等方式持续集聚,都市圈逐渐形成功能协调、高强度联系的多中心一体化发展模式,各中心组团间的联系需求及其复杂程度大幅提升。在国铁改制背景下,JR 与私铁的工作重点转向高速运转、直通、站点改善等方面,例如开设高等级列车和直通列车提升服务水平,建设支线提升郊区服务覆盖。中心城区地铁进一步加密(新增 130 km),实现与 JR、私铁线路的全面直通,满足外围客流直达核心区内部的出行需求。

9.1.3　都市圈背景下的轨道都市价值体系

1. 轨道交通功能定位

空间结构与交通供给、决策与治理、认知与生活方式导向等维度及其具体内

容相互作用,影响居民的出行行为,形成城市出行文化下的交通形态。Kuhnimhof T 和 Wulfhorst G 采用人均 GDP 和城市化区域常住人口密度作为描述城市发展阶段的指标,针对全球不同城市发展过程中的交通形态分类及其演变进行了聚类分析。当今国内特大超大城市人口密度较高、交通趋于饱和,普遍具有发展成为以轨道等大规模公共交通为主导的高密度城市交通形态的趋势。

国家层面将都市圈层面的轨道交通定位为通勤圈的骨干,统筹都市圈轨网布局,构建以轨道交通为骨干的通勤圈,加强衔接,探索运营管理"一张网"。国内典型超大、特大城市在城市总体规划和交通战略中普遍将轨道交通定位为公共交通骨干,围绕轨道交通提出空间覆盖率、时间可达性、公共交通或绿色出行分担率等核心指标。国内部分大城市对轨道交通的功能定位见表9.3。

表 9.3　国内部分大城市对轨道交通的功能定位

城　　　市	功 能 定 位	指　　　标
上海市城市总体规划(2017—2035年)	(1) 由铁路、城市轨道、常规公交和辅助公交等构成的多模式公共交通系统,形成城际线、市区线、局域线 3 个层次的轨道交通网络。 (2) 围绕轨道交通枢纽及站点提升公共活动功能。 (3) 构建以中运量轨道和中运量公共汽车等为骨干的局域公共交通网络	(1) 到 2035 年,全市公共交通占全方式出行比例达到 40% 左右,新城与主城区之间的公共交通出行比例提升至 80%。 (2) 主城区、新城轨道交通站点 600 m 用地覆盖率分别达到 40%、30%。 (3) 常规公共汽车站点 500 m 用地覆盖率为 100%(主城区)、90%(新城、核心镇、中心镇镇区,15 min 以内接驳进入市域轨道交通网络)。 (4) 中心城平均通勤时间不超过 40 min。 (5) 重要交通枢纽、市级中心之间 30～45 min 互通可达。 (6) 枢纽之间的轨道交通出行时间缩短至 40 min 以内

续表

城　　市	功能定位	指　　标
广州市交通发展战略规划（2018）广州交通发展白皮书（2013）	（1）依托轨道交通及快速公交强化大公交网络功能。（2）积极构建以轨道交通为骨干，公共汽车为主体，出租车、水上公共汽车等为补充的多模式、多层次城市公共交通系统，发挥轨道交通对城市空间拓展的引导作用，以及对中心城区客流的疏解作用	（1）到 2020 年末，中心城区机动化出行中公共交通分担率达到 75%。（2）"3060"时空目标——广州主城区至副中心、外国城区、佛山核心区 30 min 互达，广州与邻穗城市中心 60 min 互达。（3）"6080"客运目标——市城公共交通占机动化出行比例 60%，轨道交通占公共交通出行比例 80%。（4）完善航空、铁路和城际枢纽的轨道集疏运：机场、广州北站等重要对外交通枢纽至少有 2 条及以上的城市轨道线路衔接，城际关键节点 100% 有城市轨道线路衔接
南京市国土空间总体规划（2021—2035 年）	（1）建立以城市轨道交通为骨干、路面公共汽车为主体、出租车为补充的多层次一体化公共客运交通体系。（2）都市区轨道线网由市域快线、城区干线和局域线组成，形成市级中心三线以上换乘、市级副中心两线衔接、新城中心快线相连的总体布局	（1）中心城区公共交通出行分担率确保 30%，力争 35%，老城、市级中心区、跨江与重要轴向公共交通出行比例达 60% 以上。（2）老城区轨道交通车站 600 m 半径覆盖率超过 70%，主城区交通车站 800 m 半径覆盖率超过 60%
深圳市国土空间总体规划（2020—2035 年）	构建以"枢纽为核心、轨道为主体、常规公交广泛覆盖、多样化公交补充、慢行为延伸"的公共交通体系	绿色交通出行分担率不低于 85%

　　超大城市及其都市圈建设与发展需要超大规模多层级轨道线网提供支撑，东京、巴黎、纽约都市圈的轨道交通线网里程均超过 2000 km，其中承担中心城

区内部出行功能的地铁在线网总规模的占比较少,而承担市郊放射功能、以快线模式运营的市域(郊)铁路是线网的主体,占总规模的 70% 以上,有力支撑了近郊(30 km)、远郊(50~70 km)的持续开发和需求保障。纽约、巴黎、东京都市圈轨道交通规模及特点见表 9.4。

表 9.4　纽约、巴黎、东京都市圈轨道交通规模及特点

空间尺度	纽约		巴黎		东京		特点
	空间层次	主要服务形式	空间层次	主要服务形式	空间层次	主要服务形式	
城市中心区半径 15 km	5 区	地铁	巴黎及近郊三省	地铁有轨电车	23 区	地铁单轨	线网密站小,满足日常出行
	789 km²	373 km	762 km²	219 km	621 km²	312 km	
都市圈半径 50~70 km	纽约州-新泽西州-宾州都市区	市郊铁路	大巴黎地区	RER 快线、市郊铁路	一都三县、茨城县南部	私铁、JR、新干线	快速、大运量满足通勤出行
	17000 km²	2280 km	12000 km²	1782 km	16000 km²	3113 km	

2. 轨道都市价值体系

基于轨道交通对各层次需求的回应和社会效益,从被动适应出行需求到主动引领城市发展、从简单粗放的设施供给模式到复杂精细的综合治理模式,提出轨道都市价值体系,如图 9.2 所示。

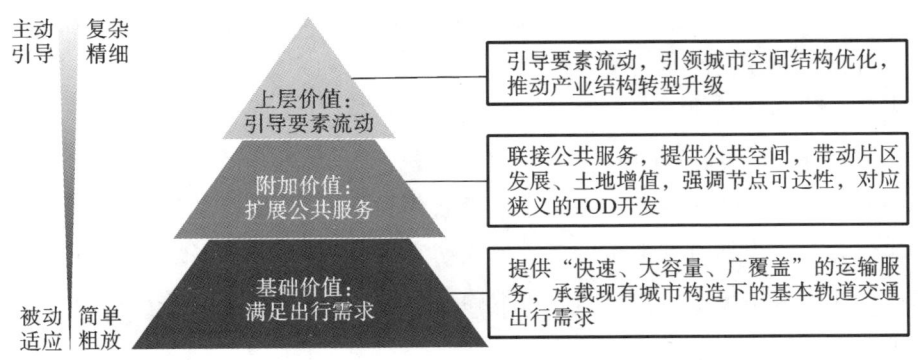

图 9.2　轨道都市价值体系

基础价值是对出行需求的被动回应,对于当前城市结构和既有规划情景下的轨道出行需求,以速度、容量、覆盖率等运输供给指标作为价值尺度。我国城市轨道交通网络建设初期首先要实现的就是轨道作为运输工具的基础价值。

附加价值是依托轨道交通体系,构建公共空间、扩展公共服务。提升附加价值的典型方式是实施综合开发,扩展轨道交通站点本身作为公共空间的功能范围,并依托轨道站点的客流集散功能推动周边土地开发与增值、带动片区发展,发挥轨道车站作为社会生活中公共服务节点的作用。

上层价值体现在突破现有城市构造与需求特征、发挥轨道交通对都市圈资源配置的引导作用,引领人力、资本、产业等要素流动,指引城市空间布局及土地开发策略,推动产业结构升级转型。实现轨道交通的上层价值,需与城市空间战略紧密协同。以新城开发为例,应处理好土地开发与轨道交通建设的共生关系,协调建设时序、提升资源配置效率。

9.2　多层级城市轨道交通一体化规划路线和要点

9.2.1　城市轨道交通线网规划技术路线

从新型城镇化发展和轨道交通系统构建的角度出发,由上至下地针对各个层面,城市轨道交通线网规划需要统筹处理好以下 4 个方面的关键关系(城市轨道交通线网统筹规划思路见图 9.3)。

(1)区域综合交通。

考虑城市之间的统筹协调,实现城际交通与城市内部交通的有机联系,厘清城市轨道交通在区域轨道整体系统中所处的地位和发挥的作用,明确轨道系统的服务层级和衔接要点。

(2)城市总体规划。

城市轨道交通是城市功能的重要承载体和拓展体,城市的用地布局与空间结构作为上层规划对城市轨道交通的线网布局产生指引和约束,城市轨道交通的形态亦反作用于城市的空间和用地,轨道线网的布局模式需要通过两者的互动确立。

(3)城市综合交通体系构建。

轨道交通是城市综合交通体系的重要组成部分,明确其与一般道路交通的差异,寻找其自身的定位和运输服务的作用,实现城市交通需求的合理分担以及

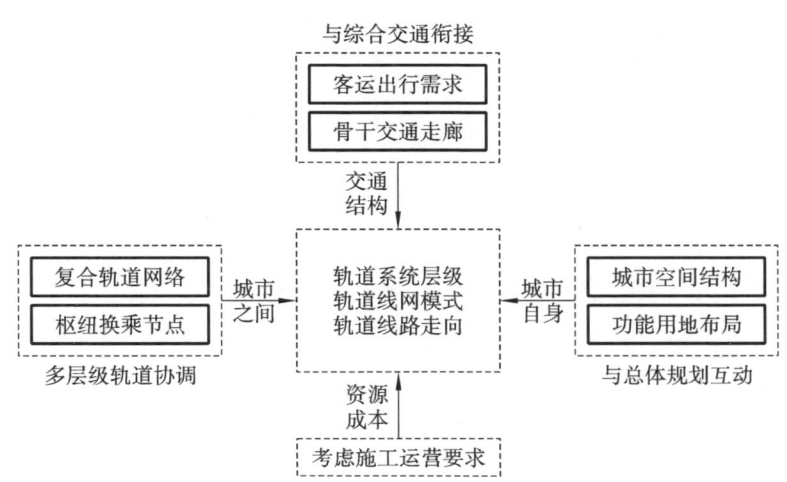

图 9.3　城市轨道交通线网统筹规划思路

骨干交通走廊的塑造,通过轨道与道路空间资源的协调,落实线路的走向和线位。

(4)轨道系统自身运营及工程技术。

合理配置各项资源,降低建设施工和运营维护的成本十分必要,线网规划阶段需要适当考虑后续的建设施工与运营组织要求,对限制条件做出识别和判断,以便后续工作的开展。

9.2.2　城市轨道交通规划关键要点

1. 多层级轨道交通系统协调

从都市区交通系统的发展水平观察,我国主要城市的轨道交通系统尚处于初级发展阶段。相比国外发达城市及地区还存在较大的差距,如伦敦、纽约、巴黎、东京等城市城际轨道与市郊轨道占轨道交通的规模比重均达到 70% 以上。与此同时,我国城市轨道交通规划往往存在重视城市内部轨道交通,忽视区域范围轨道系统的现象。而出于实际的发展需求考虑,基于城市及城镇群地区丰富的客运需要,根据系统服务功能的不同,城市地区的轨道交通系统可以划分为多个层级。

所谓"多层级轨道交通",即根据轨道交通服务对象或者服务范围的不同,结合各个阶层客流所表现出来的不同区域特性,将某些服务对象具有共性的轨道

交通组合为 1 个层级,不同层级轨道交通的组合便称之为多层级轨道交通。

（1）轨道交通系统层级。

①区域轨道交通。

区域轨道交通以高速铁路、城际铁路为代表,时速在 200 km 以上,承担核心城市间的联系,是服务于不同城镇群之间的轨道交通形式,也是不同城镇群之间联系的重要纽带,加强了不同城镇群之间经济、文化等的交流。从建设管理的主体来看,属于传统大铁路系统,规划以服从国家或区域既定的线网布局及功能等级为基础,根据城市的实际情况提出适当的优化调整意见。在城市轨道线网规划中,明确线路廊道以方便共用设施或者避免线位冲突,同时锚固换乘联系的枢纽节点。区域轨道交通有别于其他 2 个层级的轨道交通,这一层级的轨道交通具备的明显特点就是运距较长（一般在 100 km 以上）、出行时间也较长（轨道交通运行时间一般大于 1 h）,出行频率也低于前 2 个层级的轨道交通。这一层级的轨道交通体现了城镇群之间的出行需求关系,已经跨越了城镇群的束缚,发展为不同城镇群之间的交通联系,存在距离长、时间长、频率低等明显的出行特征。

②市域轨道交通。

市域轨道交通又称为市郊铁路或市域快线,运营速度可达 60～80 km/h,站距 2～5 km,主要承担城市中心区与城市周边的乡镇（郊区）之间的出行需求,客流以通勤、通学等刚性出行为主,商务、休闲等次之。根据客流及吸引点分布,市域轨道交通存在多种布局方式,与市区内部轨道系统形成多样的衔接关系。市域轨道交通出行距离一般介于 50 km 至 100 km 之间,出行距离相对较短,一般使用城际轨道交通或者普通铁路等,出行频率相对较低,硬性出行需求较多,弹性需求相对较少。由于城市周边的乡镇与城市中心区无论从土地利用情况、社会经济情况还是交通需求情况等都存在显著差异,考虑到这种差异性对交通生成、分布、方式划分以及分配的影响,将市域轨道交通单独作为一个层级。

③市区轨道交通。

市区轨道交通即传统意义的城市轨道交通系统,也是城市轨道线网规划关注的主要对象,一般由地铁、轻轨、有轨电车等构成,主要是承担密集城镇群的城市内部的出行需求,同时可根据实际的运行时效与运输组织要求进一步划分为市区轨道快线（运营速度 50～60 km/h,站距 2～3 km）和市区轨道普线（运营速度 30～40 km/h,站距 1 km）。市区轨道交通出行距离较短,但是出行需求密度大,客流比较集中,出行频率很高,而且城市中心区域一般情况下各项设施都较完善,城市发展都比较成熟,所以土地规划及社会经济相对比较稳定。这些特征

也说明了每个城市内部的轨道交通需求具有一定的相似性,符合分层的要求。

从以上分类可知不同层级轨道交通具有各自不同的服务范围,城镇群轨道交通服务范围如图 9.4 所示。

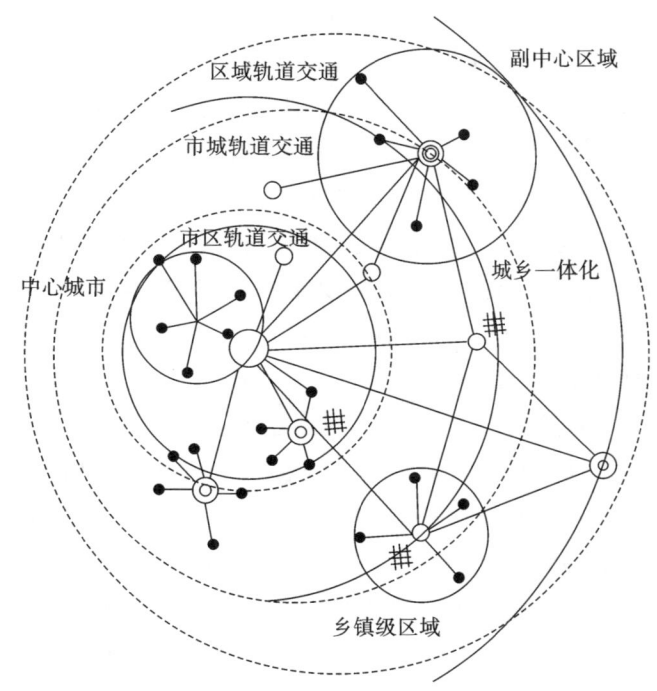

图 9.4　城镇群轨道交通服务范围

（2）不同层级轨道的联系。

区域轨道的实施与运营相对独立,通常通过在城市内设站打造对外交通枢纽,引入市域轨道和市区轨道进入枢纽,实现换乘衔接。市域轨道与市区轨道的技术差异相对较小,运营和管理通常隶属同一机构,衔接相对灵活,可灵活选用共线运营和车站换乘等多种方式。此外,出于通勤出行的考虑,市域轨道交通在布局上往往深入城市就业岗位分布的核心区域,其线路与市区轨道形成多点多线的联系。

2. 与城市空间用地布局互动

城市轨道交通的布局是对城市空间结构的组织反映。由于城市空间用地布局明确了城市轨道的出行需求本源（即城市的人口及土地开发）,因此在线网规划构建过程中,需要结合服务地区的功能需求和用地性质,选择合适的线网组织

模式。如北京、上海等中心辐射型城市采用"环加放射"的轨道线网布局是合适的,苏州考虑四角山水的限制要素形成"十"字形的轨道线网形态,深圳则根据城市的带状发展特征以沿海发展为主轴横向拓展轨道线网,纽约围绕曼哈顿中心结合实际地形条件灵活布局轨道线网,等等。

同时,城市轨道也会对城市的空间布局形成反馈,这也是线网规划中需要考虑的。城市轨道主要通过"疏堵"与"引导"两类基本手段影响城市的发展演变:疏堵线路深入旧城,减轻机动化客运压力,实现对城市功能的疏解;引导线路面向新区,带来人气聚集,实现对城市功能的重构。例如,香港在20世纪80年代轨道交通建设初期,利用港岛线的兴建,缓解了城市的拥堵状态,同时利用荃湾线、观塘线等线路推动了外围新市镇的发展;90年代又继续新建了一批以引导拉动新兴地区发展为主要目的的机场线、东涌线、将军澳线等线路,使轨道交通与城市形成良性互动和深度融合。

而在与城市总体规划的协调方面,规划互动对轨道线网规划的要求格外突出。轨道线网一方面依托城市总体规划框架构建,在土地利用、交通发展战略、经济发展战略等方面与城市总体规划保持一致;另一方面,轨道线网也会对城市的土地利用格局、交通特征和发展战略、经济发展等产生引导,可谓构建什么样的轨道交通廊道就会形成什么样的城市空间结构。反之,如果轨道交通线网规划与城市总体规划的意图发生偏差,则可能引起整个规划体系的混乱,或者是线网规划的不可实施性。

3. 与城市综合交通体系衔接

城市轨道作为城市综合交通系统的重要组成,需要协调好其与城市其他交通方式的关系。

需求分担方面,对于城市轨道线网规划构建的相关预测模型应该连同综合交通体系的分析模型同步建立,将道路交通流量、常规公交客流以及轨道交通客流整合测算,判断轨道线网整体布局的适用性。

设施统筹方面,轨道交通的线位选择需要与城市道路反复协调。一方面,线路需要结合既有生活道路设置,高效利用设施空间,提供较好的集散条件;另一方面,线路应当与快速路走廊分离,深入城市组团核心内部,保持对人的吸引,快速道路则应该设置在组团外侧发挥对空间骨架的支撑作用。例如新加坡以"轨道+快速路"的交通廊道模式支撑新城综合开发和老城中心的功能更新与人口疏解,沿交通廊道培育新城综合中心,实现了沿线新城的综合性开发,形成点轴

生长的空间格局。

这种在空间布局上将轨道交通所代表的大容量骨干客运交通走廊与以快速路为代表的机动车走廊进行分离,能够更好地形成城市综合交通系统的分工与协作,发挥轨道交通对城市活力核心的引导作用,使得公共交通引导城市发展的策略得以实现。

4. 满足落实建设及运营要求

轨道的建设条件与运营要求也是规划需要提前考虑的因素,因为良好的建设可能性和高效的运营组织是保障轨道系统得以顺利实施的前提。

从建设角度出发,换乘预留是轨道线位控制的重要条件,根据客流组织要求,在轨道线路规划过程中需要预留相交线路的换乘设施条件,而换乘节点的可行性与实施性要求往往成为整个线网组织的重点和难点。此外,轨道线路的车辆段选择也往往成为线路稳定的关键要素,提供的停车场与车辆段通常应该位于线路的端点附近并与城市用地规划进行协调,以保留足够的发展空间。

从运营角度出发,城市轨道的线路不宜过长,否则线路分段客流的均衡性难以保障,因而容易导致运营组织的困难和低效。轨道线路的长度以轨道车辆运营 1 h 的距离为佳。同时面对特殊的线路形式需要考虑特殊的组织方案及可能性:轨道环线的设置应当满足线网的换乘组织与圈层需求服务,布置在核心区边缘或者串联外围组团;轨道快线则提供长距离跨组团的快速出行服务,线路的站间距较大,运行速度也较高;机场轨道面向临空集聚区的不同类型出行,可选用不同技术特征的线路;轨道支线则主要用于解决外围地区的轨道服务覆盖问题。

9.3 多层级轨道交通一体化发展实践

9.3.1 都市圈轨道交通发展策略——以深圳实践为例

针对都市圈呈现出的职住分离通勤扩张、中心城区出行密度持续提升、外围组团要素集聚的趋势,应以轨道都市上层价值(引导要素流动)为引领,构建多层级一体化轨道交通体系,支撑都市圈空间协同与高品质出行。《深圳市轨道交通线网规划(2016—2035)》将轨道交通发展的战略目标明确为支撑深圳建设可持续发展的全球创新城市,在区域一体化的背景下根据新一轮城市空间布局方案

和综合交通体系发展要求确定线网布局方案。

1. 构建超大规模多层级一体化的都市圈轨道交通体系

基于出行的时间预算，针对都市圈不同空间尺度与空间形态，布局干线铁路、城际铁路、市域（郊）铁路、城市轨道快线、地铁普线、中小运量等不同功能层级的轨道线路，满足不同圈层出行需求。同时各层级线路应实现硬件互联、直通运行、灵活组织，精确匹配需求，提升衔接转换便利程度。规划至 2035 年形成约 840 km 地铁普线、500 km 市域快线和 280 km 城际铁路的超大规模多层级一体化轨道交通体系。

线网规模应与都市圈人口、岗位、开发面积相适应，为"公共交通作为机动化出行的主体，轨道交通作为公共交通的主体"提供基础设施保障。人均、地均轨道里程规划目标应考虑核心区、中心城区、外围组团、跨界通勤区域等不同空间形态及其功能，开发面积应综合考虑建设用地面积和开发强度（例如建筑开发量），尤其是中心城区在加快空间综合立体开发的背景下，相同建设用地面积上开发强度持续增长的情况。

运营层面，实现"一张网""一张票"，探索打造以公共交通尤其是轨道交通为主的 MaaS 服务。"一张网"包括面向运营主体的信息共享、管理协同、线网资源共享以及面向出行者的全出行链信息服务；"一张票"包括面向运营主体的结算体系与利益协同以及面向出行者的便捷支付体系。

多层次轨道交通与多尺度空间的对应关系如图 9.5 所示。

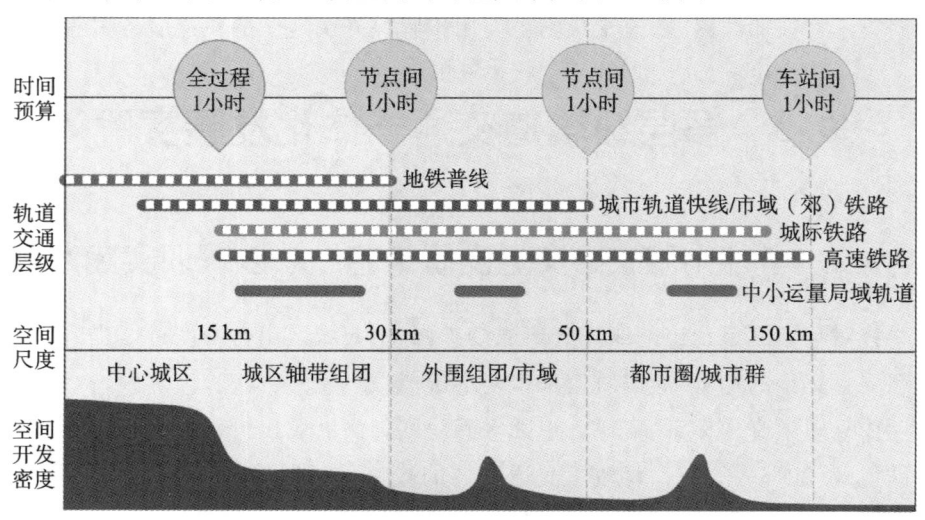

图 9.5　多层次轨道交通与多尺度空间的对应关系

2. 突破"城市"局限，支撑都市圈空间战略拓展

对既有珠三角城际铁路网规划进行针对性优化，增强前海南山中心和福田罗湖中心沿多条放射轴线对东莞、惠州各组团的串联辐射能力，同时构建深珠、中深惠跨江通道，服务大湾区内部出行和都市圈长距离通勤需求，形成"双核心放射状"城际铁路布局架构，枢纽覆盖市域各主要组团。

以"中心—外围"主要轴向通勤需求为线索，以每个外围次中心与城市主中心之间都有快线服务为原则，规划 9 条共计 494.5 km 市域快线，提升城市主中心辐射功能和外围次中心发展动力，支撑外围重点区域开发；外围组团间布局快线实现横向串联，推动外围组团发展模式从"中心—外围"单通道简单联系向全市域网络化要素互通转型，支撑都市圈多中心空间体系建设。

对于城市开发强度总体递减、空间形态局部集聚的外围区域，构建以轨道快线、市域（郊）铁路为主的线网，强调外围组团与中心区、外围组团间快速通达。空间组织上以轨道交通站点为核心，强调轨道交通沿线的良好的可达性，保证局部人口、岗位集聚程度。深化 TOD 模式实践，将新城开发引导、既有外围组团改造与轨道交通建设有机结合，促进都市圈全域空间协同发展。组团内部构建以中小运量轨道交通为主体的绿色公交网络。同时，应辩证看待轨道交通对城市结构的引导作用，合理确定轨道交通规划目标。外围组团开发与新城建设是一个动态演进的过程，应把握各阶段开发重点设计配套政策，引导居住人口疏散和就业岗位有序转移，防范因人口迅速扩散、主中心过度单极化导致职住分离持续加剧、外围组团发展为"卧城"的风险。

3. 重构轨道出行时空关系

多层级轨道交通体系的核心是通过不同速度目标值与运营模式的轨道联系，在不同空间尺度上实现公共交通出行时间目标。基于出行时间预算，提出"30、45、60"规划目标，指引轨道交通体系重构出行时空关系：一是基于超高密度地铁普线，辅以组团间轨道快线，实现中心城区公共交通出行 30 min 通达；二是以轨道快线为主，辅以城际铁路中短距离服务，实现城市核心区与城市外围次中心、都市圈重要节点的 45 min 通达；三是以城际铁路为核心，实现都市圈中心、外围各主要组团与大湾区主要城市中心的 60 min 通达。

轨道快线是重构都市圈出行时空关系的主力。深圳首条轨道快线（11 号线）于 2016 年 6 月开通运营，实现从机场 10 min 到前海中心、30 min 到福田中

心,通过大幅提升时间可达性,提高城市主中心对机场综合交通枢纽、西部沿海轴带沿线组团的辐射能力。值得注意的是,轨道快线的功能定位应与建设时序相协调。深圳 11 号线北段经过宝安区福永、沙井、松岗等片区,在实际规划建设过程中面临巨大的线位调整及增加设站的压力,最终平均站距由 3.0 km 缩短至 2.0 km,明显低于全线平均站距,最外围组团至福田中心区的出行时间由原规划的 45 min 增加至超过 60 min,局部出现"快线不快"的情况。

4. 大规模、广覆盖,构建中心城区"轨道+步行"主体出行模式

中心城区出行需求密集、人口岗位集聚程度高、用地与环境约束紧,同时空间尺度相对较小、出行时间预算较容易把控,需高密度轨网承载公共出行需求。轨道线网以地铁普线为主,强调以步行范围内的人口、岗位等覆盖率表征对出行需求的匹配程度。深圳建设用地已经基本开发完毕,中心城区已进入存量发展模式。然而随着城市更新、综合立体开发、空间品质提升的推进,中心城区开发面积持续增长,例如南山区将在现状 1 亿平方米的建筑量的基础上新增约 0.8 亿平米。应以实际步行距离、实际人口岗位为考虑轨道覆盖率的依据,加密线网,对极小范围内的极高密度的客流进行更精确的引导和疏解。

以"轨道+步行"模式为主流出行导向,推动街道、建筑空间精细化重构,提升轨道交通服务覆盖效率。以轨道车站为核心,盘活链状、片状地下空间,推动高密度高品质综合开发,缓解建设用地紧约束的尖锐矛盾。规划于 2035 年建成 24 条地铁普线,共计 840.5 km,以邻近组团联系和内部加密为主、外围串联为辅,部分中心组团轨网密度超过 3 km/km^2,平均客流强度超过 1.7 万人次/(d·km),配合地下空间综合开发与慢行空间品质提升,实现中心城区"轨道+步行"全域可达。

9.3.2 多层级空间治理与协作式规划设计——以广州实践为例

1. 站城一体化:TOD 作为重要基础设施推动城乡发展

(1) 基本目标:通过站城一体化培育站场经济圈。

近年来,国家不断加大对推进枢纽经济与站场经济圈发展的指导,2015 年《国家发展改革委关于当前更好发挥交通运输支撑引领经济社会发展作用的意见》(发改基础〔2015〕969 号)指出,应有序发展高铁经济,干线铁路建设要与城

市规划衔接,线路、车站工程与周边土地综合开发同步规划设计,具备条件的同步开工建设,发展通道经济,引导城市空间布局调整。如今,我国许多城市将打造站场经济圈作为深化供给侧结构性改革、促进经济新旧动能转换及提升城市位势能级的一个重要抓手。

TOD 综合开发以综合交通体系及其与城市空间融合协调发展模式为主要关注重点。TOD 兼具节点和场所的双重特性:作为节点,其能够满足交通体系内部相互融合的要求,对周边范围和界限内的城市空间具有控制影响力;作为场所,其能够满足交通和城市空间融合的要求,促进城市引流和实现驻留效应,进而推进交通资源整合,发挥集成优势,实现经济圈联动发展。

对于广州而言,《粤港澳大湾区发展规划纲要》赋予了其国家中心城市及综合交通枢纽等定位,要求其充分发挥粤港澳大湾区中心城市的极点引领带动作用;同时,广州市委市政府明确提出建设枢纽型网络城市的发展目标,通过提升枢纽的能级及服务能力,吸引带动人流、商流、物流等资源的集聚,形成站场经济圈,从而使城市具有更强有力的资源辐射带动能力。广州在政策引领下,围绕高铁、城际铁路、地铁枢纽开展了以站场经济圈为目标的 TOD 站城一体化探索,从线网层面、片区层面、站点层面全面开展 TOD 站场经济圈综合发展研究,打造"轨道＋产业＋社区"站场经济圈,实现以站带城、融站入城,带动交通功能和城市功能的协同发展,实现站场经济圈效益的最大化。

(2) 核心问题:双线并行,条块制、部门式的运行机制。

如今轨道交通站场的带动作用和增值效应日益受到重视,各种资源逐步向轨道站场周边集聚,各城市积极探索如何依托站场经济圈进行城市资源价值挖潜和实现价值最大化。然而,站场经济与城市功能空间的融合过程中表现出多层级、多部门、多阶段、多利益主体等特征,涉及空间衔接、并行报审路径的对话、多管理审批部门的协同衔接等诸多问题。

①空间表征:交通枢纽与城市功能系统整合不足。

站场经济圈培育与发展的前提是交通枢纽与城市功能的系统整合,而如今面临的空间问题主要涉及线网规划及枢纽站场开发建设两个层面。在线网规划层面,交通枢纽布局与城市功能系统规划衔接不足,交通枢纽及轨道线站位的选址与城市土地、产业、服务之间缺乏联动;交通枢纽的功能定位往往局限于交通疏解,较多大型客运枢纽及城际枢纽由于交通压力或城市征地、城市利益博弈等问题常常被选址于市郊,交通客流不足,且周边无城市服务功能,城市产业发展也未能如期被带动起来。在枢纽站场开发建设层面,由于在设计及建设枢纽站

场时对交通衔接、上盖荷载或衔接通道等站城一体化条件的考虑不足,上盖或一线地块无法与站场充分结合,导致地铁客流和城市功能人流割裂、交通设施及城市功能服务不完善、土地开发效率低下等问题,交通枢纽的功能集聚效应及经济辐射带动作用未得到充分释放。

②路径问题:轨道站场建设和城市开发路径分离。

轨道站场建设和城市开发在报建审批上存在并行的两条路径:在轨道站场建设方面,基于轨道建设本身的技术要求,按照重点建设项目的流程完成报批报建;在城市开发方面,则按照常规规划建设与管理的上下传导和技术要求开展工作。

在国土空间总体规划阶段,虽然线网规划作为国土空间总体规划的专题,协调了交通线网与城市空间战略,但是规划管理对更具有建设指导作用和法定性依据的轨道站场建设规划的影响较小。在轨道站场建设可行性研究阶段,轨道站场建设由发改部门审批。由于不需要编制土地及综合开发相关专章,规划审查、审批部门缺席,轨道站场与土地缺乏整合和互动,且未对土地进行前置收储,增加了后期征拆成本。在轨道站场初设阶段,审批部门仅考虑轨道工程建设的需要,未考虑城市开发与产业集聚条件,从而影响了站场经济圈的形成与城市的高品质建设。

随着轨道站场建设的推进,规划对轨道站场统筹干预的主动性和作用越来越小,最终造成轨道站场建设和城市开发两条路径并行推进,缺少交叉融合。其根本原因或许是在以往"大干快上"的背景下,两条路径既缺乏顶层制度机制的统筹设计,又缺乏足够的利益驱动,尚未找到强有力的共赢点。

③管理困局:条块制约束有待进一步突破。

以往轨道交通项目的申报立项与建设、资金计划、规划设计、土地出让、产业导入、工程许可、运营管理等各个环节分别由相关政府部门或轨道建设主体单线运作,造成轨道计划与城市规划不同步、财政投入与土地反哺不对应、用地功能与产业招商不匹配等问题。轨道交通项目的申报立项、规划、建设、运营等过程自成体系,流程封闭,缺乏对于轨道计划、城市规划、产业运营三者融合的顶层制度设计,造成轨道交通的服务能级滞后于城市的整体竞争力和发展水平,"轨道+产业+社区"站场经济圈的开发机制仍有待健全。

(3)内生动力:多元利益相关者的博弈与共赢。

广州于2017年印发了《广州市轨道交通场站综合体建设及周边土地综合开发实施细则(试行)》(以下简称《实施细则3号文》),政府部门、轨道建设主体及

社会资本方等多主体共同推进 TOD 综合开发工作,其中政府部门负责协调推进,轨道建设主体负责实施。2017 年 7 月,广州地铁集团、越秀集团牵头成立了规模为 2000 亿元的"广州城市更新基金",用于推进地铁沿线土地收储、场站综合体开发建设、地铁上盖物业运营及资产金融化等工作,引导站场经济圈的发展。

政府部门支持 TOD 综合开发,既能挖潜土地价值,也能改善居民的出行环境,引导公共交通优先和产业发展,形成产业集聚区;轨道建设主体基于融资的需求强力推动 TOD 综合开发,以更加有效地发挥轨道资源价值,带动土地增值;社会资本方追求利益最大化,逐步将 TOD 作为重要优质项目来源。然而,如何实现多方利益相关者的统筹是需要解决的关键问题,只有促使各方就共同利益达成共识,才能走向双赢与多赢的局面。

(4) TOD 建设:从部门式管理转向多层级空间治理与协作式规划设计。

过去,无论是轨道站场还是城市规划建设与管理更多是站在单层级、单主体的角度,其局限性主要可概括为三点:一是上下层级之间系统整合不够,如高铁、城际铁路、地铁之间缺乏一体化衔接;二是不同部门之间统筹衔接不够,如轨道站点与城市功能、产业策划之间的统筹衔接性差;三是政府代表的公共利益与市场开发主体利益之间存在矛盾。如果仅聚焦于自身权责范围之内,则整体利益就难以实现。若要通过站城一体化更好地发挥站场的引领带动作用以形成站场经济圈,实现城市集约高效发展,就必须从多层级、多主体协同治理的角度看待问题、分析问题、解决问题,需要整体统筹高铁、城际铁路、地铁的关系,紧密衔接站场与城市,实现公共利益与市场开发主体利益之间的平衡。

随着 TOD 综合开发实践经验的不断积累,政府部门与轨道建设主体对站场经济圈的重要意义已有深入的认识和理解。市政府决策层对站场经济圈价值的认可将显著推动相关主体与部门的协作,尽管这种转变意味着相关工作会变得更加复杂、更具挑战性,但是只有通过共同协作,推动综合效益最大化,才能真正满足各相关主体的利益诉求,实现轨道交通的可持续发展和城市的高质量发展。

2. 多层次的 TOD 站城一体化发展框架

TOD 综合开发推动城市经济发展的本质是通过站城一体化发展,打破以往站与城相互割裂、各行其道的旧局面,建立各责任主体、利益主体协调统一的新机制,形成各实施环节、多要素良性互动的新路径,以实现资源的高效配置,塑造

城市新经济中心。站场经济圈的形成与发展需要从整体层面厘清站场与周边城市发展的互动、衔接关系,明确政策规范、工作架构、技术路径、激励机制等层面的要求与内容。其中,政策规范层面主要解决顶层设计问题,工作架构层面主要解决平台搭建问题,技术路径层面主要解决整合衔接问题,激励机制层面主要解决利益驱动问题,四大层面共同构成多层次的 TOD 站城一体化发展框架。

(1) 政策规范:清晰的政策措施、规则与标准。

TOD 综合开发涉及多层级、多主体、多要素。实现站城一体化发展的过程是极其复杂和艰难的,站场经济圈的形成也是十分不易和漫长的,各项工作系统有序推进的首要前提是做好顶层设计,建立机制、明确规则、设定标准,形成提纲挈领的政策性、指导性上位依据。

①支持 TOD 综合开发的总体政策文件。其核心目的是凝聚共识、明确方向,一般以政府意见形式出现。例如,《广东省人民政府办公厅印发关于支持铁路建设推进土地综合开发若干政策措施的通知》(粤府办〔2018〕36 号)提出"铁路项目+土地开发"的综合回报模式。

②开展 TOD 综合开发工作的实施指引文件。其核心目的是拆解工作任务、明确职责分工,一般以实施细则或办法的形式出现。例如,《实施细则 3 号文》明确了广州市发展和改革委员会、广州市规划和自然资源局等部门的职责分工,为推进综合开发各项工作提供了重要依据与指引。

③针对性强、更为详细的管理文件与政策指引。TOD 综合开发对规划建设与管理提出了更高的要求,需以问题为导向,根据实际需求制定相应的规则和标准,包括规划审查、土地管理、投融资等方面。例如,广州出台了《广州市改革优化土地储备市区联动机制方案》《轨道交通场站综合体用地收储补偿实施方案(试行)》等文件,以完善土地储备相关工作。

(2) 工作架构:都市圈与市域层面 TOD 综合开发的协作平台。

推动站城一体化发展,形成站场经济圈,既要转变观念、达成共识,又要从实际出发,建立全局性的工作架构:一是要改变高铁、城际铁路、地铁各自为政的局面,打通"路地、省市、跨城"协同路径;二是要加强各个政府职能部门的统筹协调,提高政府的服务效能;三是要整合产业、规划、策划、交通、建筑、经济等专业技术力量,提供全面技术支撑。在粤港澳大湾区一体化发展背景下,广州 TOD 站城一体化工作架构的建立需从都市圈和市域两个层面进行剖析。

①在都市圈层面,设立广州都市圈城际铁路项目专项指挥部。在省铁路重大项目总指挥部工作机制下,通过组建广州都市圈城际铁路项目专项指挥部,并

下设联合工作组、企业工作组、工作专班等,构建层次分明、职责清晰的综合协作平台,搭建起跨层级、跨地域、跨部门的工作架构(见表 9.5),向实现高铁、城际铁路、地铁"三铁一盘棋"迈出了坚实一步,形成了效益倍增、合作共赢的新局面,为推动站城一体化和建设站场经济圈奠定了关键基础。

表 9.5　广州都市圈城际铁路项目专项指挥部组织机构及工作机制

工作架构	人员构成	核心职责
广州都市圈城际铁路项目专项指挥部(领导机构)	指挥长为广州市政府主要负责人;副指挥长为项目沿线市政府主要负责人、广东省发展和改革委员会负责人、中国铁路广州局集团负责人	负责决策部署和统筹推进项目规划建设;审议决定重大事项、重要方案、政策措施等
联合工作组(指挥部下设)	组长为项目沿线市分管副市长;副组长为项目沿线市政府分管副秘书长;成员单位为项目沿线市发展改革、轨道交通、财政、规划和自然资源、生态环境、住建、交通运输等职能部门	负责落实指挥部议定事项,日常推进项目规划建设,协调解决项目推进中的重大事项、重要方案等
企业工作组(联合工作组下设)	由沿线市城际铁路建设投资企业组成	负责具体规划方案、技术方案、投融资方案、建设方案等的编制;推进项目立项及建设工作,协调解决线路立项建设过程中的各类具体问题;涉及国家、省及各市政府协同审批的协调问题上报办公室;完成指挥部、联合工作组领导交办的其他事项
工作专班(指挥部下设)	由广州牵头,负责联络协调沿线市相关部门	集中研究项目规划设计、投融资、土地综合开发、报批审批等项目建设的具体事宜

②在市域层面,设立综合开发工作协调小组与 TOD 全流程顾问团队。在既有铁路枢纽建设工作机制下,广州通过设立专门的轨道交通场站综合体建设及周边土地综合开发工作协调小组,负责综合开发工作的政策研究、方案制订和

综合协调,为推动轨道计划与空间规划的同步、投资建设与收益反哺的匹配等提供了强有力的机制保障与多方协作平台。该协调小组由市长担任组长,分管副市长担任副组长,以高能级的领导机构保障各项工作高效推进;成员单位包括广州市发展和改革委员会、规划和自然资源局、住房和城乡建设局等政府部门,以及各区政府、市属轨道交通投资建设主体等。各成员单位按职责分工在协调小组的总体统筹下发挥各自职能,共同推进目标落地,形成较完善的统筹性、常态化协调机制。

TOD全流程顾问团队则是涵盖了产业、规划、策划、交通、建筑、结构、景观、经济等多专业的复合型技术团队,承担政策研究、规划编制、项目策划、交通论证、方案设计、投资测算、建设实施等各环节的技术辅助工作。其主要职能是在技术层面衔接轨道计划与空间规划,缝合原本相对分离、缺少互动的两大城市子系统,并以专业能力为政府部门各环节提供技术把控和决策支持。该团队需要具备贯穿全过程、联通各板块的统筹协调能力,对于衔接各方主体、打通技术堵点、理顺工作流程发挥着不可或缺的重要作用。

(3)技术路径:TOD全流程协同管理。

在站城一体化发展导向下,TOD综合开发的工作模式需要从过去的条块制管理转变为多部门合作,以站场经济圈构建和综合效益最大化为目标,逐步实现TOD全流程协同管理,主要包括政策规范、立项审批、可行性研究审批、土地整备、前期策划输出、建设实施及运营管理等阶段。各阶段协同管理的目标主要是实现轨道站场建设与城市开发建设的衔接和同步,包括规则相互匹配、战略充分衔接、土地征储同步、规划设计同步、建设实施同步、运营管理一体化等。

全流程协同管理过程中的时间因素至关重要。如何在有限的时间窗口内,基于全流程协同管理各阶段的多专业、多类型技术内容,通过一系列的沟通协商,形成共识并落实到实际工作中,是一项艰难的挑战。例如,为实现轨道站场与上盖物业开发的一体化衔接,需在轨道站场工程中做好条件预留,但这可能因影响轨道站场的建设工期而无法实现。若想在各种限制条件下争取实现更优效果,需尽量将研究论证工作前置,及时开展前期策划和规划设计工作,保证沟通对接、相互磨合的时间充足,这需要统筹协调机构、各相关主体和技术团队等在TOD全流程协同管理的各阶段、各环节共同努力(见图9.6)。

(4)激励机制:推动各方积极参与协作。

TOD综合开发是典型的多主体行为,即各方基于自身利益与效用的最优考量而做出理性选择的行为。要想依托TOD模式实现站场经济圈建设发展目

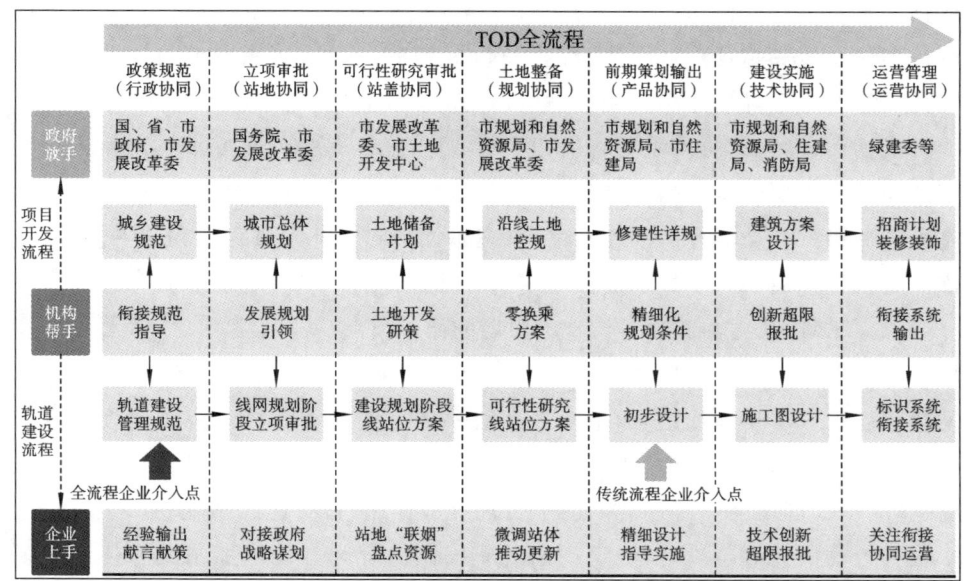

图 9.6　TOD 全流程协同管理工作框架

标,就必须考虑如何让各方积极参与协作并愿意付出更多的时间和成本,通过协商实现共赢。从实践经验来看,针对不同主体各自的利益诉求,建立相应的多元化激励机制,是较为有效的解决手段。广州针对政府部门,主要采用赋权的激励方式,如赋予广州市发展和改革委员会牵头推进、统筹协调 TOD 综合开发各项工作的职权;针对各区政府,充分考虑利益共享,给予其更多的 TOD 综合开发主导权,并保证其应有的收益分成;针对轨道建设主体,将轨道站场周边综合开发土地的一级开发收益重点用于轨道交通项目建设,涉及轨道站场设施的出让用地,则通过带条件出让的方式支持轨道建设主体拿地参与二级开发,其收益可用于轨道交通建设和运营补亏;针对被征收方,提出通过预留地、新建物业置换、货币补偿等多种方式落实征拆补偿;针对社会资本方,鼓励其既可以与轨道建设主体合作投资建设,也可以单独投资建设。通过一系列的激励机制,有效提升了各方协作参与 TOD 综合开发的积极性,实现优势互补,为站场经济圈建设提供了强劲动力。

3. 协作式规划:实现站场经济圈的共同构建

作为典型的多主体参与的规划行为,基于 TOD 综合开发的站场经济圈规划只有通过增强合作、减少不同利益主体之间的矛盾与隔阂,才能在真实、复杂的社会背景下发挥作用。单一的交通运营或纯粹的商业功能提升已不能适应站城一体化发展和站场经济圈建设的需求,最初单一交通功能主导的轨道规划和"蓝图式"的城市规划逐渐转变为适应市场的多主体协作式规划。

概括而言,规划阶段需要解决四个核心问题:一是如何更好地实现轨道交通规划与城市规划的有效衔接与整合;二是如何保障片区的土地供应,以实现交通站场与城市产业功能片区的联动发展;三是如何寻求开发过程中利益平衡的"最优值";四是达成共识的规划成果如何适应多部门、多主体差异化的应用需求。

(1)规划衔接:轨道计划与城市规划的协同发展。

如何更好地实现站城协同规划,加强交通线网与沿线市重点地区经济产业、文化旅游等城市功能的结合,是实现站城一体化发展和站场经济圈建设目标需要解决的核心问题。其中,法定规划体系的完善是实现建设发展目标的根本与前提,应基于国土空间总体规划的平台性统筹作用,在交通线网规划、建设规划、工程可行性研究等阶段,以法定规划现有编制内容为基础增加站城一体化专项研究,使轨道交通线网规划和建设规划既能实现其自身技术的合理性,又能与总体规划的意图相匹配(见图 9.7)。

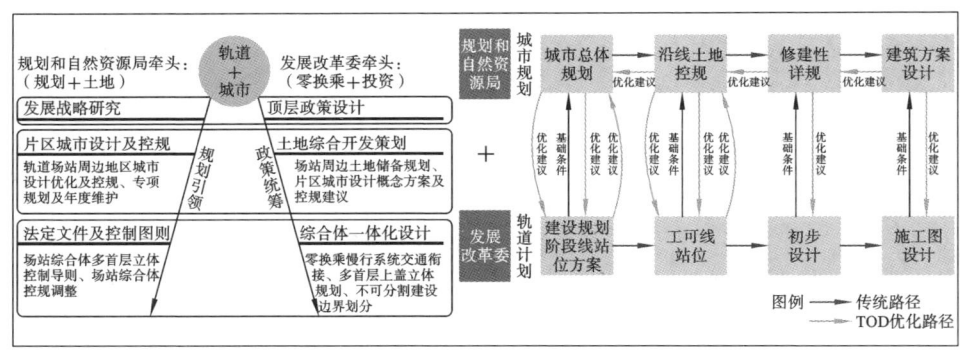

图 9.7 轨道计划与城市规划的衔接机制

广州在交通线网规划阶段,重点做好空间战略层面的规划统筹、选址协同,重点研究站场与经济计划、产业发展、土地资源的协同,城市低效用地、价值洼地和郊区功能区结合再开发的选址战略,以及高铁、城际铁路、地铁系列项目的合作与整合;在交通建设规划阶段,重点落实站场及场站综合体选址大红线和土地利用规划用地规模,保障交通与土地"联姻";在交通工程可行性研究阶段,重点完成场站综合体用地征拆和同步工程设计,完成基础设施建设阶段的站城一体化土地整备;在交通初步设计和施工图设计阶段,落实站城一体化枢纽节点预留

要求,匹配站场经济圈发展战略,有效提升了沿线土地的综合开发价值,实现了土地的有效供给并反哺轨道建设,使轨道建设主体实现"自我造血"。

此外,在轨道交通建设规划编制过程中应同步开展土地资源的梳理摸查工作,通过轨道线站位局部调整等手段,促进线网规划与政府土地储备、企业土地资源的融合,为 TOD 的实施预留出更好的土地开发条件,为站场经济圈建设打好前期基础。发展和改革委员会作为核心审批管理主体,对发展战略和重点项目有着双重影响,可以成为这一阶段较好的统筹协调者。广州在"十三五"期间,由市发展和改革委员会与规划和自然资源局指导,市轨道建设主体具体组织,结合轨道交通各设计阶段,开展了高铁、城际铁路、地铁 71 个站点的沿线土地综合开发专题研究、交通衔接专题研究、周边土地综合开发规划、场站综合体建筑概念方案设计等系列工作,为轨道预留、土地储备、城市品质提升、产业发展、利益平衡等提供了工作基础,有效支撑了"十三五"期间轨道沿线的综合开发。目前广州"十四五"期间的轨道交通建设进一步延续了"十三五"期间的工作模式。

(2) 协作开发:创新土地收储与供应模式。

在站场经济圈范围内推动 TOD 综合开发的根本支撑条件是站场周边地区的土地收储及土地供应。广州通过创新土地收储与供应模式,为 TOD 综合体及周边片区的建设提供了土地资源保障,统筹了站场经济圈建设与城市空间布局和产业联动发展。

在土地收储方面,针对综合体和周边片区的权属及用途,采取"建设项目征收＋城市更新＋土地收储"等多种模式并行的方式,如对于广佛东环城际龙洞站,通过股权合作等方式推动地块的城市更新,灵活编制土地整备方案。在土地供应方面,在既有的土地政策下,积极探索"土地出让＋配建盖板"、PPP(政府和社会资本合作)、"EPC＋PPP"等多种土地开发模式,并取得了良好的市场反馈。例如,对于广州南沙区庆盛区块,通过采取"EPC＋PPP"开发模式及土地弹性开发模式,将产业地块与基础设施打包进行公开出让,加速推进了区块内相关基础设施及公共服务配套设施的建设,推动了新鸿基交通枢纽综合体、丽新"一带一路"总商会基地等项目在南沙区的落地,为站场经济圈建设打下了坚实基础。

(3) 利益平衡:通过可视化设计寻求"最优值"。

在轨道建设规划阶段,站场及场站综合体选址大红线和土地利用规划用地规模的落实涉及政府部门、社会资本方与其他利益相关者的利益博弈。该阶段的重要特征更多地是以实际项目落地为导向,需重点解决最优化设置开发条件的问题,为实现空间集约化、价值最大化、管理精细化奠定基础。

在广州的实践过程中,TOD 技术顾问团队以可视化的多情景设计作为多部门、多利益主体沟通与博弈的媒介,以技术的形式展现政府部门、轨道建设主体、社会资本方等利益相关者的利益诉求,协助多主体进行沟通,并就设计达成利益共识,支撑投资分析和地块规划条件的生成,如某存车场和某维修工区项目方案的对比(见图 9.8)。在设计的迭代过程中,各部门与利益相关者之间出现的误解以及不同的概念和价值观得到协调与整合,设计由"蓝图式"的表达方式转变为一种参与手段,成为相互学习、消除差异、达成共识的重要途径,促成同时满足多方利益的 TOD 开发项目的落地。

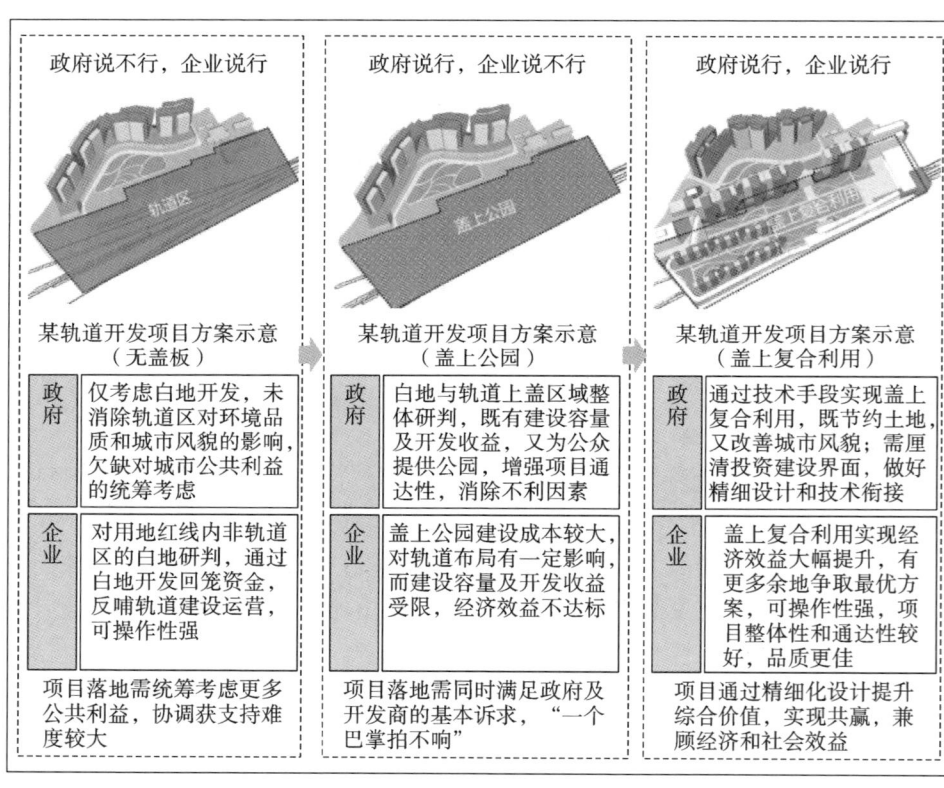

图 9.8　基于寻求"最优值"的可视化设计

(4)多情景输出:指导多部门项目实施。

基于达成共识的设计方案,由于各部门的管理职能不同,成果需结合各部门的需求,形成多情景式规划成果应用。例如,《广州市城市轨道交通第三期建设规划(2017—2023 年)新线站点(含车辆段、停车场)周边土地综合开发规划研究》(以下简称《综合开发规划》)项目,其工作对象为广州"十三五"期间 10 条地

铁线(258 km)110 个站点周边约 300 km² 的土地。作为《实施细则 3 号文》新政下的首个线网级的规划实践,该规划编制历时 2 年,编制过程中需要向市政府、市发展改革委、市规划和自然资源局、市土地开发中心等多个管理部门进行汇报,综合开发的规划成果将作为各部门的管理工具。

　　面向轨道建设主体,成果包括与轨道衔接的交通衔接设施、零换乘设计动线、同步工程等的建设;面向发改部门,成果转化为时间计划表、资金计划表、项目建议书等内容;面向规划管理部门,成果重点包括规划功能、空间设计等;面向市政府,成果转化为工作推进报告;面向市土地储备及供应部门,成果重点以土地储备项目建议书、用地征拆方案、土地供应模式、储备红线、土地供应白皮书等形式呈现(见图 9.9)。

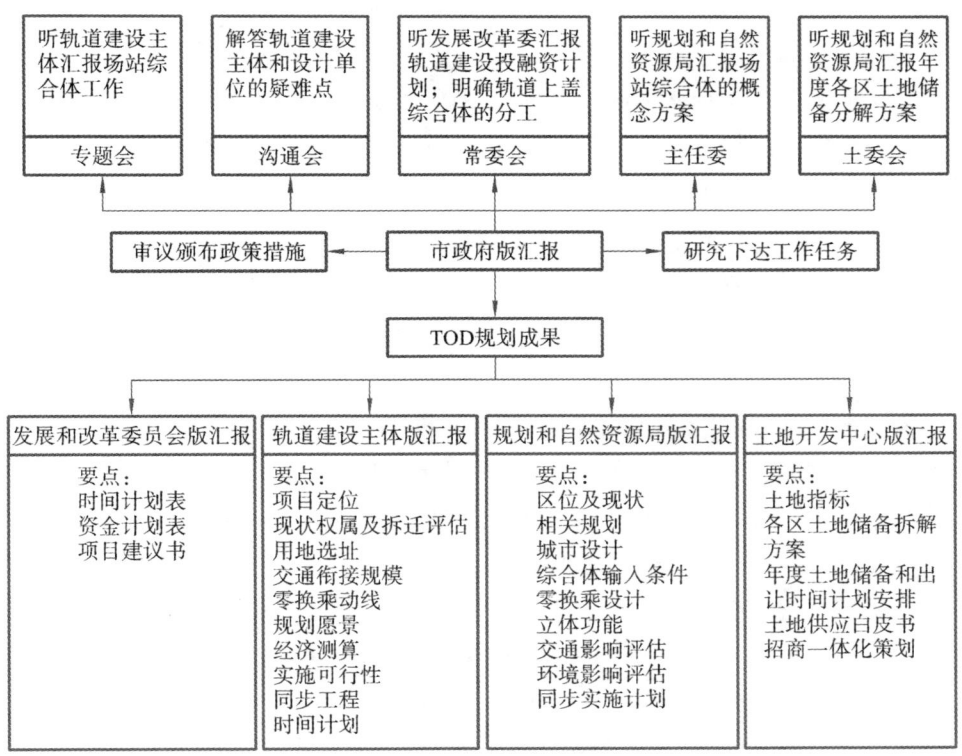

图 9.9　TOD 规划成果的多情景应用

4. 全要素设计:打造"一站式服务"经济增长极

　　多方实践证明,对于自带矛盾属性的站城空间,在开发时若不加以管控,各分属利益方在地块开发时会以自身效益最大化为导向,从而致使开发结构混乱。

因此,如何在以"价值最大化、换乘舒适化"为主要特征的多方协同下保持经济、社会、生态三方关系的恒定,是站城一体化发展的重要考量。近年来,广州在站城一体化理念下的轨道交通发展已经率先从"被动开发型"模式转变为"主动开发的交通枢纽型综合体"模式,从"城市规划、动线组织、商业策划、创新方案、经济评估"五个范畴的细分要素进行立体都市层级的系统分析及巨型建筑深度的精细设计,以实现站城空间的耦合发展。

(1)线网层面:系统梳理站场及经济圈片区能级。

在线网层面,基于轨道线网布局、城市功能片区、站场能级、区位条件、客流等级,系统梳理站场及经济圈片区能级,以达到"交通分级、功能分类"的目的。以《广州综合交通枢纽总体规划(2018—2035 年)》为例,针对轨道线路连接区域的不同特性,在沿线规划不同城市功能的枢纽站,针对不同交通级别及功能类别,布局相应种类及规模的交通衔接设施,以及居住、商业、教育、文体等复合功能空间,以引导双向客流的均衡集散。此外,在轨道线网建设规划阶段,应编制轨道站场周边土地综合开发专章并进行土地摸查,完成系统经济测算,以实现线网收益平衡,弥补铁路初期的建设和运营费用。

(2)片区层面:建立发展规划及站城一体化要素体系。

在片区层面,通过站场经济圈枢纽引发的综合交通资源联动效应,在城市重点地区发展科技密集型、金融密集型、人才密集型、知识经济型(如数字经济)等高附加值产业,形成城市新产业、新业态、新商业模式。同时,确定站场经济圈一定范围内的经济及产业发展目标,同步建立以产业规划为主导,以人口、交通、公服、能源、环境、土地储备等规划为支撑的站城一体化要素体系,以实现经济圈的可持续发展。以广州首个重点地区总体发展规划——《琶洲地区发展规划(2019—2035 年)》为例,规划提出到 2035 年琶洲地区全面建成具有国际影响力的全球会展产业集聚核、湾区数字经济试验区、广州总部经济增长极,实现地区营业收入不低于 1.2 万亿元的目标。对此,广州将国民经济规划精细化到空间,形成了"发展战略—产业策划—土地储备—设施配置—投融资—建设实施—保障机制"的逻辑闭环,同时梳理地区发展项目库,孕育项目、培育项目,作为统筹地区未来发展的战略规划指导相关专项规划的编制,促进互联网企业集聚、推动数字经济招商引资,指导粤港澳大湾区综合交通枢纽的高标准实施,以提高片区开发的成效(见图 9.10)。

(3)节点层面:通过精细化设计打造"一站式服务"经济增长极。

在节点层面,轨道上盖综合体开发项目具备不同于一般城市地区的复杂属

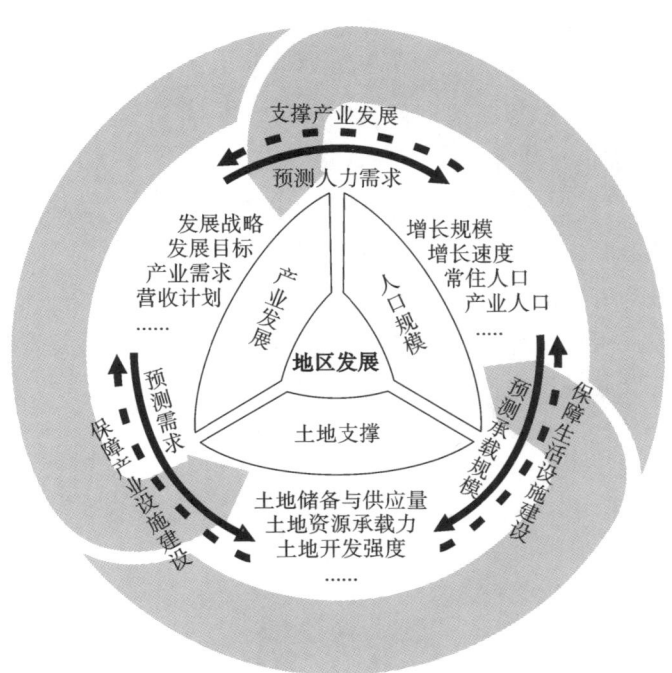

图 9.10　"产业—土地—人口"的站场经济圈逻辑闭环

性,具有多种交通方式交织、多重空间紧密关联的特征,应在轨道站可行性研究阶段完成上盖枢纽的精细化建筑概念方案,并推导立体规划图则,纳入土地出让条件,以便于指导后续建设实施。例如,通过增加交通核、自由步道、多首层地面、一站式便民服务设施等站城一体化要素,植入产业办公、商业服务、公共服务设施、住宅等功能,对用地进行混合集约使用,可提升土地利用效率及经济产出。此外,还可以结合广州建设国际航空枢纽的模式,在轨道站点设置值机大厅,实现空轨联运,缩小机场与城市的时空距离,形成"空、轨、城"融合的经济圈发展新模式。

　　(4)设计对接:轨道建设主体与上盖开发主体的协同。

　　轨道交通上盖空间的综合开发在开发强度、开发时序、功能满足等方面均有明确要求。在轨道上盖开发方面,应尽早确定开发建设主体,形成完善的建筑设计方案,以便更好地解决在一体化衔接方面出现的新问题,实现报审、建设及运营的同步。在设计层面,应依托精细化方案论证做好上盖开发与轨道站体初步设计的衔接,通过增加同步工程等手段为后续上盖开发预留好接口条件。在站场建设过程中,应处理好严格的建设工期与复杂的技术问题之间的关系,通过技

术创新及时解决因实施上盖开发所带来的各种工程技术难题,以保证建设进度。在运营管理方面,应实现交通组织和物业经营两个系统之间的衔接,如通过易辨识、较统一的标识系统,以及兼顾便捷通达和客流、商流转换的交通接驳体系设计等,更好地发挥枢纽的价值。

然而,这些目标实现的前提是轨道建设主体与上盖开发主体实现协同发展。从广州的实践经验来看,轨道建设主体通过政策支持同时主导轨道上盖综合体开发建设是较为有效的模式,这样既能最大限度地促进站与城的衔接融合,形成站场经济圈发展引擎,也能通过物业开发更好地反哺轨道建设运营,保障轨道交通这一重要公共基础设施投资建设的可持续。

第 10 章　新技术在城市轨道交通一体化开发中的应用

10.1　基于空间句法的城市轨道交通站地下空间叙事设计

10.1.1　空间句法理论概述

英国伦敦大学建筑学院的比尔·希利尔教授在其所提出的空间句法理论中认为,空间的使用者是人,具有整体性的空间元素之间的复杂关系影响并决定着空间如何为人所使用。让使用者可以感知到空间关系的布局,即空间句法。空间句法是一种拓扑关系,句法是空间局部之间一系列关联,且依赖于整个系统的结构,强调复杂系统的整体,而非其局部。

空间句法是一种空间理论以及一系列分析建筑物和城市空间布局的定量性和描述性的方法工具。空间句法被用于研究空间之间的各类关系,关注空间相对位置,不拘泥于空间的大小、形态等,揭示物质空间形态的社会成因和影响后果,包括从住宅到综合体以及城市所有类型的建成环境。空间句法中的空间是指空间组构关系,丁传标等认为空间句法对空间的描述不仅能帮助人们直观地认识空间实体本身的物理结构,更反映出空间与人的行为乃至社会生活的关系,可以挖掘超出空间本身存在意义的文化内涵。空间句法近年来较多应用于城市空间规划、传统村落、历史街区、遗产保护和传统园林等领域。

空间句法在地下空间设计中多应用于轨道交通站与地下商业空间。由于地下空间与地面空间的天然隔绝关系,两者之间的连接空间以及空间形态是人为可控的,空间句法适用于分析人群活动与空间形态之间的关系。常使用的参数指标有整合度、连接度、空间深度等。常用的分析方法有视线分析法、轴线分析法、凸空间分析法等。关于空间句法的研究主要集中在轨道交通站以及地下商业空间的原因有两点:①地下商业空间环境不受天气影响,商业活动氛围较好,

运用空间句法分析空间形态,安排商铺的位置与休憩空间,引导人群消费,能产生的较高经济效益;②轨道交通站能带来大运量的客流,运用空间句法分析人群活动,可以实现空间功能效益的最大化。结合交通空间与商业空间的地下空间研究将成为未来地下空间发展研究的趋势。

10.1.2　轨道交通站地下空间的叙事设计

1. 轨道交通站分类方法与叙事条件制约

轨道交通系统的分类方式有很多,在不同条件的制约下,轨道交通的分类标准与方式存在差异。目前,我国对运用于短程运输的城市轨道交通的分类,主要是依据城市轨道交通运量与线路运输能力,分为地铁与轻轨两类;或根据轨道交通所服务的区位,分为市郊铁路与其他铁路等。同理,在城市轨道交通系统规划中,轨道交通站在不同条件的制约下,分类方式多样。按照轨道交通站在城市基面的竖向分层位置,可分为地表以下、位于高空、位于地面和同时位于高空、地表与地下的 4 种类型的轨道交通站,地下轨道交通站为最常用的站体模式。本节按照轨道交通站所承载的客流量需求、对城市区域的影响,将轨道交通站划分为一般站、重点站、枢纽站和交通综合体 4 个等级。

(1)轨道交通站的分类。

以苏州市为例,苏州轨道交通站依据轨道交通线路规划的分类方法,通常可分为一般站、重点站与枢纽站。

一般站的站体空间通常较小,乘客从站台层出发,到达地面出入口的路径较短,目的是能用最快的速度,疏散大运量的客流。枢纽站也被称作换乘站,即两条或两条以上线路的交会处,乘客可以在站内直接换乘线路。由于换乘的需求,枢纽站连接两条线路,站内空间较大,路径较为复杂,除了有出入站的通道,还有换乘通道。需要强调的是,在苏州线路规划的站点中,特别区分了重点站。重点站与一般站、枢纽站的区别在于对站点的目标设定不同,在重点站的初始设定上,它天然具有承担衔接地上、地下空间的作用,是城市未来的重要公共空间节点。根据中国城市规划设计研究院与苏州市规划局(现更名为苏州市自然资源和规划局)所做的"苏州地下空间规划轨道交通站点专题",苏州在轨道交通 1 号线的线路规划中,考虑未来轨道交通与地下空间规划同步发展,最大限度地将轨道交通站点与公共空间连接,形成以轨道交通站为核心的发展趋势。由此,在轨道交通线路规划中,特别区分出重点站。在重点站的设计中,加入主题进行环境

设计,或者通过主题设计强化故事的内涵等是常用的设计手法。在站体内部再现故事主题,或与地面环境相匹配的元素,意图让使用者对环境产生共鸣。

（2）不同类型轨道交通站叙事条件的制约。

轨道交通站的空间结构通常较为单调,站体空间大多数由站厅层、站台层以及地下通道组成。由于轨道交通站的建设成本以及区位环境条件等制约因素,在同一条轨道线路上,并不是所有的轨道交通站都需要进行叙事设计。在轨道交通站地下空间中,具体开展、落实叙事设计,需要满足一定的叙事条件,如站体空间形态、吸引乘客在站内的停留时间等。

如表 10.1 所示,较为适合进行叙事设计的轨道交通站为重点站与枢纽站。重点站受政府指定,存在叙事设计需求,而且具有一定的区位环境优势,进行叙事设计的基础较好。但是,重点站主要是依据人文环境需求和一部分人为因素,而被选择作为采用叙事设计的指定站点。它的实际客流需求并不是其被设定为重点站的主要考虑因素,可能存在站体空间的叙事硬件条件较差的情况,如站体空间规模较小等。

表 10.1　轨道交通站的空间特性与其叙事设计的影响

类型	轨道站特性	对叙事的设计条件影响
一般站	（1）通常以交通出行为主要目的,供居民使用; （2）站体内的公共空间通常较小; （3）出入口与地下通道的数量较少; （4）站内空间功能形态较为精简,从站台至地面的路径较固定	（1）叙事要素的放置位置较少; （2）对叙事要素的表现形式制约较大; （3）与周边环境的叙事连续性较差
重点站	（1）站体空间较为特殊; （2）政府及轨道公司共同认定的,应该被重点开发的站点; （3）所在区位是展现城市文化的关键位置	（1）受政府指定的要求,存在叙事设计需求; （2）叙事元素特色鲜明

续表

类型	轨道站特性	对叙事的设计条件影响
枢纽站	（1）站体空间通常较大； （2）两条或两条以上轨道交汇； （3）出入口数量较多，有换乘通道； （4）站体内的换乘路径通常较长； （5）地面通常会有大型公共建筑	（1）叙事元素的放置位置较多； （2）较长路径使人们在站体内的停留时间增加； （3）公共建筑带来的客流，提高了地下空间的使用频率

枢纽站由于站体空间较大，站内路径较多，包括站台连通出入口路径与换乘路径，进行叙事设计的空间物理条件较好。枢纽站连通多条轨道线路，周边通常建设有大型公共建筑，来往的客流需求大，进行叙事设计后，产生活动行为的可能性较大。

一般站主要服务于城市居民去往城市中的其他区域，便于市民出行。一般站在定位上，是一个比较单纯的交通站点，主要以转运交通客流为主，通常只用装饰来表达不同区域的环境变化，而不做叙事设计。

不同类型轨道交通站的叙事条件制约，大致分为两类，一类是物理空间条件的制约，属于硬件层面的条件制约；另一类是叙事素材的制约，属于软件层面的条件制约。枢纽站的站体规模远大于一般站，并且其出入口数量、连接的城市空间区域较多，进行叙事设计的物理空间基础较好；重点站与地面叙事要素联系密切，且具有一定的叙事设计要求，进行叙事设计脚本策划方面的基础较好。

2. 影响轨道交通站地下空间叙事设计的条件

（1）空间场景内的叙事元素放置模式。

现阶段，叙事设计的常规做法是，将确定好的叙事主题元素通过不同的放置模式，在实体空间场所内再现。空间场所的规模，在一定程度上，影响着叙事元素的放置位置以及放置的模式。在轨道交通站中，站厅层通常位于地下一层，是来往客流的主要汇集处，地下通道连接站厅与各个出入口。站台层通常呈现为一字形，电梯布置在站体空间中央，用于快速疏散客流到站厅层。相较于站厅层而言，站台层的面积较小。因此，相较于站台层，叙事元素通常较为集中地放置在站厅层以及地下通道中。

由于地下空间的空间特性，叙事元素的表现手法，一般结合顶面、地面和墙面进行组合。其中，顶面天花的设计，往往结合结构柱形体进行整体设计，一方

面可以消解结构柱的大体量,另一方面可以在视觉上扩大空间的规模。以上海豫园站为例,其利用黄浦江的波浪为叙事元素,打造站厅层顶面天花的波浪形曲面,同时改变结构柱的形态,使柱体与顶面弯曲的水花波浪结合,模糊了柱体与天花个体,使得整个站厅空间浑然一体。

除了结合顶面天花与结构柱形体进行整体设计,还可以在墙面上单独进行叙事设计。墙面叙事通常与艺术作品的表现形式结合,以兰州东方红广场站内的敦煌飞天壁画为例,将壁画艺术这种传统的绘画形式再现在地下空间中,是一类典型的非物质要素转译。站体墙面上的大幅浮雕壁画,使经过的人们身临其境,深刻感受敦煌莫高窟的文化,增强了人们对于敦煌文化的认同。

叙事元素不同的放置位置、放置模式与轨道交通站的规模、空间形态息息相关。在叙事设计信息的传递过程中,设计者通过媒介将抽象的、非物质性的要素转译到物质空间上,使用者通过在物质空间中的交往活动、互动,感知叙事设计所要传达的非物质性要素信息,使用者在活动过程中所看到的顶面、地面与墙面是设计者放置叙事元素的最佳选择。对于具体选择哪个位置、放置哪种叙事元素,则需要结合站点内部的空间形态综合考虑。

在上海豫园站中,设计者率先在概念设计阶段,制定了关于结构柱与天花相结合的共同叙事的设计方案,并在结构设计与施工阶段全程贯彻,在一定程度上改变了站体内的空间形态,实现了空间与叙事元素的较高融合。在兰州东方红广场站中,可以发现如果去除墙面上的大型壁画,则空间形态与其他未进行叙事设计的轨道交通站相差无几,说明该站点并未将叙事元素与站体空间形态紧密结合。但是,基于壁画本身是依托墙面传递信息的艺术表现形式,也取得了较好的叙事效果。

兰州东方红广场站内的壁画叙事与普遍运用于地铁站内的艺术墙等公共装饰艺术存在差异,壁画的表现方式相较于单纯的主题艺术墙,更贴合空间叙事设计向使用者所展示的内核,与空间系统的整体关系更加密切,让使用者在体验过程中感受到较少的违和感。艺术墙等公共装饰艺术通常采用现代绘画的表现手法,结合部分墙面,对站体空间进行装饰、抽象表达以及区域限定,较难引起使用者对空间环境的认同。以苏州太湖香山站内的艺术墙为例,设计者意图通过具有现代美感的抽象造型、动感的曲线,搭配不同的灯光色彩变化,突出太湖的意境美感,但是实际成果不尽如人意。

因此,在轨道交通站地下空间场所中,安排叙事元素的放置位置,一方面需要结合空间形态,另一方面还需要考虑叙事元素的表现形式。除了叙事元素的放置位置,叙事设计的信息传递不局限于依托顶面、地面和墙面展现具体的叙事主题事物。空间叙事与装饰艺术的不同点之一,在于对叙事主题的表达,更多采用暗示与隐喻的表现方式,通过灯光、色彩等手法营造氛围。需要注意的是,通过灯光、色彩等辅助设计手法烘托的空间氛围,需要与叙事主题向使用者传达的叙事信息保持一致,目的是帮助使用者感知场所。有些轨道交通站地下空间机械地使用艺术墙的设计表现形式,只用墙面较为生硬地转述叙事主题,利用局部装饰美化站内空间,一定程度上对使用者造成迷惑,表意不明。

(2)客流移动的路径规划。

在轨道交通站中,客流移动的方向影响着叙事设计中的路径规划。站体空间场所内的路径,影响着叙事设计呈现的完整度。换乘通道内的叙事布置,影响着换乘通道所连接的不同建设时期以及站体空间内的空间叙事效果。基于地下空间的特殊空间形态,轨道交通站地下空间大多是由路径组成的交通空间,并且使用率较高。由此,在人们穿行过程中,地下通道是使用者花费时间较长也是直接影响使用者空间体验的区域。由于空间叙事的过程是动态的,使用者在移动中感受空间内的叙事信息,对于叙事信息的感知是双向互动的。因此,为满足动态叙事的需求,需要足够大的移动空间。设计者通过引导人们的移动,缝合断裂的空间,串联散落的空间信息,使人们能够更高频率地体验叙事主题,并通过活动行为建立对地下空间场所的认同。

按照轨道交通站的上下客规律,通常存在两种人流行进的方向:一种是自上而下,人们从地面进站—乘坐下行电梯—到达站厅—穿过闸机—乘坐下行电梯—到达站台乘车;一种是自下而上,人们从地下出站—乘坐上行电梯—到达站厅—穿过闸机—乘坐上行电梯—到达地面出站。这是两种互为逆行的行进方向,需要注意的是,人们在进站时的目的是一致的,都是为了到达站台乘车,而人们出站时的目的则各有不同,不同的出站口对应着人们不同的出站需求。由此,便产生了不同的叙事路径,应针对出站人群对应不同出入口的需求,考虑叙事路径的设计。比如,苏州东方之门站有 10 个出入口,3 号口、4 号口和 8 号口连接城市广场,9 号口等连接东方之门商场,针对不同的目的地,出入口与站厅之间的地下通道应该有针对性地进行叙事设计。

除了有针对性地设计轨道交通站上下客途径的叙事路径,如何增加人们在站体空间内的停留时间也是路径设计的关键之一。叙事设计的目的是使在地下空间场所中活动的人们,经由活动行为感知到场所精神,对所处空间产生情感认知或认同感,从而更好地体验空间,进一步促进人与空间互动并产生活动。略微

复杂的空间形态与路径,可以帮助增加人们在地下空间中停留的时间,提高人们接收空间场景内叙事信息的频率。

在枢纽站中,换乘通道成为各个空间要素之间连接的重要载体,也是连接不同轨道线路站体的纽带。

一方面,枢纽站相比于一般站,其更加复杂的空间与路径,时常导致乘客在换乘过程中迷失方向。因此,在枢纽站内,往往利用叙事设计强化对换乘路径的引导。

另一方面,由于枢纽站是不同轨道线路的换乘站,存在不同线路的站体建设时期不一致的情况,换乘通道成为连接不同历史时期轨道交通站地下空间的线索。因此,换乘通道往往成为叙事设计的关键位置,用于建立新旧两个不同站体空间之间的联系。换言之,在换乘通道内进行有效的叙事设计,可以大大提升轨道交通站的空间整体性,反之,则会加强轨道交通站地下空间给使用者的割裂感。

（3）连接地下空间的城市环境要素。

空间叙事是一个动态接收信息的过程,人们在空间里移动的过程中接收叙事信息、加工叙事信息、反馈叙事信息。因此,在空间叙事设计过程中,除了需要在人们的行进过程,设计一个较长的路径用于人们接收信息,还需要外部地面空间环境要素的辅助。人们从某一个地面入口进入地下空间,再经由地下空间到达另一个地面出口,地面环境空间始终是在人们使用地下空间的循环之中,不是在终点就是在起点。设计者应在地下空间叙事设计中,关注并强调与叙事设计主题相关联的地面环境要素。这有利于唤醒人们对于空间叙事主题的记忆,帮助人们对在移动路径上接收的、储存在潜意识中的叙事信息,进行加工与总结。

人们在公共空间中的活动往往是自由的、无目的的,公共空间的边界也较为虚幻。轨道交通站由于存在乘车的功能性要求,设计者在结合轨道交通站功能需求进行空间设计时,往往一不小心就会将所有的站厅空间变成交通空间,模糊了人群对地下空间中休憩与活动空间的认知。交通空间在人们的常识中,通常是线性的通道,并不具备停留的功能。当人们在自己所认知的交通空间中时,显然不会在此产生一些休闲活动的行为。

因此,需要对站体内设计的休憩活动空间与交通空间之间进行一个界定。可以采用的方法之一是通过结合地面环境要素在地下空间中开辟新空间,这个新空间呈现半开放的形态,同时连接着地面环境与地下空间。以台北大安森林公园站为例,设计者利用室内室外两个半圆,即大安森林公园站的室内中庭以及室外下沉广场,实现了室内外活动空间的连续性。在室内中庭区域,设计者以半

圆形态适当放大局部空间与地下通道区分开来,并采用雕塑摆件、绿植盆栽等从城市公园引入的自然要素,界定休憩活动空间范围,引导人们认知活动场所。同时,利用树池强化几何圆形在空间上的完形,也是提示、暗示人们这个圆形空间与其他空间的不同。在圆形活动空间内部摆放与主题相关的青蛙造型雕塑,烘托了其活泼、轻松的氛围。

(4)站点的功能设定。

不同的轨道交通站按照其在轨道线路中不同的功能设定,设计者对其内部空间设计的目的,以及预想达到的效果也是不一样的。轨道交通线路的规划需要依据城市发展规划制定,轨道交通站的选址也需要依据一定的城市发展数据。在苏州市 2035 年轨道交通规划中,线网规划将结合国土空间规划及客流需求情况科学规划轨道线路。依据《城市轨道交通线网规划标准》(GB/T 50546—2018)中"线网应衔接大型商业商务中心、行政中心、城市及对外客运枢纽、会展中心、体育中心、城市人口及就业密集区等公共服务设施和地区"的要求,根据客流需求和客流走廊,按照相关规范要求进行线网规划。轨道交通站选址需要与城市不同区域内的客流需求挂钩,不同区域内的轨道交通站点各自分工,承担不同的功能作用。

一般站通常用于缓解城市交通,满足人们便利出行的需求,如苏州塔园路站,周围是居住小区和学校校区,其主要功能是便于周边市民出行。重点站的设计定位与城市区域发展相结合,利用轨道交通站构建城市立体化公共空间体系,打造新的城市公共空间。如东方之门站连通东方之门商业中心地下空间,承担着为商业中心输送客流以及为周围广场输送游客的任务。东方之门是苏州的标志性建筑,通过简单的几何曲线处理,将传统文化与现代建筑融为一体,最大限度地传承苏州历史文化,其旁边就是金鸡湖,环境优美,人流往来密集。站点设立的主要功能一定程度决定了叙事设计的方向以及是否有需要进行叙事设计。一条轨道线路上,往往并不是所有的站点都有进行叙事设计的需求,大多数轨道交通站的核心功能还是方便市民出行。

(5)内部设备功能制约。

站体内部的饰面装饰,从使用者的感官体验上影响着空间叙事的节奏与效果。设计者进行叙事设计时,需要把握叙事节奏,这通常是通过控制叙事空间场景内布置叙事信息量的多少来进行把控的。

轨道交通站地下空间相较于其他地下空间略有不同。一方面,由于轨道交通站交通运输功能的要求,轨道交通站空间内部必须存在的设施设备,如进出站

的闸机、服务台、安检设备等。这些设备在站体空间中占据一定的体积,对整体空间设计有一定的影响。另一方面,由于轨道交通站受到轨道交通运营方要求或者是城市宣传需求的影响,在轨道交通站空间内部往往布置很多广告牌。这些广告牌没有经过统一的设计布局,色彩又十分丰富、突出,一定程度上会给进出站的乘客带来视觉上的混乱感受,也打断了叙事设计的节奏。因此,在轨道交通站地下空间设计中,需要考虑到维护轨道交通站正常运营的设备布置位置对叙事元素放置等的影响,以及预留广告位的设立区域,避免破坏整体的空间叙事节奏。

除了广告牌带来的视觉影响,较多轨道交通站地下空间的内部设计仅仅点缀在墙面、柱子以及天花的局部区域,叙事信息过于琐碎。从站体整体空间来看,叙事设计呈现碎片化的状态,设计要素之间没有串联起来。从局部空间区域来看,设计要素过于密集,主要集中在轨道交通站站厅层的出入口,其他地下通道空间以及站台空间的设计薄弱,存在设计布局杂乱无章的问题,无法使乘客切实体验到设计目的与文化氛围。

总而言之,影响轨道交通站地下空间叙事设计的条件多样。其中,直接影响叙事设计建成后效果的是空间条件,包括空间规模、空间形态、空间环境等。按照叙事设计与空间形态结构的不同结合方法、介入建设过程的不同阶段,可以归纳得到三种不同的叙事设计效果。第一种叙事效果也可以被认为等同于装饰艺术。此类叙事设计的手法较为简单,并且与空间结构没有关联,通常以墙面挂画、顶面格栅、地面铺装的形态出现。在第一种叙事设计中,叙事设计在建设工程的后期阶段开始介入,此时的空间结构已经基本完工,进入室内装修阶段。第二种叙事效果与第一种相近,但与装饰艺术存在差异。虽然叙事设计的表现方式同样是以顶、地、墙为媒介,但是设计内容与周边的环境、居民生活等产生了联系,建立了人与空间场所的联系,赋予了场所意义。相同点在于两者介入空间设计的时期一致,同处于建设工程的后期阶段,空间结构已经基本完工,进入室内装修阶段。第三种叙事效果与空间形态结合,强调引导人流活动,通过叙事设计影响周边区域的人群生活与行为模式。在此类叙事设计中,叙事设计在工程建设的前期开始介入,贯穿空间建设的全过程,与空间形态紧密相关。对比三种叙事效果,第三种建成后效果最好,对城市发展的益处也最大。

3. 轨道交通站地下空间叙事设计的步骤和内容

(1)轨道交通站地下空间叙事设计的步骤。

现阶段,叙事设计被广泛应用于轨道交通站地下空间之中,但较少有学者对其设计步骤进行归纳,刘皆谊等在《运用空间叙事营造场景的地下空间研究》中以台北捷运大安森林公园站为研究对象,认为设计方为了达到空间叙事的目的,进行了三个步骤的推演(见图 10.1),确立设计方向,并且以此为基础搭建了空间叙事的框架。通过空间叙事的设计模式,最终成功将大安森林公园站塑造为新的城市空间触媒,改变区域居民的生活活动模式,探索出一套新的地下空间设计模式。作者认为经过推演,可以帮助设计者确定后续叙事设计的基本设计方向,进行叙事设计时,首先需要梳理叙事脉络,构建框架;其次需要有足够的叙事空间进行串联,整合地面、地下碎片资源,形成一体化的空间叙事格局;最后根据整合后线索,确定空间叙事的表达层级。

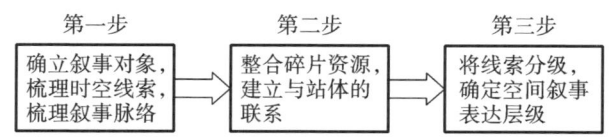

图 10.1 以空间叙事为设计目标的叙事设计三个步骤推演

在对以上空间叙事三个步骤推演的基础上,本研究将空间叙事的步骤进一步归纳为以下四个步骤(见图 10.2)。第一步是挖掘叙事背景,进而梳理叙事背景中的时空线索与整体的叙事脉络;第二步是构建叙事框架,建立叙事元素与轨道交通站站体空间之间的联系;第三步是确定叙事表达层级,将叙事线索进行分级;第四步是归纳叙事要素的放置原则,针对不同的空间层级与认知难易程度,选择不同的放置模式。对比刘皆谊等归纳的三个推演步骤,在其基础上增加了对空间的分析步骤,发现空间分析对叙事设计的影响作用。在构建叙事框架的第二个步骤加入对轨道交通站站体的空间条件的分析,探索站体空间结构与叙事线索、叙事设计之间的关系;增加第四个步骤,即归纳叙事要素的放置方式与原则,探索轨道交通站空间中的叙事表达与空间分析之间的关系,发现空间分析在叙事设计的设计阶段不可或缺,一定程度上可以帮助设计者理解叙事空间,更好地进行设计布局。

在对叙事设计步骤的推演中,发现在有些步骤(图 10.2 中虚线框选的部分)中可以运用空间句法辅助设计者进行判断,如在叙事空间位置的选取上、叙事空间的排列上等。

(2)可运用空间句法参数辅助的叙事设计步骤内容。

叙事设计的步骤如下。①需要收集用于表达叙事主题相关的素材,确定叙事主题。②需要对收集整理的叙事元素进行框架构建与层级分类。③需要将叙

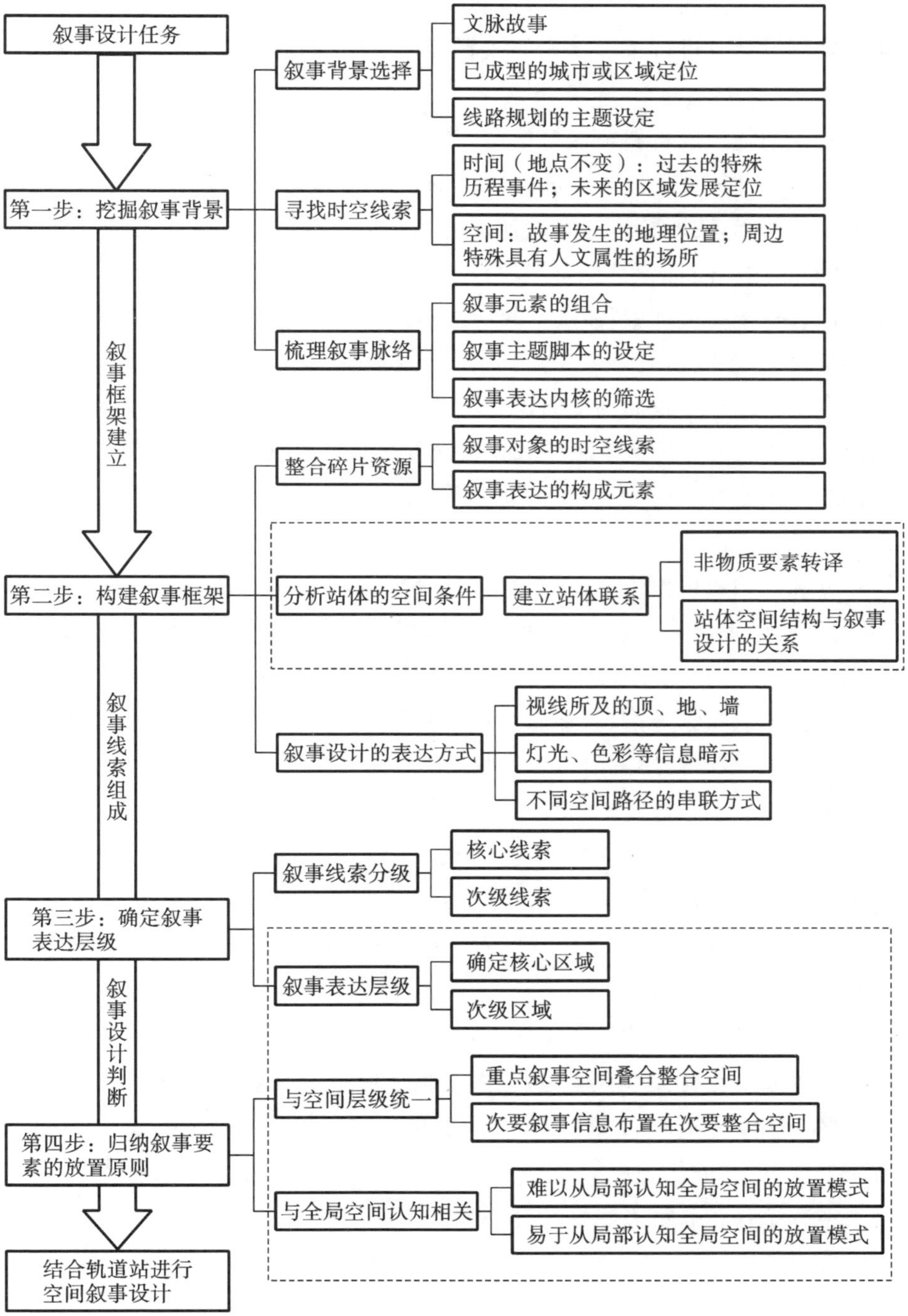

叙事设计任务		
		文脉故事
	叙事背景选择	已成型的城市或区域定位
		线路规划的主题设定

第一步：挖掘叙事背景

寻找时空线索
- 时间（地点不变）：过去的特殊历程事件；未来的区域发展定位
- 空间：故事发生的地理位置；周边特殊具有人文属性的场所

梳理叙事脉络
- 叙事元素的组合
- 叙事主题脚本的设定
- 叙事表达内核的筛选

叙事框架建立

整合碎片资源
- 叙事对象的时空线索
- 叙事表达的构成元素

第二步：构建叙事框架

分析站体的空间条件 — 建立站体联系
- 非物质要素转译
- 站体空间结构与叙事设计的关系

叙事设计的表达方式
- 视线所及的顶、地、墙
- 灯光、色彩等信息暗示
- 不同空间路径的串联方式

叙事线索组成

第三步：确定叙事表达层级

叙事线索分级
- 核心线索
- 次级线索

叙事表达层级
- 确定核心区域
- 次级区域

叙事设计判断

第四步：归纳叙事要素的放置原则

与空间层级统一
- 重点叙事空间叠合整合空间
- 次要叙事信息布置在次要整合空间

与全局空间认知相关
- 难以从局部认知全局空间的放置模式
- 易于从局部认知全局空间的放置模式

结合轨道站进行空间叙事设计

图 10.2　以空间叙事为设计目标的叙事设计四个步骤推演

注：虚线框选部分为可使用空间句法辅助叙事设计的环节。

事素材放置在不同的空间位置上，以达到传达叙事信息的作用。空间句法主要运用于辅助设计者进行叙事元素的放置工作，以及如何使叙事设计与空间组构相融合。

在对空间场所进行叙事素材挖掘，以及时空线索梳理的结果上，着手构建整体空间叙事设计的框架流程。叙事设计的框架就如电影脚本一般，通过对叙事设计框架的构建，明晰整体空间设计中的主线以及各种空间要素之间的连接关系，修补断裂的空间，以及规划有节奏的使用者地下空间体验流程。在对叙事设计步骤内容框架的梳理中，涉及空间句法辅助设计者进行叙事设计的内容如下。

①叙事模式的选择。

轨道交通站地下空间的空间组构模式之间往往存在差异，针对不同的空间组构模式需要选择不同的叙事模式。根据叙事素材放置位置之间的关系可以将叙事模式分为两种，一种是分散式的叙事放置模式，一种是集中式的叙事放置模式。

在分散式的叙事模式中，叙事素材被有意识地分开放置在不同的空间位置上，素材内容彼此具有一定的空间关联性，根据重要程度不同，叙事素材所呈现的表现方式也不同。叙事的辅助信息通过暗示的方式表达叙事主题，让使用者在位移过程中接收叙事信息，存放在潜意识里。重点信息放置在使用者位移路径的终点，用于激活使用者潜意识中收集的信息。

在集中式的叙事模式中，叙事素材被集中布置在同一空间位置上，直白地向使用者展现叙事主题，通常占据的空间规模较大。这种叙事模式让使用者可以明确地意识到叙事设计的主题。设计者通过空间句法运算，可以分析空间组构模式，从而有针对性地选择集中式或者分散式的叙事模式进行叙事素材的组织。

②叙事空间的分布。

叙事本身具有逻辑性与文化内涵，叙事设计在空间中的分布应遵循一定的逻辑与布置原则。在文本叙事中，叙事过程按照事情发展的时间顺序可以分为顺叙、倒叙、插叙等不同的叙述方法。倒叙的叙述目的是强调后面某一时间段故事的重要性，插叙的叙述目的是对现在故事情节的发展进行补充说明。空间叙事与文本叙事存在一定关联性又并不相同。在空间叙事中，二维叙事的故事情节在三维空间中被分为一个个独立的叙事空间，空间与时间逻辑共同构成叙事的时空体。

有计划地组织叙事空间、有针对性地安排其分布位置，是为了吸引使用者在地下空间内停留，引导使用者与空间环境产生互动，从而使使用者在活动中生成

对场所的认同感。运用空间句法运算,可以发现吸引人流集聚的空间位置,根据人流集聚程度安排叙事空间的组织。

③叙事路径上的叙事素材安排。

英国伦敦大学学院的建筑与城市形态领域教授比尔·希利尔认为:强组织的建筑物,不同类型的人必须都被安排到相同的交流界面,彼此之间的关系也被清楚定义。相反,弱组织的建筑物允许大量的随机交通,其空间布局促进偶遇和交流。现代城市建设中,轨道交通站地下空间与周边的城市生活要素连接紧密,属于公共性较强的建筑空间。因此,轨道交通站地下空间中的公共空间部分的设计应遵循弱组织的空间布局原则,允许空间中产生大量随机交通,促进在空间内的使用者们交流。在同一个轨道交通站地下空间中,应存在多种路径的选择,随机生成不同的空间体验。通过空间句法运算,可以模拟在不同的路径行进过程中使用者可以看见的空间视域范围。建筑物可以根据不同路径上的叙事体验需要,变化安排叙事素材在其视域范围内的放置,起到不同目的的引导作用。

4. 轨道交通站地下空间叙事设计的表现手法

(1)利用视觉线索串联叙事空间。

空间本身基于不同的功能需求,产生不同的空间形态,传递着不同的空间信息。在轨道交通站地下空间中,基于其客流运输的主要功能,空间形态必然优先服务于人群对所处空间位置的易识别性。但是,伴随着地下公共空间内涵的不断扩大与使用功能的整合集中,人们出现在同一地下空间中存在不同的目标。例如,以往人们进入地下空间只是为了跨越道路,以达到对面的地面空间。如今,人们进入地下空间之后还可以进入其他建筑空间。基于地下空间的空间特性,为指引人们快速找到所要到达的目的地,设计者往往在地下空间的出入口或交叉口处设置多个导视标识。但是,伴随着地下空间规模的不断扩张,导视系统逐渐复杂,与空间装饰之间存在色彩冲突、图形混乱等问题,实际上并没有起到十分有效的导视作用。此类问题所造成的困惑,大多由地下空间路径复杂所导致。一方面是繁杂的信息输出对使用者造成视觉上的迷惑,不能准确识别其中的有效信息判断空间位置;另一方面是获取地理空间位置的信息渠道较为狭窄,大量信息集中出现造成识别困难。

冯珍、杨菁菁在《选择性注意条件下人脑视听觉空间信息处理机制研究》中,通过对比实验结果,得到视觉在空间认知上更具优势的结论。人类获得的信息中约有 90% 来源于视听两通道。其中,相比于其他知觉方式,视觉信息的获取最为直接。空间叙事关注人在空间内的空间体验,并且空间叙事本身具有信息传递的功能。设计者可以尝试在易于被视线发现的空间位置中引入叙事信息线索,引导使用者获取有效信息,提升获取空间地理信息的效率,以便在同样的活动时间中减少迷惑的可能性。

(2)通过强化环境信息串联叙事空间。

认知心理学认为,知觉就是对感觉信息进行组织和解释从而获取意义的过程。环境知觉通常有赖于两类信息:环境刺激和知觉者已有的知识经验。布伦斯威克在其透镜模型理论中认为,在构建环境知觉的过程中,人具有极大的主动性。他认为来源于环境中的刺激线索在帮助人们形成精确知觉时产生的作用大小不同,因此在知觉加工中占据的地位也会不一样,即刺激的生态效度不尽相同。同时在已有知识经验的参与下,经验、人格特征等方面的差异也会导致对这些刺激的评价不同,即线索利用不同。

人们在认识一个全新的空间环境的过程中,环境信息的识别性十分重要。在城市意象的研究中,凯文·林奇认为识别性是城市最重要的特征之一。具有良好识别性的空间环境可读性强,能够被轻松识别、组织,并被人们所接受。

空间叙事运用叙事本身的逻辑性,通过叙事空间的排列组合,将重点需要向人群传达的信息从众多其他信息中剥离出来,单独增强这部分特殊信息的可识别性,从而帮助人们在陌生复杂的空间环境中快速识别需要的信息。比如,在大型交通枢纽的换乘空间中,利用叙事逻辑强化目的地信息,从而在商业空间与交通空间杂糅的复杂公共空间中实现精确定位。

邓蜀阳、张攀认为对某一环境的认知过程可以分为 3 步。①环境个性特征的知觉感知。②环境组织结构的秩序认知。③环境意义价值的整体评估。其中,对于第 3 步环境意义价值的整体评估,在于空间环境中的使用者对空间存在使用上或者情感上的意义。李静等在《试谈展示空间情感化表达与信息传递的效率》中认为,具有情感的空间才能使信息传递效果最大化。

空间叙事一定程度上可以被认为是具有情感化表达的空间排列组合。使用叙事设计手段的意义是激发使用者对于地下空间场所情感上的共鸣。人们对于某一空间环境的认知是"认知—再认知"不断循环加深的过程,加深其对于所处空间环境的共情有利于促进"再认知"进程,更新对空间的认识,完成更高质量的主观性评价。

(3)通过引导路径选择串联叙事空间。

基于地下空间的特殊空间形态,大部分空间是由路径组成的交通空间。地下空间中的路径通道成为人们在穿行过程中花费的时间较长、直接影响空间使

用感受的区域。

陆邵明通过对传统园林豫园的空间研究,得到每个空间单元之间有着不同的连接关系,局部中心的次级庭院往往有两个以上的连接,多条路径可以通向一个目的地。选择不同路径也将体验不同的庭院风景,获得不同的观景角度。对于路径选择的引导结构有两种形态——"T"形节点和"L"形转折点。"T"形节点为游览者提供了更多的选择,"L"形转折点则规定了游览者的行进路径。在轨道交通站地下空间路径设计中,可以有意识地分别布置"T"形节点与"L"形转折点,引导人群更快速地到达叙事空间以及组织串联不同叙事空间之间的叙事路径,以达到不同叙事效果。

（4）利用车站家具强化叙事空间。

在许多轨道交通站叙事设计的表现手法中,人们通常利用墙面空间进行叙事主题表达。墙面空间是视线极容易接触的空间,利用墙面空间进行主题信息传达,可以最大范围地让使用者接收。但是,墙面空间有限,可承载的信息有限,并且多以二维平面的形式传达,无法使人们在墙面空间区域前长时间停驻,叙事信息回馈较少,激发使用者产生互动的可能性较小。基于此,设计者可以利用车站家具补充空间信息,与墙面装饰传达的叙事信息相加,界定叙事空间,增加使用者与空间的互动机会。如图 10.3 所示,通过在艺术墙的服务区间摆放座椅,可以引导人们增加在站内停留的时间,双重界定了叙事空间的区域。

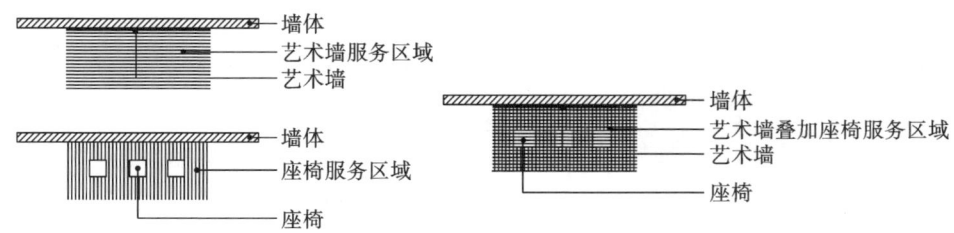

图 10.3　利用座椅叠加艺术墙服务空间,强化叙事空间

10.1.3　轨道交通站地下空间叙事设计的空间句法运用

1. 空间句法运用于叙事设计的方法选用

（1）空间句法通用模型对比。

空间句法模型一直被视为研究空间与空间之间关系的重要方法之一。空间句法的模型有多种,如轴线模型、凸状模型、线段模型以及视域模型等,均为关系

图解模型(见表 10.2)。在模型中,空间实体被分割、以节点代替,空间关系用弧段代替,从而提供了将整体空间量化的范式。

表 10.2 空间句法 4 种模型的比较

句法模型	物理基础	数理基础	优 势	缺 陷
轴线模型	相互可视、线性运动	关系图解	直观、计算量小	受人为影响大、无法全面考虑空间
凸状模型	相互可视	关系图解	能充分考虑空间的宽度和广度,直观	建模所耗费的人力物力较大,一般仅运用于尺度较小的空间
线段模型	路网偏转角度、线性运动	关系图解	计算误差小	物理模型有所欠缺
视域模型	相互可视	关系图解	直观、在考虑视域方面较精确	计算量大、无法考虑到三维空间

空间句法运算要在相适应的语境下进行,才可以获得较为准确的计算结果。如表 10.2 所示的 4 类句法模型所适用的研究尺度各有不同。在微观尺度上,凸状模型具有较大优势,可以对微观尺度空间进行定量分析,以支持其文化逻辑的运作。视域模型也可以较好地用在建筑等微观空间分析中,将空间进行可视化表达。在中观、宏观尺度上,轴线模型与线段模型能较好地将大区域空间结构与城市中心性、交通通达能力、城市形态结构等结合起来。

从研究尺度上来看,轨道交通站地下空间属于微观尺度,因此,用于研究城市区域结构的轴线模型与线段模型不适用于本研究对象。从地下空间特性上来看,轨道交通站地下空间的空间限制较多,空间限定性较强。与地面空间相比,地下空间能够看见的自然环境信息较少,使用者接收到的人工信息较多。因此,轨道交通站地下空间内部空间环境的人为设计较大地影响着人们对地下空间环境与定位的认知。目前,人们在地下空间中进行空间定位的方法基本上是通过视觉进行识别。因此,关于人眼所见的视线范围是本研究需要关注的重点,凸状模型与视域模型在一定程度上都是以人的可视范围为基础的模型,较适用于本研究对象。

假定建筑内部某空间为一个平面,人在其任意点进行观察都可以看到空间的全貌,此类空间被定义为凸空间。对二维平面进行凸空间划分后,可以使原本视线被遮挡的空间区域变成由凸空间组成的系统,凸空间内的各个空间位置都

能被彼此看见,互相之间也能到达(见图 10.4)。在这里,需要区分视域范围与凸空间。视域范围虽然在图示上呈现多边形的形态,但是,视域范围与凸空间是两种不同的空间划分方法。视域范围由实面周边与闭合射线的比率来确定,而只有当一个视域范围的边界完全是实面周边的时候,才能被视为凸空间。凸状模型与视域模型两者之间的计算方法也是不同的。

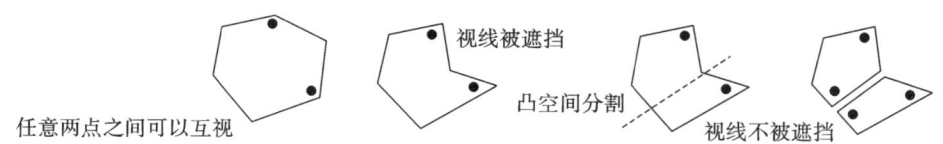

图 10.4　凸空间的定义及分割

本研究主要使用凸状模型与视域模型对研究对象进行空间分析。使用凸状模型分析站体空间内部的空间拓扑关系与空间可达性。使用视域模型分析站体空间内部的视觉信息分布与空间可视性。

(2)叙事设计相关指标。

在凸状模型与视域模型中,常用的空间句法参数指标有整合度、连接度、可理解度、平均深度和总深度,这些指标对于叙事设计有一定的帮助。在叙事设计的过程中,需要先对空间组构查缺补漏,寻找空间连接薄弱处与人流集聚处,然后运用叙事设计方法连接断裂空间,引导人流产生活动行为。通过凸状模型和视域模型计算,可以分别获得凸空间分析图以及视域分析图两类图形信息。通过对可视化数据进行转译,可以帮助设计者找到空间系统中断裂的部分以及空间组构意义上人流最密集的地方,帮助设计者明确叙事设计需求。

①整合度。

对应于凸空间分析图中,空间整合度可分为全局整合度和局部整合度。空间整合度用于表达空间系统中空间与空间之间的集散关系,可以衡量空间在人流行进过程中吸引人群注意力的能力。空间整合度越高的空间,可达性越高,越容易吸引人流汇集。对应于视域分析图中,视域整合度用于反映空间与空间之间的视线深度关系,可以衡量使用者从某一空间到达其他空间的视线深度变化,从而预判从该空间出发到达目的地的空间。使用不同移动路径将获得不同的视域结果。

在叙事设计的过程中,通过获得不同空间的整合度参数数据,可以帮助设计者判断空间的人流集聚程度以及视线深浅程度,空间整合度高的空间人流集聚程度高,视域整合度高的空间视线深度浅,空间整合度低的空间人流集聚程度

低,视域整合度低的空间视线深度深。空间整合度值与空间人流集聚程度之间呈现正相关关系,视域整合度值与视线深浅程度之间呈现负相关关系。人流来往密集的区域所能接收到的叙事信息的有效性最大,应在人流密集处布置较为核心的叙事元素。视线深浅程度表示不同空间位置的空间可视性程度,运用在叙事空间分布与串联路径上,应选择从深度浅的空间到达深度深的空间所穿行的较短路径,让使用者在移动过程中,以较短的距离获得较多的视野以及更多的空间信息。因此,可以通过空间内视线深浅程度的分布,规划叙事路径。根据整合度值的高低,辅助设计者选择核心叙事空间位置以及叙事元素布置的路径。

②连接度。

对应于凸空间分析图中,空间连接度反映各个凸空间之间的空间紧密程度,连接度值越大,该空间与其他空间相连的空间数目越多,空间位置越核心。反之,空间连接度值越小,该空间与其他空间相连的空间数目越少,空间位置越隔离。对应于视域分析图中,视线网格元素连接度是指从细分后的方格网中的每个元素向外看,所能看到的其他网格元素的数量。它表示静止不动的情况下,人们在所处空间位置所能看到的其他网格空间的数量。能看到的数量越多,视线网格元素连接度越高,图面中显示的颜色越暖,看到的数量越少,图面中显示的颜色越冷,视线网格元素连接度越低。空间连接度可以体现空间整体的渗透性,用于表达不同功能空间之间的关联程度。视线网格元素连接度可以体现不同空间位置的可视范围大小,也可用于表达不同功能空间之间的关联程度,体现空间整体的渗透性。

在叙事设计的过程中,连接度可以反映叙事空间之间的渗透性,以及不同叙事空间层级之间的关联程度。连接度越高,空间之间的关联程度越高;连接度越低,空间之间的关联程度越低。通过空间之间关联程度的高低,可以辅助设计者选择叙事路径、编排叙事脚本、安排叙事元素及其层级的连续性。

③可理解度。

张愚、王建国等认为空间系统的可理解度是指使用者对于空间系统中空间布局的认知程度,也是认知复杂空间的适宜途径。茹斯·康罗伊·戴尔顿认为可理解度不仅是一种度量,也是认知与组构之前的根本链接,在某一空间环境里的可理解度是在只有某一局部视觉信息的情况下,人们能对整体空间组构推断出什么。在实际应用中,可理解度被计算为拓扑半径 3 整合度(或者局部整合度)与无限拓扑半径整合度(或相对化的拓扑深度)之间的关联系数,或者轴线连接度与无限拓扑半径整合度之间的关联系数。刘抚英等在对沈阳市"铁西 1905

文化创意园"工业建筑遗产空间进行再生评价时,运用凸空间连接度与整合度之间的关联系数作为空间系统的可理解度量化数据,表明建筑局部空间与整体空间之间的关系。本研究对可理解度值的计算量化数据采用拓扑半径 3 整合度(或者局部整合度)与无限拓扑半径整合度(或相对化的拓扑深度)之间的关联系数。空间可理解度值越高,人们越容易通过局部空间内容推断并建立起对整体空间的认知;空间可理解度值越低,人们通过局部空间认知整体空间组构的难度越大。

在叙事设计过程中,空间可理解度的关联系数值的高低,可以反映所计算的整体空间组构是否可以让空间使用者较为容易或者较难地辨别、认知整个空间系统。通过空间可理解度值,可以辅助设计者选择重要节点、判断空间系统是否易于被使用者所认知,从而选择合适的叙事模式。

④平均深度。

平均深度表示空间系统中某个空间与其他空间之间的关系。平均深度值的高低可以反映某一空间与整体空间的联系程度,平均深度值高,该空间较为隔离,平均深度值低,该空间较为核心。

在叙事设计的过程中,人们可以通过不同空间位置的平均深度值来判断该空间与整体空间系统的关联性程度,以及该空间所处空间组构的层级位置,辅助叙事元素的表达层级布置。

⑤总深度。

在叙事设计过程中,对总深度值的运用存在两种情况,一种是运用于选择叙事空间、判断叙事路径,另一种是运用于叙事空间结合使用功能的情况下,辅助梳理空间层级。在用于选择叙事空间、规划叙事路径的情况下,通常会弱化空间的功能设定,主要从空间组构关系的层面进行考虑、选择。总深度值越高,说明该空间相对整个空间系统而言,处于较为次要的空间位置;总深度值越低,则说明该空间相对整个空间系统而言,处于较为重要的空间位置。由此,通过总深度值的高低,设计者可以判断放置核心叙事空间以及次要叙事空间的位置,以及讨论叙事路径应交汇、重叠的引导方向等。

在用于结合实际功能辅助梳理空间层级的情况下,首先会考虑将具有较明显特殊功能的空间作为根节点,构建以其为起始点的树形空间关系图解图,得到各个空间与根节点空间之间的空间总深度数值。总深度数值较大的空间,到达根节点空间需要穿越更多的其他层级空间;总深度数值较小的空间,到达根节点空间需要穿越更少的其他层级空间。由此,通过总深度值的高低,设计者可以判

断从根节点空间出发到达其他层级空间的路径长短,判断根节点空间与空间系统之间的关系,探讨该功能空间在整体空间组构中的组织关系。即某一空间总深度值高,表示以该空间为核心的空间组构较为松散;若某一空间总深度值低,则表示以该空间为核心的空间组构较为紧凑。

在轨道交通站地下空间中,建议选择站台两侧的上下车空间区域作为根节点空间,最大范围地模拟使用者从轨道交通站地下空间到达地面所穿行空间的空间深度。若以站厅层为运算范围,则建议使用上下空间的交汇空间(楼梯或者电梯空间)作为根节点空间。

2. 空间叙事的句法分析操作方法

(1)视域分析法。

视域分析法(visibility graph analysis,VGA)用于获取空间可视性的相关量化参数结果。在视域分析法中,通过对空间进行网格划分,模拟人们在任意一个网格上的视域特征,基于视线深度,发掘空间对于视线的限定作用。网格是对视域空间进行量化的基础单元,视线深度是帮助我们理解空间量化后结果的基础单位。

人脑中所接收到的信息多半来自视觉,良好的视线设计有利于人们在陌生空间中获得安全感。人所看到的物体影像本质上是反射光在人眼睛中的投影,而光的直线物理特征可以直接反映在几何拓扑关系上。比尔·希利尔认为,视觉是导致空间影响人活动行为的首要要素。

同理,在进行叙事设计的过程中,人眼所及的视域范围是需要考虑的重要因素,叙事信息的传递与接收通常都是通过视觉进行的。因此,在地下空间中,视线会影响到对空间信息的接收程度,对视线遮挡越多则越会影响到人们对空间场地的认知程度。因此,在地下空间内进行叙事设计时,需要知道空间内不同位置的视线遮挡情况,将其作为叙事要素设置的判断依据之一。

①计算步骤。

首先,对研究对象平面图按一个人的肩宽尺寸(0.5 m×0.5 m)细分空间网格,以每一个单元网格作为基础空间单元。其次,模拟人们在任意一个基础空间单元上的视域特征,基于视线深度,发掘空间对于视线的限定作用,由此分析空间的可视性。通过视域网格分析计算,可以得到两个分析结果图示,一个是视线网格连接度的可视元素图,一个是视域整合度的可视元素图。得到具象化的模拟认知图示后,需要对图示信息进行解读,将图示信息与参数指标对应。运用空

间句法进行叙事空间的视线遮挡程度计算流程见图 10.5。

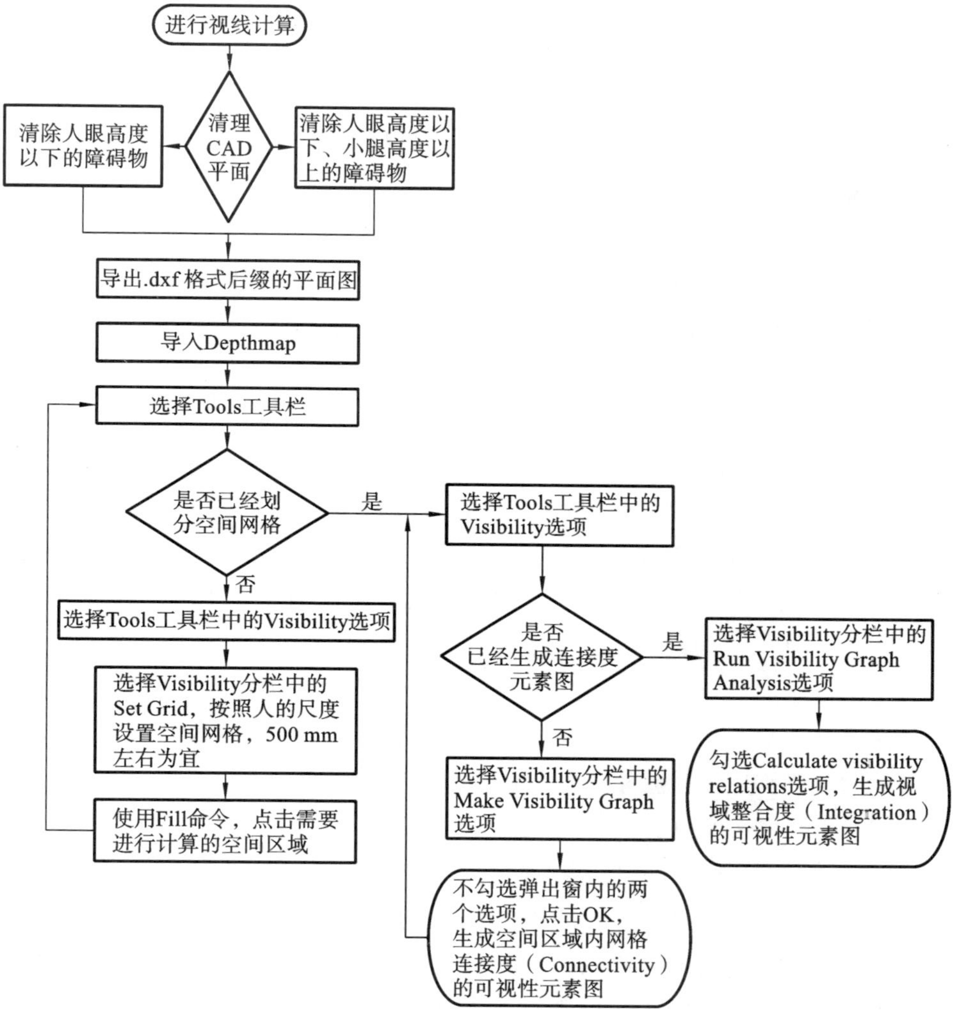

图 10.5　运用空间句法进行叙事空间的视线遮挡程度计算流程

②图示信息翻译。

通过空间句法的视域分析法计算可以得到视线网格元素连接度与全局视域整合度。网格元素连接度是指从细分后的方格网中的每个元素向外看，所能看到的其他网格元素的数量。能看到的数量越多，网格元素连接度越高，在图面中显示的颜色越暖；看到的数量越少，网格元素连接度越低，在图面中显示的颜色越冷。通常来说，网格元素连接度可以体现空间整体的渗透性，以及不同功能空间之间的关联度。

将网格元素连接度的图示信息翻译后应用到叙事设计中,表达的是在网格元素连接度高的区域,空间使用者能看到更多的空间,在此位置布置的叙事元素能够被看见的可能性较高,此位置更适宜布置叙事信息。同理,在网格元素连接度较低的区域,空间使用者能够看到的空间范围较小,在此位置布置的叙事元素能够被看见的可能性较低,此位置不太适宜布置叙事信息。

视域整合度用于计算从所有空间到其他所有空间的视觉深度,基于全局视线深度再进行标准化计算,生成暖-冷彩色计算图。视线整合度越高的空间,颜色越暖,这个空间在全局空间中的视线深度越浅,从这个位置出发,只需要较少的视线转折就可以看到整个空间内的其他空间。通常来说,整合度高的空间节点,易于吸引人的目光,更容易被人发现。

将视域整合度的图示信息翻译后应用到叙事设计中,表达的是在视域整合度高的区域,使用者只需要较少位移或者不移动就能看到更多的空间,在此位置布置的叙事元素能够被看见的频率较高,此位置更适宜布置叙事信息。同理,在视域整合度较低的区域,空间使用者需要较多位移才能够看到的更多的其他空间,在此位置布置的叙事元素能够被看见的频率较低,此位置不太适宜布置叙事信息。

总而言之,网格元素连接度图与视域整合度图共同展示了人眼在空间场所内的视线遮挡情况。通过叠合两张图,找到峰值最高的空间区域,辅助设计者选择最优的叙事信息布置位置。

(2)凸空间分析法。

在凸空间分析法中,通过对空间进行凸空间分割,将连续的空间整体拆分成彼此分离的单一凸空间。凸空间是对空间进行量化的基础单元,空间深度是帮助我们理解空间量化后结果的基础单位。

在进行叙事设计的过程中,空间关系是需要考虑的另一个很重要的因素,空间之间的连接状态、组成情况都影响到空间使用者传递以及接收叙事信息的方式。在地下空间中,空间的通达性以及空间形态的构成会直接影响到人们对于空间场地的认知程度。因此,在地下空间内进行叙事设计需要对空间的组构状况进行解析。

①计算步骤。

首先,对整体空间进行凸空间分割,先识别出最大的凸空间,并绘制出来;再识别并绘制第二大凸空间,直到所有的凸空间被遍及。

其次,按照实际空间之间的连接关系连接被分割后的各个凸空间,建立空间

关系。然后,通过软件对空间关系进行不同参数指标的运算。

最后,得到可视化的参数指标量化后的图示,并对结果图示进行解读。需要强调的是,在对空间关系进行不同参数指标的运算过程中,会生成两个阶段成果,第一阶段成果是空间深度图和空间整合度图等,包括全局深度与平均深度、全局整合度与局部整合度;第二阶段成果需要在第一阶段成果的基础上进一步分析计算得出,通过绘制散点图,生成局部整合度与全局整合度之间的关联系数,获得空间可理解度值(见图 10.6)。

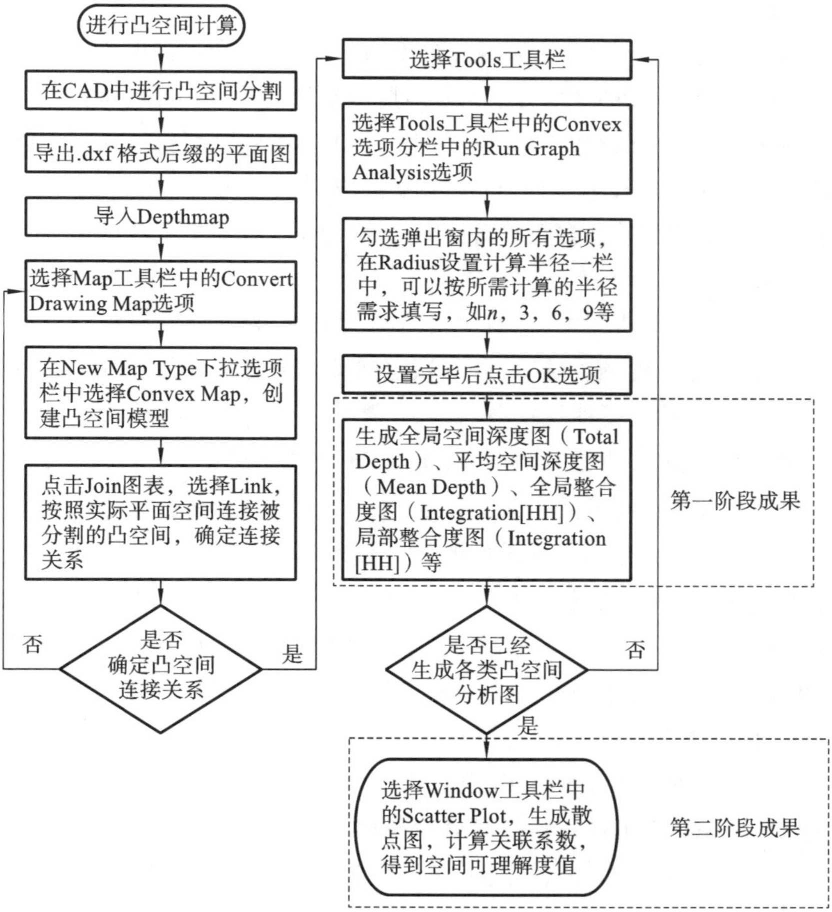

图 10.6　运用空间句法进行叙事空间中的凸空间计算流程

②图示信息翻译。

引入凸空间分析方法是为了考察空间之间的关系。当组合空间被分裂为 N 个凸空间之后,就可以建立起它们之间的连接关系,连接关系反映了人在凸空间

之间是否存在通行和互视上的问题。凸空间之间的各种连接关系可以通过空间句法分析软件来实现分裂后空间的重映射,空间的重映射也可以被理解为空间关系图解。空间整合度是总深度的倒数,用于表达空间可达性的高低。凸空间局部空间与全局空间系统的关系可以通过绘制局部空间与全局空间的散点图,计算得到两者间的关联系数,即该空间系统的可理解度。空间关系图解、空间整合度与空间可理解度的具体内容如下。

a. 通过空间句法的凸空间分析方法计算可以得到关于空间可达性高低的空间整合度。

空间整合度是一个关于全局深度的倒数的函数,即全局深度值越高的空间,整合度值越低。在本研究中,为了更好地展示空间关系,将分割后的多边形凸空间连接图转换表达为凸空间邻比关系图的形式后,再进行分析。将凸空间连接图转换为关系图的过程中,空间可转换为点,表现为小圆圈,相邻小圆圈的连通则表示为线。小圆圈放置在凸空间正中,当两两凸空间有彼此相邻的边,就将圆圈连接起来。

在空间整合度分析图中,圆圈代表的颜色越暖,表示该空间整合度越高,可达性越高;圆圈代表的颜色越冷,表示该空间整合度越低,可达性越低。可达性高的空间,人流集聚的可能性较高。

b. 通过空间句法的凸空间分析方法计算可以得到关于某一空间的空间拓扑关系图解以及各空间的空间深度分布层级。

如图 10.7 所示,空间关系图解将空间系统的拓扑结构直观表现出来。通过设定研究半径,可以方便观察距离某一空间一定拓扑距离内的情况;若不设置研究半径,可以观察某一中心空间与整个空间系统的拓扑距离。通过空间关系图解,能够直观地看到各个凸空间之间的空间关系以及不同凸空间与整个空间系统的关系,区分出最整合空间、最隔离空间等。另外,通过空间关系图解,可以获得到达各个空间的空间深度层级、空间总深度以及平均深度数据。

将空间关系图解的图示信息翻译后应用到叙事设计中,可以通过空间拓扑关系找到最整合空间与最隔离空间,辅助设计者选择核心叙事空间。基于空间深度的树状图便于设计者更直观地判定各个凸空间的叙事空间层级。在空间关系图解中,闸机空间(图 10.7 中以大写字母 A 表示这类空间)对叙事设计没有较大的空间影响,需要将其单独剥离出来,不进行分析。

以苏州塔园路站站厅层以 5 号凸空间为中心进行空间重映射的空间关系图解为例,3 号空间为最整合空间,空间连接度为 5,在进行叙事设计中应考虑将 3

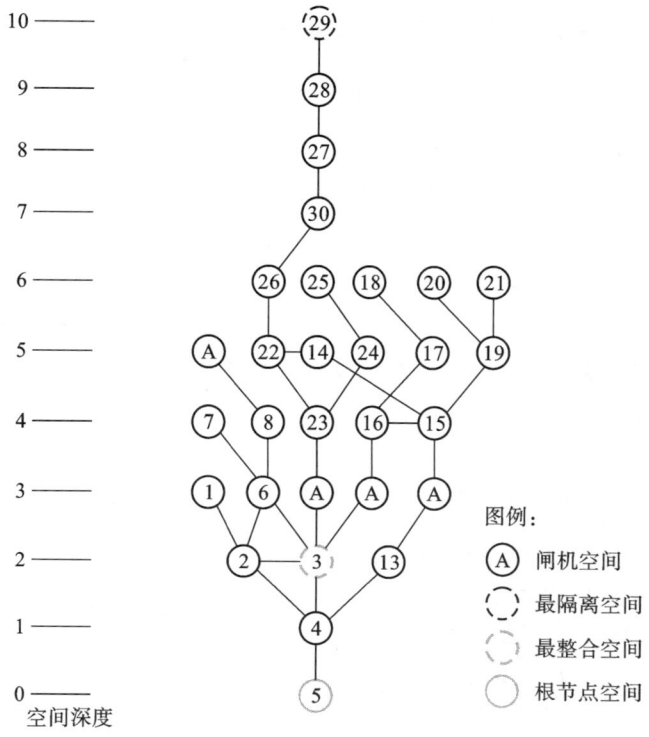

图 10.7　苏州塔园路站站厅层以 5 号凸空间为中心进行空间重映射的空间关系图解

号空间作为核心叙事空间。在空间拓扑关系中,各个凸空间集中在空间深度为 3、4、5、6 的空间层级上,叙事空间层级可以以其为核心,向两头递减。

　　c. 通过空间句法的凸空间分析方法计算,可以得到局部空间与整体空间的关联系数 R^2 图示,进而得到空间系统的可理解度。

　　以 0.5 为阈值,方程中 R^2(拟合度)的值高于 0.5,则该空间的可理解度较好,方便人们从局部空间信息推演到整体空间系统信息,构建空间系统认知;若方程中 R^2 的值低于 0.5,则该空间的可理解度较差,不利于人们从局部空间信息推演到整体空间系统信息,构建空间系统认知。

　　将空间可理解度的图示信息翻译后应用到叙事设计中,可以知道空间系统的可理解度值。空间可理解度高,则空间组构较为简单,便于空间使用者从局部空间信息推断整体空间系统主题。对于叙事信息的选择以及叙事空间的布置可以采用较为集中的方式。反之,若是该空间的空间可理解度较低,对于叙事信息以及叙事空间、路径的规划则需要采用串联的方式,多点位布置,强化叙事信息的传递。

279

3. 空间句法参数结果与叙事设计的对应关系

空间句法参数结果可应用在叙事设计中的多个环节中,多用于分析空间位置以及空间关系,运用科学方法合理安排叙事线索的空间位置。空间句法参数结果与叙事设计的对应关系包含叙事层级与空间层级的对应,叙事路径上的空间串联,叙事设计布局模式的选择,以及不同层级叙事要素的具体位置放置等(见图10.8)。

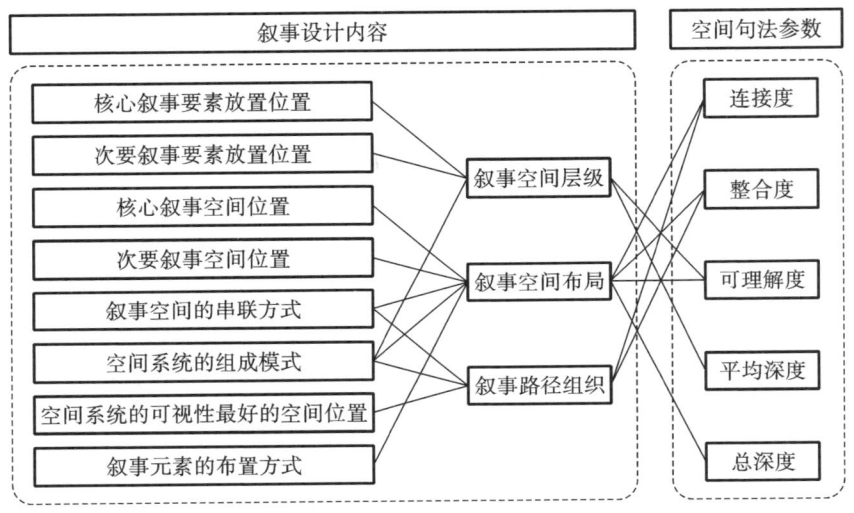

图10.8 空间句法参数应用于叙事设计环节对应图

连接度值、整合度值与可理解度值的运算是针对空间平面的运算,其应用于叙事设计的前期;平均深度值、总深度值的运算主要是针对空间平面中的某一空间的运算,其应用于叙事设计的后期。

(1)叙事空间布局。

叙事空间布局指对空间系统进行分析,筛选出适合放置叙事线索的空间,并对这些空间从整体上进行合理安排,包括叙事元素放置的内容、信息量大小等。

对空间平面进行凸空间整合度分析,得到局部空间整合度与全局空间整合度。根据不同空间区域整合度值,筛选出整合度高值区域与整合度低值区域。整合度高值区域的人流汇集频率高,可达性高;整合度低值区域的人流汇集频率低,可达性低。因此,将高值区域与低值区域递减排列,与梳理的叙事要素对应,初步形成叙事要素在空间系统内的布局。

对空间平面进行可理解度分析,得到局部空间与整体空间系统的关系。若

该空间系统的 R^2 值高于 0.5，则以串联的叙事设计布置格局为指导方向；若该空间系统的 R^2 值低于 0.5，则以集中的叙事设计布置格局为指导方向。

对筛选出的核心叙事空间进行总深度分析，根据该空间的总深度值高低，判断其在全局空间中是否处于核心控制位置。存在两种情况，一种是该空间的总深度值略低，说明该空间在空间系统中的位置较核心，可以考虑集中布置关键叙事要素；另一种是该空间的总深度值略高，说明该空间在空间系统中的位置较为隔离，需要结合其他参数综合考虑该空间的叙事元素布置。

对空间平面进行视线网格元素连接度分析，得到在空间系统中哪一部分空间区域停驻时可以获得最大的空间视野，辅助设计者在此类空间中放置较为重要的叙事信息，吸引使用者。

（2）叙事空间层级与路径。

叙事空间层级有两部分含义，一部分是指对空间系统各部分进行层级划分，区分出适合布置叙事线索的空间位置，另一部分是对区分出的适合放置叙事线索的空间位置进行层级划分，区分出空间中的核心叙事空间与次要叙事空间。在叙事空间层级的设定上，涉及多个空间句法参数，包括整合度、平均深度与总深度，其中最主要的是利用平均深度值的高低排序判断空间在系统中的关联情况。

对空间平面进行平均深度分析，通过不同空间位置的平均深度值来判断该空间与整体空间系统的关联性程度。平均深度值高的空间在空间系统中的位置较为核心，平均深度值低的空间在空间系统中的位置较为隔离。将平均深度值由低到高排列，对应叙事线索中的重要线索与次要线索。其结果可以与总深度值相互验证，辅助设计者进行叙事元素的层级布置。

叙事空间路径包含两部分含义，一部分是对安排好叙事线索的空间进行简单串联，另一部分是根据使用者需求和空间分析结果安排路径，再在路径上安排叙事元素。在叙事空间层级的设定上，涉及多个句法参数，包括整合度与连接度，其中最主要的是通过空间连接度与视域整合度、视线网格连接度，判断空间系统的连接情况与视线遮蔽程度、停驻点的设置位置。

对空间平面进行凸空间连接度分析，得到空间内部各个凸空间之间的拓扑结构。空间之间的连接度值的高低可以反映空间系统中的最整合空间与最隔离空间。通过空间连接关系生成的空间关系图解，可以直观地观察到空间之间的连接模式，辅助设计者根据空间的穿行情况安排叙事路径。

对空间平面进行视域整合度分析，得到空间系统中视线的遮蔽情况，辅助设

计者辨别需要移动最短距离、获得较大视野的路径以及需要移动较长距离、获得较大视野的路径。根据不同的叙事设计需求,选择不同的路径条件。

对空间平面进行视线网格连接度分析,得到使用者在空间系统中停驻时,可以获得最大视野的空间位置,设置路径中的停驻点。

10.2 基于大数据的城市轨道交通站点空间活力量化及提升策略

城市轨道交通因具有安全、便捷、舒适、准时、运量大、绿色环保等优点,近年来已成为大城市解决交通拥堵问题的重要战略选择。研究轨道交通与周边土地利用之间的互动关系成为重要的课题。随着信息技术的发展,以居民的活动体验为导向来优化城市设施与空间环境品质的诉求逐渐成为轨道建设关注的热点。

大数据的使用为规划研究提供了新的思路与方法。龙瀛等利用手机信令、兴趣点(point of interest,POI)数据和现状建设用地数据等提出了"街道城市主义"概念,对城市街道活力进行了定量研究;杨俊宴等利用街景图片和业态 POI 数据建立街道空间可步行性的测度体系,并对南京市的街道提出优化策略;吴志强等利用百度热力图数据,分析了上海中心城区工作日与休息日空间使用强度的变化规律。

下文先对百度热力图和 POI 数据进行简单介绍,然后以合肥轨道交通 2 号线为例,分析大数据如何在城市轨道交通的站点空间活力量化及提升中发挥作用。

10.2.1 百度热力图和 POI 数据概述

1. 百度热力图概述

(1)百度热力图的定义。

百度的用户数量在全球排名第一,用户在使用百度工具时产生了大量的数据,因此以百度空间数据为基础,进而研究用户的空间位移状态具有较大的可行性。

2014 年百度推出了百度热力图,它是一款大数据可视化产品,可以等时间

间隔地收集使用百度产品的移动互联网终端使用者的位置信息,直观地反映各个区域人口的空间分布状态。通过对用户实时的位置数据信息进行空间分布聚类分析,统计各个区域的人流速度及人群密度,综合地分析出各个区域的聚类热度,并用"热力指数"来表示各区域的人群集聚度,同时将其可视化于百度地图。用户可通过叠加于百度地图上的不同色块来直观地了解各区域的人群分布情况,颜色越红、透明度越低、亮度越高则表示该区域人群越聚集。此外,百度热力图数据具有时效性,每 15 min 则会更新一次。百度热力图的推出对分析市民活动特征也具有重大的作用。对于百度热力图大数据的准确度,刘颖奇等以杭州湾汽车学院和大众汽车产业园为例,研究发现由百度热力图大数据得到的居住人口和工作人口与真实统计数据偏差均小于 5%,与真实情况基本相符。因此,通过百度热力图数据获取区域人口数据具有可行性。

（2）百度热力图定位数据来源。

百度热力图定位数据的来源是用户在访问百度产品时所携带的位置信息或者发出的位置服务请求。目前百度地图日响应位置服务请求高达 800 亿次,这些位置请求数据成为了百度热力图的基础数据。通过对发出的位置服务请求进行实时统计,可实时获取各个城市、区域中终端设备定位位置的具体分布情况,进而得到百度热力图。其中,统计的位置服务请求数据为脱敏数据,在数据处理的各个环节均不会涉及个人的隐私问题。同时,百度热力图支持 GPS、Wi-Fi、基站融合定位,完美支持各类应用对位置获取的请求。总的来说,百度热力图对定位数据的获取可以分为以下几个途径。

①GPS 定位。

将 GPS 技术、无线通信技术及地理信息系统（geographic information system,GIS）技术结合应用的定位技术,主要用于地点查询及路线导航服务。由于科技公司作为运营商所使用的 GPS 定位数据为民用级别,其精度受到限制,因此常常会结合其他定位方式实现综合定位。

②IP 定位。

根据使用网络的用户的网络之间互连的协议（internet protocol,IP）地址,快速定位到用户的具体地理位置,可以实现街道级别的定位,甚至能精确到用户的门牌号及周围的标志性建筑。

③基站定位。

利用手机发出的信号以及基站的位置坐标,通过位置估计算法,计算出基站与手机之间的距离,从而来确定使用手机用户的位置。往往需要多个基站共同

定位才能实现较高精度的定位,其定位半径大约为 265 m,并能用于室内定位。

④Wi-Fi 定位。

利用已广泛应用于家庭、旅馆、机场和商场等各类建筑物内的 Wi-Fi 网络,配合 Wi-Fi 标签和相关的移动终端设备(如手机和平板),通过相应算法来确定用户或物品的具体位置,其定位半径大约为 35 m,并能用于室内定位,但其整体定位范围较其他方式来说较小。

这些地理位置定位技术的不断成熟使百度热力图能够获取更加精确的用户地理位置信息,从而对人群的空间分布进行更加准确的分析;使人们能够更加准确地了解各个时间段各区域的人口分布情况,为人们的出行或者其他活动提供可靠的参考;也能够为灾害事件发生后的受灾人口动态数据统计、应急救援工作开展和救援方案制定提供重要的依据。

2. POI 数据概述

城市在其发展过程中为满足城市居民不同的生活需求,逐渐形成居住区、工业区、商业区和混合功能区等不同的功能单元。为把握城市空间结构以及制定科学合理的规划,规划人员和学者对城市进行功能区划分。传统城市功能区的划分主要基于调查统计或专家评判,但这些划分方法往往具有较大的主观性。城市功能区划分也可以由遥感技术辅助实现,但数据获取和处理的成本较高,时效性差。

POI,即兴趣点,指空间系统中重点表达事物位置属性的点数据,主要用于描述与人们生活密切相关的地理实体(如学校、银行、超市等)的空间和属性信息,如实体的名称、地址和坐标等。

POI 数据可以反映出城市活动,具有样本量大、涵盖信息细致等优势。通过对 POI 数据进行处理、分析,定量划分城市单一功能区和混合功能区,可以更好地理解城市空间结构,为城市规划提供借鉴及参考。

(1)数据来源。

POI 数据主要来自网络电子地图。例如,研究使用的武汉市 2014 年 POI 数据,共有 51 万条,每条 POI 数据包括经度、纬度、名称、地址、类型、行政区 6 个属性。按照类型统计,POI 数据共归为 19 大类,如住宿服务、购物服务、科教文化服务、风景名胜、交通服务设施等,每一大类下又包括多级小类。以住宿服务类为例,该一级类别下又包括旅馆招待所、宾馆酒店等二级类别,宾馆酒店又被分成普通宾馆、经济型宾馆和星级酒店等三级类别。

（2）数据处理。

原始 POI 数据分类较多,且每一大类下包括多级小类,类型之间存在重复交叉现象,如宿舍既存在于商务住宅的住宅区中,又存在于科教文化服务的学校中,因此需要对原始数据进行重分类。研究参考《城市用地分类与规划建设用地标准》(GB 50137—2011),并遵循 POI 分类的普遍性、一致性原则,将 POI 数据分成居住用地、商业服务业设施用地、绿地与广场用地、工业用地、公共管理与公共服务设施用地、道路与交通设施用地 6 大类。

尽管 POI 数据都有一定的影响范围和关注人群,但是有些类型的 POI 数据公众认知度较低,如公厕、报刊亭、公交车站等,该类 POI 数据在功能区识别中不具有显著性,因此应剔除掉。选取能明显代表城市功能区特征的 POI 数据,如代表商业服务业设施用地的步行街,代表公共管理与公共服务设施用地的高等院校,代表工业用地的产业园等。重新整理后,POI 数据最终分类如图 10.9 所示。

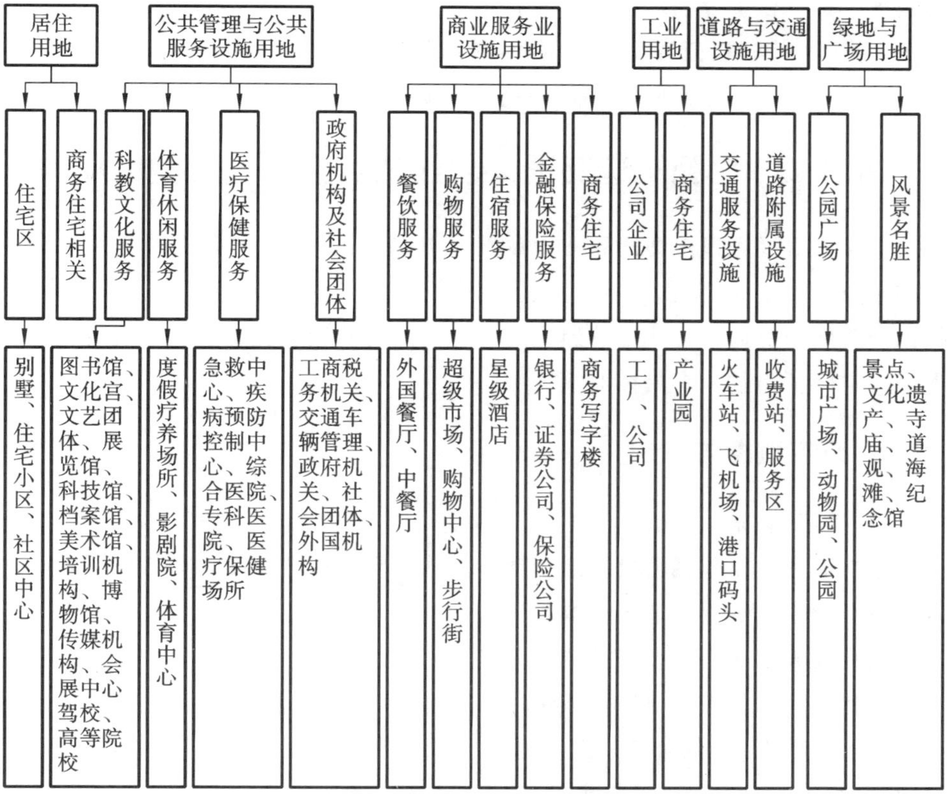

大类	中类	小类
居住用地	住宅区	别墅、住宅小区、社区中心
	商务住宅相关	图书馆、文化宫文艺团体、展览馆、科技馆、档案馆、美术馆、培训机构、博物馆、传媒机构、会展中心、驾校、高等院校
公共管理与公共服务设施用地	科教文化服务	
	体育休闲服务	度假疗养场所、影剧院、体育中心
	医疗保健服务	急救中心、疾病预防控制中心、综合医院、专科医院、医疗保健场所
	政府机构及社会团体	工商税务机关、交通车辆管理机关、政府机关、社会团体、国外机构
商业服务业设施用地	餐饮服务	外国餐厅、中餐厅
	购物服务	超级市场、购物中心、步行街
	住宿服务	星级酒店
	金融保险服务	银行、证券公司、保险公司
	商务住宅	商务写字楼
工业用地	公司企业	工厂、公司
	商务住宅	产业园
道路与交通设施用地	交通服务设施	火车站、飞机场、港口码头
	道路附属设施	收费站、服务区
绿地与广场用地	公园广场	城市广场、动物园、公园
	风景名胜	景点、文化遗产、寺庙道观、海滩、纪念馆

图 10.9　POI 数据最终分类

POI 数据是忽略实体对象的建筑面积或占地面积,统一抽象成无面积、无体积的点,而在实际生活中,不同实体对象之间的建筑面积或占地面积差异很大,且功能区单元内实体的面积对该单元的功能性质有着重要影响。公众认知度体现大众对各类 POI 数据显著性的认识,公众认知度的高低对功能区单元的功能性质也有着重要影响。因此,仅以原始 POI 点的个数来识别功能区不符合实际情况,需要对重新分类后的 POI 数据进行处理。

通过遥感影像及网上资料查询,大致确定各类 POI 的平均建筑面积或占地面积。赵卫锋通过广泛的调查对武汉市 POI 的公众认知度进行了排名,一般来说,大型商场的公众认知度最高,其次是高级酒店和交通枢纽,而小区的认知度最低。本研究根据建筑面积或占地面积,并参考赵卫锋的公众认知度排名,对各类 POI 点赋相应权重分值。权重分值区间为 1～100,对于建筑面积或占地面积较大且公众认知度较高的实体,权重分值会相应偏高,如武汉大学、解放公园、动物园等。根据权重分值对原 POI 数据的数量进行重新定义,如某步行街,原 POI 有 2 个点,而其权重值为 50 分,因此,重新定义后该步行街对应的 POI 点数为 100 个。根据上述数据处理过程,最终生成研究用的 POI 数据。

10.2.2　合肥轨道交通 2 号线站点空间活力量化及提升

下文以百度人口热力图和业态设施 POI 数据为基础,对合肥轨道交通 2 号线的站点周边空间的活力进行量化研究,并分析土地利用对空间活力的影响,在提出合肥轨道交通 2 号线后续建设的优化建议的基础上提炼出提升轨道交通站点周边空间活力的 4 个具体对策。

1. 研究数据与方法

(1)数据来源。

本次研究数据包括合肥轨道交通 2 号线站点周边的百度人口热力图动态数据和业态 POI 静态数据 2 种数据。

①百度人口热力图动态数据。

利用爬虫软件按照 1 h 的间隔对自 2019 年 9 月 22 日到 28 日连续一周内每天从 7:00 到 22:00 的合肥轨道交通 2 号线站点周边百度人口热力图数据进行定时爬取(见图 10.10),将收集到的 105 张热力图进行叠加分析,并在 ArcGIS 中按各站点周围 1000 m 和 500 m 范围进行裁剪。

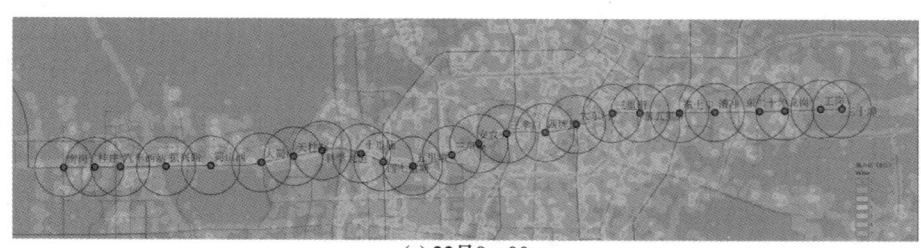

(a) 22日8：00

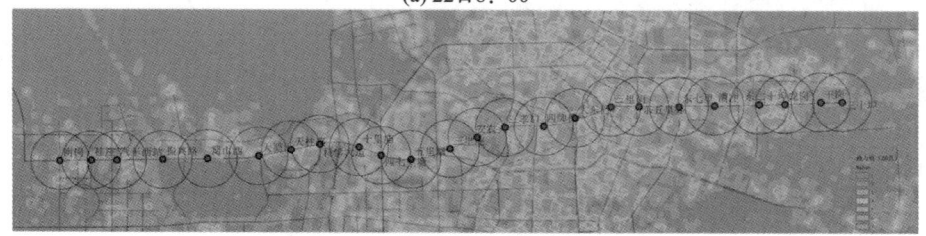

(b) 22日20：00

图 10.10　经 ArcGIS 处理的百度人口热力图

②业态设施 POI 静态数据。

本次研究所涉及的业态设施 POI 数据基于对百度地图数据的抓取和清洗，筛选出餐饮、休闲娱乐、商业购物、商务办公、金融、医疗服务、文化教育、公交站点、停车场、运动健身、酒店住宿、旅游景点等 12 类业态信息共 20009 条。

（2）研究方法。

为了更加直观地反映轨道交通站点周边人口活力以及其与业态设施 POI 之间的具体关系，主要使用了地理信息系统（geographic information system，GIS）和社会科学统计软件包（statistical package for the social sciences，SPSS）两个软件对收集的数据进行转换与赋值、空间分析以及数理分析。

①数据转换与赋值。

对从百度平台获得的热力图数据在 ArcGIS 中进行矢量化处理和地理坐标投影。利用自然间断分类法将热力值分成 1～7 不同等级来表示热力图所反映的人口集聚与分散状态。热力值与人群聚集度成正比关系。

②GIS 空间分析。

利用 GIS 中的加权叠加分析，对 1 周内的工作日和周末的人口热力图进行叠加分析，求得站点周边 500 m 和 1000 m 范围内的人口活动平均强度，并统计出站点周边各类业态设施 POI 的数量。

③SPSS 数理分析。

利用 SPSS 软件对站点周边空间使用强度和 POI 设施密度以及设施混合度进行 Pearson 相关性分析,判断出在不同研究半径内的 POI 设施与站点活力之间的影响关系及其对站点活力影响的贡献值大小。

2. 合肥市轨道交通 2 号线站点周边活力量化与评价

(1) 站点空间活力总体评价。

首先对合肥轨道交通 2 号线 24 个地铁站点周边的人口热力图进行抓取,再采用空间使用强度系数 Q 将站点周边一定半径内的人群集聚程度以及活力程度直观和量化地展现。该系数值越大,代表空间使用强度越大,人群活力越高,计算公式见式(10.1)。

$$Q_n = \frac{\sum (nS_n)}{S_r} \tag{10.1}$$

式中:Q_n 为某时间点以研究对象为中心,周边半径为 r 的空间使用强度系数;n 为百度地图热力图值,$n=1\sim7$;S_n 为站点周边半径为 r 的用地面积;S_r 指研究范围内热力值为 n 的区域范围。

将 1 周内的各个时刻数据取平均值,得到 1 周内各站点的周边空间使用强度,即人群活力值。从 1 周内人群活动数据的统计来看(见图 10.11),以一环路以内站点为界,一环路以西的站点之间的活力值较一环路以东的差距更大,波动幅度更大。

夜晚和白天的空间活力强度呈现不同的特征,合肥轨道交通 2 号线周边白天人口活动高峰区域相对集中,集中在一环路以内的几个站点。相反,夜晚周边空间活动强度高的站点除一环路以内的站点外,还包括西七里塘、五里墩、东五里井、东七里、东二十埠和龙岗等站点。处于一环路以内的站点如三孝口、四牌楼、大东门等站点呈现出全天活跃的状态,一环路以东的东七里、东二十埠、龙岗、漕冲 4 个站点白天与夜晚空间活动强度差异较大。

(2) 站点空间活力与半径的关系。

将以站点为中心周边 500 m 区域定义为轨道交通的内圈,即核心开发区域,500~1000 m 范围为外圈,即次级开发区域。考虑到部分轨道线两端站点的交通选择性较中心区差,适当扩大站点的影响范围。

通过工作日和休息日周边 500 m 和 1000 m 范围内空间使用强度系数的计算与比较(见表 10.3),站点活力与半径范围成反比的站点总计 18 个,是最具代

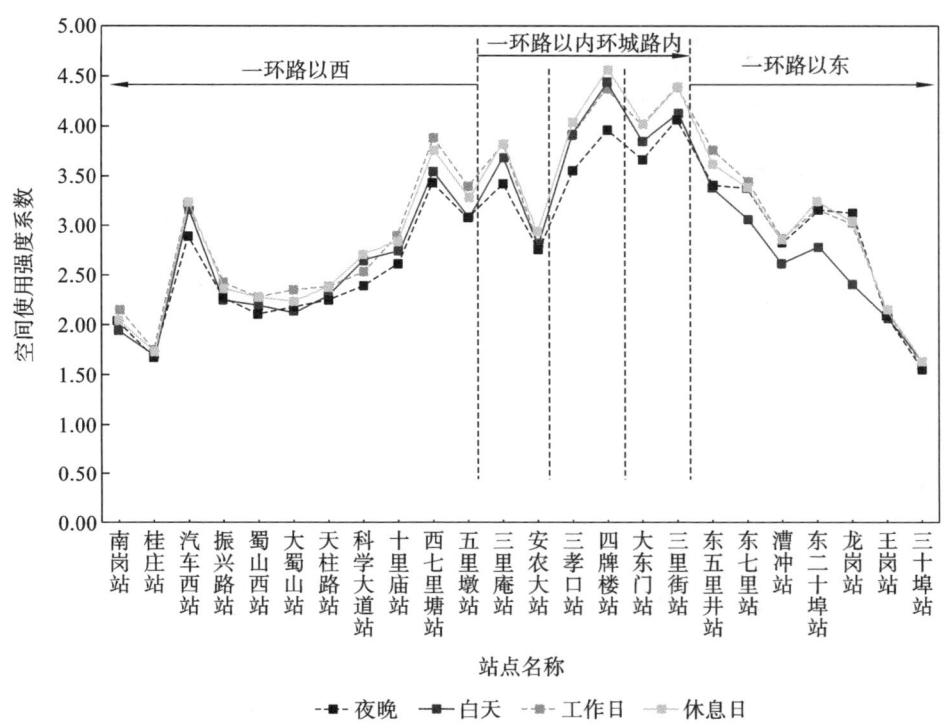

图 10.11　站点周边 1000 m 范围内不同时间空间使用强度对比

表性的情况。这说明人口在轨道交通站点 500 m 范围内的聚集程度更高，这同时也符合 TOD 开发的理想状态。小部分站点受到周边站点的影响，如汽车西站、王岗站、三里街站，其活力在站点外围区域更高；而位于靠近轨道线东西端站点，如南岗站、振兴路站以及漕冲站，周边交通区位优势较低，其活力普遍较低，与研究半径关系不明显。

表 10.3　工作日与休息日站点不同半径内空间使用强度系数对比

站点名称	工作日		休息日		站点名称	工作日		休息日	
	1000 m	500 m	1000 m	500 m		1000 m	500 m	1000 m	500 m
南岗站	2.14	2.14	2.04	2.10	安农大站	2.83	3.14	2.94	3.15
桂庄站	1.73	2.15	1.72	2.06	三孝口站	3.89	3.93	4.03	4.15
汽车西站	3.21	2.77	3.23	2.83	四牌楼站	4.36	5.15	4.56	5.36
振兴路站	2.41	2.35	2.35	2.27	大东门站	4.00	4.51	4.01	4.53

续表

站点名称	工作日		休息日		站点名称	工作日		休息日	
	1000 m	500 m	1000 m	500 m		1000 m	500 m	1000 m	500 m
蜀山西站	2.27	2.41	2.26	2.31	三里街站	4.37	4.17	4.39	4.19
大蜀山站	2.34	3.29	2.24	3.13	东五里井站	3.75	4.27	3.61	4.19
天柱路站	2.38	2.88	2.37	2.80	东七里站	3.44	3.54	3.37	3.50
科学大道站	2.53	3.26	2.70	3.65	漕冲站	2.85	2.74	2.85	2.80
十里庙站	2.89	3.88	2.84	3.74	东二十埠站	3.16	3.26	3.24	3.21
西七里塘站	3.87	4.05	3.75	4.04	龙岗站	3.00	3.90	3.03	4.07
五里墩站	3.39	4.00	3.28	3.91	王岗站	2.15	1.72	2.15	1.73
三里庵站	3.80	4.97	3.82	4.92	三十埠站	1.58	1.75	1.62	1.67

（3）站点空间活力与站点区位的关系。

从表 10.3 的统计可以看出,无论在休息日还是工作日以及不同的研究半径,站点空间活力数据都呈现出越接近合肥老城中心则空间使用强度越高的趋势,这与老城区交通可达性高有一定关系。但是,在一环路外的站点中,西七里塘站、东五里井站平均活动强度也超过 3.5,趋近于一环路以内轨道交通站点周边的活动强度。由此表明,站点周边区位条件是决定其空间活力的充分而非必要条件。

（4）站点空间活力与站点类型的关系。

根据有关文献,对轨道交通站点周边 800 m 内主导用地功能进行统计,合肥轨道交通 2 号线站点类型可分为 6 类（见表 10.4）。对比不同类型站点的空间使用强度可知（见图 10.12）,整体的活力水平为商服型＞居住型＞公共型＞生态景观型＞产业型＞混合型。商服型和居住型站点的活力峰值均是一环路以内的站点。对于居住型站点而言,一环路以东的站点的活动强度明显大于一环路以西的站点,其峰值是三里街站。公共型站点安农大站受到周边大学校园和聚集的商圈影响,其活力度较强。生态景观型与产业型的几个站点,除科学大道站与大蜀山站核心开发区域内空间活力处于中等水平外,其余站点空间活力较低。混合型站点如南岗站、王岗站等位于合肥轨道交通 2 号线两端,区位条件较差且周边未开发用地较多,故整体空间活力最低。

表 10.4　合肥市轨道交通 2 号线站点类型及分类

站点类型	确 定 标 准	相 关 站 点
商服型	站点周边规划用地以商业、商务、娱乐康体用地为主,商业用地比例大于 15%,居住用地比例小于 45%	三孝口站、四牌楼站、大东门站、东二十埠站
居住型	站点周边的规划开发建设用地以居住用地为主,居住用地比例不小于 45%	天柱路站、十里庙站、西七里塘站、五里墩站、三孝庵站、三里街站、东五里井站、东七里站、漕冲站、龙岗站
公共型	站点周边的规划用地以行政办公、文化教育等公共管理与公共服务用地为主,公共服务设施用地比例大于 15%,居住用地比例小于 45%	安农大站
生态景观型	站点周边的规划用地以公园绿地为主,公园绿地用地比例大于 25%,居住用地比例小于 40%	大蜀山站、振兴路站、蜀山西站
产业型	站点周边的规划用地以工业用地、物流仓储用地为主,工业用地、物流仓储用地比例大于 10%,居住用地比例小于 45%	科学大道站、三十埠站
混合型	站点周边的规划用地多样,没有明显优势用地,比例较为均衡	南岗站、桂庄站、汽车西站、王岗站

3. 合肥市轨道交通 2 号线站点空间活力影响因素及活力提升建议

（1）活力要素的相关研究。

通过对合肥轨道交通 2 号线周边活力的量化分析及相关规律性的探索,可以发现站点周边一定范围内土地利用的方式与开发强度影响站点周边人群活力。《美国大城市的死与生》中曾提到多样性是保持街道和社区活力的重要因素,其中就包括功能的多样性。下文通过统计每个站点周边半径 500 m 和 1000 m 区域内 12 类设施的数量,并且通过数理分析研究站点空间活力与周边设施密度、设施多样性之间的相关性。

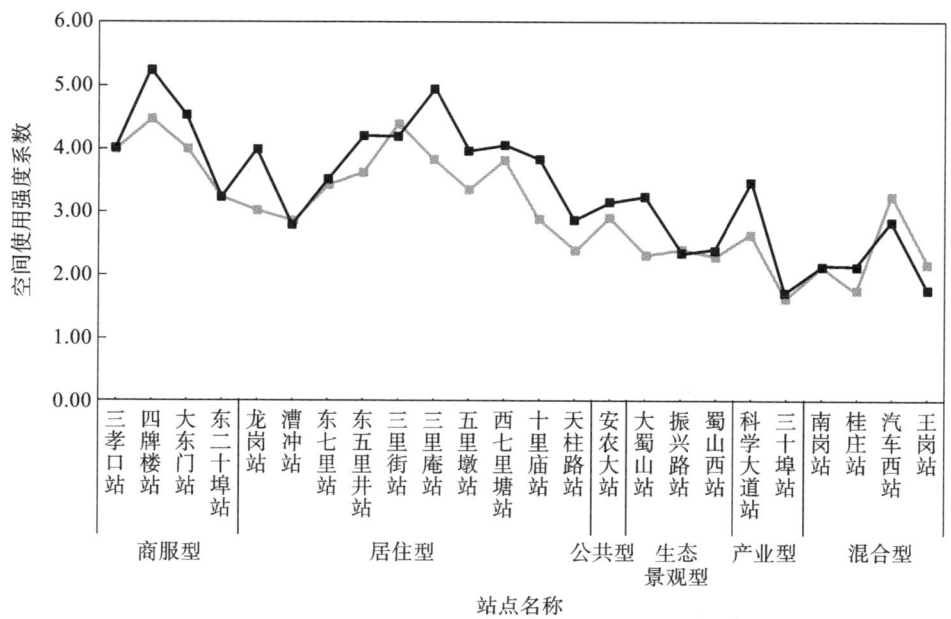

图 10.12　不同类型站点 500 m 与 1000 m 范围内空间使用强度对比

（2）站点周边设施总量概况。

对 24 个站点周边 500 m 和 1000 m 范围内的 12 类设施分别进行统计，结果表明（见图 10.13），设施数量最多的站点集中在一环路以内的商服型站点，大部分居住型站点周边商务办公设施欠缺。生态景观型站点（大蜀山站等）周边 500 m 范围内各类型设施匮乏。混合型站点周边的整体设施数量偏低，且在轨道线两端的 4 个站点 500 m 范围内，公交站数量较少，公共交通不便。公共型站点周边各类设施分布较合理，以商业购物、餐饮与文化教育设施为主。产业型站点受到用地性质影响，500 m 范围内配套服务设施数量偏少。

（3）轨道交通站点空间活力与 POI 设施关系研究。

①站点空间活力与 POI 设施密度。

通过在百度地图上抓取的相关设施的 POI 数据，利用 GIS 统计出在合肥轨道交通 2 号线站点周边 1000 m 和 500 m 区域范围内 POI 设施密度，利用 SPSS 分析各站点空间使用强度与设施密度之间的关系。

研究得出合肥轨道交通 2 号线站点周边 500 m 范围内的设施密度明显高于 1000 m 范围内的设施密度，说明大部分站点周围的设施集中在 500 m 范围内，这也符合 TOD 的发展模式。通过分析周围用地现状可知，站点 500 m 范围内

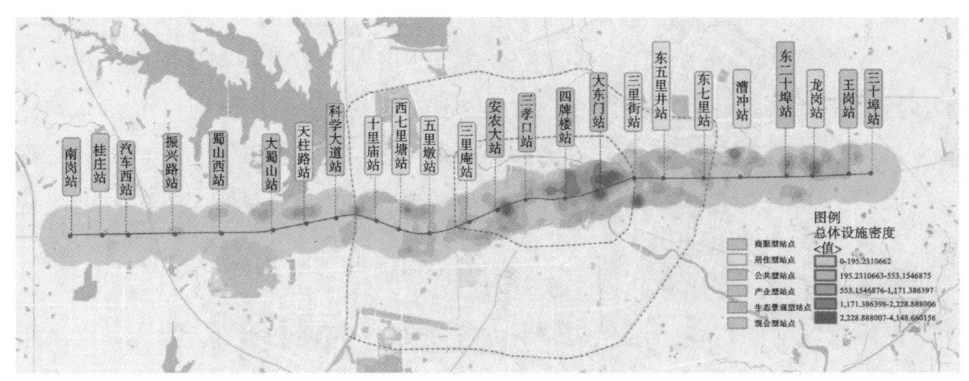

图 10.13　合肥轨道交通 2 号线站点周边 1000 m 范围内各类设施核密度叠加分析

用地比 1000 m 更紧凑且开发强度较大。通过对比不同类型的站点设施密度（见图 10.14），可得出商服型站点大东门站和居住型站点三里街站、东五里井站、龙岗站等 500 m 和 1000 m 范围内的设施密度差距较明显。商服型与混合型站点中活力最高的站点与设施密度最高的站点并不对应，但居住型、公共型、生态景观型和产业型站点中活力最高的站点与设施密度最高的站点对应。

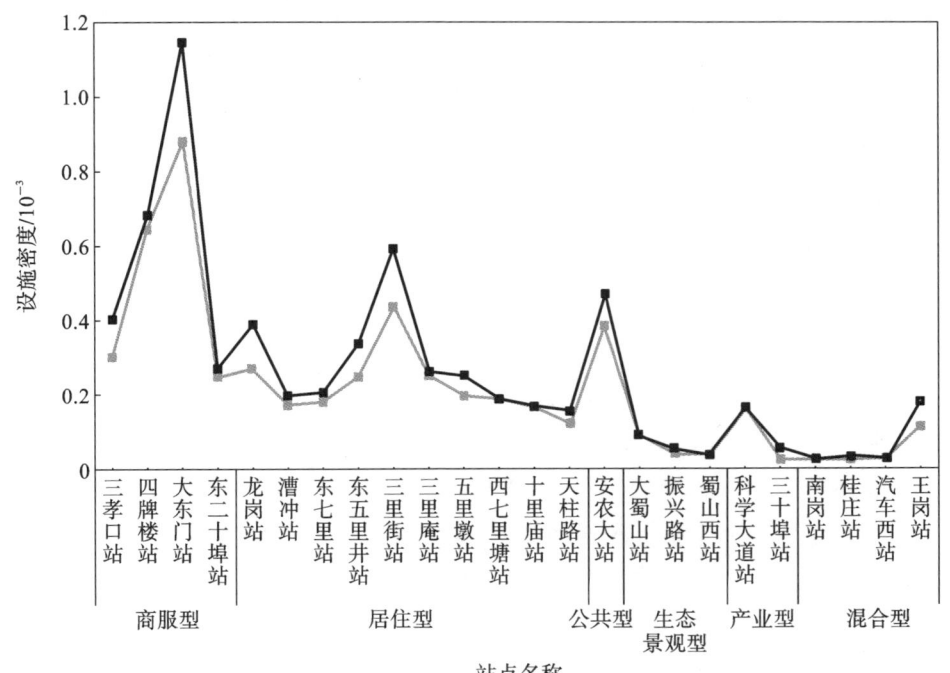

图 10.14　不同类型站点周边设施密度对比

通过分析 POI 设施密度与站点周边的空间使用强度的关系,可以得出无论在 500 m 还是 1000 m 范围内,站点周边空间使用强度与设施密度都成正相关关系,即设施密度在一定程度上影响了站点周边活力,高 POI 设施密度与高站点活力基本上能对应。但是,通过比较 2 组分析数据,可以得出 1000 m 范围内(相关系数为 0.75)较 500 m 范围内(相关系数 0.68),空间活力与设施密度的正相关关系更明显,相关度更高。

②站点空间活力与 POI 设施混合度。

仅用设施密度指标不足以表现设施业态的多样性和混合程度,可以采用 Hill Numbers 生物多样性指数中的土地利用聚集度指数来衡量轨道交通站点周边设施业态混合度,如式(10.2)所示。

$$D = 1 / \left(\sum_{i=1}^{S} p_i^2 \right) \qquad (10.2)$$

式中:p_i 为物种 i 出现的概率;D 为聚集度的倒数;S 是总的物种数。D 值越大意味着设施聚集度越小,设施混合度越高。

借助 ArcGIS 平台统计合肥轨道交通 2 号线站点周边 500 m 和 1000 m 范围内 POI 设施的聚集度指数,结果显示站点周边 500 m 范围内的设施聚集度差距更明显。对不同类型的站点周边设施聚集度进行统计(见图 10.15),可以看出商服型站点周边设施聚集度高低与其空间使用强度没有直接关系,前文分析出的空间使用强度高的四牌楼站和大东门站,其设施聚集指数即设施混合度反而比三孝口站低。居住型和产业型的站点 500 m 范围设施混合度基本高于 1000 m 范围,并且其站点活力高低与设施混合度高低基本对应。混合型站点呈现出低活力、低设施密度和较低设施混合度的状态;1000 m 范围内站点活力程度与设施混合程度基本对应。

通过对 POI 设施聚集度和站点空间强度进行相关性分析(见图 10.16),可以看出两者没有显著的相关关系。但是通过数据的直观展示可以得出,无论是 1000 m 还是 500 m 的研究范围,高度的设施混合并不意味站点的高活力。相反,一些周边空间使用强度较高的站点,如三孝口站、四牌楼站、大东门站、三里街站等,其设施混合度反而较低,且处于中间水平,均有明显的商业休闲功能的聚集。这说明轨道交通站点周边的设施适度混合有利于提高周边活力,但是过高的功能混合,即过低的设施聚集度反而不利于站点周边人群的聚集。

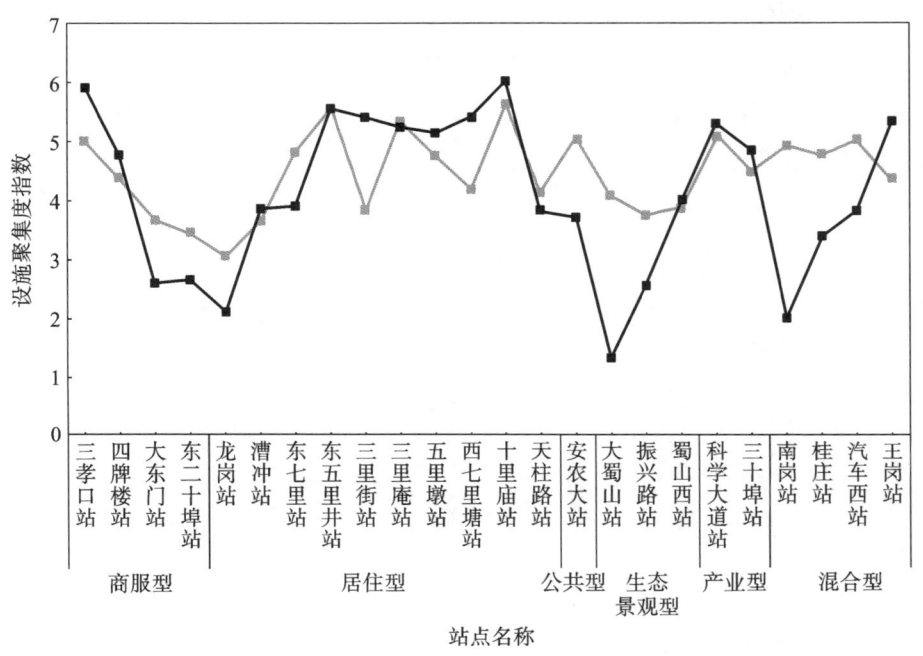

图 10.15　不同类型站点周边设施聚集度指数对比

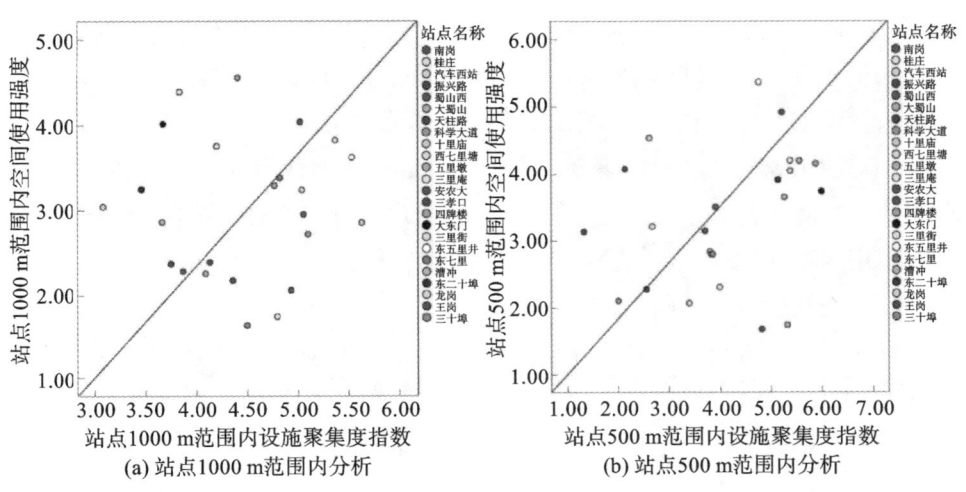

图 10.16　合肥轨道交通 2 号线站点周边设施聚集度和空间使用强度相关性分析

（4）合肥市轨道交通2号线站点空间活力提升建议。

通过合肥轨道交通2号线24个站点周边空间使用强度来分析站点空间活力,可以发现合肥轨道交通2号线站点人群活力出现不均匀的现象,形成了以一环路以内站点为主的活力中心,以西七里塘站、东五里井站、三里庵站、三里街站、五里墩站等站点为主的活力次中心(见图10.17)。针对合肥轨道交通2号线存在的现状问题,可以从以下3个方面提升站点空间活力。

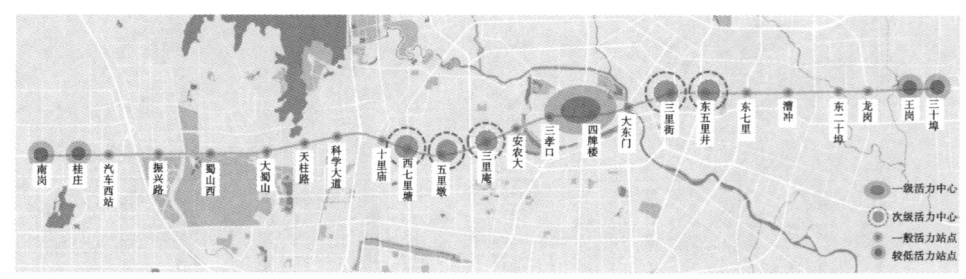

图 10.17　合肥轨道交通 2 号线站点整体空间活力分布

①优化土地利用,消除低效用地。

通过研究可发现,混合型站点周边存在着许多尚未开发的用地,导致出现低设施密度高设施混合度的现状。在未来建设中应当明确站点周边各类用地的数量、规模以及开发强度,消除低效用地,提升沿线土地开发质量,带动周边城市空间优化。此外,对于一环路以内老城区的站点,就业岗位与服务设施的大量集中诱发大量人流聚集,可以考虑地下空间的合理利用,在地面适当增加与站点联系的街头绿地或广场。站点外围应逐渐降低开发强度,用地以商住混合类为主导,保证一定的用地混合度和聚集度。由于老城区省市两级政府行政职能外迁,部分用地面临着更新改造,应协同站点的开发合理考虑用地的发展方向,提升用地开发利用效率,改善用地结构,促进用地的复合开发。

②补充配套服务设施,满足多元化需求。

目前合肥轨道交通2号线许多站点周边相关设施匮乏,特别是轨道线两端的站点,配套设施数量较少且种类单一。对于商服型站点而言,应当在保持其设施高密度与适当的设施混合度的同时,突出其站点核心开发区的主导商业功能,在站点外围配套相应的生活服务设施。合肥轨道交通2号线的居住型站点可适当提高设施密度与混合度,满足居民多样的生活需求。同时居住型站点核心开发圈内应当适当引进商务办公设施,保持一定的职住平衡,减轻老城区由于通勤

带来的人流压力。位于合肥轨道交通 2 号线两端的混合型站点应当补充各项配套设施,尤其是桂庄站、南岗站等应该增加商业购物、餐饮设施的数量。生态景观型和公共型站点未来站点外圈应当增加配套的休闲娱乐、餐饮设施等的密度,适当提高相关设施的混合度。如邻近大蜀山的 3 个景观型站点,其核心区域应控制土地开发强度,保护生态绿地及周边环境,同时合理利用特色资源,增强 3 个站点之间的交通联系和配套设施的互补。

③协调站点发展关系,推进"珠链式"发展模式。

理想的轨道交通 TOD 模式,应该是以轨道线为轴线,形成以站点为节点的珠链式发展结构,同时开发强度由站点内圈逐渐向外递减。例如合肥轨道交通 2 号线环城路以内的几个商服型站点不仅要考虑彼此之间的主次关系,同时也要协调周边居住型站点。在居住型站点中形成以三里庵站、西七里塘站和东七里站、三里街站、龙岗站为主的社区级居住型站点,扩大服务辐射范围的同时也能促进相关配套设施聚集。其他类型的站点在进行周边用地开发时应当合理考量自身在整条轨道线中的职能分工,协调周边关系,共享优质资源,提升轨道线整体空间活力。

4. 轨道交通站点空间活力提升策略及路径

(1) 分类引导——提升站点吸引力。

通过对站点的分类可以发现各类型站点在城市中承担着不同的功能,其周边空间活力也有差异。一般来说商服型的站点空间活力更高;居住型站点数量最多,但是站点活力差距较大且会出现昼夜和工作日、休息日之间的差距。不同类型的站点应该根据自身特点以及存在的不足制定不同策略,提升自身的吸引力,优化站点周边的建设,需要考虑相邻站点的辐射作用和资源共享,促进相关设施的合理聚集,避免土地开发和设施配置过程中的浪费(见表 10.5)。

表 10.5　各类型站点周边空间活力提升途径

站点分类	具 体 措 施
商服型	①扩大邻里级商服型站点的辐射范围,适当疏散城市级商服站点周边人流活动聚集; ②对内圈过密的配套服务设施进行疏散,保留"精品功能"; ③将商务办公和生活服务类的设施疏散到站点外围; ④站点周围创造更便利的步行环境,增加与站点联系的街头绿地或广场

续表

站点分类	具 体 措 施
居住型	①在居住型站点内部形成一级站点,促进重点配套设施如医院、学校等的合理聚集,减少资源配置上的浪费; ②站点内圈重点发展商业购物、餐饮、休闲娱乐设施,增加商务办公设施,增加居住区就业机会; ③向外围区域补充生活配套设施,满足多样的生活需求; ④注重站点与公共交通的接驳,组织合理的步行系统,扩大站点服务圈层
公共型	①增加站点与其他类型站点之间的公共交通联系; ②控制站点内圈开发强度,增加与主导用地配套的设施,避免过多的商业设施聚集; ③站点外围增加设施种类和数量,控制合理的设施混合度
混合型	①增加站点与其他类型站点之间的公共交通联系; ②明确站点周边的各类用地性质与规模,消除低效用地; ③增加站点内圈配套服务设施的数量和密度
生态景观型	①与站点连接构建完善的慢行系统,优化步行环境; ②控制站点内圈开发强度,增加旅游休闲相关配套设施; ③站点外围适当增加商业和生活服务设施
产业型	①增加与居住型和商服型站点的公共交通联系; ②站点内圈发展配套商业和商务办公设施; ③站点外圈发展居住配套公共服务设施

（2）优化布局——平衡站点客流。

在促进站点周边用地合理利用的同时,应当平衡轨道线路及线网上各类型站点的比例、数量和选址布局,加强相邻站点客流之间的流动,有利于形成活力中心,引发触媒效应,带动轨道交通的建设。①在站点的层面,中心地区的站点应该增加与周边站点联系的公共交通,优化和调整用地布局和功能中心,优化站点周边职住平衡,同时提升轨道线两端站点的交通便捷性和通达性。②在线路

层面,应当注重各类型站点的数量与比例,尤其是居住型、产业型和商服型站点之间的比例关系,任一类站点比例过高都可能导致人群流动的不均衡性。合理布局各类站点的位置和数量,以调节客流,从而保持线路整体的空间活力。③在整个线网层面,布置合适的换乘站点以及完善其他公共交通体系,有利于实现适宜的通勤距离内居住与就业的平衡。

（3）适度混合——合理开发站点周边用地。

研究发现站点周围用地的高密度开发和过度混合不一定意味着高空间活力,针对不同类型的站点,在增大服务设施的密度的同时应选择合适的配套设施,满足用地的复合开发。以大城市常见的居住型、商服型和公共型 3 种类型站点为例,根据用地的混合程度和配套设施的高低密度能组合形成 6 种理想的用地混合度分布模型（见图 10.18）。土地的有效混合能增加短路径出行,实现生活地与居住地的重合。

TOD 理论倡导的土地混合原则是在步行可达的区域内,混合布置商业、办公、居住和公共服务设施,但实际上轨道交通站点周边的土地利用要建立在居民需求的基础之上。例如在居住型站点周边布置适当的商业办公设施有利于促进人们就近就业。同时,考虑到站点周边使用人群收入比例的差异,应当注意功能的多样性和社会公平性,在布置大型商业购物中心的同时也要考虑布置中低档消费场所以满足不同人群的消费需求。鼓励站点周边用地多功能复合开发的同时要考虑到站点周边主导用地的兼容性。

（4）政策导向——促进站点周边设施流转。

轨道交通大容量的特点能够给周边城市空间带来人气,但是许多城市的轨道交通站点及周边设施的建设未能与周边空间形成联动发展,导致站点周边的空间利用率不足,无法取得可持续的开发效益。政府需要建立有效的机制协调轨道交通站点周边土地开发,控制站点周边核心开发圈和外围开发圈的各类用地的数量、规模以及开发强度,合理规划站点空间与城市空间,促进轨道线的联动开发。推动站点周边用地高效集约开发的同时要考虑到用地的动态性和弹性,制定满足轨道交通开发的政策。

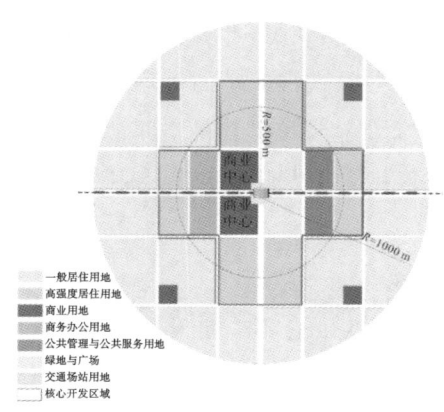

(a) 居住型站点周边用地布局模型

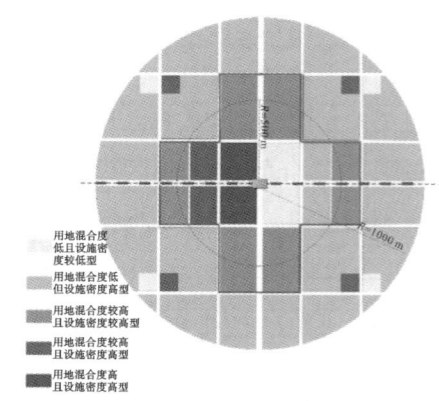

(b) 居住型站点周边用地复合开发及设施
密度分布模型

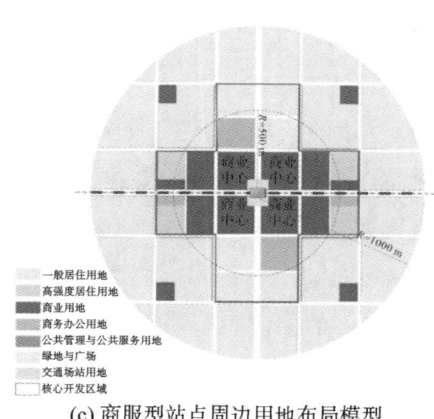

(c) 商服型站点周边用地布局模型

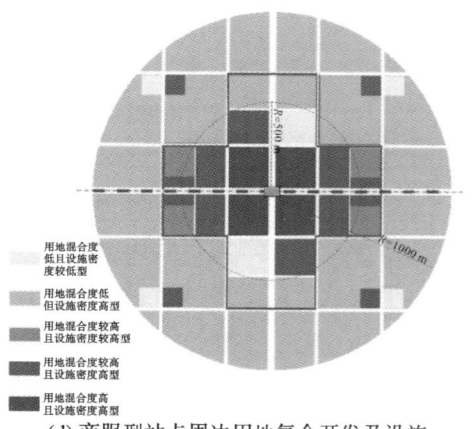

(d) 商服型站点周边用地复合开发及设施
密度分布模型

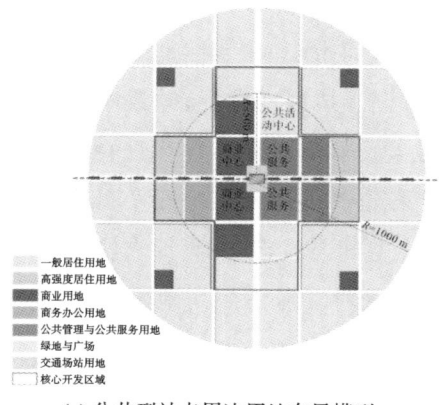

(e) 公共型站点周边用地布局模型

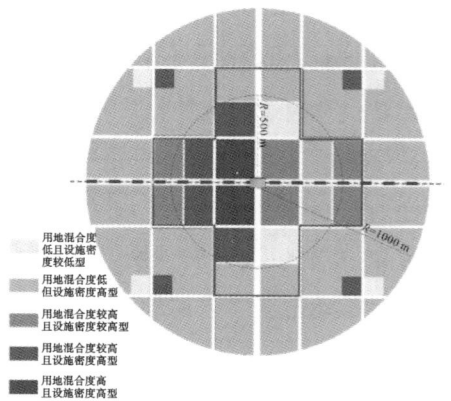

(f) 公共型站点周边用地复合开发及设施
密度分布模型

图 10.18　3 种典型类型站点用地布局和用地混合度分布理想模型

10.3　基于空间效能评估的城市轨道交通沿线区域更新

10.3.1　空间效能的概念

若要解析"效能"的含义,首先需要认识到"效果""效益"和"效能"的区别:"效果"指的是由某种激励所形成的某种特定情景,也指处于有限情景下时,某些原因及后果所组合成的因果关系,大多时候被用作对自然和社会状况的评价;"效益"则为效用与收益,包含某个项目自身取得的直观经济收成还有其带来的间接经济收成,也指劳动的占用、劳动成本与劳务之间的相互作用;"效能"用来表示整个系统所期望的实现总体目标的付出力度,或整个系统所期望的完成某一特定任务的需要量值。"效能"存在的前提是"目标","效果"为"效能"提供路径,"效能"的衡量与评价是建立在"效益"基础上的。

"空间效能"(space performance)的概念,首先由唐枫、徐磊青在轨道交通站域研究的论文当中提出。空间效能指的是能够将轨道交通站域土地效能、社会效能、交通效能、空间效率集合于一体,并能映射站域土地和空间的使用效率、经济效益、环境品质和社会效益的具有综合性质的指标。

10.3.2　长春市轨道交通空间效能评估与沿线区域更新规划

2015 年,住房和城乡建设部发布了《城市轨道沿线地区规划设计导则》(后简称"《导则》"),分别从城市、线路、站点三个层面提出轨道交通沿线区域的规划引导。2017 年,住房和城乡建设部部署开展老旧小区改造试点,并于 2019 年联合国家发展和改革委员会、财政部印发《关于做好 2019 年老旧小区改造工作的通知》,要求大力进行老旧小区改造提升,进一步改善群众居住条件。2020 年,自然资源部下发《轨道交通地上地下空间综合开发利用节地模式推荐名录》,鼓励进行轨道交通空间综合开发,更好地满足城市功能空间需求,促进土地节约利用。随着我国步入城镇化发展的下半程,高质量发展、高品质生活、高水平治理成为这一时期重要的发展路径,而轨道交通沿线区域的更新改造是城市挖掘存量用地、完善服务功能、塑造人本空间及实现转型发展的重要抓手。

长春市轨道交通建设始于 2002 年,截至 2023 年 6 月,长春轨道交通运营线路共有 5 条,运营里程 111.22 km,形成"十字＋环形＋放射"的骨干网络。根据已批复的《长春市城市轨道交通第三期建设规划(2019—2024 年)》,长春市近期将开工建设 7 个项目,总长度 116 km。轨道交通的建设将成为推动长春新一轮发展的重要引擎,也是推进城市精细化治理的重要契机。2018 年,长春市开始对已建轨道交通开展空间效能评估,总结经验和不足,并基于评估结果开展轨道交通沿线区域更新改造的规划工作,以期进一步发挥轨道交通效能、引导城市空间发展。

1. 轨道交通空间效能评估

(1)空间结构评估。

轨道交通能够引导城市空间拓展,促进城市中心体系的形成和发展,如哥本哈根"指状"城市形态、东京"一核七心"城市结构等。《长春市城市总体规划(1996—2020)》确定城市结构为"分散组团式",包括中心团、西南向的富锋团、东北向的兴隆团、东南向的净月团。《长春市城市总体规划(2011—2020)》延续并拓展城市结构为"两翼多组团",即西南、东北两个产业翼,以及富锋、兴隆、净月三个组团。城市发展遵循规划一方面填补中心区域,另一方面拓展外围组团,城市空间结构基本形成。轻轨 3、4 号线分别于 2002 年、2012 年开通运营,为中心区西半环"U"形辅助线和东半环"U"形辅助线,并连接中心区和西南向的净月组团。地铁 1、2 号线分别于 2017 年、2018 年开通运营,为中心区南北向和东西向骨干线。轻轨 8 号线于 2018 年开通运营,连接中心区和东北向 2016 年批复的长春新区。轨道交通在支撑城市内部发展的同时,也引导了城市东北向、东南向拓展,但西南向的交通支撑缺失。

长春市城市总体规划确定城市中心体系为 1 个市级公共服务中心,1 个市级公共服务副中心,7 个分区级公共服务中心,以及 4 个专项公共服务中心。规划的各级中心与规划远期的轨道交通廊道基本吻合,但部分中心与轨道交通站点等级不匹配。通过对比分析不同年份的 POI 数据,发现城市仍以单中心结构为主,规划的市级中心发展较好,副中心和部分分区级中心尚未实现。已建轨道交通沿线的中心发展较好,并且在运营较早的轻轨 3、4 号线沿线形成若干非规划的活力中心。

(2)土地利用评估。

在公共政策支持和经济增长推动下,轨道交通能够提升沿线土地混合使用、

开发强度、土地价值,并集聚居住和就业人口;反过来,站点周边高强度和高混合度的土地利用模式能够提升轨道交通客流,特别是就业比居住对轨道客流的影响更大。长春市轨道交通 3、4 号线开通较早,运营客流量和沿线用地变化相对稳定,能够较为客观地反映轨道交通和土地利用的一体化水平。自开通以来,沿线工业用地持续减少,商业服务业和居住用地显著增加,土地使用混合度增长明显,且远高于中心城区平均水平。开发强度有所提升,但整体低于平均水平,除少数城市中心站外,大部分区域远低于《导则》要求。房屋均价略高于平均水平,但总体涨幅情况相差不大。居住人口密度 3 号线略有下降,4 号线略有提升,同平均水平相差不大,就业人口密度分布趋势同居住人口密度类似(见表 10.6)。

表 10.6　长春市轨道交通 3、4 号线沿线空间特征

空间特征		3 号线			4 号线			中心城区		
	地块混合度	0~1	1~2	2 以上	0~1	1~2	2 以上	0~1	1~2	2 以上
混合度	2014 年	64%	30%	6%	69%	25%	6%	79%	17%	4%
	2018 年	11%	41%	48%	11%	46%	43%	34%	36%	30%
开发强度	2004 年	0.71			0.56			1.06		
	2018 年	0.79			0.79			0.97		
房屋均价 /(元/m²)	2013 年	6797			6715			6572		
	2018 年	9221			9235			9184		
人口密度 /(万人 /km²)	2010 年 (居住)	1.27			0.88			1.05		
	2018 年 (居住)	1.08			0.94			0.98		
	2018 年 (就业)	1.11			0.90			0.96		

注:地块混合度 $M = -\mathrm{sum}(p_i \times \ln p_i)(i=1,\cdots,n)$,其中 n 为 POI 类型数,p_i 为 i 类 POI 占地块全部 POI 的比重。2018 年居住人口及所在居住地(就业人口及所在就业地)识别依据是连续 30 天,一个手机用户超过 15 天在同一个基站出现,并且晚 9 点至次日早 7 点(早 7 点至晚 9 点)在该基站停留时间最长,则该用户识别为一个居住人口(就业人口),该基站识别为该用户居住地(就业地)。

　　基于节点—场所模型评价轨道交通与土地利用一体化水平的指标体系,选取 3、4 号线沿线的居住和就业人口、城市功能(POI)、公交换乘、开发强度、空间可达性等要素,与轨道交通实际客流量进行相关性分析,结果显示城市功能、轨道拓扑模型的标准化选择度(选择度是体系中一个空间出现在其他任意两个空

间之间最短路径的次数,其值越高,表示选择该空间通过的可能性越大)和路网拓扑模型的整合度(整合度用于度量体系中一个空间与其他所有空间之间的联系,其值越高,表示可达性越好)是主要影响因素,据此建立空间句法客流量预测模型,发现轨道交通与城市功能匹配度整体较低。其中,低效站 15 个,即实际客流量与周边城市功能不匹配,低于预测流量,轨道交通并未发挥作用;潜力站 11 个,即实际客流量与周边城市功能不匹配,高于预测流量,轨道交通带来的大客流量未充分产生效益;正常站 18 个,即实际客流量与周边城市功能相匹配,但 9 个站点为低水平匹配。

(3)评估总结。

轨道交通建设总体上支撑并引导了城市空间的拓展及中心体系的形成,但在实施过程中,城市空间规划、中心体系规划、轨道交通线网规划三者之间存在一定程度的不匹配。近年来,长春市空间发展仍以向外扩张式为主,轨道交通对沿线用地置换、混合使用、开发强度、土地价值、人口集聚起到了一定的促进作用,但效果并不显著,沿线功能仍以居住为主,交通与用地一体化发展水平整体较低。总体来看,轨道交通建设与沿线空间发展不同步,TOD 发展模式尚未形成,需要通过城市更新改造才得以实现。

2. 轨道交通沿线区域更新规划

以 TOD 为导向、以实际问题为切入点,长春按照城市、线路两个层次协同推进轨道交通(第三期建设)沿线区域的更新规划,形成"1+5"的成果体系,并将调整内容落实到各级国土空间规划中。"1"是指城市层面的综合利用规划,重点协调轨道交通线网与城市空间结构一体化发展,内容落实到国土空间总体规划。"5"分别是指线路层面的 3 号线、4 号线、5 号线、6 号线、7 号线沿线开发利用规划,重点优化沿线土地开发模式,内容落实到城市控制性详细规划。

(1)城市轨道交通综合利用规划。

①影响区域划定。

由于空间可达性变化,轨道交通对站点周边不同区域的土地利用和开发强度的影响不同,《导则》将站点周边区域分为核心区和影响区进行分区导控。其中,核心区为站点周边 500 m 以内的区域,影响区为站点周边 800 m 以内的区域。规划首先基于轨道交通服务能级,确定地铁站点周边 500 m、轻轨站点周边 300 m 为理论核心区,地铁站点周边 800 m、轻轨站点周边 500 m 为理论影响区。其次运用 GIS 软件计算实际步行距离,确定单个站点影响边界,再通过泰

森多边形法划分相邻站点的重叠影响区边界。最后结合城市道路、水系绿地的分隔，以及用地功能的完整性，划定各个站点的核心区和影响区。

②空间结构优化。

《长春市总体城市设计》整合城市的特色风貌片区、景观生态网络及公共空间体系，识别出 23 个城市最重要的意象片区，包含城市核心区、历史风貌地区、新城新区、山前滨水区域、特殊价值地区等。《长春市国土空间总体规划（2021—2035 年）》将中心城区划分为居住生活区、商业商务区、综合服务区、工业物流区、绿地休闲区、战略预留区等功能分区。根据城市的意象片区和功能分区，结合空间结构和中心体系，将轨道交通沿线影响区域划分为 14 个功能片区，且每个片区至少含 1 处分区级以上的中心。为提升中心的通达性及影响力，城市中心、副中心、分区级中心应同轨道交通枢纽和换乘站点在空间布局上和建设时序上相协调，城市中心结构也应与道路交通的可达性相呼应，高级别中心需要同时具备本级和次级中心服务范围内较高的路网整合度和选择度。基于规划中心体系的实施情况及其同轨道交通线网和路网拓扑模型的耦合情况分析，对其结构进行优化：一是将部分尚未形成且与轨道交通换乘站点分离的分区级中心，调整至所在功能片区内路网可达性较好的轨道交通换乘站点；二是在尚无分区级以上中心的功能片区，结合路网可达性较好的轨道交通枢纽或换乘站点新增分区级中心；三是将尚未建设且与轨道交通站点分离的城市重要公共服务设施（如省、市、区级文化、体育设施）调整至轨道交通影响区域。

③用地结构调整。

考虑到城市不同功能活动对城市土地空间区位的依赖程度不同，会呈现一种由区位可达性所决定的圈层布局模式，《导则》对不同级别站点的核心区和影响区提出功能比例和开发强度控制要求。影响轨道交通站点周边开发利用的主要因素包括步行尺度、地价分布、用地功能、极差强度等。其中，步行尺度是核心要素，与出行时间、距离和环境条件有关，《导则》提出 15 min 步行距离为 500～800 m。地价按照距离站点远近形成规律性分布，商业地价变化的节点是 100 m、200 m、400 m，办公是 100 m，居住是 300 m、400 m、500 m。用地功能的公共性、混合度及开发强度随着与站点距离的增大而逐渐降低。因此，规划在《导则》规定的基础上，借鉴上海、深圳、杭州、沈阳等地的圈层开发模式，结合长春市实际，按照不同区位关系进一步优化站点周边的功能配置和强度形态，形成四个开发圈层：第一圈层为站点 0～100 m 范围，轨道上盖开发，优先开发地上和地下商业、办公；第二圈层为站点 100～300 m 范围，出入口周边开发，中心站以

商业、办公、公共服务为主,组团站和一般站适当提高商住比例,鼓励地下商业开发;第三圈层为站点 300～500 m 范围,核心区开发,除了服务设施等,增加居住开发;第四圈层为站点 500～800 m 范围,影响区开发,以居住开发为主。

④交通设施优化。

为提升轨道交通的可达性及使用效能,城市对外交通设施的布局应与轨道交通站点的布局相衔接。长春市综合交通换乘中心长春站和长春西站均实现与轨道交通的换乘衔接,龙嘉国际机场目前已同高铁连通且规划与轨道交通进行换乘衔接,规划的 7 个区域换乘中心也均同已建或规划轨道交通线路衔接。但从实施情况来看,换乘距离较长、体验感较差是主要问题,未来需重点关注客运枢纽与轨道交通站点一体化建设,加强各类公交功能在枢纽内部便捷舒适换乘。长春市尚未在已运营的轨道交通站点附近建设"P+R"停车场,但部分站点"P+R"停车需求较大,其附近的高架桥下空间、空地或配建停车场已经承担了"P+R"停车场职能。为缓解城市核心区的交通压力,减少小汽车的长距离跨区出行,引导外围居民选择公交出行,规划结合各条轨道线路首末站以及城市核心区边缘换乘中心附近地区增设 14 处"P+R"停车换乘设施,布置在进入城市核心区的主要道路附近,规模以大中型停车场为主。

(2)轨道交通沿线开发利用规划。

①用地功能调整。

规划分析各条轨道沿线影响区内人口活动、土地使用、业态分布、景观风貌等特征,结合行政界限、交通走廊、生态廊道等所产生的空间分隔,细化轨道沿线功能片区,形成不同级别、不同类型但功能相对完善的站点组团,如商务型中心站、商业型中心站、历史文化型组团站、生活服务配套型一般站等。对比各级各类站点周边现状用地和控制性详细规划条件同 TOD 圈层开发模式在用地性质和开发强度上的一致性,保留城市公共空间、重要公共服务设施、重要基础设施等刚性用地,识别出不一致地块共计 574 个,总面积为 13.34 km²。综合考虑现状建筑、用地权属等,从市场需求、经济效益、改造政策等方面出发,进一步梳理出可再开发地块共计 178 个,总面积为 5.18 km²。运用空间句法模型分析各站点周边土地区位价值,根据站点分级分类和圈层开发模式,统筹考虑公共服务设施、交通设施和市政设施的建设要求及社区生活圈的配套需求,确定可再开发地块的地上和地下空间的使用性质。

②开发强度测算。

周梦茹等将轨道交通站点周边用地划分为居住型、生活服务型、生产服务

型、景观型与工业型,并提出不同类型用地一般站点的容积率。邓兴栋等认为只有超过枢纽用地开发收益恰好弥补交通保障型设施投资建设费用的最小开发容积率,才能吸引非政府资金参与开发。田宗星等提出城市更新地块的容积率上限可以在标准规定的基础上适度提高以吸引开发商,采取容积率奖励的方式鼓励其配建公共服务设施、保障型住房、交通和市政设施。规划从经营城市的角度出发,建立轨道交通沿线开发投资收益平衡模型。首先参考 TOD 开发模式,确定可再开发地块容积率下限;其次进行投资收益核算,该容积率下限需满足地块开发收益超过更新改造成本和配建基础设施费用,否则应提高容积率下限直至满足要求,该容积率下限可在标准规定的基础上适度提高,若突破限制条件如居住日照要求,则需捆绑周边其他可再开发地块共同开发核算;最后进行线路层面整体投资收益核算,沿线用地开发收益应能够弥补轨道交通建设成本,否则需进一步提高沿线可再开发用地的容积率下限直至满足要求。

③支撑体系校核。

TOD 导向下的用地再开发新增了大量商业商务、公共服务和居住功能,整体提升了土地的公共性、混合度和开发强度,引起城市就业和居住人口的集聚。此外,轨道交通大幅提高了站点周边的可达性,导致就业和居住人口在功能集聚的基础上再集聚。反过来,功能调整和人口集聚也会提高轨道交通的客流量、站点周边的交通量及对市政设施的需求量。通过 CUBE 平台的综合交通模型预测城市居民的出行总量和特征,以及轨道交通客流,对站点周边道路交通的支撑能力进行提升:一是按照《城市居住区规划设计标准》(GB 50180—2018)的最新要求,结合轨道交通沿线用地调整,尽可能塑造小街区、密路网;二是强化公共交通便捷换乘,新增轨道接驳公交线路 38 条,结合轨道交通线路首末站及城市核心区边缘换乘中心增设 9 处公共汽车场站。根据规划用地布局和人口分布核算给水、污水、雨水、燃气、供热、供电等市政设施的承载需求,结合用地调整和老旧小区改造,对部分难以满足需求的设施进行扩能提级,对现状老旧管网进行升级改造。同时,维护和强化自然生态,对再开发地块提出海绵城市的建设要求,如新建、改建、扩建项目外排径流量不得超过开发前,新建项目满足外排雨水综合径流系数不大于 0.45,改扩建项目不大于 0.6 等。

④城市景观设计。

长春是国家历史文化名城,历史上形成了"西产业、中服务、东生态"的空间格局,"圆广场、放射路、方格网"的城市肌理及"疏朗、通透、开放"的景观意象。轨道交通线网串联历史文化街区、新城新区、商业街区、山前滨水地区等城市意

象片区,同时也是城市重要的场所空间。沿线空间的开发既要整体遵循城市及其重要意象片区的自然和历史特征,也要局部展现高密度、高强度的时代和文化特征,尤其是同城市中心、副中心、分区级中心耦合的枢纽和换乘站点。因此,规划应统筹考虑城市总体风貌格局、各类城市意象片区和轨道交通重要站点,划定重要风貌控制区和重点高度引导区,并从建筑群体组合与建筑高度、体量、风格、色彩等方面提出分区控制要求。TOD 是要创造更紧凑更步行化的社区,做好轨道交通与城市公共空间的一体化设计,提升慢行系统服务水平至关重要。因此,规划应优化步行和自行车系统,加强轨道交通站点与周边大尺度开敞空间、服务节点及支撑腹地之间的联系,新建绿地广场、填补街道绿化,同时控制重要通道沿街公共空间界面,提出建筑立面、建筑退线、贴线率、环境景观等管控要求,塑造个性化和休闲式的步行友好空间。

参 考 文 献

［1］ GPSC. TOD Implementation Resources and Tools ［R］. Washington D. C. ：World Bank，2018.

［2］ KLINGER T，KENWORTHY J R，LANZENDORF M. What Shapes Urban Mobility Cultures—a Comparison of German Cities［C］. Glasgow：European Transport Conference，2010.

［3］ KUHNIMHOF T，WULFHORST G. Megacity Mobility Culture［M］. Heidelberg：Springer-Verlag Berlin，2013.

［4］ 敖卓鹄，邵源，江捷. 基于量化评估的 TOD 实施关键策略研究——以深圳轨道 TOD 建设为例［C］//中国城市规划学会城市交通规划学术委员会. 创新驱动与智慧发展——2018 年中国城市交通规划年会论文集. 北京：中国建筑工业出版社，2018：423-433.

［5］ 中华人民共和国住房和城乡建设部. 地铁设计规范：GB 50157—2013［S］. 北京：中国建筑工业出版社，2014.

［6］ 彼得·卡茨. 新城市主义［M］. 北京：华夏出版社，2019.

［7］ 戴德梁行. 城市发展系列——TOD 白皮书（轨道交通篇）［R/OL］. (2021-10-15)［2023-11-20］. https://Max. book118. com/html/2021/1014/8137107066004020. shtm.

［8］ 池娇，焦利民，董婷，等. 基于 POI 数据的城市功能区定量识别及其可视化［J］. 测绘地理信息，2016，41(02)：68-73.

［9］ 方玉. 昆明城市轨道交通近期线网沿线土地利用研究［D］. 重庆：重庆大学，2009.

［10］ 冯岑，余晓丽，王晶，等. 轨道交通枢纽物业开发模式、业态构成及开发比例研究［J］. 综合运输，2021，43(08)：117-128.

［11］ 辜峥嵘. 城市轨道交通站际地下空间设计研究［D］. 重庆：重庆大学，2018.

［12］ 黄共，黄兆秋. 城市轨道交通概论［M］. 成都：电子科技大学出版社，2019.

［13］ 中国经济网. 建设新型城市 各地持续推进 TOD 模式创新落地［EB/OL］.

(2023-06-21)[2023-11-20]. http://bgimg. ce. cn/cysc/fdc/fc/202306/
21/t20230621_38600573. shtml.

[14] 李国栋.基于 POI 数据的轨道交通站点周边土地利用混合度分析及布局
优化研究[D].西安:长安大学,2021.

[15] 李颂熹.关于轨道交通站点综合开发项目(TID)的思考[J].铁道经济研
究,2013,116(06):80-86+132.

[16] 李珽,史懿亭,符文颖.TOD 概念的发展及其中国化[J].国际城市规划,
2015,30(03):72-77.

[17] 李毅超.轨道交通枢纽站点周边用地开发研究[D].苏州:苏州科技学
院,2009.

[18] 李珍.百度热力图和多层感知器神经网络协同下洪涝应急物资需求量估
算研究[D].武汉:武汉理工大学,2019.

[19] 刘龙胜,杜建华,张道海.轨道上的世界——东京都市圈城市和交通研究
[M].北京:人民交通出版社,2013.

[20] 刘彤起.轨道交通沿线区域更新规划研究——以长春市轨道交通空间效
能评估为例[J].规划师论丛,2022(00):227-233.

[21] 刘鑫.基于 TOD 模式的天津轨道交通沿线商业开发研究[D].天津:天津
大学,2019.

[22] 刘勇.深港中轴 TOD 导向的站城一体化空间提升[J].工程建设与设计,
2020,431(09):118-119+123.

[23] 刘雨蔺,鲍梓婷,田文豪.TOD 站城融合发展路径与广州实践:多层级空
间治理与协作式规划设计[J].规划师,2022,38(02):5-15.

[24] 刘震宇.城市轨道交通站城一体化发展模式研究[D].兰州:兰州交通大
学,2016.

[25] 马筑卿.TOD 模式实践应用探析[J].河南科技,2021,40(33):81-83.

[26] 荣光.城市轨道交通站点与商业空间的一体化设计与实践[D].天津:天
津大学,2015.

[27] 上海申通地铁集团有限公司轨道交通培训中心.城市轨道交通概论[M].
北京:中国铁道出版社有限公司,2009.

[28] 司美林.深圳市轨道交通与土地利用的联合开发策略研究[D].哈尔滨:
哈尔滨工业大学,2008.

[29] 唐大乾.以公共交通为导向的 TOD 新城研究[D].天津:天津大学,2008.

[30] 田璐.基于新城市主义理论的开放社区居住街坊设计研究[D].呼和浩特:内蒙古工业大学,2021.

[31] 田勇,陈彩燕,张远飞,等.城市轨道交通商业业态配置研究[J].都市快轨交通,2015,28(02):45-48.

[32] 童海燕.基于空间效能的西安市轨道交通站域土地使用优化研究[D].西安:长安大学,2022.

[33] 王晶,陆化普.轨道交通枢纽与城市用地一体化开发[M].北京:中国建筑工业出版社,2021.

[34] 王奇卓.轨道交通投融资发展现状及对策研究[J].工程建设与设计,2022,482(12):249-252.

[35] 王勇.日本轨道交通枢纽"站城一体"空间形态的逻辑闭环[J].工程建设与设计,2021,452(06):61-63+76.

[36] 伍拾煤.密集城镇群多层级轨道交通客流预测模型研究[D].哈尔滨:哈尔滨工业大学,2014.

[37] 肖涵月.基于空间句法的轨道站地下空间叙事设计研究[D].苏州:苏州科技大学,2022.

[38] 上海市人民政府门户网站.新一轮《上海市交通发展白皮书》[EB/OL].(2022-10-14)[2023-11-20].https://english.shanghai.gov.cn/nw12344/20221014/cfcb6a655dab468e9bb27a6e3960e36a.html.

[39] 徐益娟,顾大治,孟庆贺.大数据视角下轨道交通站点空间活力量化及提升策略研究——以合肥轨道交通2号线为例[J].青岛理工大学学报,2022,43(05):48-58.

[40] 于天舒.地铁站域综合开发模式研究[D].天津:天津大学,2012.

[41] 余梦.TND模式下老旧社区公共空间改造策略研究[D].成都:西南交通大学,2020.

[42] 张国华.城市轨道交通线网规划新视角[J].都市快轨交通,2014,27(02):21-25.

[43] 张洁.基于TOD的城市轨道交通开发策略研究[D].天津:天津商业大学,2011.

[44] 张磊.轨道交通站点TOD综合开发创新模式分析[J].工程建设与设计,2021,470(24):44-46.

[45] 中华人民共和国住房和城乡建设部.城市轨道交通线网规划标准:GB/T

　　　　50546—2018[S].北京:中国建筑工业出版社,2018.

[46]　中华人民共和国住房和城乡建设部.城市用地分类与规划建设用地标准:
　　　　GB 50137—2011[S].北京:中国计划出版社,2012.

[47]　周洁.TOD 商业开发的理念与实践[M].北京:化学工业出版社,2022.

[48]　周金健,龙俊仁,王晓.都市圈背景下多层级一体化轨道交通发展策略
　　　　[C]//中国城市规划学会城市交通规划学术委员会.品质交通与协同共
　　　　治——2019 年中国城市交通规划年会论文集.北京:中国建筑工业出版
　　　　社,2019:15.

后　　记

作为在国外备受推崇的城市可持续发展的主要实施方法之一,TOD 为高人口密度且已经进入小汽车时代的中国城市未来发展提供了新的发展思路。

在 TOD 概念被正式提出后的近 30 年间,其意义已经发生了重大的转变。起初在作为新的社区设计手法时,TOD 还只是针对传统蔓延式的郊区化发展而提出的改良方案和大胆假设。随着一系列实际项目的落实,TOD 又慢慢成为一种切实有效的房地产开发模式,在此过程中,由于 TOD 推动了城市发展目标和功能结构的转向,它逐步成为城市发展的主流思想。时至今日,完整的 TOD 概念已经是一个涉及城市发展模式、交通网络结构、土地利用、社区发展项目融资等多方面的理论架构,其涵盖了从宏观区域到微观社区的多个层面,既是一种城市功能结构调整的理念,又是土地利用的多功能整合规划理念。与此同时,TOD 也是一种重视公共空间的城市设计手法,以及项目开发运作的一种方式。

中国 TOD 的应用和发展必须从城市规划的综合视角,形成从城市到社区、土地利用到公共空间设计、规划方案到融资开发的应用体系,进而转变城市发展模式,形成应对人口经济和环境问题的可持续发展战略。